論語 新注新譯

楊逢彬 ◎ 著
陳雲豪 ◎ 校

北京大學出版社
PEKING UNIVERSITY PRESS

圖書在版編目(CIP)數據

論語新注新譯/楊逢彬著.—北京：北京大學出版社，2016.3
ISBN 978-7-301-26562-8

Ⅰ.①論… Ⅱ.①楊… Ⅲ.①儒家②《論語》—注釋③《論語》—譯文 Ⅳ.①B222.2

中國版本圖書館 CIP 數據核字(2015)第 280830 號

書　　　名	論語新注新譯 LUNYU XIN ZHU XIN YI
著作責任者	楊逢彬　著　　陳雲豪　校
責任編輯	張弘泓
標準書號	ISBN 978-7-301-26562-8
出版發行	北京大學出版社
地　　　址	北京市海淀區成府路 205 號　100871
網　　　址	http://www.pup.cn　新浪微博:@北京大學出版社
電子信箱	zpup@pup.cn
電　　　話	郵購部 010-62752015　發行部 010-62750672 編輯部 010-62752028
印　刷　者	三河市北燕印裝有限公司
經　銷　者	新華書店
	880 毫米 × 1230 毫米　A5　16.75 印張　437 千字 2016 年 3 月第 1 版　2025 年 6 月第 9 次印刷
定　　　價	42.00 元

未經許可，不得以任何方式複製或鈔襲本書之部分或全部内容。
版權所有，侵權必究
舉報電話：010-62752024　　電子信箱：fd@pup.pku.edu.cn
圖書如有印裝質量問題，請與出版部聯繫，電話：010-62756370

獻給 CEMA,祝賀她成立十周年。
　　——本書的研究與寫作,得到中央財經大學中國高等研究院(中國經濟與管理研究院——CEMA)鼎力支持。

本書爲國家社科基金項目"運用現代語言學方法考釋先秦漢語疑難詞句的理論與實踐研究"(15BYY124)之階段性成果

目　録

卷首的話…………………………………… 1
導　言……………………………………… 1
例　言……………………………………… 1

學而篇第一………………………………… 1
爲政篇第二………………………………… 16
八佾篇第三………………………………… 43
里仁篇第四………………………………… 65
公冶長篇第五……………………………… 78
雍也篇第六………………………………… 105
述而篇第七………………………………… 130
泰伯篇第八………………………………… 148
子罕篇第九………………………………… 162
鄉黨篇第十………………………………… 189
先進篇第十一……………………………… 206
顏淵篇第十二……………………………… 225
子路篇第十三……………………………… 238
憲問篇第十四……………………………… 263
衛靈公篇第十五…………………………… 293
季氏篇第十六……………………………… 314

陽貨篇第十七…………………………………………… 327
微子篇第十八…………………………………………… 348
子張篇第十九…………………………………………… 363
堯曰篇第二十…………………………………………… 380

附　錄

《大中華文庫·論語》前言 ………………………………… 390
"嚴夷夏大防"抑或"重君臣大義" ………………………… 408
《論語》"何有於我"解 …………………………………… 422
也談《論語》中的"人"與"民" ………………………… 433
《論語》疑難詞句考證索引 ……………………………… 463

後　記………………………………………………… 470

卷首的話

　　著者之撰作本書,志在創作一部如楊伯峻先生《論語譯注》那樣的傳世之作。著者深知,在《論語譯注》已經問世近一甲子的今日,如果這部書的水準較之《論語譯注》不能有較大幅度提高,斷不能"藏之名山,納于大麓"。但著者限於才學,未必能全面做到這點;只能力爭做到,在最見功力的古今聚訟紛紜莫衷一是的疑難詞句的考證上做得較以往注本更爲精確可信,庶幾可達此目的;果能如此,則今譯的準確度,也將隨之提高。但須聲明,凡所考證,絕非爲了矜奇炫博,與衆不同,而一以求真求實爲指歸。且不論本書之考證多是在前人見仁見智的考證中論證孰正孰誤,即使如"未知,焉得仁"(5.19)"何有於我哉"(7.2)"又誰怨"(20.2)等少數考證,差可謂之一空依傍而別出心裁,其初衷也無不是求真求實。著者的理想是,將詞句考證做成環環相扣嚴絲合縫的藝術品。爲達此目標,真可謂嘔心瀝血,竭慮殫精,從 2004 年初開始研究寫作到正式出版,將近十二年,較之"十年磨一劍"猶有過之! 有時爲寫一千字的考證文字,得花費半個月,看過的資料多達十幾萬字。遺憾的是,時至今日,這把寶劍自感尚不能與刃若秋霜的干將、莫邪,一較高下。

　　即便如此,著者既然敢於把這本小書呈獻出來,當然是自認爲已經初步達到了"名著"或"傳世之作"的標準。其結果無非有二:一是實至名歸,那麽讀者之購得此書,確實物超所值,著者至感欣慰；一是口惠而實不至，則不自量力，或欺世盜名之誚，在所不辭。讀者其評判之！

如何才能在《論語》的疑難詞句的考釋上求得較大突破呢？只能見賢思齊——向清代高郵王氏父子和著者祖父楊樹達先生的最令人稱道最令人信服的考證範例看齊。古書疑難詞句的釋讀，學術界公認做得最好的，當屬清代高郵王念孫、引之父子，學界稱之爲"最博最精"，這幾乎是沒有疑義的。

以下兩例是高郵王氏父子詞語訓釋的經典範例。前一篇考證的出自《詩經·邶風·終風》，後一篇考證的出自《老子》第三十一章。

家大人曰："《終風篇》：'終風且暴。'《毛詩》曰：'終日風爲終風。'《韓詩》曰：'終風，西風也。'此皆緣詞生訓，非經文本義。'終'猶'既'也，言既風且暴也。……《燕燕》曰：'終溫且惠，淑慎其身。'《北門》曰：'終窶且貧，莫知我艱。'《小雅·伐木》曰：'神之聽之，終和且平。'(《商頌·那》曰：'既和且平。')《甫田》曰：'禾易長畝，終善且有。'《正月》曰：'終其永懷，又窘陰雨。''終'字皆當訓爲'既'。"(《經義述聞》卷五，又見《經傳釋詞》，後者文字與前者稍有不同)

《三十一章》："夫佳兵者不祥之器，物或惡之，故有道者不處。"《釋文》："佳，善也。"河上云："飾也。"念孫案，"善""飾"二訓皆於義未安。……今按"佳"當訓"佳"，字之誤也。佳，古"唯"字也(唯，或作"惟"，又作"維")。唯兵爲不祥之器，故有道者不處。上言"夫唯"，下言"故"，文義正相承也。八章云："夫唯不爭，故無尤。"十五章云："夫唯不可識，故强爲之容。"又云："夫唯不盈，故能蔽不新成。"二十二章云："夫唯不爭，故天下莫能與之爭。"皆其證也。古鐘鼎文'唯'字作'隹'，石鼓文亦然。(《讀書雜志·志餘上》)

陳寅恪先生稱譽著者祖父楊樹達先生爲"當今文字訓詁之學第一人"(拙編《積微居友朋書札》)，又稱譽他爲"漢聖"，以讚譽他治《漢書》的爐火純青。下文是楊樹達先生《漢書窺管》中的最爲得意之作：

《金日磾傳》："賞爲奉車，建駙馬都尉。"王念孫曰："'車'下有'都尉'二字，而今本脱之。《百官表》云：'奉車都尉掌御乘輿車，駙馬都尉掌駙馬。'《藝文類聚·人部》十七、《御覽·儀式部》三引此並作'賞爲奉車都尉，建駙馬都尉'。"

樹達按，此因下"都尉"二字省。《藝文》《御覽》引有"都尉"二字，乃二書補足之耳。《儒林傳》云："上於是出龔等補吏，龔爲弘農，歆河內，鳳九江太守。""弘農""河內"下各省"太守"二字。《王莽傳》云："又置師友祭酒及侍中諫議、六經祭酒各一人，凡九祭酒。琅邪左咸爲講《春秋》，潁川滿昌爲講《詩》，長安國由爲講《易》，平陽唐昌爲講《書》，沛郡陳咸爲講《禮》，崔發爲講《樂》祭酒。"講《春秋》、講《詩》、講《易》、講《書》、講《禮》下各當有"祭酒"二字，因下"講《樂》祭酒"字而省，與此句例正同。又《翟方進傳》云："其左氏則國師劉歆，星律則長安令田終術師也。""劉歆"下省"師"字，與此亦略同。《魏志·董卓傳》云："以暹爲征東，才爲征西，樂爲征北將軍。""征東""征西"下各省"將軍"二字，亦襲此

句法。王説知其常而不知其變也。(《漢書窺管》卷七,又見該書《自序》)

著者在本書162例考證中選取4例篇幅較短且結構簡單讓人一目瞭然的考證文字,列於下方,請讀者比較上列3篇而後判斷,看看能否稍得其神韻?

其一:

子曰:"述而不作,信而好古,竊比於我老彭。"(7.1)"竊比於我老彭",應爲"竊比我於老彭"。定州漢墓竹簡本《論語》正作"竊比我於老彭"。按,何晏《集解》引包咸説:"老彭,殷賢大夫,好述古事。我若老彭,祖述之耳。"細玩文義,似更像解説"竊比我於老彭"。我們全面考察了《論語》《左傳》《國語》《孟子》四部古籍中1181例"我"字(《左傳》747例,《國語》220例,《孟子》162例,《論語》52例——"竊比於我老彭"的"我"除外),未見有"我"直接修飾人名者。"我"如需修飾人名,該人名前必須有一表示稱謂的名詞,如"我小君文姜"(《左傳·莊公二十二年》)"我小君哀姜"(《僖公二年》)"我先大夫子駟"(《襄公二十二年》)"我先大夫嬰齊"(《昭公七年》)"我高祖少皞摯"(《昭公十七年》)。相反,"比我於老彭"這種結構則是很常見的。如:"既生既育,比予于毒。"(《詩經·邶風·谷風》)"爾何曾比予於管仲?"(《孟子·公孫丑上》)"女將惡乎比予哉?若將比予於文木邪?"(《莊子·内篇·人間世》)"何事比我於新婦乎?"(《吕氏春秋·審應覽》)因此,我們認爲,"竊比我於老彭"應該是較爲可信的。(7.1)

其二：

子曰："默而識之，學而不厭，誨人不倦，何有於我哉？"(7.2)"於……何有"與"何有於……"皆爲《論語》時代的習語，前者表示"對於……有何難"，是"不難之詞"，如："由也果，於從政乎何有？"（《雍也》）後者注《論》諸家或解爲"不難之詞"，或譯爲"……我做到了哪些呢"。其實，它表示的是"……又算個什麼""……又算得了什麼"。例如："雖及胡耇，獲則取之，何有於二毛？"（《左傳·僖公二十二年》）"吉若獲戾，子將行之，何有於諸游？"（《昭公元年》）"將奪其國，何有於妻，唯秦所命從也。"（《國語·晉語四》）"君若不鑑而長之，君實有國而不愛，臣何有於死，死在司敗矣！惟君圖之！"（《楚語下》）"君有短垣，而自踰之，況蠻、荊則何有於周室？"（《吳語》）"人情非不愛其子也，於子之不愛，將何有於公？公喜宮而妒，豎刁自刑而爲公治內。人情非不愛其身也，於身之不愛，將何有於公？"（《管子·小稱》）"於子之不愛，將何有於公""於身之不愛，將何有於公"的意思是："他連自己兒子都不愛，主公您又算個什麼""他連自己身體都不愛，主公您又算個什麼"。餘類推。皇侃《義疏》："若世人皆有此三行（按，指前文"默而識之，學而不厭，誨人不倦"），則何復貴有於我哉？"也正是這個意思。(7.2)

其三：

定公問一言而可以興邦，有諸。孔子對曰："言不可以若是其幾也。人之言曰：'爲君難，爲臣不易。'如知爲君之難也，不幾乎一言而興邦乎？"曰："一言而喪邦，有諸？"孔子對曰:"言不可以若是其幾也。人之言曰:'予無樂乎爲君,唯其言而莫予違也。'如其善而莫之違也,不亦善乎?如不善而莫之違也,不幾乎一言而喪邦乎?""言不可以若是其幾也"的句讀存在爭議。孔安國注:"事不可以一言而成。如知此,則可近也。"現代注《論》諸家多從之,而在"若是"後點斷,恐誤。"若是其"爲當時習語,其後通常接形容詞,表示"如此……""像這樣地……",如《孟子·梁惠王上》:"若是其甚與?"《梁惠王下》:"若是其大乎?"《莊子·則陽》:"其於人心者若是其遠也。"《荀子·仲尼》:"其事行也若是其險汙淫汰也。"《王霸》:"若是其固也。"《強國》:"損己之所不足,以重己之所有餘,若是其悖繆也。"《晏子春秋·內篇雜下》:"晏子之家,若是其貧也。"《吕氏春秋·季秋紀》:"賢固若是其苦邪?"《韓非子·難四》:"知之若是其明也。"《五蠹》:"上下之利若是其異也。"以上諸"若是其"都可譯爲"如此……""像這樣地……"。因此我們認同朱熹所説"以'若是'絶句,恐不詞也"。"幾"訓"近":《爾雅·釋詁》:"幾,近也。"《周易》:"月幾望",《詩經》:"維其幾矣"。這句話應當譯爲"説話不能像這樣地不留餘地"。下文"幾乎",訓"近於",與"言不可以若是其幾也"相呼應。"幾乎"成爲副詞,是後代語言發展所致。(13.15)

其四:

公山弗擾以費畔,召,子欲往。子路不説,曰:"末之也已,何必公山氏之之也?"子曰:"夫召我者,而豈徒哉?如有用我者,吾其爲東周乎!"(17.5)"吾其爲東周乎"這句話有兩解。第一解爲何晏《集解》:"興周道於東方,故曰'東周'。"皇侃《義疏》、邢昺《疏》、朱熹《集注》皆從之。邢《疏》云:"如有用我道者,我則興周道於東方,其使魯爲周乎!"持第二解者爲戴望《論語戴氏注》、劉寳楠《論語正義》。戴氏曰:"如有用我者,當繼文武之治,豈猶爲東周乎?"據前說,是用疑問語氣表示肯定,當直譯爲:"我這兒大約就是東方之周吧?"據後說,則是用反問表示否定,應直譯爲:"我難道只是復興一個東周嗎?"我們贊同前說,因爲先秦"其爲……乎"句式都是用疑問語氣表示肯定,表示"該會是……吧"。例如:"高伯其爲戮乎?復惡已甚矣。"(《左傳·桓公十七年》)——沈玉成譯:"高伯恐怕要被誅戮的吧?"(見沈著《左傳譯文》,下同)"人謂叔向曰:'子離於罪,其爲不知乎?'"(《襄公二十一年》)——沈譯:"您得了罪過,恐怕是不聰明吧?""其御曰:'殿而在列,其爲無勇乎?'"(《定公十二年》)——沈譯:"殿後而呆在隊列裏,恐怕是缺乏勇氣吧!""越十年生聚,而十年教訓,二十年之外,吳其爲沼乎!"(《哀公元年》)——沈譯:"二十年以後,吳國的宮殿恐怕要成爲池沼了。""從者曰:'君不命吾子,吾子請之,其爲選事乎?'"(《國語·魯語上》)"晏子對曰:'此季世也,吾弗知齊其爲田氏乎?'"(《晏子春秋·内篇問下》)試比較:"晏子曰:'此季世也,吾弗知齊其爲陳氏矣!'"(《左傳·昭公三年》)這一對比,尤能説明"其爲……乎"句式是用疑問語氣表示肯定。(17.5)

將我們的 4 例考證比較上列王氏父子和楊樹達先生的 3 例考證,不難看出,王氏父子和楊樹達先生的考證是一空依傍獨闢蹊徑而得出令人信服的結論的,而我們的上列考證除其二"何有於我哉"差可謂之"一空依傍獨闢蹊徑"外,其餘 3 例都是在前人見仁見智的考證中論證孰正孰誤的。由此可見,儘管我們有了較爲先進的語言學理論作指導,有了電腦檢索手段,但我們的功力以及體現學術功力的上述考證範例較之高郵王氏和楊樹達先生的上列成功範例,尚有差距。

但差足自喜堪可告慰讀者諸君的是,就以上所列 4 例考證的準確度或者說可信度而言,較之上列高郵王氏和楊樹達先生的 3 例考證,大約也在伯仲之間。而考證的準確度、可信度,相信是讀者最爲關心的。如前所言,我們這裏所選取的 4 例只是篇幅短小結構簡單的,在本書的 162 例考證中,與以上 4 例處於同一水準的大約不下 60—70 篇。而高郵王氏之後,類似考證真如鳳毛麟角。何況,這些篇什是集中在一部 40 餘萬字的以"譯注"這一大衆化形式呈獻給讀者的小書。因此,我想,這部書對文史哲研究者和愛好者無疑是值得一讀的。

當然,著者的老師郭錫良先生兩次對該書的審讀和孫玉文、邵永海、蔣冀騁、盧烈紅等同窗、友人對本書的肯定(具見《後記》)也是著者敢於將之呈獻給廣大讀者的原因之一。

即便如王氏父子,如釋"終風且暴""夫佳兵者"那樣的精湛篇什也不是很多的。如通常認爲王氏經典考證範例之一而爲學界津津樂道的釋《詩經·秦風》"有紀有堂"。王引之釋之爲"有杞有棠"。這一考證固然是强有力的,但不如上舉兩例那般幾乎無懈可擊。其關鍵證據是,《詩經》中"凡云山有某物者,皆指山中之草木而言""凡首章言草木者,二章三章四章五章亦皆言草木。——此不易之例也。"根據此一文例,《終南》篇首章爲"終南何有,有條有梅","終南"既爲山名,那麼二章"有紀有堂"之"紀""堂"也應當如"條"如"梅"而爲草木;且經籍中"紀"與"杞"、"堂"與"棠"又多相通之例。問題是,"凡云山有某物者",如"山有扶蘇""山有橋松""山有樞""山有栲""山有漆""山有苞櫟""南山有栲,北山有杻",上述諸句中之"山""南山""北山",都是普通名詞或普通名詞組,而"終南"爲專有名詞。也即,作爲證據的諸句與被證句的上下文條件其實有所不同,使得證據句難以轄制被證句。《詩經》中"專有名詞+有+N"(N指名詞性成分),其中"N"卻多非草木。如"漢有游女"(《周南·漢廣》)"江有汜……江有渚……江有沱"(《召南·江有汜》)"淇則有岸"(《衛風·氓》)"淮有三洲"(《小雅·鼓鐘》)。如此一來,"終南何有,有條有梅"便有成爲孤證的危險。特意提出這一點,無非是表明,爐火純青的考證如王氏之釋"終風且暴""夫佳兵者",是如此不可多得。

至於我們如何"向高郵王氏父子和楊樹達先生的考證範例看齊"的詳情,以及讀者可能關心的其他問題,如歷代《論語》的注本,近年較有影響的《論語》注本,等等,在《導言》中,我們將作或詳或簡的介紹。

有關《論語》本身的問題,如它最初是如何形成的,它的作者是誰,等等,讀者可看本書《附錄·〈大中華文庫·論語〉前言》之第二部分;至於《論語》在國外的流傳過程,則可讀該文第三部分。

衷心感謝諸君!

導　言

我們在《卷首的話》中,已向讀者諸君展示了我們的四例考證,並説明全書的一百多例考證都是向高郵王氏和楊樹達先生的考據範例看齊所得來的。那麽,高郵王氏父子和楊樹達先生是如何做到盡領風騷古今獨步的?其具體步驟如何?我們又是如何向他們看齊的?所有這些,我們將在下面的論述中予以回答。

至於孔子的生平,他的思想體系,他對天、命、鬼神和卜筮等等的論述,他的政治觀和人生觀,關於忠恕和仁,孔子對後世的貢獻;以及"論語"命名的意義和來由,該書的作者和編纂年代,該書的版本和真僞,從古至今注釋《論語》的重要著作,《論語》的語言學價值和文學價值,等等,讀者可參看楊伯峻先生《論語譯注》的《試論孔子》《導言》,以及孫欽善《論語本解》的《附錄》,也可參看李零《喪家狗——我讀〈論語〉》的《導讀》部分,以及本書《附錄》(一)的第一、第二部分。好在 e 時代,各種資料轉瞬即到眼前,無須在這兒佔用寶貴篇幅了。

一、本書的寫作目的和所用方法的簡介

今天,據説《論語》已被譯成幾十種文字,它的總印數僅次於《聖經》,而高於其他任何一部暢銷書。它是儒家思想的元典。有人認爲,儒家思想能救中國;有些人則認爲,儒家思想適足以延緩中國進步的腳步。但無論贊同或反對儒家思想,都不能不讀《論語》,不能不先弄清楚孔子到底説了些什麽。

先秦古籍中存在許多古今聚訟紛紜見仁見智的疑難詞句，《論語》在這一點上尤其突出。由於該書自古以來至高無上的地位，宋代以來，更居於《四書》之首，可謂注者蜂起，注本盈篋，僅程樹德《論語集釋》①，所引書目即達六百八十種。許多詞句，有著多種解讀，仁智互見，聚訟紛紜，讀者病之。因此，寫作本書的主要目的，是對《論語》中古今見仁見智的疑難詞句作出正確的解讀，以期給廣大讀者提供一個在注釋方面較以往各注本更爲準確的譯注本。如何能作出較爲正確的解讀？君不見，各注家不都説自己注得最好麼？爲解決這一困惑，我們採取也許大多數人都能接受的辦法，即，用清代高郵王氏父子釋讀古書疑難詞句的方法（大致相當於楊樹達先生之"審句例"、王力先生所説要注重語言的社會性的方法），來解決《論語》中的這類問題。

　　如上文所説，古書疑難詞句的釋讀，學術界公認最爲翹楚無出其右的，當屬清代高郵王念孫、引之父子的《讀書雜志》《經義述聞》②。王氏父子的"最博最精"，長期以來，學者雖心嚮往之，卻難以企及。王念孫的《讀書雜志》，竭其畢生精力，八十餘歲始刊出。誰能如王氏之博聞强識與嘔心瀝血呢？

　　如果説，王氏的博聞强識，在當年難以企及，那麽在當今電腦時代，的確在很大程度上能夠彌補這一缺憾了。楊樹達先生總結王氏成功爲"審句例"，以往必須依賴博聞强識，而運用電腦，同一句型句式的大量句子轉瞬即到眼前。這種便利，是楊伯峻先生撰

---

① 程樹德：《論語集釋》（中華書局 1990 年）。
② （清）王念孫：《讀書雜志》（江蘇古籍出版社 2000 年）；（清）王引之：《經義述聞》（江蘇古籍出版社 2000 年）。

寫《論語譯注》①時所不能具備的。至於全身心地投入，著者雖未能如王氏殫精竭慮幾十年，但從 2004 年年初起，運用王氏的方法全力投身於此書的撰寫，2014 年底始完成全稿，也可謂"十年磨一劍"。同時慮及以專著的形式呈獻此書，讀者面狹窄，於是做成"譯注"的形式，所謂"陽春白雪的内容，下里巴人的形式"，希望以此惠及儘可能多的讀者。

某一學科的進步，往往是方法的進步在先。顧頡剛先生在《近世治古典之數巨子》②一文中認爲，近三百年來"治古典"成就最大者當屬王念孫、王國維、楊樹達。在方法上，王國維先生有"二重證據法"，成就巨大，我們姑置不論。至於高郵王氏，楊樹達先生認爲其成功，除了明瞭音義相通之故外，更由於有較強的"文法觀念"。他說："其書雖未能成爲系統整然之文法學，而文法學材料之豐富與精當，未有過之者。蓋王氏父子文法觀念之深，確爲古人所未有，故其説多犁然有當於人心也。"③文法學即語法學，是現代語言學的一環。楊樹達先生本人正是自覺採用語法訓詁相結合方法解決古書疑難問題的探索者。可見，當今要提高解決古書疑難詞句問題的能力，方法的改進，乃是關鍵；而運用語法學、詞彙學以及普通語言學的一般原理於其中，當然是題中應有之義。

著者在武漢大學教授語言學概論多年，本書可説是迄今第一部較爲全面地運用語言學知識而非單純運用訓詁學知識注釋某部古籍的著作。這樣的實踐，不僅不是對楊樹達、楊伯峻兩位先生整

---

① 楊伯峻：《論語譯注》（中華書局 1980 年）。
② 顧頡剛：《顧頡剛學術文化隨筆》（中國青年出版社 1998 年），第 311—312 頁。
③ 楊樹達：《中國文法學小史》，載《積微居小學述林全編》（上海古籍出版社 2007 年），第 632 頁。

理古書一貫方法的顛覆,而正是繼踵他們的步武。如果説本書取得了些許成就,方法上的改進,乃是關鍵。

二、古書疑難詞句解讀歷史的簡要回顧

我將古書疑難詞句的釋讀分爲三個時期,完全是爲了論述的方便,未暇顧及科學性。第一個時期,是漢唐的注疏時期。當時的注解者,只是解釋某一字詞、某一句子是什麽意思,没有較成規模的考證可言。第二個時期,即明清考據學,尤其是清代考據學的時期。這一時期的學者不但講解了字詞和句子的意思,還講解了爲什麽是這個意思,這就是考據。第三個時期,即民國到現在,我稱之爲"廣綜博覽,擇善而從"的時期。這一時期很難以和第二個時期截然劃分。爲什麽?清代如劉寶楠《論語正義》、焦循《孟子正義》,也廣綜博覽;民國時期程樹德《論語集釋》,也不是没有考證,更別説楊樹達先生的《漢書窺管》、陳直的《漢書新證》。我們説的是大趨勢。例如,《論語正義》《孟子正義》中的考證佔比例較大,而《論語集釋》中的考證佔比例較小。接踵而來的問題是,漢儒没有説所以然,而清人説了所以然,自然較易於爲後人所接受;由於清代考據學如日中天,爲後代學人所景仰,這也是清儒的説法較易爲民國及現代學人所接受的原因之一。下文將要談到,李零、牛澤群説錢穆及楊伯峻先生吸收清人和現代學者的成果較少,就是一個例證。但實際上,正如王力先生在《訓詁學上的一些問題》①中所指出的,漢儒所説,可信度較高。著者在《試證注古書不可輕易

---

① 王力:《訓詁學上的一些問題》,《王力語言學論文集》(商務印書館 2000 年),第 516—532 頁。

否定漢儒成説》①也論證了這一點。"廣徵博引,擇善而從"原則上是不錯的,但由於何爲"善"學者見智見仁,未臻一是,於是,"廣徵博引"則有之,"擇善而從"卻常常未落到實處。所以,第三期的成就,總體上説並未超過清代;説它不如清代,似乎也説得過去。但從學術史的角度看,無論早晚,第四期遲早要到來。這一時期的比較成功的考據成果,是否將達到進而超過王氏父子和楊樹達先生的經典訓詁範例的水平?這正是本文想要加以探討的。如將這一時期的到來比作冉冉升起的朝日,著者願做日出前之爝火。然而,要想成功必須總結錯誤的教訓,以免重蹈覆轍。

三、解讀古書的一種常見的錯誤做法

這一做法的第一步,常常是指出現在通行的理解不合情理,不符合某人(例如孔子)的一貫思想,等等,因此這句話必須重新解讀。第二步,或者是改變句讀從而改變句子結構;或者是説對某詞某字應重新理解——通常是找出該詞該字的某個很偏的意義放入該句子;如果實在找不到作者期望找到的意義,就或是通過故訓、因聲求義等辦法,説某字和另一字相通假,應讀爲另一字;或是説因字形相近,乃另一字之誤,等等。然後説,只有如此,才符合情理,符合某人的一貫思想。正如王力先生所説:"學者們往往注意追求新穎可喜的意見,大膽假設,然後以'雙聲疊韻''一聲之轉''聲近義通'之類的'證據'來助成其説。"②用這種解讀古書的路數寫出的論文俯拾即是,這裏就不舉例了。

---

① 《長江學術》2014 年 2 期,第 105—114 頁。
② 《訓詁學上的一些問題》,《王力語言學論文集》,第 517—518 頁。

四、上述做法錯在哪裏

上述做法錯在哪裏？可以從四個大的方面說。一是它違反了一切自然科學和社會科學的一個基本常識——從系統內部論證爲主。二是脫漏了一個不可脫漏的最基本環節，即考察某一詞義、某一詞、某一句法結構出現的條件。三是未能顧及到某一語法位置上所能出現的字詞其實並不自由。四是訓詁學大師的經典考據範例都不是這樣做的。

先說第一點。我們在本文第十一部分有詳細論證，求證某一系統內部的問題應當主要依賴該系統內部的證據，這幾乎是一切自然科學和社會科學的常識。語言學的基本常識告訴我們，語言是一個系統；因此，語言系統內部的證據與語言外部的證據絕不能等量齊觀，它們所占的權重是相差巨大的。雖然語言系統的邊界仍有待釐清，但有些東西如思想、情理等不屬於語言系統則是無疑的。故語言內部的證據是主要的，自足的，而語言外部的證據是次要的，非自足的；因此，語言外部的證據不能作爲主要的，更不能作爲唯一的證據。

在訓詁實踐的證僞環節（建立新說自必推翻舊說，此謂"證僞"）中，經常有人僅僅依靠諸如不符合某人思想，不合情理等，即以之推翻舊說。而自己建立新說，往往只是將某字釋爲某義，或將某字讀爲另一字，或改變句讀從而改變句法結構。注意，所有這些，都只是提供了一種可能性，而論證接近必然性的環節，即下面第二點要說的，卻缺位了，這就是這類論證缺乏說服力的緣由。正由於這些論證只提供了可能性，而理論上講可能性是無窮多的，因而才會有王力先生所說的將十位學者隔離起來研究同一問題，可能得到十種結果的論斷，這頗類似於以前所說考證古文字的錯誤方法"如射覆然"。而下文將要説到的考察某一詞義,某一句法結構出現的上下文條件,在考察正確的前提下,理論上講卻只有一種結果——接近事實的、正確的結論。但論者卻説,只有像他理解的那樣,才符合情理,符合某人思想。王力先生説:"古人已經死了,我們只能通過他的語言去瞭解他的思想;我們不能反過來,先主觀地認爲他必然有這種思想,從而引出結論説,他既然有這種思想,他這一句話也只能作這種解釋了。後一種做法有陷於主觀臆測的危險。"①因此,我們認爲,語言内部的證據是主要的、自足的,而語言外部的證據是次要的,非自足的;因此,語言外部的證據不能作爲主要的,更不能作爲唯一的證據。正確的做法是,從語言中來,到語言中去。所謂從語言中來,就是衡量他人所考證或自己所考證詞句的對錯乃是看這一考證是否合乎語言事實。所謂到語言中去,就是一切從語言事實出發,遵循語言學方法來研究、考證,在語言系統内部找規律找證據來解決問題。

再説第二點。每一詞義,每一詞,每一句法結構,它的出現都必須具備一定的上下文條件(或可稱之爲語境,或可用專業術語稱之爲"分佈");既然如此,考察其上下文條件爲何,也就鎖定了究爲哪一詞義、哪一詞,或哪一句法結構。這是求得古書疑難詞句正確解釋的不二法門。而要考察這些條件,最行之有效的做法是在與被考察對象同一時期的文獻中搜羅與被考察對象同一結構或同一句式的詞句,綜合歸納抽繹其共同點。我們在《卷首的話》中列出的高郵王氏父子與楊樹達先生的3例經典範例,正是這樣做的;同樣,在《卷首的話》中列出的我們的4項考證案例,也是這樣

---

① 《訓詁學上的一些問題》,《王力語言學論文集》,第518頁。

做的;本書的一百餘例考證,全都是這樣做的。而上述錯誤做法,這一必不可少的考察卻往往是缺位的。在這類考證中,雖然也利用了義訓、聲訓、形訓等訓詁手段,但所有這些訓詁手段的運用,都只是提供了甲可能是乙的可能性,而要求得甲是乙的接近必然的結果,必須依靠考察大量與被考察對象同一結構或同一句式的詞句才能達到。因而,這一考察是不能缺位的。

當然,這中間存在較爲複雜的語言學原理,一下子講不清楚,試簡要舉例説説。一個多義詞出現在某一句子中,只能呈現某一意義。這一句子,也即上下文就鎖定了該詞的某一意義。知此,即知不同的上下文就是該詞不同的意義出現的條件。考察這一條件就可知道該詞在各自的上下文中究竟是何意義。用語法學術語説,就是考察該詞的"分佈"。同樣,不同的詞,不同的句法結構,其出現的條件也不同。問題是,該詞義出現在一兩句上下文中,雖然鎖定了其詞義,但這一兩句提供的信息量太少,不足以讓今天的我們弄清楚這一詞義。高郵王氏的代表作如釋"終風且暴",就是搜集儘量多的同一結構或同一句式上下文,然後綜合歸納抽繹其意義究竟爲何。這種綜合歸納的辦法,實踐證明是成功的,也得到了學術界的一致認可。由此可知,1. 上下文限定了某詞只能是它的某一意義而不能是其他意義,因此,在該詞的所有意義中隨便挑選某一意義來解讀句子的做法是錯誤的,儘管這樣做的人聲稱只有這樣理解才符合某人的思想,才符合情理,等等。對這一做法,蔣紹愚先生認爲,"是讀古書的大忌"[①]。2. 要瞭解到底是該詞的

[①] 蔣紹愚:《讀〈論語〉札記》,載《中國語言學》第四輯(北京大學出版社 2010 年),第 127 頁。

哪一意義,正確的做法是採用高郵王氏的做法,儘量多地搜集上下文類似的句子,加以綜合歸納。楊樹達先生説:"前人於訓詁之學有一大病焉,則不審句例是也。大言之,一國之文字,必有一國之句例;小言之,一書之文字,必有一書之句例。然古人於此絶不留意,但隨本文加以訓詁,其於通例相合與否不之顧也。故往往郢書燕説,違失其真,至可惜也。王氏説經乃始注意及此,故往往據全書通例以説明一句之義,故往往泰山不移。"① 説的正是這個意思。

現在説第三點。上文所説的錯誤做法實際上是未能正確進行"字詞置換"。"字詞置換"是指,第一步認爲古籍中某句有誤。第二步,或换字,説句中某字應爲某字之誤,或應讀爲某字(如説"民可使由之"的"由"應讀爲"遊",即讓人民有遷徙的自由);或不换字,但該字應理解爲另一意義,實際上是换詞(如説"唯女子與小人爲難養也"的"女"音 rǔ,表示第二人稱)。這裏的"字詞置換"主要指换字的。"詞的不自由"是指,無論是現代漢語還是古代漢語,也無論是動詞還是其他詞類,由於上下文各語法成分的限制,進入某一語法位置都是不自由的,能進入該語法位置的詞往往是封閉的而非開放的(例如,能與"民可使由之"的"由"進行字詞置换的字詞是有數的,而非任意的)②。當原句經共時語言的全面考

---

① 楊樹達:《訓詁學小史》,載《積微居小學述林全編》(上海古籍出版社 2007年),第 618 頁。

② 索緒爾指出,在語言系統中每個要素的位置主要是由它和其他要素之間的關係決定的。這種關係極大地限制了能進入某一位置的要素的數量。陸儉明説:"現代漢語中動詞作句子的謂語並不自由,要受到很大限制。有相當一部分動詞(約占 50%)根本就不能單獨作句子的謂語。……另有約 50% 的動詞,如'喝、去、知道、抽、説'等,雖然可以單獨作句子的謂語,但也要受到語義上的限制。只有在表示意願、對比或祈使的句子中,這些動詞才能單獨作句子的謂語。"(《八十年代中國語法研究》,商務印書館 1993 年,第 17—18 頁。)郭鋭説:"語法位置對進入的詞語有選擇限制。"(《現代漢語詞類研究》,商務印書館 2002 年,第 81 頁。)

察而文從字順時，由於"詞的不自由"對進入研究者想要進行字詞置換的語法位置的詞的數量有着極大限制，而研究者想要進行詞語置換的字詞本身的數量也受到極大限制（如須與被換字詞形近、音近等），而這兩類字詞（能進入該語法位置的字詞、與被換字詞形近、音近的字詞）由於數量少而勢必難以重疊（由於兩類字詞篩選的標準不同，前者是語法的標準，後者是形近或音近的標準），所以這種詞語置換是很難成功的。而當原句經共時語言的考察并非文從字順也即所謂"不詞"時，在進行詞語置換之後原句經共時語言的全面考察能夠確定滯礙頓消因而文從字順之後，同樣由於"詞的不自由"對字詞置換的語法位置的詞的數量有着極大限制，也同樣由於研究者進行詞語置換的詞必須與誤字形近或音近等因而其數量也受到極大限制（也即研究者尋找正字的範圍可局限於與誤字形近、音近者），於是在大大縮小尋找正字範圍因而給研究帶來便利的同時還可證明置換之後的字詞就是這兩條綫（該語法位置上可以出現的詞、與被置換字詞形近或音近的字詞）交叉點上的那一字詞，因而其正確性也因此更加得以確立（例如，下文所列王念孫對《老子》三十一章的考證）。由此可以總結出以下兩點：1.能否成功進行字詞置換的關鍵，在於原句經共時語言的全面考察之後能否文從字順。2.置原句是否文從字順於不顧，僅僅根據是否合於某人思想、是否合於情理而認爲原句有誤從而進行字詞置換的做法有欠穩妥。

　　至於第四點，即訓詁學大師的經典性案例都不是這樣做的，從《卷首的話》中所列的經典範例看，已經一目瞭然。不過目前各學術刊物及學術論著中，沿襲本文第三部分所指出之誤者比比皆是，讀者不可不注意及之。

****

行文至此,已將讀古書的正確、錯誤做法以及致誤原因大致交代清楚,讀者如想就此打住,而開始讀正文,也是可以的。如果還想更深入瞭解一些,不妨再細讀下文。我們將在"解決語言問題該從何著手""方法的重要性""何以體現'王氏父子文法觀念之深,確爲古人所未有'""王氏父子具體是怎樣做的""試用現代語言學原理分析王氏父子這樣做何以成功""受王氏的啓示,我們今天應當怎樣做""我們的具體做法""對近來《論語》諸注本的評價""《論語》古代主要注本的簡介及幾種重要參考書""關於《論語新注新譯》的未盡問題"等方面加以展開。

"我們的具體做法"這一部分比較長,我們總結爲一個"絶不要",一個"一定要",以及兩個"要注意"。即"絶不要以語言系統外的證據作爲主要證據甚至唯一證據","一定要有較多相關書證"。前者使得考證者不致誤入歧途,後者使得考證者有可能求得正確結論。兩個要注意是:要注意不能輕易否定漢晉人的故訓,要注意儘量使用詞的常義而儘量避免使用僻義。

五、解決語言問題該從何著手

王力先生在談到傳統訓詁學的局限時說:"假定這種研究方法不改變,我們試把十位學者隔離起來,分頭研究同一篇比較難懂的古典文章,可能得到十種不同的結果。可能這十種意見都是新穎可喜的,但是不可能全是正確的。其中可能有一種解釋是正確的,因爲它是從語言出發去研究的;但是也可能十種解釋全是錯誤的,因爲都是先假設了一種新穎可喜的解釋,然後再乞靈於'一聲之轉'之類的'證據',那末,這些假設只能成爲空中樓閣了。就一般情況說,這些新穎可喜的解釋往往得不到普遍承認,聚訟紛紜,誰也説服不了誰。有時候,也有相反的情況,由於某一位語言學者的聲望較高,他的新説得到了學術界多數人同意,差不多成爲定論了,但是這種情況並不一定是好事。我們追求的是真理,而不是簡單地要求學術界對某一問題趕快作出結論。如果訓詁學上没有充分的科學根據,所謂定論也是建築在沙灘上的。"①

這裏有三點值得注意。一是,不管某位或某些學者如何博學多才,如果方法不正確,其研究的結論不論多麽"新穎可喜","也是建築在沙灘上的"。二是,這一錯誤的方法通常是,"先假設了一種新穎可喜的解釋,然後再乞靈於'一聲之轉'之類的'證據',那末,這些假設只能成爲空中樓閣了"。三是,較爲正確的解決語言内部問題的方法必須是"從語言出發去研究的",而不能"先主觀地認爲他必然有這種思想,從而引出結論説,他既然有這種思想,他這一句話也只能作這種解釋了"。這正是我們在本文第三部分"解讀古書的一種常見的錯誤做法"中所指出的。

可見,解決語言問題,應該是"從語言出發去研究的",也就是上文說的"從語言中來,到語言中去"。這一看法,我們姑且稱之爲解決語言問題的"語言本位論"。堅持語言本位論,是我們展開討論的基礎。

六、方法的重要性

本文第一部分已經講到,顧頡剛先生認爲,近三百年來治古典

---

① 《訓詁學上的一些問題》,《王力語言學論文集》,第518頁。

者以王念孫父子、王國維、楊樹達最爲精湛。王國維有著名的"二重證據法",成就巨大,至今嘉惠學林。楊樹達先生採納的是文法訓詁相結合的方法,已見上文。解決古書中疑難詞句最爲成功的,是清代以"最博最精"著稱的高郵王念孫、引之父子。其《讀書雜志》《經義述聞》,是解讀先秦兩漢古籍疑難詞句的成功典範,這是學術界的共識。我們常説清代小學是以"段王"爲代表,而王氏的成就更高於段氏,這也幾乎是學術界的共識。我們知道,任何學問要取得新進展,端賴新方法的運用。清代小學如日中天,其成就的取得,論者以爲得益於古音學的巨大進展,學者可以突破字形的束縛,因聲求義。那麽,同樣得益於古音學的進展,高郵王氏父子爲何高出儕輩呢?王氏父子的獨步千古,除了純熟運用古音學,還採用了哪種方法呢?對此,楊樹達先生回答説:"凡讀書者有二事焉,一曰明訓詁,二曰通文法。訓詁治其實,文法求其虚。清儒善説經者,首推高郵王氏。其所著書,如《廣雅疏證》,徵實之事也;《經傳釋詞》,擣虚之事也。其《讀書雜志》《經義述聞》,則交會虚實而成者也。嗚乎!虚實交會,此王氏之所以卓絶一時,而獨開百年來治學之風氣也。"①先生又説:"其書雖未能成爲系統整然之文法學,而文法學材料之豐富與精當,未有過之者。蓋王氏父子文法觀念之深,確爲古人所未有,故其説多犁然有當於人心也。"②也即,"王氏之所以卓絶一時,而獨開百年來治學之風氣",乃在於他們"虚實交會",採納了文法訓詁相結合的方法。我們知道,王國維先生的卓越,"二重證據法"的提出與精湛運用是至爲關鍵的。

---

① 楊樹達:《詞詮》(上海古籍出版社2007年),第1頁。
② 楊樹達:《中國文法學小史》,載《積微居小學述林全編》(上海古籍出版社2007年),第631頁。

此處不擬深論。而爲陳寅恪先生譽之爲"當今文字訓詁之學第一人"①的楊樹達先生,其成功的關鍵,乃是自覺走文法訓詁相結合的道路。在這裏,我們想要強調的,一是,語法,是語言的組織結構;語法學,是探索語言組織結構規律的科學。不能瞭解語言組織結構規律,精讀古書,正確地解釋古今見仁見智的疑難詞句是不可能的。二是,新方法的提出與成功運用,是超邁前修,提高學術水準的關鍵。結論是,走訓詁語法相結合的道路,將能大大提高古籍整理,尤其是其中疑難詞句釋讀的水準。

七、何以體現"王氏父子文法觀念之深,確爲古人所未有"?

何謂"文法學材料之豐富與精當"?何以體現"王氏父子文法觀念之深,確爲古人所未有"?在楊樹達先生的《積微居小學述林全編》中,和《中國文法學小史》緊排在一道的《訓詁學小史》作了完整的詮釋。文中總結王氏父子所以"獨開百年來治學之風氣"的緣故,乃有四點原因。1. 了徹音義相通之故。2. 能鉤古義之沉。3. 審句例。4. 審詞氣。②

其中,除第一點"了徹音義相通之故"爲清代以"段王"爲代表的訓詁學大師的共同特徵,並非王氏所獨有,所以並未舉例之外,其餘三點均可用於解釋上述王氏父子之書"文法學材料之豐富與精當",以及"王氏父子文法觀念之深,確爲古人所未有"。以上三點即使不爲王氏父子所獨有,他們也是特別突出的;在這三點中,楊樹達先生共舉有王氏父子的訓詁範例七則。茲每點抄錄一則。

---

① 楊逢彬整理:《積微居友朋書札》(湖南教育出版社 1986 年),第 93 頁。
② 《訓詁學小史》,載《積微居小學述林全編》,第 616—620 頁。

1. 能鉤古義之沉：

《荀子·臣道篇》云："事聖君者有聽從，無諫爭；事中君者，有諫爭，無諂諛；事暴君者，有補削，無撟拂。"楊倞注云："補，謂彌縫其闕；削，謂除去其惡。言不敢顯諫，闇匡救之也。"王氏云："楊分'補'與'削'爲二義，非也。聽從、諫爭、諂諛、補削、撟拂，皆兩字同義。補削，謂彌縫其闕也；削者，縫也。《韓子·難篇》曰：'管仲善制割，賓胥無善削縫，隰朋善純緣。衣成，君舉而服之。'制割、削縫、純緣，亦兩字同義。《呂氏春秋·行論篇》曰：'莊王方削袂。'《燕策》曰：'身自削甲扎，妻自組甲絣。'蓋古者謂'縫'爲'削'，而後世小學書皆無此訓，失其傳久矣。"①

這一例是説聽從、諫爭、諂諛、撟拂、制割、削縫、純緣等都是同義語素組成的聯合結構的詞，"補削"自不能例外，"削"的意義也是"補"。並舉有《呂氏春秋·行論篇》《戰國策·燕策》的兩例書證。

2. 審句例：

家大人曰："《終風篇》：'終風且暴。'《毛詩》曰：'終日風爲終風。'《韓詩》曰：'終風，西風也。'此皆緣詞生訓，非經文本義。'終'猶'既'也，言既風且暴也。……《燕燕》曰：'終溫且惠，淑慎其身。'《北門》曰：'終窶且貧，莫知我艱。'《小雅·伐木》曰：'神之聽之，終和且平。'（《商頌·那》曰：'既和且平。'）《甫田》曰：'禾易長畝，終善且有。'《正月》曰：'終

---

① 《讀書雜志》，第 692 頁。

其永懷,又窘陰雨。'‘終'字皆當訓爲‘既'。"①

王氏之外的一些訓詁家,因不明句例,故"往往鄘書燕説,違失其真"(參見第四部分第二點楊樹達先生所説)。其實,這也是今日許多訓詁家的通病。所謂"句例",就是"句式"。即以這一例來説,就是明瞭"終~且~"的句式,才能正確解讀"終風且暴"。

3. 審詞氣:

《三十一章》:"夫佳兵者不祥之器,物或惡之,故有道者不處。"《釋文》:"佳,善也。"河上云:"飾也。"念孫案,"善""飾"二訓皆於義未安。……今按"佳"當訓"佳",字之誤也。佳,古"唯"字也(唯,或作"惟",又作"維")。唯兵爲不祥之器,故有道者不處。上言"夫唯",下言"故",文義正相承也。八章云:"夫唯不爭,故無尤。"十五章云:"夫唯不可識,故強爲之容。"又云:"夫唯不盈,故能蔽不新成。"《二十二章》云:"夫唯不爭,故天下莫能與之爭。"皆其證也。古鐘鼎文"唯"字作"佳",石鼓文亦然。②

這一例其實也是通過總結出某一句式來解讀古書。因爲《老子》一書中有好些"夫唯……,故……"句式的句子,又由於"佳"與"唯"的古體"隹"字形極爲接近,故王氏斷定"夫佳兵者"是"夫唯兵者"之誤。

何以"王氏父子文法觀念之深,確爲古人所未有"? 何以"其書雖未能成爲系統整然之文法學,而文法學材料之豐富與精當,未

---

① 《經義述聞》,第 122—123 頁。
② 《讀書雜志》,第 1010 頁。

有過之"? 通過以上例證,足以説明"王氏之所以卓絶一時,而獨開百年來治學之風氣"的個中奧妙。

那麽,我們今日解決古書中的疑難詞句問題,該採取什麽方法,不是呼之欲出了嗎?

八、王氏父子具體是怎樣做的?

讓我們看看王氏具體是如何做的。王氏父子固然十分注意採納故訓(古代注家如何説,《説文》如何説,等等),採納因聲求義的辦法(例如釋《老子》"行於大道,唯施是畏"的"施"爲"迤",意爲"邪"),以及採納辨析字形,特别是通過出土文獻辨析字形(如釋《左傳·隱公六年》"從自及也"之"從"爲"徒"①;又如上引釋《老子》"夫佳兵者",爲"夫唯兵者",説"佳,古'唯'字也……古鐘鼎文'唯'字作'佳',石鼓文亦然。")的辦法。但是,綜觀王氏最爲人所稱道的若干名篇,其中起關鍵作用而不可或缺的是,徵引大量的書證,特别是與被證詞句同一結構同一句式的書證。其原理,無非是通過綜合歸納抽繹這些書證,考察疑難詞句所出現的上下文條件,也即考察分佈。本文第七部分所引"審句例""審詞氣"的釋《詩經》"終風且暴",釋《老子》"夫佳兵者"兩篇,都是因爲引用同一時代同一句式的書證從而令人信服成爲經典的。前者以《詩經》中若干條"終~且~"句式的書證,正確解讀了"終風且暴"的"終"爲"語詞",是"既"的意思;後者以《老子》中若干"夫唯……,故……"句式的書證,斷定"夫佳兵者"是"夫唯兵者"之誤。又如楊樹達先生在《訓詁學小史》之"審句例"舉王氏釋《周易·大壯》

---

① 《經義述聞》,第398頁。

"喪羊於易,無悔"的"易"爲例,王氏認爲不當如王弼釋做"平易",而應讀爲"疆埸"之"埸"①。理由是《周易》中"同人於野""同人於門""同人於宗""伏戎於莽""同人於郊""拂經於邱""遇主於巷""末一字皆實指其地"。可以説,考證古今衆説紛紜仁智互見的詞句,書證,特别是同一結構同一句式的書證,是不可或缺的。下文將要詳述,它是確定詞句考釋是否成功幾乎必不可少的一道檢驗大關。當然,在王氏父子的時代,要做到這一點必須博聞强記,藏書豐富。

九、試用現代語言學原理分析王氏父子這樣做何以成功

這當然不是區區幾千字可以説清楚的,足以寫成一部學術專著。這裏只就《卷首的話》以及本文第七部分所引來加以審視。如前文所述,王氏最爲人所稱道的若干名篇,其中起關鍵作用而不可或缺的是,徵引大量的書證,特别是與被證詞句同一時代同一句式或同一結構的書證。前文已説過,不同的上下文是某詞不同的意義出現的條件。考察這些上下文就可知道該詞在各自的上下文中究竟是何意義。考察上下文出現的條件,用語法術語説,就是考察"分佈"。其原理也可以簡單歸納爲:意義不同,分佈也不同。也即,不同的兩個詞,分佈一般不相同;一個詞的各個義位,其分佈不相同。一個詞内部某意義引申出另一意義,分佈一般要改變,即後一意義的分佈一般與前一意義有所不同。一個詞分化爲兩個或多個詞,分佈一般要改變,即這兩個或幾個詞分佈一般不同。何謂"分佈"? 它一是指詞在句中所佔據的語法位置,也即詞所充當的

---

① 《經義述聞》,第 24 頁。

句法成分,如主語、謂語、賓語、定語、狀語,等等;二是指詞的結合能力,即該詞修飾何詞,該詞被何詞修飾,等等。因此,要想知道句中某字到底是哪個詞(一字可以是多個詞),考察其分佈就可以了;要想知道句中某詞是其本義和若干引申義中的哪一意義,考察其分佈就可以了。本文第七部分,楊樹達先生總結王氏所以成功的"鈎古義之沉""審句例""審詞氣",所舉三例其實都可視爲考察分佈。《荀子》一例論證與"補削"並列的都是同義語素組成的聯合結構的詞,"補削"自不能例外,"削"的意義也是"補"。《詩經》一例通過結合關係的考察,得出在"終~且~"的組合關係中,"終"都是類似於"既"的意思。《老子》一例同樣是通過組合關係來加以考察,即通過對《老子》中多例"夫唯……,故……"句式句子的歸納,從而得出"夫佳兵者"是"夫唯兵者"之誤的結論。所以我們說,提供書證,也即分佈的考察,是確定詞句考釋是否成功的幾乎必不可少的一道檢驗大關。不通過這道檢驗關而得出的結論,往往失敗。如下文所舉將"民可使由之,不可使知之"之斷作"民可,使由之;不可,使知之"。

知道了"分佈"的原理(通俗地說就是詞句出現的上下文條件),就明白古代語言不是泥人張手裏的泥巴,不能隨心所欲,想怎麽捏就怎麽捏。以《泰伯》"民可使由之,不可使知之"爲例,如果有不同於先前的讀法,如斷作"民可,使由之;不可,使知之"或"民可使,由之;不可使,知之",那麽,也該過一過"分佈"這道檢驗關;即檢驗一下當時的語言有無這種表達法,而不能自己覺得"文從字順",就萬事大吉了。在8.9這一章的《考證》中,我們對"民可,使由之;不可,使知之"的讀法詳加考證,證明了在當時語言中,確如楊伯峻先生所言"古人無此語法";同時,也指出讀作"民可使,由之;不可使,知之"等其他讀法同樣不可據。也即,這些個讀法是經過不了"分佈"這道檢驗大關的;一加檢驗,便原形畢露。而"民可使由之,不可使知之"的傳統讀法卻是"真金不怕火煉"。

在介紹完"分佈不同,意義也不同"之後,有必要簡介一下所謂"奧卡姆剃刀原理"。簡單地說,就是如果能用一種簡單的理論,或原理,或定理,就儘量不要用繁複的。或者說,當有兩個處於競爭地位的理論能得出同樣的結論,那麼簡單的那個更好。① 科學理論的特點之一,是原理上的簡潔性,這是指科學理論的簡單形式與其深廣內涵的統一。也就是說,要從儘可能少的假設或公理出發,概括儘可能多的經驗事實。"意義不同,分佈也不同;因此考察意義必須由考察分佈入手",這一原理,實在是比較簡單的。又如,下文十一部分總結的"書證歸納格式,格式凸顯詞義",也是簡單明瞭的。

同時,我們注意到,本文第七部分所舉王氏用以論證的書證,都是同一時代的。《詩經》《老子》兩例,書證全出自同書,時代相同,自不待言;而《荀子》一例,書證乃出自《韓非子》《呂氏春秋》與《戰國策》,時代也相同或相近,難道出自偶然？語言學的一條基本原理是,語言是變化的,這就是語言的歷史性。因此,論證某一時代的語言現象,用以論證的書證,其時代必須相同或相近。王氏之所爲,正符合這一原理。

十、受王氏的啓示,我們今天應當怎樣做

凡事要取得成功,需要揚長避短。那麼,我們不妨先分析一下

---

① 參見王鑫:《一分鐘的奧卡姆剃刀》(中國城市出版社 2005 年)。

古人的長處和短處,今人的長處和短處,如此才能揚我之長而避我之短。

古代大師的長處是:從小記誦,從而博聞強記,語感絕佳;精通文字音韻訓詁版本目錄校勘之學,以之整理文獻,長年累月浸染其中而樂此不疲,往往能揭示出若干規律,再將其運用於文獻整理的實踐。王氏的許多名篇如上舉之釋"終風且暴""夫佳兵者",體現了這一點;俞樾《古書疑義舉例》所揭示的許多規律,同樣體現了這一點。

古代大師的短處是:浩如煙海的文獻,難以窮盡;因而只能依賴記誦及藏書,無語法學等現代語言學理論指導。如前文所言,語法,是語言的組織結構;語法學,是探索語言組織結構規律的科學。不能瞭解語言組織結構規律,精讀古書,正確地解釋古今見仁見智的疑難詞句是不可能的。雖然古代大師長期沉浸其中,往往能抽繹總結出一些規律化的東西,如上舉王氏父子之所爲,又如俞樾《古書疑義舉例》所舉諸現象,但畢竟是零星的,不完整的。今天的學者限於各種主客觀條件,不能如古代大師那樣長期浸染其中,如果還拒絕採納現代語言學方法,想要縮短與古代大師的差距,進而迎頭趕上而後超越之,在疑難詞句的解讀上做出精湛的考證,可能性是不大的。

今人的短處正是古代大師的長處:語感不如古代大師,記誦不如古代大師,文字音韻訓詁之學運用的純熟不如古代大師,等等。

今人的長處正是古人的短處:電腦檢索,浩如煙海的文獻轉瞬即到眼前。有語言學理論例如語法學、詞彙學的指導。

明瞭了今人的短處和長處,揚長避短就有路可循了。

整理古籍包括解讀古今見仁見智的疑難詞句,有幾條路可走,

第一條路,有一整套理論方法,即文字音韻訓詁、版本目錄校勘之學,但今人早則大學才開始受系統訓練(如古典文獻學專業、國學專業本科生),遲則到碩士生、博士生階段以及更後的階段,因而古文的記誦與理解跟不上,更別説很强的語感了。第二條路,用現代語言學的方法解讀古書,特別是釋讀古書中的疑難詞句,雖然這方面早有若干論文,卻未見以此方法注釋某部古籍的專著。因此,説這是一條新路,似不爲過。用這一方法釋讀古書,在一些方面還沒有現成的經驗,還須深入探索。還有介乎二者之間第三條路,有楊樹達先生導夫先路,即傳統訓詁學與現代語法學詞彙學相結合的方法。沿著這條路,繼續開拓,大約是較爲穩妥可行的。我們呈獻的《論語新注新譯》可視爲沿著第二條第三條路前進的探索之作。不敢自詡導夫先路,差可謂之日出前之爝火。

楊樹達先生的《積微居小學述林全編》中有兩篇緊挨著的文章《訓詁學小史》《中國文法學小史》,後一篇説王氏父子"其書雖未能成爲系統整然之文法學,而文法學材料之豐富與精當,未有過之者。蓋王氏父子文法觀念之深,確爲古人所未有,故其説多犁然有當於人心也"。前一篇則總結王氏父子所以"獨開百年來治學之風氣"的緣故,乃是因爲:一、了徹音義相通之故。二、能鈎古義之沉。三、審句例。四、審詞氣。如本文第七部分所言,二、三、四三點在訓詁學框架内説明"王氏父子文法觀念之深,確爲古人所未有"。一方面,不瞭解語言組織結構規律不能精讀古書,因此整理古籍者有必要加强語法學素養。另一方面,訓詁學是一個龐雜而開放的學術體系,其邊界並不是十分清楚,這就決定了它可以容納語法學的若干内容。對照楊樹達先生的上述《訓詁學小史》《中國文法學小史》兩篇文章,不難發現他正是這樣做的,所謂"舊瓶裝新酒"是也。王氏父子的若干精湛的考證之作，也證明了這一點。這同時也是第三方面，古代大師長期浸染於典籍之中，往往能抽繹歸納總結出一些規律化的東西，也就是楊樹達先生所謂"文法觀念較深"。我們可以設想，如果没有國門洞開，西學東漸，從而没有《馬氏文通》的問世，也許經過數代學者繼踵王氏父子的步武，在訓詁學的體系内，漢語語法學也能發芽成長爲參天大樹。這樣設想的目的，無非爲了説明，探索語言組織結構規律的語法學，對於古籍整理，尤其是其中的疑難詞句釋讀，是不可或缺的。

楊樹達先生説："校《淮南》者莫精於高郵王氏，然王氏到今已有百餘年，思想及學術皆大進，故王説多須修正。如'人主者以天下之力爭'，王校改'爭'爲'動'，此明受時代影響之束縛。"[①]近現代以來，新學科如雨後之春筍，不斷湧現；老學科雖舊邦而新命，得以昇華。不必一一贅舉。這就决定了在古書疑難詞句的釋讀方面，我們必須揚長避短，接近古人，趕上古人，進而超越古人。但這是一個長期的任務。在這一漫長的進軍中，如前所言，著者願意成爲日出前的爝火，給漫漫征途送去些微光明。著者即將奉獻給讀者的這部《論語新注新譯》就是默默耕耘十年之後的階段性成果。

如前所言，古代大師長期浸染於典籍之中，往往能抽繹歸納總結出一些規律化的東西。今人限於主客觀條件，不能自幼熟讀古書，如果還不主動運用語法這一利器，可以斷言，其解讀古書疑難詞句的水準絶對不如古人。反之，今人如能揚長避短，雖然文獻訓詁水準難以企及古代大師，但失之東隅收之桑榆，有理論的指導，

[①] 楊樹達：《積微翁回憶録》（上海古籍出版社2007年），第360頁。

有電腦技術的運用,也能做出與古代大師同樣精湛的考據成果,而又避免古人的失誤。今人聰明才智不在古人之下,而科學昌明,遠過昔年。所以,做出超越古人的成果,實在是必然趨勢。只是千里之行始於足下,現在必須踏踏實實地起步。

理想的做法是運用現代語言學理論(包括理論語言學的各方面——語法學、詞彙學、音系學、歷史語言學的基本方法),以之和傳統小學方法(文字音韻訓詁,版本目錄校勘)相結合,同時運用電腦檢索,當對某一古今見仁見智聚訟紛紜的詞句進行考察時,對同一時期該詞句可能出現的典籍作窮盡性的考察。我們對《論語‧八佾》"揖讓而升下而飲"的考證即爲一例。在這一例中,共考察了《左傳》(3104)《論語》(354)《國語》(1506)《孟子》(772)中5736個"而",未見其中有"……而……,而……"的句式,這證明連詞"而"連接謂詞性結構時,必須雙肩挑,而不能只顧一頭。而"……而……,且……"這一格式的存在,用語言系統性的原理解釋,大大排除了表達同一意義的"……而……,而……"句式存在的可能性。因此可知斷作"揖讓而升下,而飲"之不可取。

我們在釋讀《里仁》"勞而不怨"的"勞"不當如《經義述聞》之釋"憂也",運用了詞彙學研究中常用的義素分析法:"《王力古漢語字典》'憂'的第一個義位是'憂慮''憂傷',而'憂慮'這一義位大致可以分析爲[操勞]+[心(腦)]+[壞心情],'勞心'正是'操勞其心'。這樣看來,將'勞心'理解爲、翻譯爲'憂'是可以的;但'勞心'的'勞',其詞彙意義並無本質上的改變。換言之,'勞心'可以理解爲'憂',但'勞'不能理解爲'憂'。"

如果暫時達不到理想的狀態,至少也要以語法和訓詁相結合,同時儘量運用電腦檢索,儘量對同一時期的典籍中的被考察詞句作窮盡性研究。如前文所言,語法學,是探索語言組織結構規律的科學。不瞭解語言組織結構規律,精讀古書,正確地解釋古今見仁見智的疑難詞句困難很大。我們之釋讀《論語》,固然有如同上文所引解釋"勞而不怨"的"勞"那樣運用詞彙學中的義素分析法的地方,但書中這些地方並不多見,所以,這册《論語新注新譯》雖然差可謂之較以往注《論》諸書,在疑難詞語的考釋上更勝一籌,但也還實在未達到理想狀態。

必須强調,今人要想達到上述兩種狀態中的任何一種,一定的語感,一定的記誦是必不可少的。電腦檢索並不是萬能的,有時還得首先靠記誦和語感。例如我們對《子張》"子夏之門人小子當灑掃應對進退則可矣"之"門人小子"是否斷開的考證,就是如此。我們這裏用來論證的關鍵證據"志士仁人""凶年饑歲""祖裼裸裎""遙蕩恣睢轉徙"都無法通過"子夏之門人小子當灑掃應對進退則可矣"中提供的關鍵字檢索出來。這一考證,完全靠平時的積累、記誦,當然也包括語感才得以完成。

十一、我們的具體做法

這是著者在實踐過程中摸索出的若干經驗,總結出的若干心得。不敢稱之爲"原則",但著者在後來的實踐中是將其視同"原則"的。著者之總結若干心得,最初乃是受楊樹達先生《積微居小學述林·自序》之總結治文字學"六總綱五條例"的啓發。

1. 首先分爲證僞和證實兩個步驟,即在證明己說正確之前先必須證明他說之不正確。所謂僅僅謂己說"可備一說"而不去證僞是不值得提倡的。

2. 所有證據首先區分爲語言系統内部的和語言系統外部的兩

大類。語言内部的證據是主要的,自足的,而語言外部的證據是次要的,非自足的;因此,語言外部的證據不能作爲主要的,更不能作爲唯一的證據。這一原則必須貫徹到證僞和證實兩個步驟上。

3. 比較特殊的是文字(指字形)的證據。雖然文字不是語言的内部構成要素,但由於古漢語没有録音,完全是漢字記録下來的,因此,雖然我們可以將文字的證據視爲語言外證據中最重要的證據,但將其視爲(或處理爲)語言内部的證據可能更好。

4. 語言内部的證據中,必須以求得語言内部規律爲主:一是使用前人總結的語言内部規律,二是自己總結規律。自己總結規律,需要提供大量同一結構同一句式的書證。使用前人總結的規律,書證也不可或缺。

5. 語言外部的證據中,歷史事實等比較重要,最不可靠的、最不靠譜的是所謂思想,所謂情理。

6. 漢晉諸家之説,其可靠性從概率上看,大大高於考據學興盛時期的清儒之説;尤其是當後者從語言外部著手證僞時,其結論基本上是不會正確的,但仍須論證。所以,當無確證證實漢儒之説,而清儒無堅强證據推翻漢儒成説時,暫從漢儒。

7. 某詞語有2個或2個以上義位,優先考慮常義,儘量避免使用僻義。

以上7點,我們總結爲一個"絶不要",一個"一定要",以及兩個"要注意"。即"絶不要以語言系統外的證據作爲主要證據甚至唯一證據","一定要有較多相關書證"。前者使得考證者不致誤入歧途,後者使得考證者有可能求得正確結論。兩個要注意的是:要注意不能輕易否定漢晉人的故訓,要注意儘量使用常義而儘量避免使用僻義。

以上7點中，第2點是理論基礎，而第4點是釋讀疑難詞句最爲關鍵的步驟。先説第2點。

此點我們在本文第四部分已經涉及。論證學的原理告訴我們，證據與被證之間必須具有關聯性，關聯性越強，越有可證性。而系統學的基本原理是：任何系統，其内部各要素之間聯繫是較爲直接的，頻繁的，緊密的，而内部與外部（環境）之間的聯繫是間接的，稀少的，疏鬆的。也即，系統内部各要素之間的關聯性强，系統内部與系統外部之間的關聯性較弱。根據關聯性越强，越有可證性的原理，求證系統内部的問題應當主要依賴該系統内部的證據。證據學的原理又認爲，間接證據不能單獨證明被證，必須組成各證據互相支持而非互相矛盾的證據鏈來證明被證才有價值。而系統外部的證據無疑都是間接證據。這些，幾乎是一切自然科學和社會科學的常識。語言學的基本常識告訴我們，語言是一個系統；因此，語言系統内部的證據與語言外部的證據絶不能等量齊觀，它們所佔的權重是相差巨大的。雖然語言系統的邊界仍有待釐清，但有些東西如思想、情理等不屬於語言系統則是無疑的。在訓詁實踐的證僞環節中，經常有人僅僅依靠諸如"不符合孔子思想""不合情理"等，即以之推翻舊説。這些做法是没有多大説服力的。因此，我們認爲，語言内部的證據是主要的，自足的，而語言外部的證據是次要的，非自足的；因此，語言外部的證據不能作爲主要的，更不能作爲唯一的證據。我們做這種區分，其必要性在於，從語言外部（如思想、情理等）來論證之所以不可靠，還有一個原因。即從語言内部和外部進行論證，有時是一致的，但大多卻是不同的，矛盾的。既然從語言内部，用考察詞句所出現的條件這一方法比較可靠，那麽與之結論往往相反的從語言外部論證，就不但不能起加強論證的作用,而適足以干擾比較可靠的論證了。

退一步說,即便毫無語言系統內部的證據可用,依據證據學原理,當缺乏直接證據(略等同於系統內部證據)而不得不全部採納間接證據(略等同於系統外部證據)時,這一間接證據必須組成一個互相支持的證據鏈,而絕不能是孤證。因此,僅僅依靠思想、情理就來證偽,是絕不可靠的。

如果不是從語言系統內部進行證偽,從而建立新說,即使由以"最博最精"著稱於世的王氏父子建立的新說,也往往會千慮一失。如對《雍也》第一章"雍也可使南面"之"南面"的解釋。

在這一例證中,王引之用來證偽的,僅僅"身爲布衣,安得僭擬於人君乎"一條語言外的情理證據。正由於受這一"情理"的誤導,王引之才對先秦典籍中大量存在的"南面"表示天子、諸侯的書證視而不見,僅僅憑藉晚至漢代的《大戴禮》與《史記》兩條證據,加上讖書一條證據來支持己說。當拋棄了從語言系統內部著手而僅僅依據"情理"立說時,就走向謬誤。"最博最精"之一的王引之尚且如此,他人又將如何呢?

但很多論證,雖然是系統外部的,卻能讓讀者相信,原因何在?原來,論證大致分爲兩個方面,一方面爲邏輯論證,一方面爲修辭論證。前者是基於學理的論證,後者是基於使受衆信服的論證。某一論證,最好的效果當然是邏輯論證修辭論證俱佳。如果二者不可兼得,爲了求真,當然應當有較好的邏輯論證。但爲了符合學理,論證有時難免深奧,受衆不一定都容易接受;而修辭效果較好而學理不足的論證,卻往往較易打動受衆,所謂"雖愚夫愚婦,可以與知,不啻人人意中所欲出","犁然有當於人心";也即,大多數人是很容易相信修辭論證的。這就是爲何好的邏輯論證往往難以被接受的緣由。

　　術業有專攻。詞語解釋,也就是俗稱"字面上"的解釋,屬於語言系統內部的問題,應當主要從語言內部找證據來求得解決;字面之後蘊藏的思想、哲學、言下之意等等,就不屬於語言系統內部的問題,因而也就不應當從語言內部找證據來解決了。語言內部的問題,由語言學家來解決效果較好;語言外部的問題,如果是字面後面蘊藏的思想哲學問題,當然由研究思想史的學者、研究中國哲學的學者來解決效果較好。

　　再說第4點。即釋讀疑難詞句最爲關鍵的步驟。因爲,語言內部規律,如瞬間動詞持續動詞、自主動詞非自主動詞的劃分,實際上也是探討分佈的規律;而同一時代同一句式的書證,是從微觀上歸納某詞的某一義位語言分佈特徵之不可或缺的步驟。這一切又基於以下這一原理:多義詞在上下文中實際上只具備其諸多義位中的一個,也即,語境鎖定了某個義位。我們不一定確知其究爲哪一義位。但是,依據我們本文第九部分中所論述的意義不同分佈也不同的原理,通過考察其分佈,就可能較爲準確確定其究爲哪一義位;或者考察出該詞語的尚未被正確認識的義位。具體地說,可以總結爲"書證歸納格式,格式凸顯詞義"。如王氏父子通過"終溫且惠""終寠且貧""終和且平""終善且有"等書證的匯集,歸納出"終～且～"的格式;而通過這一歸納,"終"在這一格式中的意義也就得以凸顯。趙紀彬説"有教無類"的"有"通"域",我們則通過"有幣無牲""有死無二""有備無患""有基無壞""有禮無敗""有常刑無赦""有優無匱""有逸無罷"等書證的匯集,歸納出"有～無～"的格式。"有教無類"同屬這一格式,其中的"有"當然不可能通"域"(見15.39《考證》)。對某一詞法結構的考察,其原理也與此相同。可見,這一做法既有學理的依據,也爲公認"最博最精"的清代高郵王氏的代表作品如釋《詩經》"終風且暴"、釋《老子》"夫佳兵者"諸篇所證明是行之有效的。在實際操作中,即使以已經明瞭的語言內部規律來論證,書證一般也不能缺位。這些,在本文第九部分也已經詳述,這裏就不多說了。但必須再次強調,用以論證的書證,必須是同一時代或時代相近的,因爲語言是變化的。

除了第2、第4點,其餘各點簡要論述如下:

第1點不需多說。第3點。我們在本文第八部分"王氏父子具體是怎樣做的"已經說到,王氏父子十分注意採納辨析字形,特別是通過出土文獻辨析字形的辦法。如釋《左傳·隱公六年》"從自及也"之"從"爲"徒";又如上引釋《老子》"夫佳兵者",爲"夫唯兵者",説"佳,古'唯'字也……古鐘鼎文'唯'字作'佳',石鼓文亦然"。

第5點。爲什麼説歷史事實等比較重要?因爲歷史事實較之思想、情理等,較爲客觀。它有時可以幫助我們做出語言上的判斷。例如我們主要依據語言內部的證據,考證《論語·公冶長》的"未知,焉得仁"(5.19)是因果複句或條件複句。但到底是因果還是條件複句,若沒有歷史事實爲依據,很難判斷。因爲《論語》時代的語言中,經常缺乏表因果或條件的標記,"未知,焉得仁"就是如此。好在《左傳·僖公二十七》《二十八年》記載,楚國令尹子文舉子玉自代,結果"敗而喪其衆",是爲"未知(智)"。我們據此判斷"未知,焉得仁"爲一因果複句。

至於思想、情理,我們在本文第三、第四部分已有所闡述。如上文所述,一個最常見因而最典型的錯誤做法是,完全不考察"分佈",也即不考察被釋詞句出現的上下文條件,而是隨便拎出多義詞諸個意義中的一個,甚至拎出的是該詞並不存在的意義,然後説只有解釋爲這一意義,才符合某人的思想,才符合情理云云。關於這點,王力先生在《訓詁學上的一些問題》的第二部分《從思想上去體會還是從語言上去説明》已初步指出其謬。依據思想、情理等,懷疑詞句可能誤釋,以此作爲研究的契入點是可以的。但以之作爲證僞的唯一證據是否可行? 上文説到,思想、情理對於語言系統來説,是系統之外的因素,因而只能作爲間接證據。即使因無系統内部的證據而不得不用系統外部的證據即間接證據時,必須具備一條證據鏈,或者叫做"完整的證明體系",孤證是不行的。① 經常出現的情況是,並非缺乏系統内部的證據,尤其是書證,而是很多考證者根本没有意識到需要像高郵王氏父子那樣尋求書證,即通過"分佈"來證明。比如《論語·陽貨》"唯女子與小人爲難養也,近之則不孫,遠之則怨",有好些學者認爲孔子孝順母親,因而不可能説"女子難養",於是對整句話別作解釋。有説"女子"是"你的兒子"的,有讀"女子與"爲"汝子歟"也即"你這位先生説得好"的,不一而足。如前所述,這種没經過"分佈"檢驗的考證,其結果可能無窮多,也就幾乎無可信度可言了。

第6點。王力先生説:"古代的經生們抱殘守缺,墨守故訓,這是一個缺點。但是我們只是不要墨守故訓,卻不可以一般地否定故訓。訓詁學的主要價值,正是在於把故訓傳授下來。漢儒去古未遠,經生們所説的故訓往往是口口相傳的,可信的程度較高。漢儒讀先秦古籍,就時間的距離説,略等於我們讀宋代的古文。我

---

① 陳一雲主編:《證據學》(中國人民大學出版社 2010 年),第 129 頁。

們現代的人讀宋文容易懂呢,還是千年後的人讀宋文容易懂呢?大家都會肯定是前者。因此,我們應該相信漢代的人對先秦古籍的語言比我們懂得多些,至少不會把後代產生的意義加在先秦的詞彙上。"①我們自己進行窮盡性統計之後的考證也證明,當漢儒之説和清儒及現代諸家之説不同時,正確的往往是漢儒;尤其當清儒及現代諸家是用語言系統外部的證據進行證僞時,幾乎百分之百錯誤。可參見拙文《試證注古書不可輕易否定漢儒成説》(《長江學術》2014 年第 2 期)。

我們在本文第二部分已經談及,早期注家如漢代、晉代注家基本上是没有考證的,他們只是給出結論,説這句話、這個詞是什麽意思;而清代考據學又很發達,成就很高,注家往往都説了其然也説了所以然。這好比甲乙兩人吵架,乙歷數甲罪狀,而甲默不作聲,聽者較爲容易相信乙一樣,現代注家往往相信清人説的。在下文的"對近來《論語》諸注本的評價"部分,我們將要提到,有的注家因爲採用清人和近人研究結論較少,結果招致批評。

上舉《雍也》第一章"雍也可使南面",乃其一例。《子罕》:"子欲居九夷。或曰:'陋,如之何?'子曰:'君子居之,何陋之有?'"又是一例,讀者可以參看這兩章的《考證》。在後一例中,古代注家馬融、皇侃、孫綽、朱熹的解釋是對的,現代注家用後產生的"簡陋"義來解釋"陋",不如古代注家準確。

第 7 點。王力先生説:"從語言的社會性來看,語言的詞彙所表達的,應該都是經常的意義,而不是偏僻的意義。一句話中用了僻詞僻義,就在一定程度上妨礙了思想的交流,妨礙了交際;如果

---

① 《訓詁學上的一些問題》,《王力語言學論文集》,第 530 頁。

僻詞僻義用得多了,就變成不可懂的語言,失掉語言的作用了。"①爲什麽要儘量避免使用僻義? 一是僻義從出現概率上說較低;二是僻義往往是隨文釋義的結果,或者是不完全論證的結果,往往不太可靠,也即,它往往是該詞無中生有的"意義"。

以往有些注家,喜歡使用僻義以炫博,引經據典説某詞原來有某義;讀爲某義,則符合某人思想符合情理云云。讀者也十分佩服作者的博學,但這些結論卻是不大可信的。這又説明,讀書多而不講究方法,往往徒費精力。

讀者可以注意到,本書中的考證是不大使用僻義的。

有兩點需要强調:1. 我們並未排斥語言系統之外的證據,只是,這類證據是次要的,輔助的。2. 語言系統内部證據中,故訓、通假、字形等非常重要,但它們只是提供了可能性,近似必然性結果的求得,必須依賴書證,尤其是同結構同句式的書證。

十二、對近來《論語》諸注本的評價

我們通過上述各部分的總結,得出上文即第十一部分的若干心得,並以此作爲自己的原則,整理了這部《論語新注新譯》,重點在《考證》部分。下面,我們依據上述原則,對近幾十年來的有關《論語》的影響較大的譯注類書籍(潘重規《論語今注》有注而無譯,較爲特殊)作一述評。同時,有的著作,雖不是注本,但該著作中有着大量的詞句考釋,如趙紀彬《論語新探》②,我們也予以評述。

---

① 《訓詁學上的一些問題》,《王力語言學論文集》,第 524 頁。
② 趙紀彬:《論語新探》(人民出版社 1976 年)。

如前所述，本書重在疑難詞句的解釋。因此，對同類著作的評價也一以疑難詞句的解釋是否正確爲依歸。即，疑難詞句的解釋較爲準確的，評價高；疑難詞句的解釋不大準確的，評價低。而評定解釋正確與否的標準，即十一部分所列的幾點。因此，認同著者的考釋，以及第十一部分所列的幾點，是同意著者評騭諸書的基礎。牛澤群《論語劄記》①對注《論》諸書逐一進行了評價，李零《喪家狗——我讀〈論語〉》②的《導讀》的第四部分以牛書爲契入點評騭現代注《論》諸書，我們不妨也以李書爲契入點來點評。當然，我們評騭的，也有少數李書並未論及，包括李書本身以及以北京大學哲學系 1970 級工農兵學員名義編著的《論語批注》③。其順序，不妨按李書的順序來，然後大體依照初版的時間順序將《論語批注》放在錢穆《論語新解》④之後，將潘重規《論語今注》⑤和《喪家狗》放在李澤厚《論語今讀》⑥之後。

1. 趙紀彬《論語新探》

李零説："'文革'版，當然有時代烙印，很多人以政治原因，棄而不讀，但其研究水平實遠出於時下的流行新作，很多細節考證，至今仍有參考價值。"⑦《論語新探》確實在考據上下了大功夫，引用了大量語料，也多從語言内部著手考證。應當説，較之純粹從語言外部著手論證，該書的做法是較爲高明的。但是，趙書似乎是先

---

① 牛澤群：《論語劄記》（北京燕山出版社 2003 年）。
② 李零：《喪家狗——我讀〈論語〉》（山西人民出版社 2007 年）。
③ 北京大學哲學系 1970 級工農兵學員：《論語批注》（中華書局 1974 年）。
④ 錢穆：《論語新解》（巴蜀書社 1985 年）。
⑤ 潘重規：《論語今注》（里仁書局 2000 年）。
⑥ 李澤厚：《論語今讀》（安徽文藝出版社 1998 年）。
⑦ 《喪家狗——我讀〈論語〉》，第 41 頁。

有結論，然後又帶著傾向性找證據，因而其結論往往是靠不住的。例如，《釋"人""民"》一文開篇即說："我們歸納全書，發現一件頗爲有趣而意義亦相當重大的事實，即孔門所說的'人''民'，是指春秋時期相互對立的兩個階級；兩者在生產關係中是剝削與被剝削的關係，在政治領域中有統治與被統治的區別，因而其物質生活及精神生活的内容與形式，亦復互不相同。"①文末又說："總結以上各方面的考察，足證《論語》所說的'人'與'民'，相當於一般奴隸制社會的兩大階級：'民'是奴隸階級，'人'是奴隸主階級。……就《論語》語法來看，如此確定，於全書章句，似乎尚無不合。孔門言'誨'，係以'人'爲對象；孔門的政論，亦係爲'人'的階級服務。因此，我們認爲：孔丘所創立的古代前期儒家，是春秋時期'人'的階級的學派。"②又例如："總而言之，《論語》'有教無類'的'教'字，乃是奴隸主貴族對於所域之民施行的教化，發佈的教令，以及軍事技能的强制性教練。但是，不論政治經濟上的教化、教令，或軍事戰陣上的技能教練，全爲上施下效的强制性措施，目的在於將奴隸主貴族所需要的精神繩索强加於民，迫之必從，而與在'人'的内部進行'誨知''學習'的教育，有嚴格的階級界限，不容混同。"③在我們的研究中，已經證明趙說無據。我們證明，《論語》時代語言中"人""民"的塙詁爲，"人"表個體，"民"表群體，"民"涵蓋了"人"。《論語》成書時代的語料中，大量證據顯示：貴族也是"民"；"民"與"君"相對而言；"民"與"人"卻並非相對而言，"民"涵蓋了"人"；"民"可祭祀，而且爲"民"制定禄位。

---

① 《論語新探》，第1頁。
② 《論語新探》，第26頁。
③ 《論語新探》，第81頁。

我們又證明,"教""誨"絕非如趙氏所云"有嚴格的階級界限"。如,"教"的賓語經常是國君、貴族。"誨"的賓語也常爲"民"或指代"民"的。① 《論語新探》的考據,初看證據排山倒海而來,令人目不暇接,但大多經不起推敲。

2. 楊伯峻《論語譯注》

李零評述《論語譯注》說:"牛澤群對此書有四點批評,'一、通俗性强,研究性弱;二、摭舊説多,採新成果少;三、明顯硬傷性錯誤時見;四、著力不够,用功不多'。這四點,除第三點,恐怕重了一些,我大體同意。我的印象中,此書注釋太少太簡,寡而失要,有時該注不注,不該注反而注,於疑難問題,也缺乏考證,並無多少新見,遠不如他的《春秋左傳注》,但總的說起來,還比較平實可靠。"② 我們認爲,第一點所謂"通俗性强,研究性弱",以及第四點所謂"著力不够,用功不多"很大程度上是該書的體例決定的。第三點"明顯硬傷性錯誤時見",不知何所指?牛書往往從情理出發,或改句讀,或做新解,不知是否强作解人?牛說的第二點,從詞句考釋的準確度角度看,清人對漢晉舊説的顛覆,成功者寥寥,民國以來諸人對舊説的顛覆,成功者更爲罕見。所以,這一點與其説是楊書的缺點,毋寧說是優點。我們在本文第十一部分第 6 點引用了王力先生所說不可輕易否定故訓的觀點也是這個意思。因此,楊書儘量摭取漢晉舊説,較之濫取後人新説,相對來説是比較保險的。儘管如此,楊書有時採擷清人及近人的新成果,實踐證明

---

① 楊逢彬:《也談〈論語〉中的"人"與"民"》,載《學鑒》第 4 輯(武漢大學出版社 2011 年);又載韓國外大《中國研究》,第 55 卷(較《學鑒》所刊有所增益);又見本書《附錄》(四)。

② 《喪家狗——我讀〈論語〉》,第 40 頁。

卻大多採錯了。如"雍也可使南面"之採王引之《經義述聞》，否定"南面"指天子或諸侯，説是指卿大夫，就是不成功的一例。對於這些不成功之處，我們在《論語新注新譯》一書中儘可能做了糾正。但也必須承認，楊書的這一缺點，並不嚴重，也是事實。張政烺先生説："在今注中確有極高的學術價值的，可以達到雅俗共賞的境地。楊伯峻的《論語譯注》《孟子譯注》《春秋左傳注》就是其中的佼佼者。《論語》《孟子》成書較早，楊注雖對於典章制度的注釋小有不足，但其解決難點，疏通文意，都有獨到之處。"①我們以爲，張先生的評價大體是平實的。

3. 錢穆《論語新解》

李零評論這書説："純以義理爲主，立説多依朱注，很多筆墨，都花在琢磨聖人心法上，牛澤群譏爲'最大的敗筆'，一點不過分。"又説："此書考據少而議論多，參考價值不大。"②錢穆名氣很大，正如在大陸楊伯峻《論語譯注》影響最大一樣，在臺灣，此書影響很大。近年來，在中國大陸，這書的影響也日益增大。但就詞語解釋來説，此書精彩處不多，也是事實。該書經常犯的一個錯誤是，一個詞的兩個義位（義項）同時出現在注釋和譯文中。我們知道，詞在語境中不可能是多義的，只能是單義的。這是語言學的常識。例如"忍"有忍心、忍耐二義，對於《衛靈公》"小不忍則亂大謀"，錢穆的解釋是"小事不能忍，如婦人之仁不能忍其愛，匹夫之勇不能忍其忿，足以亂大謀"。"婦人之仁"云云説的是忍心，"匹夫之勇"云云説的是忍耐。而他的今譯是"小處不能忍，可以亂了

---

① 張政烺：《關於古籍今注今譯》，載《張政烺文史論集》（中華書局 2004 年），第 831 頁。

② 《喪家狗——我讀〈論語〉》，第 40 頁。

大計謀"①,乾脆"忍"就不翻譯了。《子罕》"有鄙夫問於我,空空如也",也是二義兼取,譯爲"有鄙夫來問於我,他心空空,(一無所知,)只誠慤地來問"②。又李零所説"很多筆墨,都花在琢磨聖人心法上",這反映在詞句解釋上,就是以情理爲證據。如《爲政》"至於犬馬皆能有養",雖然結論大致正確,但所謂"且犬馬由人役使,非自能服侍人"云云,是不足爲據的。

但是,通過比較,至少在疑難詞句釋讀的準確度上,錢書與《論語譯注》互有參差;從整體上看,並不見得比後者爲遜色。我們隨機抽查了30例有爭議的詞句,其中,與《論語譯注》相同而正確者,有10例。如《爲政》之"舉直錯諸枉,則民服",譯爲"舉用正直的,放置在邪曲的上面,民衆便服了"。與《論語譯注》相同而錯誤者,有7例。如《雍也》之"則吾必在汶上矣",解作"凡言某水上,皆謂水之北",乃從桂馥《札樸》之誤説者。較《論語譯注》準確者,有8例。如《雍也》之"勞而不怨"的"勞",譯爲"操心憂勞",較《論語譯注》之譯爲"憂愁"爲佳,但仍有上述二義兼取之弊。《論語譯注》未錯而此書錯者,有5例。如《八佾》之"揖讓而升,下而飲",斷作"揖讓而升下,而飲"。以上粗略統計結果,表明錢書詞句解釋的正確率約同於《論語譯注》。其原因,即在於錢氏的保守,即對於後世之説,一般不予採納。而這正避免了犯更多錯誤。在採納舊注上,錢氏比之楊伯峻先生更爲徹底。如上所述,楊伯峻先生仍時有採擷新説而爲之所誤者。

該書有些看法還是很有見地的。如《述而》"竊比於我老彭",

---

① 《論語新解》,第388頁。
② 《論語新解》,第214頁。

錢穆解作"謂以我私比老彭",譯爲"把我私比老彭吧"①。這與定州漢墓竹簡本《論語》之作"竊比我於老彭"暗合。

4. 北京大學哲學系 1970 級工農兵學員《論語批注》

其《説明》第二條:"詞義的注釋,根據當時歷史背景和孔丘的反動政治路線,參考過去各家的舊注分析取捨而成。"由此可知,在注釋中,不可能不留下時代的烙印。如解《學而》第一章"人不知而不慍","人"取趙紀彬《論語新探》説:"一般指奴隷主階級中的人,有時指當時的執政者。"②

翻譯大體還平實,但也不可避免留下時代烙印。如《學而》"爲人謀而不忠乎",譯爲"爲上層統治者出主意做事情,有沒有不忠的地方呢?"③顯然是受了《論語新探》的影響。

爲了説明詞句解釋的準確度,我們隨機抽查了 32 例有爭議的地方,其中,《論語批注》與《論語譯注》相同而正確者,有 4 例。如《公冶長》"伯夷、叔齊不念舊惡,怨是用希","怨"解爲他人的怨恨,而非有些書所説伯夷叔齊的怨恨。與《論語譯注》相同而錯誤者,有 16 例。如《公冶長》"子路有聞,未之能行,唯恐有聞",此書和《論語譯注》一樣,釋後一"有聞"爲"又聞"。其實當時語言中"有聞"不帶賓語,"又聞"一般帶賓語,這裏顯然是前者。較《論語譯注》準確者,有 9 例。如《學而》"賢賢易色"的"易",此書解爲"輕視",而未如《譯注》那樣解爲"交換",得之。《論語譯注》未錯而此書錯者,只有 3 例。如《雍也》"不有祝鮀之佞,而有宋朝之

---

① 《論語新解》,第 156 頁。
② 《論語批注》,第 1 頁。
③ 《論語批注》,第 6 頁。

美",用《經傳釋詞》説解"而"爲"與"①,實誤。又如《子罕》:"子罕言利與命與仁。"此書斷作"子罕言利,與命與仁。"釋"與"爲"贊成",誤。但此書較《譯注》正確者多,而較《譯注》錯誤者少。可見,至少在詞句注釋上,《論語批注》應該算是做得相當好的。

5. 孫欽善《論語本解》②

李零評論道,相較於李澤厚《論語今讀》的名氣較大,孫欽善《論語本解》更好。"優點是,注釋比較精練,也比較準確。特別是,它很注意辭語互見,常用《論語》本身解《論語》,對互見關係注得細,這對理解《論語》很重要。"我們以爲,《論語本解》不乏從語言内部論證並比較精彩的地方。例如,《雍也》第六章"子謂仲弓曰",孫注爲:"《論語》中凡'謂……曰'句型,都是'對……説'的意思。"並舉了大量書證證明它,可謂信而有徵。只是該書説"只有9.21'子謂顔淵曰'例外"③,其實,這一例也未例外。唐寫本鄭玄注説:"顔淵病,孔子往省之,故發此言,痛惜之甚。"④那麽,這明明是顔淵病重孔子去探視他的時候説的。我們認爲,所謂"用《論語》本身解《論語》",如果運用得當,不失爲正確解讀《論語》的一條途徑。只是,《本解》有時僅僅從思想情理上"用《論語》本身解《論語》",而不提出語言内部的證據。例如,《公冶長》:"由也好勇過我,無所取材。"《經典釋文》注曰:"一讀'過'字絶句。"也即"由也好勇過,我無所取材"。《本解》云:"此説可從。"理由是"孔

---

① (清)王引之:《經傳釋詞》(岳麓書社1984年),第144頁。
② 孫欽善:《論語本解》(三聯書店2009年、2013年新版)。
③ 《論語本解》,第64頁,新版第68—69頁。
④ 王素編著:《唐寫本〈論語〉鄭氏注及其研究》(文物出版社1991年),第107頁。

子一貫反對'勇而無禮'或'勇而不仁''勇而無義'"①。

6. 李澤厚《論語今讀》

作者是哲學家,詞句考釋非其所長。因此,注釋的部分,只能蕭規曹隨,常引證他人(特別是權威)之說而不加辨析。如《學而》之"賢賢易色",引王念孫說:"易,如也。猶言好德如好色也。"②又常根據語言外的因素來解讀詞句。如《爲政》之"父母唯其疾之憂",說孟武子謚"武","可能一向勇猛,父母老怕他因此而惹是生非,遭難遇禍,所以孔子就這樣回答他"云云,因此解此句爲"使父母只擔心子女的疾病"③。但總的說來,還算平實。

7. 潘重規《論語今注》

此書有注而無譯,注釋還算平實。詞句注釋的準確度與錢穆《論語新解》在伯仲之間。大致同一水平線的注本還有錢遜《論語淺解》④、金良年《論語譯注》⑤、杜道生《論語新注新譯》⑥等。毛子水《論語今注今譯》也有一定影響⑦,但其中一些所謂"新解"相當不靠谱。

8. 李零《喪家狗——我讀〈論語〉》

在詞句注釋的準確性上,該書並不高明。原因也許是作者之撰作此書,志不在此吧。如《雍也》第六章,作者說:"'子謂仲弓曰',有兩種斷句,兩種理解。一種斷句是'子謂仲弓曰'如何如

---

① 《論語本解》,第48頁。
② 《論語今讀》,第36頁。
③ 《論語今讀》,第55頁。
④ 錢遜:《論語淺解》(北京古籍出版社1988年)。
⑤ 金良年:《論語譯注》(上海古籍出版社2004年)。
⑥ 杜道生:《論語新注新譯》(中華書局2011年)。
⑦ 毛子水:《論語今注今譯》(臺灣商務印書館1975年)。

何,下面是孔子講給仲弓聽的話;一種是'子謂仲弓,曰'如何如何,下面是孔子評論仲弓的話。第二種斷句更好。"①説"第二種斷句更好",好在哪里? 好的標準是什麼? 似乎"一言九鼎",完全不用提供理由。實際上,"謂……"格式是評論某某,後面無須再贅一"曰"字;"謂……曰"格式是"對某某説",二者判然不紊。因此,第二種斷句實際上是錯的。又如《爲政》"父母唯其疾之憂",到底是馬融、朱熹説的父母擔憂兒女生病,還是兒女擔憂父母生病,作者贊同後者。不贊同前者的理由只有兩個字:"太繞。"②

十三、《論語》古代主要注本的簡介及幾種重要參考書

順便介紹一下《論語》的古代注本(程樹德《論語集釋》雖不是古代注本,但它可視爲《論語》古注的總集成,也將其置於此處):

1. 首先是三國時期魏人何晏(190—249)的《集解》。這部書除了何晏自己對《論語》的解説外,還收有孔安國(西漢)、包咸、周氏、馬融、鄭玄(以上四人爲東漢人)、陳群、王肅、周生烈(以上三人爲魏人)等人的解説。其中鄭玄的解説最值得注意。鄭玄有《論語鄭氏注》,該書有敦煌和吐魯番發現的唐寫本殘本,只有前十四篇(即到《憲問》爲止)的殘缺文字,但已彌足珍貴。鄭注等的注解還見於唐代陸德明的《經典釋文》。另外《十三經注疏》中的《論語注疏》,其中的"注"即何晏《集解》,而"疏"則是宋代邢昺的。

2. 梁代皇侃(488—545)的《論語義疏》。原書久已失傳,而流

---

① 《喪家狗——我讀〈論語〉》,第130頁。
② 《喪家狗——我讀〈論語〉》,第76頁。

傳於日本,清乾隆年間又傳回我國。該書是疏解何晏《集解》的,與邢昺《疏》性質相同,但因時代較早,故其説有時較邢《疏》可靠。邢《疏》也是疏解《集解》的,一般並不另立新説,往往是《集解》較爲簡略,邢《疏》則詳述之。

3. 宋代朱熹(1130—1200)的《論語集注》。朱熹從《禮記》中抽出《大學》《中庸》兩篇,合《論語》《孟子》爲《四書》,作《四書章句集注》。其注《論語》部分,是爲《論語集注》。

4. 劉寶楠(1791—1855)《論語正義》。清代儒生多不滿意於唐、宋人的注疏,劉寶楠於是作《論語正義》,因病輟筆,由其子恭冕(1821—1880)繼續寫定。

5. 程樹德(1877—1944)《論語集釋》,徵引書籍最爲繁富,達六百八十種。是很有用的參考書。

以上幾部書,就詞句解釋的準確性而言,應該是何晏《集解》最爲可靠。在何書中,當孔、包、周、馬、鄭諸人之説有所不同時,鄭玄之説可信度較高。其次是皇侃《義疏》,然後是朱熹《集注》。劉寶楠《正義》儘管多所發明,價值很高,但採納清人不可信之説也最多。程樹德《集釋》廣徵博引,是很有用的資料書。值得一説的是,朱熹《集注》曾經有著至高無上的地位,所謂"代聖人立言",其流風餘韻,至今不衰。例如在當今韓國,注《論》之書,多一依朱注。其實,就詞句注釋的準確性而言,朱注並不是最好的。

研究《論語》,有兩部書不能忽略,一是文物出版社 1997 年出版的《定州漢墓竹簡〈論語〉》;一是《論語鄭氏注》,此書除了輯佚本外,敦煌、吐魯番也出過好些唐寫本,有王素的《唐寫本〈論語〉鄭氏注及其研究》(文物出版社 1991 年)可供參考。遺憾的是,無論定州本還是唐寫本,都不完全。前者只有七千五百餘字,後者只到《憲問篇》爲止,這十四篇也很不完整。類似程樹德《論語集釋》的還有黃懷信的《論語彙校集釋》(上海古籍出版社 2008 年)和高尚榘的《論語歧解輯錄》(中華書局 2011 年)。安作璋的《論語辭典》(上海古籍出版社 2004 年)也可供參考。著者的同學邊瀅雨教授(韓國成均館大學中文系)撰有《論語詞典》,較《論語辭典》爲繁富,目前正修訂中,有望近期出版。

十四、關於《論語新注新譯》的未盡問題

《論語新注新譯》中,考證了古今仁智互見聚訟紛紜的詞句問題 160 餘個。問題是,《論語》一書中這類詞句問題遠不止 160 餘處。其他的問題怎麼辦?首先,我們必須說,有代表性的問題,雖然不能說已經考證殆盡,但討論了其中的八九成,還是有把握的。其次,本《導言》的寫作目的,主要是針對《論語》之外的古籍中的這類問題,當然也包括 160 餘篇《考證》之外的《論語》中的其他詞句問題。對於這類詞句問題,可以根據本《導言》第十一部分的 7 條心得(著者以之作爲指導原則)來求得解決。其中許多一望之下即可大致解決。例如,清儒顛覆漢儒之說,而其證僞僅僅只是所謂情理或義理的,在證實過程中既未提供書證又未提供語言內部規律的,即可心知其十有八九是錯誤的。當然,如需明確指出其謬,當然需要從語言內部提供證據,不可僅據上面兩點即聲言它是錯誤的。

最後還想談談"科學研究的可重複性"問題。一個科學的成果必須是具有可重複性的(Repeatability)的。例如,盤尼西林(青霉素)的發現者將如何從青霉菌培養液中提取含有青霉烷的分子的全過程寫成實驗報告,其他人在嚴格完成該報告中的各項步驟

後,也能提取青霉烷,這就證明這一實驗是成功的。推廣之,一種科學的方法之所以科學,其指標之一是,使用該方法針對某一對象進行研究,不同的研究者在互不知情的狀態下,會得出相同或近似的研究結果;而非王力先生所指出的,"十位學者隔離起來,分頭研究同一篇比較難懂的古典文章,可能得到十種不同的結果"。

前幾年,拜讀了蔣紹愚先生的論文《讀〈論語〉札記》①。蔣先生文中討論了《論語》中的 7 個詞句問題,分別是:1. 廄焚。子退朝,曰:"傷人乎?"不問馬。2. 子在齊聞《韶》,三月不知肉味,曰:"不圖爲樂之至於斯也!"3. 子曰:"攻乎異端,斯害也已。"4. 子罕言利與命與仁。5. 子曰:"弗如也。吾與女弗如也。"6. 孟武伯問孝。子曰:"父母唯其疾之憂。"7. 子游問孝。子曰:"今之孝者,是謂能養。至於犬馬,皆能有養。不敬,何以別乎?"這 7 個問題中,第 2 個,即"子在齊聞《韶》,三月不知肉味"一例,著者此前沒有專門研究。剩下 6 例中,第 7 例,即"子游問孝"一章,討論的是"皆能有養"的"養"是被養還是養人。著者研究的結論和蔣先生的不同。而這一章,恰恰是蔣先生和著者都認爲是把握不大的。蔣先生根據《經典釋文》記載"養"的讀音,認爲這一章的"養"是養人的意思。文中說:"我們必須說明,陸德明的《經典釋文》記的是六朝到唐代的讀音,而不可能是先秦的讀音。先秦時'今之孝者,是謂能養。至於犬馬,皆能有養'中的'養'究竟怎樣讀,現在已無法知道了。"而著者論證"養"爲"被養",書證則顯得太少。只有《晏子春秋·内篇雜上》以及《禮記·禮運》。其餘 5 例,著者的結論和蔣先生的全同。著者的許多看法當時雖然沒有發表,但從

---

① 《中國語言學》第四輯,第 127—129 頁。

2001年起，在武漢大學國學班講課時多次講到。著者進行研究的方法，和蔣先生的方法是近似的，即利用現代語法學詞彙學知識來釋讀古書中的疑難詞句。這一高度的吻合，結合上述"可重複性"的論述，從一個側面，證明這一方法是較爲科學的。

　　可見，研究成果的可信度不高，不完全是因爲研究者的學養不够，而往往應當在研究方法上找原因。遵循一種研究方法，研究某一問題，卻十個人得出十種結論，説明這一研究方法至少是不够精密周全的。反之，遵循一種研究方法，研究同一問題，不同的研究者能得出大致相同的結論，則説明這一方法是較爲可取的。這就體現了科學研究的可重複性。

例　言

一、在本書中，著者的目的是：用清代高郵王念孫、王引之父子慣常使用的方法，來求得《論語》中疑難詞句的解決。所謂高郵王氏"慣用的方法"，主要指用同一時代同一句式的書證來證明古書中聚訟紛紜仁智互見的詞句，如解《詩經》"終風且暴"的"終"爲"既"，解《老子》"夫佳兵者"的"佳"爲"唯"。這些在本書《導言》中論述較詳，茲不贅論。

二、當今之世，用現代語言學審視以高郵二王爲代表的古代大師的考證範例如何得以成功，往往一目瞭然。所以，本書又不是純然採用王氏的辦法，而是儘量採用語法學、詞彙學等現代語言學方法來做研究的。具體做法，也詳見《導言》。

三、本書既然重在疑難詞句的考釋，按照慣例，就該做成一部諸如《〈論語〉疑難詞句考釋》之類的學術專著，既較爲冠冕堂皇，又方便計入科研成果，還方便評優評獎。但著者慮及當今諸多科研成果，大多蒙塵圖書館，故採用"譯注"這一形式，以求惠及較多的讀者。簡言之，本書試圖以"下里巴人"的形式，力爭奉獻"陽春白雪"的內容。

四、《論語》章節的分合，與楊伯峻先生《論語譯注》大致相同，只有幾處稍異。不同之處，都給出了理由，具見書中。譯文與注釋，有些也一仍其舊。

五、《論語》的本文，古今學者作了極爲詳盡的校勘，而爲楊伯峻先生《論語譯注》所採納。本書一以《論語譯注》爲準，只有極少部分地方有所不同。所不同者，都在該章的《考證》部分有所說明。如 16.1 "丘也聞有國有家者，不患寡而患不均，不患貧而患不安"，《論語譯注》在正文 "不患寡" 後注以 "當作'貧'"，在 "不患貧" 後注以 "當作'寡'"，蓋從俞樾之說也。本書不從俞說，緣由具見該章《考證》。17.15 "其未得之也，患得之" 後注以 "當作'患不得之'"，本書也未採納，具見該章《考證》。

六、古人言辭簡略，有時不得不加些詞句。這些在原文涵義之外的詞句，外用方括弧[ ]作標記。此爲仿照《論語譯注》者。必須說明，這並非什麼 "增字解經"，因爲這是古今兩種語言，翻譯時爲了讀者的理解而增加若干文字，有時是必要的。參看 4.3 注①。

七、注釋號放置在句末，依出現先後以阿拉伯數字爲標記。考證文字，共計 162 篇，每篇末尾依出現先後順序標注阿拉伯數字於圓括弧中。正文末尾有校對者陳雲豪所作《〈論語〉疑難詞句考證索引》可供檢索。

八、本書重在對古今聚訟紛紜仁智互見的詞句進行考證。這些考證文字有的較多，如果放在注釋中，勢必因其冗長而令人無法卒讀。我的老師郭錫良先生建議將這些文字作爲附錄置於書末，同門邵永海教授則建議將之置於每篇之末，蔣冀騁教授也建議將這些文字析出。爲了全書的整體性，且免讀者翻閱之勞，仿照程樹德《論語集釋》的先例，於原文、譯文、注釋之外，另設 "考證" 這一名目，置於原文、譯文、注釋之後，而將這些文字置於其下。考證的詞語絕大部分也出注，不過注釋中一般只給出考證的結論。將來如有閒暇，準備面向大衆，做成一部此書的普及簡體本，將考證文字大大壓縮,或許會將其置於"注釋"中。

九、關於本書"附錄"部分,稍作交代:在本書的研究和寫作階段,作者將一些階段性成果發表於學術期刊。其中有兩篇文章(《〈論語〉"何有於我"解》,《也談〈論語〉中的"人"與"民"》)是就一個問題展開加以討論的,篇幅較正文對該詞語的討論要長許多。將這兩篇文章附於書末,供有興趣的讀者參考,也許有所裨益。《〈大中華文庫·論語〉前言》是上世紀的舊作,其中一些表述只代表著者當時的觀點。著者現在的想法是,語言學研究者還是在語言學領域內才比較内行,其他領域的研究者也是如此。《"嚴夷夏大防"抑或"重君臣大義"》是我兒子楊柳岸(武漢大學哲學博士)在我指導下寫的一篇習作,發表於《中國哲學史》2009年第4期,我以爲這兩篇文章都有益讀者,也就收作"附錄"了。還有若干篇文章,每篇都是討論幾個詞語問題,分別發表於《中國哲學史》《中國語言學》《古漢語研究》《孔子研究》《長江學術》《上海大學學報》等刊物,其中對每一詞語的討論,其内容與篇幅和呈現於本書的相差並不大,就不予收錄了。還有一篇發表於《武漢大學學報》的書評(《真力彌滿,萬象在旁——〈玄應《一切經音義》研究〉讀後》),其中討論《陽貨》第十五章"其未得之也,患得之。既得之,患失之"那一部分的内容與呈現於本書正文的也相差無幾,也不予收錄。最近一兩年,我又在《武漢大學學報》《國學學刊》《長江學術》等刊物發表了幾篇文章,都是就《論語》中某一詞語問題進行探討的,由於本書早已排版,也就不予收錄了。

十、本書承蒙我的老師郭錫良先生審讀兩次,第一次審讀了全書十餘處《考證》,第二次從《學而篇第一》逐字審讀到《先進篇第十一》,並提出不少修改意見。對此,著者都作了修改。先生還建議在《導言》中添加"對近來《論語》諸注本的評價"這部分内容,尤其不可忽視署名"北京大學哲學系 1970 級工農兵學員"的《論語批注》,著者也都採納了。另外,初稿也經孫玉文教授、鄭妞博士審閱,提出了不少修改意見,著者因此作了修改。初稿後來又經蔣冀騁教授審閱,提出若干修改意見,著者也作了修改。

十一、如《導言》所言,著者運用電腦軟件蒐集語料,則所引用不能保證無誤。爲保證本書質量,著者特意邀請畢業於北大古典文獻學專業的湖北民族學院教師陳雲豪博士校對全書,有所改正。2015 年 9—11 月,著者又邀請中華書局青年編輯白愛虎先生與著者一道,在對五校稿進行校對的同時,對引文又重新校對一遍,多所改正。

論語新注新譯

學而篇第一

共十六章

1.1 子曰①:"學而時習之②,不亦說乎③?有朋自遠方來④,不亦樂乎⑤?人不知⑥,而不慍⑦,不亦君子乎⑧?"

【譯文】孔子說:"學了後又定時複習它,不是很高興嗎?朋友從遠方來,不是很快樂嗎?別人不瞭解我,我卻不氣惱,這不就是君子嗎?"

【注釋】①子:對男子的尊稱,略等於現代漢語的"先生"。《論語》中"子曰"的"子"都是指孔子,是特指,但"子"的"對男子的尊稱"的意思並未因此而改變;因此翻譯"子曰"為"孔子說",並不準確,應當翻譯為"先生說"。此說為同門韓國奉化邊瀅雨教授特向著者指出。但考慮到如果譯"子曰"為"先生說",那麼,譯"曾子曰""有子曰"等也應該為"曾先生說""有先生說"。著者憚於與傳統的翻譯反差太大,恐讀者一時難以接受,故一仍其舊。特此感謝邊瀅雨教授! ②學而時習之:時,周秦時期"時"如果用做狀語,意思略等於《孟子·梁惠王上》"斧斤以時入山林"的"以時",是"在一定的時候"或者"在適當的時候"的意思。何晏《集解》引王肅說:"時者,學者以時誦習之。誦習以時,學無廢業,所以爲説懌。"朱熹《論語集注》把它解爲"時常",説"時習者,無時而不習",是用後代的詞義解釋古書,當然是不對的。習,複習。這裏不是"實習"的意思。所謂"實習",是把學到的理論知識拿到實際工作中去運用,以鍛煉實際工作的能力,而孔子教給學生的,就是禮、樂、射、御等實際操作性很強的技能,弟子學了以後,要反復練習,也就是"複習"。而且没有證據表明,在《論語》的時代,"習"已經引申出了"實習"的意思。③不亦説乎:"不亦"在《論語》時代典籍中出現頻率很高,顯然已經或接近成爲一個詞。成了詞就不能拆開來分析,不能説其中的"亦"等於現在的"也";因此不能簡單地將"不亦"譯爲"不也"。它用於反問句中,略等於現在的"不是……嗎""不也……嗎"。説,"悦"的古字,高興、愉快的意思。 ④有朋:古本有作"友朋"的,《白虎通·辟雍篇》引此句作"朋友自遠方來"。阮元《論語校勘記》:"鄭氏康成注此云:'同門曰朋,同志曰友。'是舊本皆作'友'字。"查《論語》及先秦典籍如《左傳》《國語》《孟子》,"朋"除用於人名(如"隰朋")外,都是"朋友"或"友朋"連言,而以前者多見;因此古本《論語》很可能是作"朋友"或"友朋"的。即便不如此,此句之"朋"也難以從晚近之説解作"弟子"(宋翔鳳《樸學齋札記》如此説)。皇侃《義疏》説:"君子以朋友講習,出其言善,則千里之外應之。遠人且至,況其近者乎?"我們以爲得其要旨。⑤樂:讀爲 lè。最近有人讀爲 yuè,説是通"悦",以至於北京奧運會開幕式上表演都這樣讀,真是匪夷所思。這一章的"樂",從曹魏何晏《集解》到清代劉寶楠《正義》,再到楊伯峻《譯注》、錢穆《新解》,都如字讀作 lè。如《經典釋文》云:"音'洛'。譙周云,悦深而樂淺。一云自内曰'悦',自外曰'樂'。"這裏一是標明"樂"的讀音爲"洛",與現代普通話對應,則爲 lè;二是指出"樂"的意思和上句出現的"悦"(説)的區别——一般的高興叫做"樂",發自肺腑的高興叫做"悦"。 ⑥人不知:他人不瞭解我。 ⑦愠(yùn):《經典釋文》:"怒也。鄭(玄)云:'怨也。'"我們考察了許多先秦典籍,"愠"都是"惱怒"的意思,故不從鄭説。 ⑧君子:《論語》中的"君子",有時指"有德者",有時指"有位者",這裏是前者。詳見2.14的《考證》,及本書《附錄》的《也談〈論語〉中的"人"與"民"》一文。

1.2 有子曰①:"其爲人也孝弟②,而好犯上者③,鮮矣④;不好犯上,而好作亂者,未之有也⑤。君子務本,本立而道生。孝弟也者,其爲仁之本與⑥!"

【譯文】有子説:"一個人的爲人,既孝順父母,又敬愛兄長,卻喜歡冒犯上級,這種人是很少的;不喜歡冒犯上級,卻喜歡造反,這種人從來沒有過。君子致力於打基礎,基礎鞏固了,'道'就會產生。孝順父母,敬愛兄長,這就是'仁'的基礎吧!"

【注釋】①有子:孔子學生,姓有,名若,比孔子小33歲。《論語》記載孔子的學生一般稱字,唯獨曾參和有若常常稱"子"。有若稱"子",大約是因爲他在孔子死後一度被孔門弟子所尊重。　②弟(tì):"悌"的古字,弟弟尊敬與服從兄長。古代將"孝"和"弟"作爲維持那時的社會制度、社會秩序的一種基本道德力量。　③犯:冒犯,觸犯。　④鮮(xiǎn):少。《論語》中的六處"鮮"都是這種意思。　⑤未之有也:可理解爲"未有之也"。上古漢語的否定句,賓語如果是代詞(例如"之"),該代詞的賓語一般放在動詞前面;但不能説這是所謂"倒裝",因爲那時的語言本來就是這樣的。　⑥其爲仁之本與:其,指孝弟。孝弟爲仁之本,"仁"又是孔子的最高道德標準。《管子·戒》說:"孝弟者,仁之祖也。"也正是這個意思。又,宋人陳善《捫蝨新語》説,這"仁"字其實是"人"字,古書中"仁""人"兩個字有很多是寫混了的。後來贊同此説者很多。這裏是説"孝悌是做人的根本"。我們贊同前者。與,句末語氣詞,"歟"的古字。

1.3 子曰:"巧言令色①,鮮矣仁!"

【譯文】孔子説:"花言巧語,滿臉堆笑,[這種人,]是不會有多少'仁德'的。"

【注釋】①巧言令色:何晏《集解》引包咸説:"巧言,好其言語;令色,善其顔色。皆欲令人説(悦)之,少能有仁也。"

1.4 曾子曰①:"吾日三省吾身②:爲人謀而不忠乎③?與朋友交而不信乎④?傳不習乎⑤?"

【譯文】曾子説:"我每天多次反省自己:爲別人辦事是否盡心竭力了呢?和朋友交往是否誠實呢?老師傳授給我的學業是否複習了呢?"

【注釋】①曾子:孔子學生,名參(Shēn),字子輿,南武城(故城在今山東省平邑縣城南約60里)人,比孔子小46歲(前505—前435)。 ②三省(xǐng):"三"字舊讀去聲 sàn,不破讀爲 sàn 也可以。"省",反省,內省。"三"在這裏是"多次"的意思。上古漢語數詞做狀語修飾動詞時,數詞一般表示動作頻率;而"三""九"等又一般表示次數的多,不是實數。説詳汪中《述學·釋三九》。這裏所反省的是三件事,和"三省"的"三"只是巧合。如果這"三"字是指以下三件事而言,依《論語》時代的句法便應該是"吾日省者三",和《憲問》的"君子道者三"一樣。 ③忠:這個詞在現代漢語中只能是下級、晚輩對上級、長輩而言,或國民對國家而言,而不能相反;《論語》時代則不一定。參見14.7 注②。 ④信:誠信。 ⑤傳(chuán):動詞用做名詞,老師的傳授。

1.5 子曰:"道千乘之國①,敬事而信②,節用而愛人③,使民以時④。"

【譯文】孔子説:"治理具有千輛兵車的國家,辦事要嚴肅認真,誠實無欺,節約費用,愛護他人,役使老百姓要在農閒時間。"

【注釋】①道千乘(shèng)之國:"道","導"的古字,引導,指導。這裏可譯爲"治理"。千乘之國,在孔子之時已經不是大國,因此子路也説"千乘之國攝乎大國之間"(11.26)。春秋時代,打仗用車子,所以國家的强弱都用兵車的輛數來衡量。春秋初期,大國都没有千輛兵車。如《左傳·僖公二十八年》所載的城濮之戰,晉文公還只有七百乘。但那一時代,征戰頻仍,各國都必須擴軍備戰,因此兵車的發展速度很快;譬如晉國到平丘之會,已有四千乘了(見《左傳·昭公十三年》)。乘,古代用四匹馬拉的兵車。　②敬事:"敬"通常用於表示辦事嚴肅認真的態度,因而常和"事"連用,如《衛靈公》的"事君敬其事而後其食"。　③愛人:孔子時代,"人"常常指他人,"愛人"即愛别人,愛他人;詳見本書《附録》部分之《也談〈論語〉中的"人"與"民"》。　④使民以時:上古是農業社會,"使民以時"就是《孟子·梁惠王上》的"不違農時"。

1.6　子曰:"弟子入則孝①,出則弟②,謹而信③,汎愛衆,而親仁④。行有餘力,則以學文。"

【譯文】孔子説:"後生小子,在家便孝順父母,出門便敬愛兄長,謹慎而且信實,博愛大衆,親近有仁德的人。這樣躬行實踐之後,有剩餘力量,就再去學習文獻。"

【注釋】①弟子:《論語》中"弟子"有兩種意義:1.年紀幼小的人。2.學生。這裏用的是前者。參見2.8注②。　②入則、出則:這是先秦習語,如:"入則切磋其君之不善,出則高譽其君之德義。"(《晏子春秋·內篇諫下》)"入則務本疾作以實倉廪,出則盡節死敵以安社稷。"(《管子·形勢解》)"是以入則不慈孝父母,出則不長弟鄉里,居處無節,出入無度,男女無別。"(《墨子·尚賢中》)"入則無法家拂士,出則無敵國外患者,國恒亡。"(《孟子·告子下》)"故君子入則篤行,出則友賢。"(《荀子·子道》)　③謹:謹慎。詳見本章《考證》。　④仁:"仁"即"仁人",和《雍也》的"井有仁焉"的"仁"一樣。古漢語有一種修辭規律:用某一具體人和事物的性質、特徵甚至原料來代表那一具體的人和事物。參見楊樹達《古書疑義舉例續補·以製物之質表物例》(《古書疑義舉例五種》,中華書局 1956 年)及《中國修辭學》(上海古籍出版社 2007 年)十二章。類似的"親仁"之例還有:"親仁善鄰,國之寶也。"(《左傳·隱公六年》)"親富不親仁,君焉用之?"(《定公九年》)"使能則百事理,親仁則上不危,任賢則諸侯服。"(《管子·霸言》)這三例中的"仁"都指仁人。

【考證】關於"謹":

"謹"的本義可能是"少言",參見楊樹達《積微居小學金石論叢·釋謹》(上海古籍出版社 2007 年);但此句的"謹"當作"謹慎"解,不當如《論語譯注》解爲"少言",因爲《論語》時代典籍中難以找到可以釋爲"少言"的"謹"。同理,《述而》"子疾病"章(7.35)的三個"禱"也是"祈禱"之意,不大可能是"求延年"。解釋歷史語言中的詞語,尤其要注意語言的社會性。(1)

1.7 子夏曰①:"賢賢易色②;事父母,能竭其力;事君,能致其身③;與朋友交,言而有信。雖曰未學,吾必謂之學矣。"

【譯文】子夏說:"尊敬賢者,輕視美色;侍奉爹娘,能盡全力;侍奉君上,能夠獻身;和朋友相交,說話一定誠實守信。這種人,即便沒有系統學習過,我一定說他已經學過了。"

【注釋】①子夏:孔子學生,姓卜,名商,字子夏,比孔子小 44 歲(前 507—?)。　②賢賢易色:尊賢輕色。第一個"賢"是形容詞的意動用法,"尊敬"的意思,第二個"賢"指賢人。詳見本章《考證》。　③致:獻出。

【考證】賢賢易色：

尊賢輕色。第一個"賢"是形容詞的意動用法，"尊敬"的意思，第二個"賢"指賢人。何晏《集解》引孔安國説："言以好色之心好賢則善。"孔説以"好賢"解"賢賢"，得之；但解"易"爲"交換"則誤。知者，《論語》時代，表達"用……交換……"，大多是"以……易……"的句式，偶爾也會用"易之以……"或"與……易……"。例如："鄭伯請釋泰山之祀而祀周公，以泰山之祊易許田。"（《左傳·隱公八年》）"以亂易整，不武。吾其還也。"（《僖公三十年》）"君將以親易怨，實無禮以速寇。"（《昭公五年》）"何可廢也？以羊易之！……以小易大，彼惡知之？……我非愛其財而易之以羊也。"（《孟子·梁惠王上》）"曰：'否。以粟易之。''以粟易械器者，不爲厲陶冶；陶冶亦以其械器易粟者，豈爲厲農夫哉？'"（《孟子·滕文公上》）"柳下惠不以三公易其介。"（《孟子·盡心上》）"逢丑父與公易位。"（《左傳·成公二年》）有時，介詞"以"的賓語不出現："宣子爲初言，病有之，以易原縣於樂大心。"（《左傳·昭公七年》）"是何傷哉？彼身織屨，妻辟纑，以易之也。"（《孟子·滕文公下》）果如孔安國所説"以好色之心好賢"，則當爲"以賢賢易色"，所以，本章的"易"，只能是"輕視"的意思。"易"表"輕視"的句子還有："虢必亡矣。……必易晉而不撫其民矣，不可以五稔。"（《左傳·僖公二年》）"戎狄薦居，貴貨易土，土可賈焉。"（《襄公四年》）"己丑，秦、晉戰于櫟，晉師敗績，易秦故也。"（《襄公十一年》）"吳乘我喪，謂我不能師也，必易我而不戒。"（《襄公十三年》）"且夫戎、狄薦處，貴貨而易土。"（《國語·晉語七》）"賢賢易色"句式正同"貴貨易土"，爲兩個謂賓結構組成的聯合結構。

色，女色。《左傳·成公二年》："今納夏姬，貪其色也。貪色爲淫，淫爲大罰。"黃懷信《論語新校釋》説釋"易"爲"輕"，與"賢"不對，"賢"無"重"義；其《論語彙校集釋》又説《論語》"色"字凡十八見，指女色者僅二，因而本章之"色"不可能爲女色云云，均不成其爲理由，兹不贅論。

陳祖范《經咡》、宋翔鳳《樸學齋札記》等書説，以下三句，事父母、事君、交朋友,各指一定的人事關係;那麼,"賢賢易色"也應該是指某一種人事關係而言,不能是一般的泛指;因此認為這裏是指夫婦關係。但所謂"夫婦為五倫之首"云云,乃後世觀念,《論》《孟》中未有談及夫婦關係者,談君臣、父母與兒子、朋友關係者則極多。《論語》中兩見"吾未見好德如好色者也"(《子罕》《衛靈公》),正可和"賢賢易色"互證。(2)

1.8 子曰:"君子不重①,則不威;學則不固②。主忠信③。無友不如己者④。過,則勿憚改⑤。"

【譯文】孔子說:"君子,不莊重,就没有威嚴;學習了,就不致固陋無知。要時時恪守忠誠信實。不要跟不如自己的人交朋友。有了過錯,就不要怕改正。"

【注釋】①君子:這個詞是引號中整個這段話的主語。　②學則不固:何晏《集解》:"孔曰:'固,蔽也。'一曰:'言人不能敦重,既無威嚴,學又不能堅固識其義理。'"根據"固"在《論語》時代典籍中的用法,我們以為前說更為可信。　③主忠信:主,"以……為主""著重"的意思。參見本章《考證》。　④無友不如己者:這句話字面上的意思是不要和比不上自己的人交朋友。無,通"毋",不要;友,這裏做謂語,交朋友。至於字面後的意思,可謂衆說紛紜,如邢昺《疏》云:"'無友不如己'者,言無得以忠信不如己者為友也。"　⑤憚(dàn):畏難,有所顧忌。

【考證】主忠信:

主,"以……為主""著重"的意思。何晏《集解》引鄭玄說:"主,親也。"若依此說,就與《孟子·萬章上》"於衛主顏讎由""是時孔子當阨,主司城貞子"的"主"用法類似了。(確切地說,"主顏讎由"是"以顏讎由為主人",也就是住顏讎由家的意思。)然則,這一句的"忠信"就是"忠信之人"的意思。雖然理論上古漢語中可以用某一具體的人和事物的性質、特徵甚至原料來代表那一具體的人和事物,但先秦典籍中"忠信"出現頻率較高,卻未見一例表示"忠信之人"者,因此不敢從此說。皇侃《義疏》云:"君子既須威重,又忠信爲心,百行之主也。"近之。我們認爲,當"主顏讎由"一類詞組中的賓語逐漸可以是抽象意義的詞語如"忠信"時,"主"就產生了"以……爲主""著重"的意義了。(3)

1.9 曾子曰:"慎終,追遠,民德歸厚矣①。"

【譯文】曾子說:"審慎地對待年長者的死亡,追念故去已久的人,老百姓自然會歸於忠厚老實了。"

【注釋】①慎終追遠民德歸厚:何晏《集解》引孔安國說:"慎終者,喪盡其哀;追遠者,祭盡其敬。君能行此二者,民化其德,皆歸於厚也。"《周禮》鄭玄注:"老死曰'終'。"《左傳·文公十五年》:"喪,親之終也。雖不能始,善終可也。"

1.10 子禽問於子貢曰①:"夫子至於是邦也②,必聞其政,求之與?抑與之與?"子貢曰:"夫子溫、良、恭、儉、讓以得之。夫子之求之也,其諸異乎人之求之與③?"

【譯文】子禽問子貢說:"他老先生到哪個國家,必然聽到該國的政事,是打聽到的呢?還是別人主動告訴的呢?"子貢說:"他老先生是靠溫和、善良、恭敬、節儉、謙讓來獲得的。他老人家獲得的方法,和別人獲得的方法,大概不同吧?"

【注釋】①子禽問於子貢曰:子禽,陳亢(Gāng)的字。其人又見16.13、19.25。從他逕稱孔子爲"仲尼"而不稱"夫子"來看,至少此時還不是孔子的學生。《史記·仲尼弟子列傳》也不載此人。但何晏《集解》引鄭玄說:"子禽,弟子陳亢也。"《禮記·檀弓》鄭玄注也說:"(陳)子亢,子車弟,孔子弟子。"唐代孔穎達說《季氏》有"陳亢問於伯魚"云云,"與伯魚相問,故知孔子弟子"。這一理由實在太過牽强。子貢,孔子學生,姓端木,名賜,字子貢,衛人,比孔子小31歲(前520—?)。　②夫子:一種敬稱,凡做過大夫的人,都可獲得這一稱呼。孔子曾爲魯國司寇,其學生便稱他爲"夫子",後來沿襲以稱呼老師。在一定語境中,也特指孔子。　③其諸:"其諸"見於《公羊傳·桓公六年》《閔公元年》《僖公二年》《二十四年》《宣公五年》《十五年》《哀公十四年》,凡七見;而他書未之見。洪頤煊《讀書叢錄》云:"《公羊·桓公六年》傳:'其諸以病桓與?'《閔公元年》傳:'其諸吾仲孫與?'《僖二十四年》傳:'其諸此之謂與?'《宣五年》傳:'其諸爲其雙雙而俱至者與?'《十五年》傳:'其諸則宜於此焉變矣。''其諸'是齊魯間語。"黃家岱《娛藝軒雜著》説"其諸"意爲"或者",近之。

1.11 子曰:"父在,觀其志①;父没,觀其行;三年無改於父之道②,可謂孝矣。"

【譯文】孔子説:"他父親還健在,要觀察他的志向;父親不在了,要考察他的行爲;如果他長期不改變父親的合理做法,就可以説是盡孝了。"

【注釋】①其:指兒子,不是指父親。　②三年無改於父之道:何晏《集解》引孔安國説:"父在,子不得自專,故觀其志而已。父没,乃觀其行也。孝子在喪,哀慕猶若父在,無所改於父之道也。"三年,經常表示很長一段時間。汪中《述學·釋三九》對此有精到論述。父之道:我們全面考察《論語》及同時代典籍中"……之道",它有時指"某某通常的做法",但更多時候是表示善的、好的東西。這裏也應該這樣看,所以譯爲"合理做法"。

1.12 有子曰:"禮之用,和爲貴①;先王之道,斯爲美。小

大由之②，有所不行；知和而和，不以禮節之，亦不可行也。"

【譯文】有子說："禮的作用，以和諧爲可貴；過去聖明君王的治理天下，以這一點最爲美好。但是，小事大事都循此而行，有些事就不一定能行得通了；爲了和諧而和諧，不用禮儀制度來節制，也是行不通的。"

【注釋】①和："喜怒哀樂之未發謂之中，發而皆中節謂之和。"（《禮記·中庸》）楊樹達《論語疏證》說："事之中節者皆謂之和，不獨喜怒哀樂之發一事也。《說文》云：'龢，調也。''盉，調味也。'樂調謂之龢，味調謂之盉，事之調適者謂之和，其義一也。和，今言適合，言恰當，言恰到好處。"參見13.23注①。　②由：從……行走。

【考證】禮之用……亦不可行也：

這段話現今許多注本都這樣標點："禮之用，和爲貴。先王之道，斯爲美；小大由之。有所不行，知和而和，不以禮節之，亦不可行也。"何晏《集解》引馬融說："人知禮貴和，而每事從和，不以禮爲節，亦不可行。"這似乎是當今諸多注本的依據，從"每事從和"可知。但皇侃《義疏》卻認爲"小大由之"應該下接"有所不行"。邢昺《疏》從之。我們同意皇侃《義疏》，理由是，"不……；亦不……"結構，一般是兩個相互呼應的複句，而斷句爲"小大由之，有所不行。知和而和，不以禮節之，亦不可行也"，正是相互呼應的兩個複句。論證如下：

含有"亦不"的否定句，它的前面不一定非得有另一個否定句，如："我君景公引領西望曰：'庶撫我乎！'君亦不惠稱盟，利吾有狄難。"（《左傳·成公十三年》）但是，一旦在其前面不遠處有另外一個否定句，這兩個否定句一般都是互相呼應的，形成一個"不（弗）……；亦不……"的結構，也即兩個互相呼應的複句。例如："過衛，衛文公不禮焉。……及鄭，鄭文公亦不禮焉。"（《左傳·僖公二十三年》）"鄭僖公之爲大子也，於成之十六年，與子罕適晉,不禮焉。又與子豐適楚,亦不禮焉。"(《襄公七年》)"叔孫與慶封食,不敬。爲賦《相鼠》,亦不知也。"(《襄公二十七年》)"子木與之言,弗能對。使叔向侍言焉,子木亦不能對也。"(同上)"天或者以陳氏爲斧斤,既斲喪公室,而他人有之,不可知也。其使終饗之,亦不可知也。"(《哀公十五年》)"使君爲藏奸者,不可不去也。臣違君命者,亦不可不殺也。"(《國語‧魯語上》)"丕鄭曰:'吾聞事君者,從其義,不阿其惑。……'里克曰:'我不佞,雖不識義,亦不阿惑,吾其靜也。'"(《晉語一》)"過衛,衛文公有邢、狄之虞,不能禮焉。甯莊子言於公曰:……公弗聽。自衛過曹,曹共公亦不禮焉。聞其骿脅,欲觀其狀,止其舍,諜其將浴,設微薄而觀之。……公子過鄭,鄭文公亦不禮焉。"(《晉語四》)"四封之内,百姓之事,蠡不如種也。四封之外,敵國之制,立斷之事,種亦不如蠡也。"(《越語下》)但是,爲什麼本章卻前言"不行"而後言"不可行"呢?俞樾説:"上云'有所不行',此云'亦不行也',兩'不行'之義彼此貫通。'亦'者亦上文而言,上無'可'字,則此亦無'可'字,蓋涉馬注而衍。馬注云:'不以禮爲節,亦不可行。'此自用以足句,非其所據經文有'可'字也。"(《群經平議》卷三〇)俞樾所説"兩'不行'之義彼此貫通",正可謂一語中的,著者十分贊同;但説"可"字是衍文,我們不能同意。

　　誠然,有許多"不……;亦不……"的句子上句、下句都無"可"字,如上引各句;或上句、下句都有"可"字。如:"一齊人傅之,衆楚人咻之,雖日撻而求其齊也,不可得矣;引而置之莊嶽之間數年,雖日撻而求其楚,亦不可得矣。"(《孟子‧滕文公下》)"逮至人之衆,不可勝計也。則其所謂義者,亦不可勝計。"(《墨子‧尚同下》)"與其居處之不安,食飯之不時,飢飽之不節,百姓之道疾病而死者,不可勝數。喪師多不可勝數,喪師盡不可勝計,則是鬼神之喪其主後,亦不可勝數。"(《非攻中》)不過,並非千篇一律。例如:"君子不奪人之親,亦不可奪親也,此之謂乎?"(《禮記‧曾子問》)"君子不奪人之喪,亦不可奪喪也。"(《雜記下》,又見《服問》)

　　我們將此章標點爲"小大由之,有所不行。知和而和,不以禮節之,亦不可行也"，正是互相呼應的兩個複句；而標點爲"……小大由之。有所不行，知和而和，不以禮節之，亦不可行也"，則與那時語言的句法不合。我們這裏的做法，楊樹達先生謂之"審句例"，並説這是高郵王念孫、引之父子之所以"尤爲傑出"的原因之一（見《積微居小學述林全編》之《訓詁學小史》，上海古籍出版社 2007 年）。這類規律的求得，積累到一定數量，即可匯集成一部新的《古書疑義舉例》。(4)

1.13 有子曰："信近於義①，言可復也②。恭近於禮，遠恥辱也③。因不失其親④，亦可宗也⑤。"

【譯文】有子説："諾言大致符合義，説的話就能兌現。態度容貌端莊而合於禮，就不會遭受侮辱。對姻親保持親近，[這種態度]也是值得推崇的。"

【注釋】①近於：接近於；與《季氏》"今夫顓臾，固而近於費"的"近於"意思相同，不過本章的"近於"意義抽象一點。　②言可復："復"有實現、履行之意：《左傳·襄公二十八年》："欲復其願，而棄其本……能無凶乎？""言可復"即説話能夠兌現。《左傳》"復言"有三例：《僖公九年》荀息説："吾與先君言矣，不可以貳，能欲復言而愛身乎？"又《哀公十六年》葉公説："吾聞勝也好復言，……復言非信也。"這兩處三例"復言"與《國語·楚語下》子高（即葉公）所説"復言而不謀身，展也"一樣，都是實踐諾言之義。《襄公二十七年》"壬申，左師復言於子木"，這一處"復言"則是"復命"之意。　③遠：形容詞的使動用法，使之遠離。此處可譯爲"避免"。　④因不失其親：因，通"姻"。孔安國説："言所親不失其親，亦可宗敬。"參見本章《考證》。　⑤宗：尊敬。

【考證】因不失其親：

因，通"姻"。何晏《集解》引孔安國説："因，親也。言所親不失其親，亦可宗敬。"朱熹《集注》説："因，猶'依'也。……所依者不失其可親之人,則亦可以宗而主之矣。"楊伯峻《譯注》因而翻譯這兩句爲"依靠關係深的人,也就可靠了"。我之所以不採納此說,一是朱熹並未提出理由推翻先儒成說;二是,遍查《論語》成書時代的典籍包括《左傳》《國語》《孟子》等,"因"作爲表"依憑"義的動詞雖很常見,卻一般不帶"不失其親"這樣的謂詞性結構做賓語。(5)

1.14 子曰:"君子食無求飽,居無求安,敏於事而慎於言,就有道而正焉①,可謂好學也已。"

【譯文】孔子說:"君子,吃飯不追求吃飽,居住不追求安逸,工作勤勞敏捷,說話卻惜字如金,去得道之人那兒匡正自己,這樣,可以說是好學了。"

【注釋】①正:何晏《集解》引孔安國說:"正,謂問其是非也。"《論語》中的"正"字多次用爲動詞,表示"使……正"。《泰伯》:"正顔色,斯近信矣。"《鄉黨》:"君賜食,必正席先嘗之。"《子路》:"必也正名乎?""苟正其身矣,於從政乎何有? 不能正其身,如正人何?"《堯曰》:"君子正其衣冠,尊其瞻視。"都是其例,這裏當然也不例外。

1.15 子貢曰:"貧而無諂,富而無驕,何如①?"子曰:"可也;未若貧而樂②,富而好禮者也。"

子貢曰:"《詩》云:'如切如磋,如琢如磨③。'其斯之謂與?"子曰:"賜也④,始可與言《詩》已矣,告諸往而知來者⑤。"

【譯文】子貢說:"貧窮卻不諂媚,有錢卻不驕泰,怎麼樣?"孔子說:"可以了;但不如貧窮卻又快樂,有錢卻謙虛好禮呢。"

子貢說:"《詩經》上說:'好比象骨細切磋,又像玉石細琢磨。'就是這個意思吧？"孔子說："賜啊,現在可以和你討論《詩經》了,告訴你已知的,你能推知未知的了。"

【注釋】①何如：怎樣,怎麼樣。《論語》中的"何如",都是這個意思。②貧而樂：皇侃本"樂"下有"道"字。鄭玄注云："樂謂志於道,不以貧爲憂苦。"但較早的定州漢墓竹簡本"樂"下無"道"字。"道"字大約是後世人爲追求句式工整所加。參見劉笑敢《老子古今·導論一》(中國社會科學出版社 2006 年)。　③如切如磋,如琢如磨：見於《詩經·衛風·淇奥》。譯文從向熹先生譯注的《詩經》。　④賜：子貢名。孔子對學生都稱名。　⑤告諸往而知來者：諸,用法同"之"。"往",往者,過去的事,此處探下省略了"者"字;這裏指已知的事。"來者",未來的事,這裏指未知的事。《孟子·盡心下》："夫子之設科也,往者不追,來者不拒。"《易經·説卦》："數往者順,知來者逆。"

1.16 子曰："不患人之不己知①,患不知人也。"

【譯文】孔子說："我不擔心別人不瞭解我,我擔心自己不瞭解別人。"

【注釋】①不己知：不瞭解自己。周秦漢語中,當一個否定句中動詞的賓語爲代詞時,這一代詞往往要放在動詞前面。

爲政篇第二

共二十四章

2.1 子曰:"爲政以德,譬如北辰①,居其所而衆星共之②。"
【譯文】孔子說:"用道德來主持國政,便會像北極星一樣,在他自己的位置上,別的星辰都環繞著它。"
【注釋】①北辰:即北極星。北極星是天空北部的一顆亮星,離北天極很近,差不多正對著地軸,所以從北半球來看,它的位置幾乎是正北,可以靠它來辨別方向。 ②共:同"拱",環抱,環繞。

2.2 子曰:"《詩》三百①,一言以蔽之,曰:'思無邪。'"
【譯文】孔子說:"《詩經》三百篇,用一句話來概括它,就是'想要歸於純正'。"
【注釋】①《詩》三百:《詩經》實有三百零五篇,"三百"只是舉其整數。
【考證】思無邪:

見《詩經·魯頌·駉》。楊伯峻《譯注》說:"'思'字在《駉篇》本是無義的語首詞,孔子引用它卻當思想解,自是斷章取義。"但《詩經》中位於句首的"思"未必全是所謂"無義的語首詞"。我們注意到,當《詩經》中位於句首的"思"後緊接的是體詞性結構(通俗地講,就是類似名詞的成分)時,這一"思"的漢代注家有不同看法。如《大雅·文王》之"思皇多士",毛亨《傳》說:"思,辭也。"——"辭"這裏是語首詞的意思。但鄭玄的《箋》卻説:"思,願也。""思"被解作動詞了。但是,當"思"後緊接的是謂詞性結構(通俗地講,就是類似動詞、形容詞的成分)時,漢代注家便都將"思"理解爲動詞了。如《小雅·桑扈》"旨酒思柔",鄭《箋》説:"其飲美酒,思得柔順中和。"又如《小雅·車舝》"思孌季女逝兮",毛《傳》説:"思得孌然美好之少女有齊莊之德者,往迎之。"又如《大雅·公劉》"思輯用光",鄭《箋》説:"思在和其民人,用光其大道。"又如《頌·泮水》"思樂泮水",鄭《箋》説:"言己思樂僖公之脩泮宫之水。"特別是本章"思無邪"所自出的《魯頌·駉》,在一、二、三、四各段分別有"思無疆""思無期""思無斁""思無邪"四句,除"思無期"較淺顯無解外,其餘三句,鄭《箋》分別解釋爲,"僖公之思遵伯禽之法,反覆思之,無有竟已","思遵伯禽之法,無厭倦也","思遵伯禽之法,專心無復邪意也"。因此,我們以爲,孔子於此似乎並未"斷章取義"。(6)

2.3 子曰:"道之以政①,齊之以刑,民免而無恥②;道之以德,齊之以禮,有恥且格③。"

【譯文】孔子説:"用政令引導他們,用刑罰整頓他們,人民只是免於罪過,卻沒有廉恥之心。若用道德引導他們,用禮教整頓他們,人民不但有廉恥之心,而且人心歸服。"

【注釋】①道:同"導",引導。　②免:先秦典籍若單用一個"免"字,多爲"免罪""免刑""免禍"之義。　③格:來。漢《費鳳碑》作"有恥且佫"。《禮記·緇衣》:"夫民,教之以德,齊之以禮,則民有格心;教之以政,齊之以刑,則民有遯心。""遯"即"遁"字,逃避的意思;逃避的反面是歸服。《孟子·離婁上》:"民之歸仁也,猶水之就下、獸之走壙也。"就是這個意思。

2.4 子曰:"吾十有五而志于學①,三十而立②,四十而不惑③,五十而知天命,六十而耳順④,七十而從心所欲⑤,不踰矩。"

【譯文】孔子説："我十五歲,有志於學問;到三十歲,即小有所成,能夠自立;四十歲,[有了一定的知識,]不致迷惑;五十歲,得知天命;六十歲,一聽別人説話,便可分辨是忠言還是巧言;到了七十歲,便隨心所欲,任何念頭都不會越出規矩。"

【注釋】①有:上古漢語整數和小一位的數字之間常用"有"字。　②立:何晏《集解》:"有所成立也。"　③不惑:"知(智)者不惑。"(見《子罕》《憲問》)"人含其知(智),則天下不惑矣。"(《莊子·外篇·胠篋》)④耳順:這兩個字古今解釋甚多,都覺牽強。我們只好遵從最早的何晏《集解》所引鄭玄注:"耳聞其言,而知其微旨也。"所謂"知其微旨",大約指能明辨逆耳的忠言和足以"亂德"的"巧言"。《論語》四見"巧言"(1.3,5.25,15.27,17.17),均極言其害。　⑤從心所欲:隨心所欲。《荀子·君道》:"天子不視而見,不聽而聰,不慮而知,不動而功,塊然獨坐而天下從之如一體,如四肢(肢)之從心。"《管子·立政》:"令則行,禁則止,憲之所及,俗之所被,如百體之從心,政之所期也。"皇侃《義疏》讀"從"爲"縱",解爲放縱。柳宗元《與楊晦之書》:"孔子七十而縱心。"但"縱"字含有貶義,《左傳·成公二年》:"今二子者,君生則縱其惑,死又益其侈,是棄君於惡也。"《昭公十年》:"《書》曰:'欲敗度,縱敗禮。'我之謂矣。夫子知度與禮矣,我實縱欲而不能自克也。"《荀子·非十二子》:"縱情性,安恣睢,禽獸行,不足以合文通治。"《儒效》:"縱性情而不足問學,則爲小人矣。"《富國》:"無君以制臣,無上以制下,天下害生縱欲。"故不從皇説。

2.5 孟懿子問孝①。子曰:"無違②。"

　　樊遲御③,子告之曰:"孟孫問孝於我,我對曰,無違。"樊遲曰:"何謂也?"子曰:"生,事之以禮④;死,葬之以禮,祭之以禮。"

【譯文】孟懿子向孔子請教孝道。孔子説:"不要違禮。"

不久,樊遲爲孔子駕車,孔子於是告訴他説:"孟孫問我孝道,我答復説,不要違禮。"樊遲説:"這是什麽意思?"孔子説:"父母健在,依禮侍奉他們;死了,依禮安葬他們,祭祀他們。"

【注釋】①孟懿子:魯大夫,三家之一,姓仲孫,名何忌,"懿"是謚號。他父親是孟僖子仲孫貜。《左傳·昭公七年》説,孟僖子將死,囑咐何忌要向孔子學禮。　②無違:黄式三《論語後案》説:"《左傳·桓公二年》云,'昭德塞違''滅德立違''君違,不忘諫之以德',《六年》傳云'有嘉德而無違心',《襄公二十六年》傳云'正其違而治其煩'……古人凡背禮者謂之違。"《左傳·昭公三年》《五年》云:"甚敬而卑,禮無違者。""自郊勞至於贈賄,禮無違者。"結合下文,可見"無違"指"無違禮"。　③樊遲:孔子學生,名須,字子遲,比孔子小46歲。　④生,事之以禮:古代的禮儀有一定的差等,天子、諸侯、大夫、士、庶人各不相同。魯國的三家是大夫,不但有時用魯公(諸侯)之禮,有時甚至用天子之禮。這種僭越的行爲,是孔子最痛心的。所以此章孔子所答,或許是有針對性的。

2.6 孟武伯問孝①。子曰:"父母,唯其疾之憂②。"

【譯文】孟武伯向孔子請教孝道。孔子説:"父母有病,孝子總是擔憂。"

【注釋】①孟武伯:即仲孫彘,孟懿子的兒子,"武"是謚號。　②父母唯其疾之憂:其,代詞,相當於"他的""他們的"。這裏的"其"指的是父母,還是兒女,有不同説法。王充《論衡·問孔》説:"武伯善憂父母,故曰,唯其疾之憂。"《淮南子·説林》説:"憂父之疾者子,治之者醫。"高誘注之云:"《論語》曰:'父母唯其疾之憂。'故曰憂之者子。"可見王、高都認爲"其"是指代父母。何晏《集解》引馬融説:"言孝子不妄爲非,唯疾病然後使父母憂。"認爲"其"指代孝子。"唯其疾之憂"是將動詞"憂"的賓語"其疾"前置了。按王、高之説，"其"指"父母"；按馬説，"其"指孝子。我們以爲王、高之説較爲可據。《孝經·紀孝行》："子曰：'孝子之事親也，居則致其敬，養則致其樂，病則致其憂，喪則致其哀，祭則致其嚴。五者備矣，然後能事親。'"可證。

2.7 子游問孝①。子曰："今之孝者，是謂能養，至於犬馬。皆能有養②，不敬，何以別乎？"

【譯文】子游問孝道。孔子説："現在的所謂孝，是説能够養活父母，但狗和馬也能够得到飼養。父母、狗和馬全部都能養著，若不對父母心存敬畏，那用什麼去區別贍養父母和飼養狗馬呢？"

【注釋】①子游：孔子學生，姓言，名偃，字子游，吳人，比孔子小45歲。②皆能有養：皆，全，都；不能理解爲"連……都……"。"皆"在總括的意義上和後來的"都"同義，但如果拿"都"的"連……都……"的意義(也即"甚至"義)去解釋"皆能有養"的"皆"，説是"連狗和馬都能够得到飼養"，這是偷換概念。"皆"從古至今都没有"連……都……"的意義，一些注本這樣翻譯是錯誤的。有養，被養。《晏子春秋·内篇雜上》："晏子曰：'聖王見賢以樂賢，見不肖以哀不肖。今請求老弱之不養、鰥寡之無室者，論而共秩焉。'公曰：'諾。'於是老弱有養，鰥寡有室。"《禮記·禮運》："矜寡孤獨廢疾者，皆有所養。"可證。拙文《〈論語〉"至於犬馬，皆能有養"解》發表於武漢大學文學院院刊《長江學術》2012年2期，讀者可以參考。

【考證】今之孝者……不敬，何以別乎：

這一段現今的標點本都是下面這樣標點："今之孝者，是謂能養。至於犬馬，皆能有養；(。)不敬，何以別乎？"即，在"至於犬馬"後標注逗號，在"皆能有養"後標注分號或句號。我們的標點之所以與諸家不同，其中的

關鍵在於對"至於"的解釋。(7)

2.8 子夏問孝。子曰:"色難①。有事,弟子服其勞②;有酒食,先生饌③,曾是以爲孝乎④?"

【譯文】子夏問孝道。孔子說:"在父母前總是和顏悅色,難哪!有事情,年輕人效勞;有酒菜,年長者享用。這麼一點點,就算是孝順嗎?"

【注釋】①色難:鄭玄注《論語》這兩字說:"(對父母)和顏悅色,是(此)爲難也。"詳見本章《考證》。　②弟子、先生:劉台拱《論語駢枝》云:"《論語》言'弟子'者七,其二皆年幼者,其五謂門人。言'先生'者二,皆謂年長者。"馬融說:"先生謂父兄也。""先生"本義是指年長者,後來用以特指老師。"弟子"恐怕也是如此。　③饌(zhuàn):吃喝。　④曾(zēng):竟然。

【考證】色難:

　　這話有兩解,一說是兒子侍奉父母時的容色。《詩經·邶風·凱風》"有子七人,莫慰母心",孔穎達《正義》引鄭玄注《論語》"色難"說:"和顏悅色,是爲難也。"《禮記·祭義》說:"孝子之有深愛者必有和氣,有和氣者必有愉色,有愉色者必有婉容。"也可以做這兩個字的注腳。另一說是承順父母的容色爲難(就是受得了父母的臉色),後漢的經學家包咸、馬融都如此說。今取前一說。因爲,先秦及西漢典籍中,當"色"位於句首表示容色(面部表情)時,一般是指未出現的主語的容色。例如,《鄉黨》:"色勃如也,足躩如也。"——指孔子的容色。《陽貨》:"色厲而內荏,譬諸小人,其猶穿窬之盜也與!"——指小人的容色。《禮記·玉藻》:"君子之容舒遲……頭容直,氣容肅,立容德,色容莊,坐如尸,燕居告溫溫。"——指君子的容色。《表記》:"君子貌足畏也,色足憚也,言足信也。"——指君子的容色。主語如果出現,當然是指主語的容色:"文王色憂,行不能正履。"

(《禮記·文王世子》)"其有不安節,則内竪以告世子,世子色憂不滿容。"(同上)"色難"的主語爲何呢?從"子夏問孝"看,顯然是指行孝者,即孝子。那麽,"(孝子)色難"當然是指孝子(侍奉父母時)總是保持和顔悦色相當困難了。《史記·佞幸列傳》:"太子入問病,文帝使齰癕,齰癕而色難之。"這是指"太子"用嘴吸文帝的癰瘡時面露爲難之色。亦可證。(8)

2.9 子曰:"吾與回言終日①,不違,如愚。退而省其私②,亦足以發,回也不愚。"

【譯文】孔子説:"我整天和顔回談學問,他從來没有異議,像個傻瓜。等他回家獨自研究,卻也能大加發揮,顔回呀並不傻。"

【注釋】①回:顔回,孔子最得意的學生,魯國人,字子淵,比孔子小30歲。②退而省其私:這句未出現的主語,皇侃認爲是顔回,朱熹則認爲是孔子。從"退"字的用法來看,皇説是對的。詳見本章《考證》。

【考證】退而省其私:

皇侃《義疏》説:"察退與二三子私論,亦足以發明聖奥,振起風訓也。"即顔回退而省視自己之私;朱熹《集注》卻以爲孔子退而省顔回之私,"則見其日用動静語默之間皆足以發明夫子之道"。我們同意皇説。因爲,"不違如愚"和"亦足以發"未出現的主語都是顔回,這是没有異議的。如皇説,則三句的主語一氣貫穿,正和"回也不愚"相呼應。如朱説,則是孔子"退而省其私",而顔回"皆足以發明夫子之道",文氣不相連貫。但這一點並不足以完全證明皇説正確,因爲"古人行文不嫌疏略"(俞樾語)。我們的主要證據是動詞"退"的特徵。"退而省其私"的"退",《王力古漢語字典》的解釋是"退走,退回"。我們在對《論語》以及與《論語》成書爲同一時代的《左傳》以及有關孔子的《禮記·仲尼燕居》《孔子家語》《史記·仲尼弟子列傳》等加以全面考察後發現,表示"返回""退走"的"退",還同時具備兩個特點:1.客對主而言"退"。2.卑對尊而言"退"。例如:"里克諫曰……公曰:'寡人有子,未知其誰立焉。'(里克)不對而退。"(《左傳·閔公二年》)"初,晉侯使士蔿爲二公子築蒲與屈,不慎,置薪焉。夷吾訴之。公使讓之……(士蔿)退而賦曰……"(《僖公五年》)"周内史叔興聘于宋,宋襄公問焉……對曰……(叔興)退而告人曰……"(《僖公十六年》)"(宣子)問何故。對曰:'翳桑之餓人也。'問其名居,不告而退。"(《宣公二年》)"衛侯在鄄,臧紇如齊,唁衛侯。與之言,虐。(臧紇)退而告其人曰:'衛侯其不得入矣!其言糞土也。'"(《襄公十四年》)"晉侯享之,有加籩。武子退。"(《昭公六年》)"宋公使昭子右坐,語相泣也。樂祁佐,退而告人曰……"(《昭公二十五年》)"荀躒以晉侯之命唁公,公曰……荀躒掩耳而走……(荀躒)退而謂季孫……"(《昭公三十一年》)"吳子將許之。伍員曰……(吳子)弗聽。(伍員)退而告人曰……"(《哀公元年》)"孟子去齊,居休。公孫丑問曰:'仕而不受禄,古之道乎?'曰:'非也。於崇,吾得見王,退而有去志。'"(《孟子·公孫丑下》)"魯定公問於顔回曰……對曰……定公色不悦,謂左右曰……顔回退。"(《孔子家語·顔回》)

因此,1.孔子和學生講學時,都是學生"退";孔子和兒子談話時,則是兒子"退"。例如:"樊遲問仁。子曰:'愛人。'問知。子曰:'知人。'樊遲未達。子曰:'舉直錯諸枉,能使枉者直。'樊遲退。"(《論語·顔淵》)"陳亢問於伯魚曰:'子亦有異聞乎?'對曰:'未也。嘗獨立,鯉趨而過庭,曰:"學詩乎?"對曰:"未也。""不學詩,無以言。"鯉退而學詩。他日,又獨立,鯉趨而過庭。曰:"學禮乎?"對曰:"未也。""不學禮,無以立。"鯉退而學禮。聞斯二者。'陳亢退而喜曰:'問一得三,聞詩,聞禮,又聞君子之遠其子也。'"(《季氏》)"仲尼燕居,子張子貢子游侍……子貢退。"(《禮記·仲尼燕居》)"孔子閒居,曾參侍……孔子又不應,曾子肅然而懼,摳衣而退,負席而立。"(《孔子家語·王言解》)"孔子北遊於農山,子路、子貢、顔淵侍側。孔子四望,喟然而歎曰……顔回退而不對。"(《致思》)"孔子曰……子貢跪曰:'請退而記之。'"(《弟子行》)"子張既聞孔子斯言,遂退而記之。"(《入官》)"子曰:'禮乎!夫禮,所以制中也。'子貢退。"(《論禮》)"冉有問於孔子曰……冉有跪然免席,曰:'言則美矣!求未之聞。'退而記之。"(《五刑解》)

2. 孔子的"退",只出現在孔子見國君或季孫等權臣時。例如:"孔子適季氏,康子晝居內寢。孔子問其所疾,康子出見之。言終,孔子退。"(《孔子家語·曲禮子貢問》)

3. 孔子和身份地位差不多者相見時,無論是孔子還是他人,都是客"退"。例如:"陳司敗問:'昭公知禮乎?'孔子曰:'知禮。'孔子退。"(《論語·述而》)"孔文子之將攻大叔也,訪於仲尼。仲尼曰:'胡簋之事,則嘗學之矣。甲兵之事,未之聞也。'退,命駕而行。"(《左傳·哀公十一年》)

綜上,這一章既然是孔子記述自己與顏回談話的情形,當然"退而省其私"的是顏回。(9)

2.10 子曰:"視其所以,觀其所由,察其所安。人焉廋哉①?人焉廋哉?"

【譯文】孔子說:"考查一個人做事的方法、途徑,觀察他為什麼那樣做的緣由,瞭解他賴以安身立命的是什麼。那麼,這個人如何能隱藏得住呢?這個人如何能隱藏得住呢?"

【注釋】①人焉廋(sōu)哉:焉,何處;廋,隱藏,藏匿。這句話如果直譯,便是:"這個人到哪裏去隱藏呢?"

【考證】所以、所由、所安:

先說"所以"和"所由"。何晏《集解》云:"以,用也,言視其所行用也。由,經也,言觀其所經從也。"通過對《論語》時代典籍中這兩個較為常見的詞組的全面考察,我以為此說比較可靠。"所以"往往表示行事的方法和途徑,如《公冶長》:"歸與!歸與!吾黨之小子狂簡,斐然成章,不知所以裁之。"《左傳·隱公三年》:"去順效逆,所以速禍也。"《桓公八年》:"弗許而後戰,所以怒我而怠寇也。"《莊公二十三年》:"夫禮,所以整民也。"《僖公二十八年》:"微楚之惠不及此,退三舍辟之,所以報也。"《孟子‧公孫丑上》:"今人乍見孺子將入於井,皆有怵惕惻隱之心,非所以內交於孺子之父母也,非所以要譽於鄉黨朋友也。"

"所由"則往往表示如此行事的緣由,如《左傳‧文公七年》:"義而行之,謂之德、禮。無禮不樂,所由叛也。"《昭公元年》:"患之所生,污而不治,難而不守,所由來也。"《昭公十三年》:"不明棄共,百事不終,所由傾覆也。"《哀公二十六年》:"今君再在孫矣,內不聞獻之親,外不聞成之卿,則賜不識所由入也。"《左傳‧昭公四年》這段文字中,"所以""所由"同時存在,可以比較:"夫六王二公之事,皆所以示諸侯禮也,諸侯所由用命也。夏桀爲仍之會,有緡叛之。商紂爲黎之蒐,東夷叛之。周幽爲大室之盟,戎狄叛之。皆所以示諸侯汏也,諸侯所由棄命也。"

再説"所安"。這個詞組也較常見,是所賴以生存,所賴以安身立命者之意。如《左傳‧莊公十年》:"衣食所安,弗敢專也,必以分人。"《國語‧晉語一》:"孝、敬、忠、貞,君父之所安也。"《吳語》:"寡人其達王於甬句東,夫婦三百,唯王所安,以没王年。"《墨子‧非樂上》:"且夫仁者之爲天下度也,非爲其目之所美,耳之所樂,口之所甘,身體之所安,以此虧奪民衣食之財,仁者弗爲也。"(10)

2.11 子曰:"溫故而知新①,可以爲師矣。"

【譯文】孔子説:"不斷溫習舊知識,並能有新體會、新發現,就可以爲人師表了。"

【注釋】①溫故而知新:《禮記‧中庸》云:"君子尊德性而道問學,致廣大而盡精微,極高明而道中庸,溫故知新,敦厚以崇禮。"鄭玄注:"'溫'讀如'燖溫'之'溫'。謂故學之孰矣,後時習之,謂之'溫'。"譯文用其義。兩相對照,就知道不是説在溫故之時,能夠知新;而是説要不斷溫故,並能有所知新。楊樹達先生有《溫故知新說》,載《積微居小學述林全編》(上海古籍出版社 2007 年),值得一讀。

2.12 子曰:"君子不器①。"

【譯文】孔子說:"君子不像器皿一樣[,只有一定的用途]。"

【注釋】①君子不器:古代知識有限,故孔子認爲應該無所不通。後人曾說,一事之不知,儒者之恥。不,表一般性的否定,不能譯爲"不要""不該"。

2.13 子貢問君子。子曰:"先行其言而後從之。"

【譯文】子貢問怎樣才能成爲君子。孔子說:"你想要說的,先實行了,再說出來。"

【考證】先行其言而後從之:

孔安國說:"疾小人多言而行之不周。"劉寶楠《論語正義》此八字作一句讀。沈括《夢溪筆談》、郝敬《論語詳解》、黃式三《論語後案》均主張"先行"後斷開。因爲定州竹簡本作"先行其言從之","先行"後是應該斷開的,似乎此章也應作"先行,其言而後從之"。但在《論語》時代,表示"然後"意義的"而後"這一詞語,總是處於"(S)V(O)而後 V(O)"(S 代表主語,V 代表謂語動詞,O 代表賓語,括號中的成分可以有,也可以無)這一結構中,未見例外。如:"季文子三思而後行。"(《公冶長》)"仁者先難而後獲。"(《雍也》)"子與人歌而善,必使反之,而後和之。"(《述而》)"死而後已,不亦遠乎?"(《泰伯》)"色斯舉矣,翔而後集。"(《鄉黨》)"如有王者,必世而後仁。"(《子路》)"君子信而後勞其民……信而後諫。"(《子張》)"聖王先成民,而後致力於神。"(《左傳·桓公六年》)"濟漢而後發喪。"(《莊公四年》)"無衆而後伐之,欲禦我誰與?……夫民讓事樂和,愛親哀喪而後可用也。"(《莊公二十七年》)"國將亡,本必先顛,而後枝葉從之。"(《閔公元年》)"襄王定位而後發喪。"(《僖公八年》)"物生而後有象,象而後有滋,滋而後有數。"(《僖公十五年》)"丁丑,殺慶鄭而後入。"(同上)"既陳而後擊之,宋師敗績。"(《僖公二十二年》)"待我二十五年,不來而後嫁。"(《僖公二十三年》)"夫惠本而後民歸之志,民和而後神降之福。"(《國語·魯語上》)"爲人臣者,能内睦而後圖外。"(《晉語六》)也就是説,"而後"必須緊接(S)V(O),"而後"和(S)V(O)之間不能再有別的成分。可見,"先行其言而後從之",可以不斷而一氣讀下,也可在"其言"後斷開,但絕不能讀作"先行,其言而後從之"。至於定州竹簡本之"先行其言從之",因爲句子結構不同,當然應讀作"先行,其言從之"。但這不能證明"先行其言而後從之"當讀爲"先行,其言後從之"。這是兩碼事,不能以此例彼。(11)

2.14 子曰:"君子周而不比①,小人比而不周。"

【譯文】孔子説:"君子團結而不勾結,小人勾結而不團結。"

【注釋】①周而不比(舊讀 bì):"周"和"比"都是互相親近的意思。"比"是個典型的貶義詞,"周"卻並非什麼褒義詞,只是個中性詞,所以它們可以合成貶義詞組"比周"。但此處"周""比"相對而言,兩詞意義的不同便得以凸顯。

【考證】君子、小人:

楊伯峻《譯注》説:"《論語》的'君子',有時指'有德者',有時指'有位者'。"趙紀彬《論語新探》卻認爲在春秋時期,"君子"與"小人"已分裂成兩個對立的政治派別。"君子"是西周、春秋時期對奴隸主貴族的通稱,是指奴隸主階級侯國"大夫以上"當權派。而"小人"則指奴隸制生產方式支配下的個體農民。我們認爲,《論語》時代典籍中的"君子""小人"確實有的指"有德者",有的指"有位者"。這兩個詞的引申路徑如同"鄙"由"邊鄙之地"而引申出"鄙陋"的意義一樣,"君子""小人"也由區分地位高下的兩個詞,雙雙成對地引申爲區分道德高下的兩個詞。其引申背景如同英國貴族是道德的表率一樣,西周時的君子在地位上和所謂道德上都是處於高位的。必須指出,以位言和以德言是今人的區分,在當時人們的心目中,二者也許是統一的。

《孟子·梁惠王上》一段話很能說明此點:"無恒產而有恒心者,惟士爲能。若民,則無恒產,因無恒心。苟無恒心,放辟邪侈,無不爲已。"(1.7)類似的話又見《滕文公上》(5.3)。因此,"君子""小人"這兩個詞有時是難以截然劃分"以德言""以位言"的。春秋時逐漸"禮崩樂壞",有些處於"君子"地位的人便被斥爲"小人"。當時典籍中此類例證不少。"以位言"的如:"君子小人,物有服章,貴有常尊,賤有等威。"(《左傳·宣公十二年》)"賈人曰:'吾無其功,敢有其實乎?吾小人,不可以厚誣君子。'"(《成公三年》)"君子勤禮,小人盡力。"(《成公十三年》)"君子勞心,小人勞力,先王之制也。"(《襄公九年》)"世之治也,君子尚能而讓其下,小人農力以事其上⋯⋯及其亂也,君子稱其功以加小人,小人伐其技以馮君子。"(《襄公十三年》)"宋人或得玉,獻諸子罕。⋯⋯稽首而告曰:'小人懷璧,不可以越鄉。納此以請死也。'"(《襄公十五年》)"小人之事君子也,惡之不敢遠,好之不敢近。敬以待命,敢有貳心乎?"(《襄公二十六年》)"君子不犯非禮,小人不犯不祥,古之制也。"(同上)"有犯命者,君子廢,小人降。"(《昭公六年》)"廚人濮曰:'吾小人,可藉死而不能送亡,君請待之。'"(《昭公二十一年》)"古之君子,過則改之;今之君子,過則順之。古之君子,其過也,如日月之食,民皆見之,及其更也,民皆仰之;今之君子,豈徒順之,又從爲之辭。"(《孟子·公孫丑下》)"湯始征,自葛載,十一征而無敵於天下。⋯⋯其君子實玄黃於篚以迎其君子,其小人簞食壺漿以迎其小人。"(《滕文公下》)"君子犯義,小人犯刑,國之所存者幸也。"(《離婁上》)"君子之澤五世而斬,小人之澤五世而斬。"(《離婁下》)"公孫丑問曰:'高子曰,《小弁》,小人之詩也。'孟子曰:'何以言之?'曰:'怨。'"(《告子下》)"君子務治而小人務力。"(《國語·魯語上》)"齊侯見使者曰:'魯國恐乎?'對曰:'小人恐矣,君子則否。'"(《魯語上》)"君子勞心，小人勞力，先王之訓也。"(《魯語下》)"呂甥逆君於秦，穆公訊之曰：'晉國和乎？'對曰：'不和。'公曰：'何故？'對曰：'其小人不念其君之罪，而悼其父兄子弟之死喪者，不憚征繕以立孺子，曰：「必報讎，吾寧事齊、楚，齊、楚又交輔之。」其君子思其君，且知其罪，曰：「必事秦，有死無他。」故不和。比其和之而來，故久。'公曰：'而無來，吾固將歸君。國謂君何？'對曰：'小人曰不免，君子則否。'公曰：'何故？'對曰：'小人忌而不思，願從其君而與報秦，是故云。其君子則否，曰：「吾君之入也，君之惠也。能納之，能執之，則能釋之。德莫厚焉，惠莫大焉，納而不遂，廢而不起，以德爲怨，君其不然？」'秦君曰：'然。'"(《晉語三》)以上書證證明在《論語》《孟子》時代確實存在"君子""小人"兩個階層，且"君子"地位高而"小人"地位低。

但同時，"君子""小人"在那一時期也確實可以"以德言"；地位爲"君子"者可以因爲德行低下而被斥之爲"小人"。如："冬十月，楚子伐鄭。鄭人將禦之，子產曰：'晉、楚將平，諸侯將和，楚王是故昧於一來。不如使逆而歸，乃易成也。夫小人之性，釁於勇，嗇於禍，以足其性而求名焉者，非國家之利也。若何從之？'子展說，不禦寇。"(《左傳·襄公二十六年》)"君子有遠慮，小人從邇。"(《襄公二十八年》)"宣子……見子尾。子尾見強，宣子謂之如子旗。大夫多笑之，唯晏子信之，曰：'夫子，君子也。君子有信，其有以知之矣。'(《昭公二年》)"叔向曰：'子野之言，君子哉！君子之言，信而有徵，故怨遠於其身。小人之言，僭而無徵，故怨咎及之。'"(《昭公八年》)"十一年春，齊爲鄎故，國書、高無丕帥師伐我，及清。……武叔呼(冉求)而問戰焉，對曰：'君子有遠慮，小人何知？'懿子強問之，對曰：'小人慮材而言，量力而共者也。'武叔曰：'是謂我不成丈夫也。'"(《哀公十一年》)"孟子去齊。尹士語人曰：'不識王之不可以爲湯武，則是不明也；……士則兹不悦。'高子以告。曰：'夫尹士惡知予哉？……'尹士聞之，曰：'士誠小人也。'"(《孟子·公孫丑下》)《論語》因其書宣揚倫理的性質，"君子""小人"多以德言。僅舉數例："君子周而不比，小人比而不周。"(《爲政》)"君子喻於義,小人喻於利。"(《里仁》)"女爲君子儒,無爲小人儒。"(《雍也》)"君子坦蕩蕩,小人長戚戚。"(《述而》)"君子成人之美,不成人之惡。小人反是。"(《顔淵》)也有以位言的。例如:"君子懷德,小人懷土;君子懷刑,小人懷惠。"(《里仁》)"子爲政,焉用殺?子欲善而民善矣。君子之德風,小人之德草,草上之風,必偃。"(《顔淵》)

"小人"也可用於謙稱。許多地位爲"君子"者在地位更高或年齡較自己爲長的"君子"前自稱"小人"。如:"(申叔時)對曰:'可哉!吾儕小人所謂取諸其懷而與之也。'"(《左傳·宣公十一年》)申叔時,楚國貴族。"鄭人游于鄉校,以論執政。然明謂子產曰:'毀鄉校,何如?'子產曰:'何爲?夫人朝夕退而游焉,以議執政之善否。其所善者,吾則行之。其所惡者,吾則改之。是吾師也,若之何毀之?……'然明曰:'蔑也今而後知吾子之信可事也。小人實不才,若果行此,其鄭國實賴之,豈唯二三臣?'"(《襄公三十一年》)然明,即鬷蔑,鄭國貴族。"張趯使謂大叔曰:'自子之歸也,小人糞除先人之敝廬,曰子其將來。今子皮實來,小人失望。'"(《昭公三年》)張趯,晉國大夫。"小人"也可能是相對而言的。即,地位爲"君子"者,相對地位更高的人,得自稱爲"小人"。如:"楚子使薳罷來聘,通嗣君也。穆叔問王子之爲政何如。對曰:'吾儕小人,食而聽事,猶懼不給命而不免於戾,焉與知政?'"(《襄公三十年》)薳罷,楚國貴族,後爲令尹,相對年長的穆叔,自稱"小人"。"冬,梗陽人有獄,魏戊不能斷,以獄上。其大宗賂以女樂,魏子將受之。魏戊謂閻沒、女寬曰:'主以不賄聞於諸侯,若受梗陽人,賄莫甚焉。吾子必諫。'皆許諾。退朝,待於庭。饋入,召之。比置,三歎。既食,使坐。魏子曰:'吾聞諸伯叔,諺曰:"唯食忘憂。"吾子置食之間三歎,何也?'同辭而對曰:'或賜二小人酒,不夕食。饋之始至,恐其不足,是以歎。中置,自咎曰:"豈將軍食之,而有不足?"是以再歎。及饋之畢,願以小人之腹爲君子之心,屬厭而已。'獻子辭梗陽人。"(《昭公二十八年》)閻沒、女寬均爲晉國大夫,在地位更高的魏子面前,自稱"小人"。較爲典型的一例是楚貴族鍾儀被俘後在晉侯面前自稱"小人",而其德行令敵方人士折服,稱其爲"君子":"晉侯觀于軍府,見鍾儀。……問其族,對曰:'泠人也。'公曰:'能樂乎?'對曰:'先父之職官也,敢有二事?'使與之琴,操南音。公曰:'君王何如?'對曰:'非小人之所得知也。'固問之,對曰:'其爲大子也,師保奉之,以朝于嬰齊而夕于側也。不知其他。'公語范文子,文子曰:'楚囚,君子也。言稱先職,不背本也。樂操土風,不忘舊也。稱大子,抑無私也……'"(《左傳·成公九年》)

通過以上歸納可知,"君子""小人"誠如楊伯峻先生所指出的,有時指"有德者",有時指"有位者"。趙紀彬所言"君子"是西周、春秋時期對奴隸主貴族的通稱,是指奴隸主階級侯國"大夫以上"當權派,而"小人"則指奴隸制生產方式支配下的個體農民,也大體不錯。但是,由於不明白,或有意模糊"君子""小人"有以德言以位言的區別,趙紀彬的一些具體的結論卻並不正確。如,他說:"也不能認爲與'君子'處於對立地位的'小人',全是不在位的統治者。"並以《雍也》"女爲君子儒,無爲小人儒"爲例,又以《子路》"子貢問曰:'何如斯可謂之士矣?'子曰:'行己有恥,使於四方,不辱君命,可謂士矣。'……曰:'敢問其次。'曰:'言必信,行必果,硜硜然小人哉'"爲例,從而得出結論說:"由此可見,春秋過渡時期的'士'中,確有'言必信,行必果,硜硜然小人哉'的'其次'之士。"其實,這裏無論"君子儒""小人儒"還是"硜硜然小人",都是"以德言"的。這種具體結論的失誤,又導致了較大較重要結論的失誤。如說:"'君子''小人'的對立,是春秋過渡時期'人'的階級內部兩條政治路線鬥争的反映。"另外,"君子""小人"也並非如趙說,屬於所謂"'人'的階級內部",而與"民"對立。例如:"吾聞之,民受天地之中以生,所謂命也。是以有動作禮義威儀之則,以定命也。能者養以之福,不能者敗以取禍。是故君子勤禮,小人盡力,勤禮莫如致敬,盡力莫如敦篤。敬在養神,篤在守業。"(《左傳·成公十三年》)前文說"民受天地之中以生,所謂命也。是以有動作禮義威儀之則,以定命也。能者養以之福,不能者敗以取禍",接著又說"是故君子勤禮,小人盡力"云云,可知君子、小人都是"民"的一部分。又如"曹劌問所以戰於莊公。公曰：'余不愛衣食於民，不愛犧牲玉於神。'對曰：'夫惠本而後民歸之志，民和而後神降之福。若布德於民而平均其政事，君子務治而小人務力；動不違時，財不過用；財用不匱，莫不能使共祀。'"（《國語・魯語上》）這一段也是前文說"民"如何如何，後文說"君子""小人"如何如何，可見，君子、小人是"民"中的兩個階層，而非與"民"對立的兩個階層。關於這一點，本書《附錄》之《也談〈論語〉中的"人"與"民"》論述得很詳細。(12)

2.15 子曰："學而不思則罔①，思而不學則殆②。"

【譯文】孔子說："學習而不思考，就會受騙；空想而不學習，就會疲憊而無所得。"

【注釋】①罔：誣罔；"學而不思"則受欺也。　②殆：通"怠"，疲憊。詳見本章《考證》。

【考證】殆：

通"怠"，疲憊。王引之《經義述聞・通說上》謂這一章的"殆"作"疑惑"解，舉《公羊傳》何休注、《莊子・外篇・山木》及《史記・倉公列傳》爲據。但以上文獻均較《論語》爲晚出，《論語》時代典籍如《左傳》《國語》《孟子》中，未見"殆"可解爲"疑惑"者，蓋後起義也；故不從。下文第十八章"多見闕殆"的"殆"也不應作"疑惑"解。(13)

2.16 子曰："攻乎異端，斯害也已①。"

【譯文】孔子說："研習那些不正確的學說，這就有害了。"

【注釋】①攻乎異端斯害也已：何晏《集解》云："攻，治也。……異端，不同歸者也。"皇侃《義疏》云："攻，治也。……異端，謂雜書也。"斯，連詞，"這就"的意思。也已，複合句末語氣詞。《論語》除這一句外，"也已"凡14見（其中7例爲"也已矣"），均爲複合句末語氣詞。這一句自不應例外。

2.17 子曰:"由①!誨女知之乎!知之爲知之,不知爲不知,是知也②。"

【譯文】孔子説:"由!教你如何獲取知識變得智慧吧!知道就是知道,不知道就是不知道,這就是聰明智慧。"

【注釋】①由:孔子學生,仲由,字子路,卞(故城在今山東泗水縣東50里)人,比孔子小九歲(前542—前480)。 ②是知也:《荀子·子道》也有類似的話,但較爲詳細。其中有兩句爲:"言要則知,行至則仁。"因此這一"知"應讀爲"智"(zhì)。這句的"是"是指示代詞(類似現代漢語的"這""那"),而不是聯繫動詞。現代漢語的聯繫動詞"是"是由古代漢語的指示代詞"是"演變過來的,但《論語》時代這一演變還遠未完成。這句用指示代詞"是",是由於前面的"知之爲知之,不知爲不知"這個主語太長,而用"是"來複指罷了。現代漢語和外語裏也常用代詞複指前面過長的主語。如"活著還是毀滅,這是個問題","To be, or not to be—that is the question."類似這章的還有《述而》:"德之不修,學之不講,聞義不能徙,不善不能改,是吾憂也。"(7.3)

【考證】誨女知之乎:

《孟子·告子上》"弈秋誨二人弈",《墨子·辭過》"聖王……誨婦人治絲麻……聖人作,誨男耕稼樹藝",與此句式相同。女,間接賓語;知之,直接賓語。知之,河北定縣出土《論語》無"之"字。但先秦時期,當動詞"知"不屬於下列四種情況時,其後一般都要接一泛指代詞"之"。

四種情況是:1.被否定副詞修飾,如"不知"。2.被能愿動詞修飾,如"可知""敢知"。3.帶有其他賓語,包括前置的賓語,如"知人""何知"。4.和"所"字結合成"所知"。也即,動詞"知"作爲一個句子成分,如主語、賓語,一般不以單音節的形式出現。類似的動詞有"得""取"等。因此,雖然大多數"知之"的"之"有所指,如"南蒯之將叛也,其鄉人或知之"(《左傳·昭公十二年》),但有些"之"卻不知指代什麼。如:"知之者,不如好之者;好之者,不如樂之者。"(《雍也》)"我非生而知之者,好古,敏以求之者也。"(《述而》)"生而知之者上也,學而知之者次也。"(《季氏》)"仲尼曰:'知之難也。有臧武仲之知,而不容於魯國,抑有由也。'"(《左傳·襄公二十三年》,沈玉成《左傳譯文》[中華書局1981年]譯"知之難也"爲"聰明是很難做到的呀")"謂子羽曰:非知之實難,將在行之。夫子知之矣,我則不足。'"(《昭公十年》,沈譯"非知之實難"爲"並不是難在懂得道理")。所以我們理解本章的"知之"爲"獲取知識智慧",也就是"學習"。俞樾《群經平議》說此"知之"爲"志之",不確。"知之"《論語》《左傳》常見,而"志之"則甚少見。參見5.19《考證》(一)、17.15《考證》(二)。"知之爲知之,不知爲不知,是知也",定州竹簡本作"智之爲智之,弗智爲弗智,是智也"。

今按,二十世紀三十年代,丁聲樹先生發表《釋否定詞"弗""不"》一文,指出"'弗'字只用在省去賓語的外動詞(及物動詞)之上(前)","內動詞(不及物動詞)及帶有賓語的外動詞之上只用'不'字,不用'弗'字"。結論是,弗,略與"不之"相當。我們以其第一個例句《禮記·學記》之"雖有嘉肴,弗食,不知其旨也;雖有至道,弗學,不知其善也"爲例,"弗食"略等於"不食","弗學"略等於"不學之"。1958年,黃景欣發表《秦漢以前古漢語中的否定詞"弗""不"研究》一文,舉出一些"弗"後動詞帶賓語的例證反駁丁文。後來,大西克也、魏德勝、董琨等學者均以有力證據反駁黃文。大西克也《關於上古漢語的否定詞"弗""不"的分用問題》一文指出,馬王堆出土帛書《老子》《戰國縱橫家書》等書中,"弗"後及物動詞不帶賓語的有116例,帶賓語的只有10例。而魏德勝《睡虎地秦墓竹簡語法研究》指出,"弗"在睡虎地竹簡中出現104次,後接動詞帶賓語的只有4次。同時,黃景欣文許多例證的"不"原本是"弗",乃是爲避漢昭帝劉弗陵諱而改動了。可見,丁聲樹的觀點比較符合古籍的原貌。今本《論語》中,

"不"出現548次,"弗"僅5次(楊伯峻《論語詞典》)。而定州漢墓竹簡《論語》的7576字中,"不"出現220次,"弗"出現25次。今本《論語》的5處"弗"只有"亦可以弗畔矣夫"1例出現在定州本中(定州本作"亦可以弗之畔矣夫"),這是因爲後者不是全本的緣故。也即,定州本的其餘24例"弗",在今本中都作"不"。25例中,有3例比較特殊(《述而》"聖人,吾弗得而見之矣""善人,吾弗得而見之矣",《憲問》"士而懷居,弗足以爲士矣"),暫且不論外,尚餘22例,其中不符合丁説,也即"弗"後動詞帶有賓語的有4例(《雍也》"亦可以弗之畔矣夫",《泰伯》"吾弗智之矣",《衛靈公》"知柳下惠之賢而弗與立也",《微子》"丘弗與易也"),另外18例均符合"'弗'字只用在省去賓語的外動詞(及物動詞)之上(前)",約佔82%。列舉於下:"智之爲智之,弗智爲弗智"(《爲政》)"吾弗與也""夫子弗爲也""蓋有弗智也""誠唯弟子弗能學也"(《述而》)"危國弗入,亂國弗居""學如弗及"(《泰伯》)"殺父與君,弗從也"(《先進》)"其身不正,雖令弗從"(《子路》)"雖曰不要(君),吾弗(信矣)"(《憲問》)"過而弗改,是之謂過""知及之,仁弗能守,雖得之,必失之"(《衛靈公》)"見善如弗及,見不善如探湯"(《季氏》)"君子弗入也""故弗爲也"(《陽貨》)"故舊無大故,則弗舍也"(《微子》)。以上18例"弗"所修飾的動詞(智——即"知"、與、爲、學、入、居、及、從、信、改、守、舍)都是及物動詞。特別是《衛靈公》一例,即"仁弗能守",今本作"仁不能守之",顯見丁先生所謂"弗,略與'不之'相當"是符合事實的。而220例"不",也符合丁聲樹先生所説"內動詞(不及物動詞)及帶有賓語的外動詞之上只用'不'字,不用'弗'字"的規律。又,劉弗陵登基於公元前86年,死於公元前74年,定州漢墓墓主中山懷王劉脩死於公元前55年;他墓中出土的《論語》的抄寫時間很可能在劉弗陵登基之前而不避諱。因此,我們認爲,定州本與今本《論語》的參差,固然有傳抄過程中的訛誤,但前者在一定程度上,更爲反映了古籍的真實面貌,恐怕也是事實。(14)

2.18 子張學干祿①。子曰:"多聞闕疑,慎言其餘,則寡尤;多見闕殆②,慎行其餘,則寡悔。言寡尤,行寡悔,祿在其中矣。"

【譯文】子張向孔子學如何求得官職。孔子說:"多聽,有疑問的地方,暫且保留;其餘自信的部分,謹慎地說出,就能減少錯誤。多看,有危險的地方,先不去做;其餘可靠的部分,謹慎地實行,就能減少懊悔。言語的錯誤少,行動的懊悔少,官職俸祿就在其中了。"

【注釋】①子張:孔子學生顓孫師,字子張,陳國人,比孔子小 48 歲(前 503—?)。干(gān)祿:干,求也;祿,舊時官吏的薪水。　②殆:危險,不可靠。有人說這句的"闕殆"和上文"闕疑"同義,為"互文見義"。但所謂"互文見義",並不可靠。

2.19 哀公問曰①:"何為則民服②?"孔子對曰③:"舉直錯諸枉④,則民服;舉枉錯諸直,則民不服。"

【譯文】魯哀公問道:"要怎樣做百姓才會服從呢?"孔子回答說:"提拔正直的人,把他們放在邪曲的人之上,百姓就服從了;如果提拔邪曲的人,把他們放在正直的人之上,百姓就不會服從。"

【注釋】①哀公:魯君,姓姬,名蔣,定公之子,繼定公而即位,在位 27 年(前 494—前 468)。"哀"是諡號。　②服:這裏的"服"是"服從"的意思,不能理解為"心服口服""服氣"的"服",因為《論語》時代"服"還沒有這個意思。　③孔子對曰:《論語》的體例是,臣下對答君上的詢問一定用"對曰"。參見 18.3《考證》。　④舉直錯諸枉:舉薦正直的人,並將他們放在邪曲的人之上。詳見本章《考證》。

【考證】舉直錯諸枉：

楊伯峻《論語譯注》説：" '錯'有放置的意思,也有廢置的意思。一般人把它解爲廢置,説是'廢置那些邪惡的人'(把'諸'字解爲'衆')。這種解法和古漢語語法規律不相合。因爲'枉''直'是以虛代實的名詞,古文中的'衆''諸'這類數量形容詞,一般只放在真正的實體詞之上,不放在這種以虛代實的詞之上。這一規律,南宋人孫季和(名應時)便已明白。王應麟《困學紀聞》曾引他的話説：'若諸家解,何用二"諸"字?'這二'諸'字只能看做'之於'的合音,'錯'當'放置'解。'置之於枉'等於説'置之於枉人之上',古代漢語'於'字之後的方位詞有時可以省略。朱亦棟《論語札記》解此句不誤。"我們同意這一意見,同時認爲,"錯"(包括"措")的"廢置"義是由"放置"義引申而來的,二者的産生有先後的不同。除"舉直錯諸枉"有歧解外,我們在《論語》時代及稍後的典籍中找到的"錯"(措)均爲放置義。如《論語·子路》："刑罰不中,則民無所錯手足。"《莊子·達生》："爲犧謀,曰不如食以糠糟而錯之牢筴之中。"《國語·鄭語》："不建立卿士,而妖試幸措,行暗昧也。"《莊子·田子方》："措杯水其肘上,發之,適矢復沓,方矢復寓。"直到《荀子》,我們才見到可解爲"廢置"的"錯"(措)字："故錯人而思天,則失萬物之情。"(《大論》)叫見,此章的"錯"是"放置"的意思。(15)

2.20 季康子問使民敬①,忠以勸②,如之何。子曰："臨之以莊,則敬;孝慈,則忠;舉善而教不能,則勸。"

【譯文】季康子詢問要使人民嚴肅認真,盡心竭力和互相勉勵,應該怎麽辦。孔子説："你認真對待人民的事情,他們對待你的政令也就會嚴肅認真了;你孝順父母,慈愛幼小,他們對你也就會盡心竭力了;你提拔好人,教育能力弱的人,他們也就會勸勉了。"

【注釋】①季康子問：季康子，即季孫肥，魯哀公時正卿，當時政治上最有權力的人。"康"是謚號。　②以：連詞，類似"而"，連接形容詞、動詞或動詞性的詞組，表示兩種性質或兩種行爲的聯繫。

【考證】(一)關於"問"：

先秦時期，"問"是行爲動詞、關係動詞，不是引出一段直接引語的感知動詞，它和"曰""云"等是不同的。一句包含"問"字的話若要引出直接引語，通常用"問曰"(例多不舉)、"問之曰"(如14.44"或問之曰")、"問於……曰"(如9.6"太宰問於子貢曰"、12.9"哀公問於有若曰")或"問……於……曰"(如14.13"子問公叔文子於公明賈曰")等形式；總之，必須包含一個"曰"字。因此，除《陽貨》的《宰我問三年之喪章》(17.21)另當別論外，"問"的後續部分一律處理爲間接引語，不標冒號、引號、問號。之所以在此予以強調，是因爲以前諸書對此的處理比較混亂，沒有一定標準：一是一書之中有時譯爲直接引語，有時又譯爲間接引語。二是不同譯本之間，此書譯爲直接引語者，彼書則譯爲間接引語；此書譯爲間接引語者，彼書又譯爲直接引語。紛繁歧出，莫臻一是。例多不舉。參見6.6《考證》(一)、9.21《考證》。(16)

(二)關於"教"：

教育，傳授。"教"與"誨"(如2.17)的區別，《王力古漢語字典》說："兩個詞都有'教導'義，但有細微差別。'教'帶強制性，'誨'重在啓發、誘導。"這一解說是比較正確的。趙紀彬著《論語新探》一書，書中《釋"人""民"》《"有教無類"解》兩文，也對"教""誨"兩詞進行了探討。其結論爲："總而言之，《論語》'有教無類'的'教'字，乃是奴隸主貴族對於所域之民施行的教化，發佈的教令，以及軍事技能的強制性教練。但是，不論政治經濟上的教化、教令，或軍事戰陣上的技能教練，全爲上施下效的強制性措施，目的在於將奴隸主貴族所需要的精神繩索強加於民，迫之必從，而與在'人'的内部進行'誨知''學習'的教育，有嚴格的階級界限，不容混同。"(《"有教無類"解》)趙氏"教""誨"兩詞的例證，局限於《論語》

一書；而語言是約定俗成的，具有强制性的，用於人類交際的符號系統。也即，使用者必須遵循當時當地時空中的所有使用該語言的人的使用習慣。這就使得我們可以通過考察當時當地其他記錄同一語言的典籍來認知該語言。具體到"教""誨"兩詞，可以通過《左傳》《國語》《孟子》等書來考察其詞義。通過這一考察可知，它們絕非如趙氏所云"有嚴格的階級界限"。如，"教"通常可用之於國君、貴族。例如："書曰：'鄭伯克段于鄢。'……稱'鄭伯'，譏失教也。"(《左傳·隱公元年》)——失教，謂失教於共叔段。"石碏諫曰：'臣聞愛子，教之以義方，弗納於邪。'"(《隱公三年》)"見大子，大子曰：'吾其廢乎？'對曰：'告之以臨民，教之以軍旅，不共是懼，何故廢乎？'"(《閔公二年》)——教之，謂教導太子。"晉侯使郤乞告瑕呂飴甥，且召之。子金教之言曰……"(《僖公十五年》)——之，指郤乞。"(狐突)曰：'子之能仕，父教之忠，古之制也。……今臣之子，名在重耳，有年數矣。若又召之，教之貳也。父教子貳，何以事君？'"(《僖公二十三年》)——子，指狐毛、狐偃，跟隨重耳逃亡的貴族。"寡人有弟，弗能教訓，使干大命，寡人之過也。"(《襄公三年》)"以是教王，王能久乎？"(《國語·周語上》)"子教寡人和諸戎、狄而正諸華，於今八年。"(《晉語七》)"梁惠王曰：'寡人願安承教。'"(《孟子·梁惠王上》)"土曰：'吾惛，不能進於是矣。願夫子輔吾志，明以教我。'"(同上)"設爲庠、序、學、校以教之。庠者，養也。校者，教也。序者，射也。夏曰校，殷曰序，周曰庠；學則三代共之，皆所以明人倫也。人倫明於上，小民親於下。"(《滕文公上》)"教人以善謂之忠。"(同上)"君子之不教子，何也？"(《離婁上》)

相較於"教"，"誨"的書證較少，但其賓語也有爲"民"或指代"民"的："昔先王議事以制，不爲刑辟，懼民之有争心也。……故誨之以忠。"(《左傳·昭公六年》)"是故聖王……誨於民，是以天下之民可得而治。"(《墨子·辭過》)正因爲"教""誨"詞義相近，當時就常結合成一個同義詞組："文公問於胥臣曰：'吾欲使陽處父傅讙也而教誨之，其能善之乎？'"(《國語·晉語四》)"若是，則文王非專教誨之力也。"(同上)"孟子曰：'教亦多術矣,予不屑之教誨也者,是亦教誨之而已矣.'"(《孟子·告子下》)"今執無鬼者曰:鬼神者,固無有;且暮以爲教誨乎天下."(《墨子·明鬼下》)"古之聖王……發憲布令以教誨."(《非命中》)綜上,上引趙紀彬所説,是不符《論語》時代語言的實際的。參見本書《附録》部分的《也談〈論語〉中的"人"與"民"》以及15.39《考證》。(17)

2.21 或謂孔子曰:"子奚不爲政①?"子曰:"《書》云②:'孝乎惟孝,友于兄弟,施於有政③.'是亦爲政,奚其爲爲政?"

【譯文】有人對孔子説:"你爲什麽不出來參政?"孔子説:"《尚書》上説:'孝哇孝,要孝順父母,友愛兄弟,把這種風氣推行到政治上去.'這也算是參政,什麽才叫做參政呢?"

【注釋】①爲政:搞政治。"爲"的含義非常廣泛,類似於現代漢語的"做""搞"。　②《書》云:以下三句是《尚書》的逸文,《僞古文尚書》的作者將它採入《君陳篇》。　③施於有政:施,推行。《顔淵》:"己所不欲,勿施於人。""有"字無實義,用於名詞和某些形容詞之前,這是古代的一種構詞法(也有人認爲這類"有"有實在意義,參見姚振武《上古漢語語法史》,上海古籍出版社2015年)。楊樹達先生説:"政謂卿相大臣,以職言,不以事言。"(説詳《增訂積微居小學金石論叢·論語子奚不爲政解》)那麽,這句話便當譯做"把這種風氣影響到卿相大臣那兒去"。

2.22 子曰:"人而無信,不知其可也。大車無輗,小車無軏①,其何以行之哉?"

【譯文】孔子説:"作爲一個人,卻不講誠信,不曉得那怎麽可以。比如大車沒有輗,小車沒有軏,怎麽能走呢?"

【注釋】①輗(ní)、軏(yuè)：古代牛拉的車叫"大車"，馬拉的車叫"小車"。牲口套在車轅上，車轅前面有一道橫木，套在牲口的脖子上。那橫木，套牛的叫"鬲"，套馬的叫"衡"。鬲、衡兩頭都有關鍵(插銷)，"輗"是鬲的關鍵，"軏"是衡的關鍵。關鍵雖小，卻不可或缺。

【考證】人而無信：

　　這"而"字不能如《經傳釋詞》等書當"若""如果"講。連詞"而"的作用是連接形容詞、動詞或動詞性詞組(以上三者都可稱之爲"謂詞性結構")，表示兩種性質或兩種行爲的聯繫。這裏的"人"也是活用爲謂詞性的，表示"作爲一個人"。《左傳·襄公三十年》："我有子弟，子產誨之。我有田疇，子產殖之。子產而死，誰其嗣之？"後兩句意爲"像子產這樣的賢人都死了，又有誰能繼承他呢？"《八佾》"人而不仁"(3.3)，"管氏而知禮"(3.22)，《述而》"富而可求"(7.12)，《憲問》"士而懷居"(14.2)與之類似。迄今爲止的古漢語虛詞研究，對於語言的系統性、歷史性注意得還不夠，有時將適用於訓詁卻未必適用於語法分析的同義互訓、互文考證等直接加以應用。這些不足都體現於虛詞詞典中，讀者須注意此點。相對而言，中國社科院語言所古漢語研究室的《古代漢語虛詞詞典》(商務印書館 1999 年)較好，但理想的古漢語虛詞詞典尚待問世。請參郭錫良《漢語史論集》(商務印書館 2005 年)中的《古漢語虛詞研究評議》一文。(18)

2.23 子張問十世可知也①。子曰："殷因於夏禮，所損益，可知也；周因於殷禮，所損益，可知也。其或繼周者，雖百世，可知也。"

【譯文】子張詢問今後十代[的禮儀制度]是否可以預知。孔子說："殷代沿襲夏代的禮儀制度，所增刪的，可以知道；周代沿襲殷代的禮儀制度，所增刪的，也可以知道。或許有繼承周代而當政的人，就是往後一百代，也是可以預知的。"

【注釋】①十世可知也:從下文孔子的答話來看,可以肯定子張是問今後十代的禮儀制度,而不是泛問。

2.24 子曰:"非其鬼而祭之①,諂也②。見義不爲,無勇也。"

【譯文】孔子說:"不是自家的祖先,卻去祭祀他,這是諂媚。義之所在,卻不挺身而出,這是怯懦。"

【注釋】①非其鬼而祭之:鬼,何晏《集解》引鄭玄說:"人神曰鬼。非其祖考而祭之者,是諂求福也。"意爲人死了就叫做"鬼",如果不是自己的祖先而去祭祀,是通過諂媚來求福。所以,"非其鬼",是"不是自家鬼神"的意思。祭:吉祭曰"祭",凶祭曰"奠"。祭鬼的目的一般是祈福,而"奠"則是人剛死,陳設飲食以安其靈魂。　②諂(chǎn):獻媚,阿諛。

八佾篇第三

共二十六章

3.1 孔子謂季氏①:"八佾舞於庭②,是可忍也,孰不可忍也?"

【譯文】孔子評價季氏:"他用六十四人在庭院中奏樂舞蹈,如果這都能够被容忍,還有什麽事不能容忍!"

【注釋】①孔子謂季氏:謂,説,用於評論人物。"謂……",即"評論……",而"謂……曰",卻是"對……説"的意思,兩者判然不紊。參見6.6《考證》(一)、9.21《考證》。季氏,何晏《集解》引馬融説:"季桓子僭於其家廟舞之,故孔子譏之。"但據《左傳·昭公二十五年》和《漢書·劉向傳》,又可能是指季平子,即季孫意如。而據《韓詩外傳》,又似爲季康子。尚待考定。　②八佾(yì):古代舞蹈奏樂,八人爲一行,叫做一佾。八佾是六十四人,只有天子才能用。諸侯用六佾,大夫用四佾。季氏只該用四佾,他用了八佾,就是"僭越"。據《左傳·昭公二十五年》記載,在襄公廟裏舉行禘祭,儀式上跳萬舞的只有兩個人,其他人都到季氏那裏去跳了。

【考證】是可忍也,孰不可忍也:

可,在這句中等於"能被",和"可以"的意義是不同的(王力《漢語語法史》第十七章,《王力文集》第 11 卷,山東教育出版社 1990 年)。忍,先秦典籍中常見的有兩個意義,一爲忍受、忍耐;一爲忍心,即賈誼《新書·道術》所謂"反慈爲忍"。此章"忍"字何晏《集解》無注。唐寫本鄭玄注:

"今陪臣而舞天子八佾之樂,不可忍之甚。"皇侃《義疏》:"忍,猶容耐也。……僭此八佾之舞若可容忍者……則天下爲惡,誰復不可忍也?"邢昺《疏》:"季氏以陪臣而僭天子,最難容忍,故曰:若是可容忍,他人更誰不可忍也?"是鄭、皇、邢三人均持"容忍"説。朱熹《集注》則持兩可之論。説:"孔子言其此事尚忍爲之,則何事不可忍爲。或曰:忍,容忍也。蓋深疾之辭。"我們同意鄭、皇、邢所説。論證如下:我們姑且稱忍耐義的"忍"爲忍$_1$,稱忍心義的"忍"爲忍$_2$,它們都是所謂"關係動詞"(張猛《左傳謂語動詞研究》,語文出版社 2003 年)。忍$_1$忍$_2$都可用謂詞性成分作賓語,例如:"衡父不忍$_1$數年之不宴(宴,安寧),以棄魯國,國將若之何?"(《左傳·成公二年》)"曾晳嗜羊棗,而曾子不忍$_2$食羊棗。"(《孟子·盡心下》)"與鄉人處,由由然不忍$_2$去也。"(《萬章下》)但忍$_1$常帶抽象名詞做賓語,例如:"子死亡有命,余不忍其詬(gòu,恥辱)。"(《左傳·昭公二十年》)"今天子不忍小忿以棄鄭親,其若之何?"(《僖公二十四年》)"以能忍恥,庶無害趙宗乎!"(《哀公二十七年》)。忍$_2$多帶一般名詞做賓語,例如:"公曰:'一朝而尸三卿,余不忍益也。'對曰:'人將忍君……'"(《左傳·成公十七年》)"群臣不忍社稷宗廟,懼有二圖。"(《襄公七年》)"子干曰:'余不忍也。'子玉曰:'人將忍子,吾不忍俟也。'"(《昭公十三年》)從賓語的意義特徵看,忍$_1$的賓語均爲説話者認爲不好、有害的事物,如"數年之不宴""詬""小忿""恥",而忍$_2$的賓語一般並非如此,如"食羊棗""去""益""君""社稷宗廟"。這是因爲,忍$_1$的意義特徵是施事忍受受事(對象)對施事的加害、刺激等等,而忍$_2$的意義特徵爲施事放縱加害、刺激受事(對象)。反之,受事(對象)如果是能够加害、刺激施事的事物,那麽謂語動詞"忍"一般是忍$_1$。忍$_1$忍$_2$都是關係動詞。關係動詞的特點是,其受事賓語可轉爲受事主語,對照"人將忍$_2$君"(《左傳·成公十七年》)與"君不可忍$_2$,惠不可棄,吾其從王"(《昭公十三年》)可知。"八佾舞於庭,是可忍孰不可忍"中的"是",是指代謂詞性成分"八佾舞於庭"的,也即,"八佾舞於庭"是"忍"的受事;而它絕對是孔子認爲大錯特錯的,對孔子本人具有莫大的刺激作用。因此,其謂語動詞"忍"是忍₁,表達的是忍耐義。類似的如:"失政而害國,不可忍也。"(《國語·晉語一》)參見 15.27《考證》。(19)

3.2 三家者以《雍》徹①。子曰:"'相維辟公②,天子穆穆③。'奚取於三家之堂?"

【譯文】那三家在祭祀祖先時候,也唱著《雍》來撤除祭品。孔子說:"'諸侯公卿來助祭,武王肅穆又端莊。'《雍》的這兩句詩,用在三家祭祖的大堂上,取它哪一點呢?"

【注釋】①三家者以《雍》徹:三家,魯國當政的三卿,即仲孫、叔孫、季孫。雍,又寫作"雝",《詩經·周頌》的一篇。 ②相(xiàng)維辟公:相,助祭者。辟公,諸侯。三家不過是諸侯之卿,所謂"家臣"而已,他們也唱著《雍》來撤除祭品,不是十分滑稽嗎? ③相維辟公天子穆穆:這兩句詩的譯文取自向熹先生譯注的《詩經》(高等教育出版社 2009 年)。

3.3 子曰:"人而不仁①,如禮何?人而不仁,如樂何?"

【譯文】孔子說:"作爲一個人,卻不仁,拿禮儀制度怎麼辦?作爲一個人,卻不仁,拿音樂怎麼辦?"

【注釋】①人而不仁:這一"而"字不能當"如果"講。參見 2.22 的《考證》。

3.4 林放問禮之本①。子曰:"大哉問!禮,與其奢也,寧儉;喪,與其易也②,寧戚。"

【譯文】林放問禮的本質。孔子說:"重大呀,這問題!就一般禮儀說,與其鋪張浪費,寧可樸素節儉;就喪禮說,與其強忍悲痛而和顏悅色,寧可大放悲聲。"

【注釋】①林放：魯人。　　②易：和悅，和顏悅色。詳見本章《考證》。

【考證】易：

《禮記·檀弓上》云："子路曰，'吾聞諸夫子：喪禮，與其哀不足而禮有餘也，不若禮不足而哀有餘也。'"《檀弓下》："喪禮，哀戚之至也。"《問喪》："喪禮唯哀爲主矣。"可以解釋"與其易也，寧戚"。何晏《集解》引包咸說："易，和易也。"和易，就是和悅。這裏意爲爲了不失禮而強忍悲痛和顏悅色，不如將悲慟盡情釋放。楊伯峻《譯注》解釋說："'易'有把事情辦妥的意思，如《孟子·盡心上》'易其田疇'，因此這裏譯爲'儀文周到'。"這一解釋我們不取。因爲，"易"固然有整治田畝道路的意義，除"易其田疇"外，還有《國語·晉語四》的"輕關易道，通商寬農"，《左傳·襄公三十一年》的"司空以時平易道路"；杜預注後者爲"易，治也"。但"易"的這一義位是及物動詞，而通過對《論語》同時代典籍的調查，"與其……寧……""與其……不如……"的句式中，"與其"之後的謂詞性結構如果是及物動詞，一般是要帶賓語的；反之，"與其"之後的謂詞性結構如果不帶賓語，一般就是不及物動詞或形容詞。例如："與其失善，寧其利淫。……故《夏書》曰：'與其殺不辜，寧失不經。'懼失善也。"（《左傳·襄公二十六年》）"與其殺是人也，寧其得此國也，其孰利乎？"（《國語·越語上》）"與其戍周，不如城之。"（《左傳·昭公三十二年》）"與其爲善於鄉也，不如爲善於里；與其爲善於里也，不如爲善於家。"（《國語·齊語》）以上各例中"失""殺""戍""爲"都是及物動詞，都帶賓語。其中"戍"帶的是處所賓語。再看以下各例："子不如易於齊，與其死也。"（《定公十年》）"與其害於民，寧我獨死。"（《定公十三年》）"王孫賈問曰：'與其媚於奧，寧媚於灶，何謂也？'"（《論語·八佾》）"與其不孫也，寧固。"（《述而》）"且予與其死於臣之手也，無寧死於二三子之手乎！"（《子罕》）以上各例中"死""害""媚""孫"都不帶賓語，都不是及物動詞，而是不及物動詞或形容詞。比較特殊的是"害"，其"危害"義是及物的，其"妨害"義是不及物的，這裏是後者。"與其易也，寧戚"的"易"既然沒帶賓語，當不會是楊伯峻先生所解釋的意義；而包咸解其爲"和易"，恰恰就是不及物的心理動詞（"戚"也是不及物心理動詞），是不帶賓語的。例如《詩經·小雅·何人斯》："爾還而入，我心易也。"

順便説一句，《經典釋文》記載鄭玄解釋"與其易也"的"易"爲"簡易"，而"簡易"是形容詞，當然也不帶賓語。由此可見，我們對待漢人的注解一定要慎重，缺乏語言上尤其是語法上的堅強證據時，不要輕易將其棄置不用（參見《導言》第十一部分之第6點）。對同是漢人的包咸和鄭玄之説，我們取前者，是因爲包説較能和《禮記》所載互證。(20)

3.5 子曰："夷狄之有君，不如諸夏之亡也①。"

【譯文】孔子説："夷狄雖然有君主，還不如中國没有君主呢。"

【注釋】①亡：略同"無"。這裏是承前省略了"君"字。詳見本章《考證》。

【考證】夷狄之有君，不如諸夏之亡也：

這句話有兩種解釋。楊伯峻《論語譯注》譯爲："文化落後國家雖然有個君主，還不如中國没有君主哩。"楊樹達《論語疏證》説，夷狄有君指楚莊王、吳王闔廬等。君是賢明之君。句意是夷狄還有賢明之君，不像中原諸國卻没有。兩説其來有自：釋惠琳（《論語説》）、邢昺（《論語疏》）、劉宝楠（《論語正義》）、錢穆（《論語新解》）、潘重規（《論語今注》）諸家之説與楊伯峻先生同，而朱熹、程頤之説（二人之説均見《四書集注》）與楊樹達先生同。我們以爲前説正確，即楊伯峻先生所譯是對的。一般來説，像"嗚呼！曾謂泰山不如林放乎"（《八佾》）"知之者不如好之者，好之者不如樂之者"（《雍也》）這樣的句子是我們常見的，姑且稱之爲"第一種類型"；它的意思是"……比不上……"。如"知之者不如好之者"意思是"知之者比不上好之者"。而"夷狄之有君……亡也"卻好似下面這種類型："十室之邑，必有忠信如丘者焉，不如丘之好學也。"（《公冶長》）"紂之不善，不如是之甚也。"（《子張》）"吾不如衰之文也。"（《左傳·僖公二十三年》）"仁言不如仁聲之入人深也,善政不如善教之得民。"(《孟子·盡心上》)姑且稱之爲"第二種類型",它的意思是"……不像……那樣……"。如"不如丘之好學也",意思是"(忠信如丘者)不像我孔丘那樣好學"。如果"夷狄有君"兩句是第二種類型,就該依照朱熹、程顥、楊樹達先生的解釋。但仔細推求,"夷狄有君"兩句與第二種類型形似而實不同:"忠信如丘者"的對比項是"不如"後的"丘",不包括"之好學";而"夷狄之有君"的對比項是"不如"後的整個"諸夏之亡(君)"。然則,"夷狄有君"兩句就是第三種類型,與它類似的有:"子之爲雉也,不如匠之爲車轄也。"(《墨子·魯問》)"星之昭昭,不如月之曀曀。"(《晏子春秋·内篇諫下》)"吾嘗終日而思矣,不如須臾之所學也;吾嘗企而望矣,不如登高之博見也。"(《荀子·勸學》)"雖有戈矛之刺,不如恭儉之利也。"(《榮辱》)第三種類型其實是第一種類型的一種特殊形式。説詳本書《附錄》之楊柳岸《"嚴夷夏大防"抑或"重君臣大義"》。(21)

3.6 季氏旅於泰山①。子謂冉有曰②:"女弗能救與?"對曰:"不能。"子曰:"嗚呼!曾謂泰山不如林放乎?"

【譯文】季氏要去祭祀泰山。孔子對冉有説:"你不能補救嗎?"冉有回答:"不能。"孔子説:"哎呀!難道説泰山之神還不如林放懂禮嗎?"

【注釋】①旅:動詞,某種祭祀叫做"旅"。《周禮·春官·大宗伯》:"國有大故,則旅上帝及四望。"當時,只有天子和諸侯才有祭祀"名山大川"的資格。季氏只是魯國的大夫,竟去祭祀泰山,因而孔子認爲是"僭禮"。 ②冉有:孔子學生冉求,字子有,比孔子小29歲(前522—?)。當時任職於季氏門下,所以孔子責備他。

3.7 子曰:"君子無所争,必也射乎①!揖讓而升,下而飲。

其争也君子②。"

【譯文】孔子說:"君子沒有什麽可争的事情,定要有所争,一定是比箭吧!那時相互作揖後登堂[競賽];然後下堂喝酒。這種競争是很有君子風度的。"

【注釋】①必也射乎:同門韓國奉化邊瀅雨教授言,《論語》中凡"必也……乎"句式,都是假設句;表示"如果一定要……的話,那一定是……",這一假設有時實際上是表示謙虛的。如"何事於仁,必也聖乎!"(《雍也》)"聽訟,吾猶人也;必也使無訟乎!"(《顔淵》))"子路曰:'衛君待子而爲政,子將奚先?'子曰:'必也正名乎!'"(《子路》)"不得中行而與之,必也狂狷乎!"(同上)"人未有自致者也,必也親喪乎!"(《子張》)今從之。　②其争也君子:這是講古代射禮,詳見《儀禮·鄉射禮》和《大射儀》。登堂而射,射後計算誰中靶多;中靶少的被罰飲酒。

【考證】揖讓而升下而飲:

這7個字斷句有歧異,一爲何晏《集解》引王肅説:"射於堂,升及下皆揖讓而相飲。"皇侃《義疏》以及《經典釋文》皆從之,有人據此斷爲"揖讓而升下,而飲";一爲鄭玄之注《詩經·小雅·賓之初筵》:"故《論語》曰:'下而飲,其争也君子'。"按《禮記·少儀》"僕於君子,君子升下則授綏",似可證成王説;但《祭統》"夫大嘗禘,升歌《清廟》,下而管《象》"(《明堂位》《仲尼燕居》有類似文字),又可證成鄭注。我們以爲斷作"揖讓而升下,而飲"不妥。因爲,我們遍搜《左傳》(3104)《論語》(354)《國語》(1506)《孟子》(772)中5736個"而",未見"揖讓而升下,而飲"這種用法;除非將後一"而"换成"且",作"揖讓而升下,且飲"。類似例證如:"若使大子主曲沃,而重耳、夷吾主蒲與屈,則可以威民而懼戎,且旌君伐。"(《左傳·莊公二十八年》,又見《國語·晉語一》)"宮之奇之爲人也,懦而不能强諫,且少長於君。"(《左傳·僖公二年》)"好勇而狂,且惡臾駢之佐上軍也。"(《文公十二年》)"師老而勞,且有歸志,必大克之。"(《襄公九年》)

"使圉人駕,寺人御而出。且曰:'崔氏有福,止余猶可。'"(《襄公二十七年》)"士皆釋甲束馬而飲酒,且觀優。"(《襄公二十八年》)"不義而富且貴,於我如浮雲。"(《論語·述而》)從語言是一個系統的觀點來考慮,由於有了"V而V,且V"(V表示謂語性質的成分)這一句式,就不大可能再有"V而V,而V"的句式表達完全相同的意思;這是何以我們找不到後者的緣由。可見,斷作"揖讓而升下,而飲"之不可從。而如果斷作"揖讓而升,下而飲",則類似例子不勝枚舉,僅以《論語》爲例:"道千乘之國,敬事而信,節用而愛人。"(《學而》)"述而不作,信而好古,竊比於我老彭。"(《述而》)"説而不繹,從而不改,吾末如之何也已矣。"(《子罕》)"博學而篤志,切問而近思,仁在其中矣。"(《子張》)(22)

3.8 子夏問曰:"'巧笑倩兮①,美目盼兮②,素以爲絢兮③。'何謂也?"子曰:"繪事後素。"

曰:"禮後乎④?"子曰:"起予者商也⑤!始可與言《詩》已矣。"

【譯文】子夏問道:"'啓齒一笑酒窩微張,明眸如清泉閃著亮光,白皙在紅顏間勾出瑰麗的紋章。'這幾句詩是什麽意思?"孔子説:"在繪畫中,[先畫各種彩色,]後用白色勾勒出文采。"

子夏説:"那麽,天生麗質,還要用禮儀來約束嗎?"孔子説:"讓我開竅的,就是你卜商啊!現在可以和你討論《詩經》了。"

【注釋】①倩(qiàn):面容美。 ②盼:眼睛黑白分明。 ③素以爲絢(xuàn):以素爲絢,即用白色(在彩色上)勾勒文采。絢,有文采。這三句詩,第一句、第二句見於《詩經·衛風·碩人》。第三句可能是逸句。 ④禮後:以禮爲後,將禮置於後面。子夏理解,"禮"就好比"素",如同彩色要用白色來勾勒一樣,天生麗質,也需要禮來約束。 ⑤起:"起"用爲"站立"義而且帶賓語時,表示"使坐起"或"使站起"的意思。這裏是比喻用法。

【考證】繪事後素：

有兩解，一爲以素爲後；一爲後於素，即素在前。今從前説。較早的何晏《集解》所引鄭玄注、皇侃《義疏》以及邢昺《疏》，都取前説。主張後説的有朱熹《集注》、全祖望《經史問答》、俞樾《群經平議》等。我們一貫主張，對於疑難詞句解讀這類語言問題，語言系統內的證據是自足的，即不必依賴語言外的證據；語言系統外的證據是不自足的，即光有此類證據不足以證成某説。後世之人要提出新説，前提是必須提出語言內的證據以推翻前説。我們注意到，無論朱熹、全祖望抑或俞樾，都沒有提供任何語言內的證據，則其新説已先天不足。何況，以下兩點還可證明舊説較爲可據。1. 與《論語》同時的文獻，"後"的兩種用法都常見，但以第一種用法爲多。我們在與《論語》成書處於同一時期或稍後的典籍《論語》《左傳》《國語》《老子》《晏子春秋》《孟子》中找到"後"的動詞用法且帶有賓語的共 17 例。其中，第一種用法的共 12 例，第二種用法的有 5 例。我們姑且稱之爲後$_1$和後$_2$。先看後$_2$的例證："薛，庶姓也，我不可以後之。"（《左傳·隱公十一年》）"君後諸侯，是寡君不得事君也。"（《成公八年》）"諸侯之會，寡君未嘗後衛君。今吾子不後寡君，寡君未知所過。"（《襄公七年》）"欲先人，必以身後之。"（《老子》六十六章）在這四段話五個"後$_2$"的例證中，賓語依次爲指代"薛"的"之"、"諸侯""衛君""寡君"、指代"人"（别人）的"之"這類比較具象的名、代詞。未見"素"這種比較抽象的顏色詞做賓語。後$_1$的例證："先事後得，非崇德與？"（《論語·顏淵》）"原繁、高渠彌以中軍奉公，爲魚麗之陳，先偏後伍，伍承彌縫。"（《左傳·桓公五年》）"於是，諸侯之大夫戍齊，齊人餽之餼，使魯爲其班，後鄭。"（《桓公六年》）"魯以周班後鄭。鄭人怒，請師於齊。"（《桓公十年》）"先事後賄，禮也。"（《襄公二十八年》）"先國後己，卑讓也。"（《昭公二年》）"苟爲後義而先利，不奪不饜。未有仁而遺其親者也，未有義而後其君者也。"（《孟子·梁惠王上》）"南面而征，北狄怨，曰：'奚爲後我？'"（《梁惠王下》，又

《滕文公下》,又《盡心下》)"先名實者,爲人也;後名實者,自爲也。"(《告子下》)"是以聖人後其身而身先,外其身而身存。"(《老子》七章)"嬰聞爲人臣者,先君後身。"(《晏子春秋·內篇雜下》)以上各例中,"得""賄""義""名實"等幾個賓語都是抽象名詞。那麽,像"素"這種顏色名詞做賓語應該是沒有問題的。2.《周禮·考工記》說:"凡畫繢之事後素功。"鄭玄注:"素,白采也。後布之,爲其易漬污也。……鄭司農說以《論語》'繢事後素'。"(23)

3.9 子曰:"夏禮,吾能言之,杞不足徵也①;殷禮,吾能言之,宋不足徵也②。文獻不足故也③。足,則吾能徵之矣。"

【譯文】孔子說:"夏代的禮,我能說出它,但杞國不足以作證;殷代的禮,我能說出它,但宋國不足以作證。這是由於歷史文件和賢者都不夠的緣故。若有足夠的文件和賢者,我就可以引以爲證了。"

【注釋】①杞不足徵:杞,國名,夏的後代。周武王時候的故城即今日河南的杞縣,縣城在開封市東南約100里處。其後因爲國家弱小,依賴別國的力量來延長國命,屢經遷移。徵,驗證。　②宋:國名,商的後代,故城在今河南商邱市市區。戰國時爲齊、魏、楚三國所滅。　③文獻:鄭玄說:"獻,猶賢也。我不能以其禮成之者,以此二國之君文章賢才不足故也。"也就是說,《論語》的"文獻"是一詞組,包括歷史文件和賢者兩項,而今日"文獻"是一個詞,僅指歷史文件。

3.10 子曰:"禘自既灌而往者①,吾不欲觀之矣。"

【譯文】孔子說:"禘祭,從第一次獻酒以後,我就不想再看了。"

【注釋】①禘自既灌而往:禘,古代一種極爲隆重的大祭之禮,只有天子才能舉行。周成王因周公旦對周朝功莫大焉,特許他舉行禘祭。以後魯國國君都襲此慣例而僭用,故孔子不欲觀之。灌,本作"祼",祭祀的程序之一。古代祭祀,用活人以代受祭者,叫做"尸"。尸一般用童男童女第一次獻酒給尸,使他(她)聞到"鬱鬯"(一種配合香料煮成的酒)的香氣,叫做"祼"。

3.11 或問禘之說。子曰:"不知也①;知其說者之於天下也,其如示諸斯乎②!"指其掌。

【譯文】有人請教對於禘祭有何講究。孔子說:"我不知道;知道的人對於治理天下,就好像把東西展示在這裏一樣容易吧!"一面說,一面指著手掌。

【注釋】①不知也:禘是天子之禮,在孔子看來,魯國是不應該僭用的。但他不想明白指出,只好說"不欲觀""不知也",甚至說:"如果有懂得的人,他對於治理天下事好像指示掌中之物一樣容易。"參見5.19的《考證》(一)。 ②示諸斯:示之於此,在這裏展示它。詳見本章《考證》。

【考證】示諸斯:

這一句有兩說。一為何晏《集解》引包咸說:"言知禘禮之說者,於天下之事如指示掌中之物,言其易了。"一為《禮記·中庸》"明乎郊社之禮、禘嘗之義,治國其如示諸掌乎"之鄭玄注:"'示'讀如'寘諸河干'之'寘'。寘,置也。物而在掌中,易為知力者也。"我們以為前說較為可靠。示諸斯,就是"示之於斯";"諸"是"之於"的合音。"之"即包咸所說"掌中之物"。孔子時代的典籍中,"示之"較為常見。示之,就是將某物展示、指示給人看。所示於人的,也往往是人體的部位,如:"費曰:'我奚御哉!'袒而示之背,信之。"(《左傳·莊公八年》)或比較小的東西,如:"既入焉,而示之璧,曰:'活我,吾與女璧。'"(《哀公十七年》)正因為如此,故而往往伴隨著"指"的動作:"戎人見暴布者而問之曰:'何以為之莽莽也?'指麻而示之。"(《呂氏春秋·先識覽》)"曾子指子游而示人曰……"(《禮記·檀弓上》)所以《爾雅·釋言》說:"觀、指,示也。"這至少說明"示"和"指"兩個動詞的關係是密切的。由於"指"和"示"兩個動詞經常連用,後來成爲連動結構:"上目送之,召戚夫人指示四人者曰……"(《史記·留侯世家》)"然既已貴如負言,又何説餓死?指示我。"(《絳侯周勃世家》)"璧有瑕,請指示王。"(《廉頗藺相如列傳》)這大約是現代漢語"指示"一詞的源頭。鄭玄所注的《禮記·中庸》:"明乎郊社之禮,禘嘗之義,治國其如示諸掌乎?"同書《仲尼燕居》一篇有類似文字:"明乎郊社之義,嘗禘之禮,治國其如指諸掌而已乎。"一爲"示諸掌",一爲"指諸掌",可知《禮記》這兩處文字分別對應《論語》此章的"示諸斯"和"指其掌"。因此,包咸所謂"言知禘禮之説者,於天下之事如指示掌中之物",是有道理的。

"寘諸"於《左傳》中共16見,其他典籍罕見。其賓語多爲處所,共11見。如:"飾棺置諸堂阜"(《文公十五年》)"姬置諸宫六日"(《僖公四年》)"子罕置諸其里"(《襄公二十五年》)"晉人置諸戎車之殿"(《襄公二十六年》)"置諸火所不及"(《昭公十八年》)"置諸門"(《昭公二十七年》)等。還有較大的容器:"置諸橐以與之"(《宣公二年》)"鄭賈人有將置諸褚中以出"(《成公三年》),還有一例爲"股肱":"王曰:'除腹心之疾,而置諸股肱,何益?'"(《哀公六年》)"寘"由其詞義所限,它的賓語不能是面積體積較小的場所或物體,也即不大可能爲"掌"。

從"示"和"寘"帶賓語的情況看,也顯然以"示"如字讀更爲恰當。桂馥《札樸》解《中庸篇》的"示諸掌"也説:"案《仲尼燕居》:'入門而金作,示情也;升歌《清廟》,示德也;下而管《象》,示事也。是故古之君子,不必親相與言也,以禮樂相示而已。'馥謂'示諸掌'當如'禮樂相示'之'示',猶指示也。"可參。(24)

3.12 祭如在,祭神如神在。子曰:"吾不與祭,如不祭①。"
【譯文】祭祖先,如同祖先親臨其境;祭神,如同神親臨其境。孔子説:"我若不能親自祭祀,就如同没有祭祀。"

【注釋】①吾不與(yù)祭,如不祭:"與",參與的意思。詳見本章《考證》。

【考證】吾不與祭如不祭:

"與",清代武億《群經考異》《群經義證》主張"與"字爲贊同的意思,而且在"與"下斷開作"吾不與,祭如不祭"。但孔子時代並無"祭如不祭"這種表達方式,當然不能這樣讀。(25)

3.13 王孫賈問曰①:"'與其媚於奧,寧媚於竈'②,何謂也?"子曰:"不然;獲罪於天,無所禱也③。"

【譯文】王孫賈問道:"'與其獻媚於奧,不如獻媚於竈',這話什麼意思?"孔子說:"不對。得罪了老天,祈禱也沒用。"

【注釋】①王孫賈(Gǔ):衛靈公的大臣。 ②與其媚於奧,寧媚如竈:類似於現今常說的"縣官不如現管"。這兩句疑是當時俗語。屋內西南角叫奧,燒火做飯的土臺叫竈,古代以爲那裏有神,因而祭它;但"奧"的地位較爲崇高。 ③獲罪於天,無所禱也:孔安國說:"天以喻君。孔子拒之曰,如獲罪於天,無所禱於衆神。"皇侃《義疏》引欒肇云:"奧尊而無事,竈卑而有求。時周室衰弱,權在諸侯,賈自周出仕衛,故託世俗言以自解於孔子。孔子曰'獲罪於天,無所禱'者,明天神無上,王尊無二,言當事尊,卑不足媚也。"

3.14 子曰:"周監於二代①,郁郁乎文哉!吾從周。"

【譯文】孔子說:"周朝的禮儀制度是以夏商兩代爲依據制定的,真是蔚爲大觀哪!我信從周朝的。"

【注釋】①二代:夏、商兩朝;"三代"則指夏、商、周三朝。

3.15 子入太廟①,每事問。或曰:"孰謂鄹人之子知禮乎②？入太廟，每事問。"子聞之，曰："是禮也。"

【譯文】孔子進入太廟，每件事情都發問。有人說："誰說鄹大夫的兒子懂得禮呢？進了太廟，每件事都要問。"孔子聽說了，便說："這正是禮呀。"

【注釋】①太廟：古代開國國君叫太祖，太廟是太祖之廟，周公旦是魯國最初受封之君，因此這太廟就是周公的廟。　②鄹（zōu）人之子：鄹，又作"郰"，地名。《史記·孔子世家》："孔子生魯昌平鄉郰邑。"有人說，這地就是今天的山東省曲阜市東南的西鄒集。"鄹人"指孔子父親叔梁紇。古代經常把某地的大夫稱為某人，叔梁紇曾經作過鄹大夫，因此稱之為"鄹人"。說參楊樹達《古書疑義舉例續補·大夫稱人例》（《古書疑義舉例五種》，中華書局 1956 年）。

3.16 子曰："射不主皮①，爲力不同科②，古之道也。"

【譯文】孔子說："比箭，不一定要射穿箭靶子，因為各人的力氣不一樣，這是古時的規矩。"

【注釋】①射不主皮："皮"指箭靶子。古代箭靶子叫"侯"，用布或用皮做成，畫著各種猛獸或其他東西，最中心的部分叫做"正"或"鵠"。這裏所講的"射"，不是軍中的武射，而是演習禮樂的；因此以射中為主，不在乎是否穿破皮侯。《儀禮·鄉射禮》說"禮射不主皮"，或即本此。　②為（wèi）力不同科：為，因為。同科，同等。

3.17 子貢欲去告朔之餼羊①。子曰："賜也！爾愛其羊②，我愛其禮。"

【譯文】子貢想要免除魯國每月初一告祭祖廟殺隻活羊的儀式。孔子說："賜啊，你捨不得那隻羊，我捨不得那種禮。"

【注釋】①告朔餼(xì)羊:"告",舊讀 gù。"朔",每月的第一天,初一。"告朔餼羊",古代的一種制度。每年秋冬之交,周天子把第二年的曆書頒發給諸侯,謂之"頒告朔"。諸侯接受了這一曆書,藏於祖廟。每逢初一,便殺一隻活羊祭於廟,然後回到朝廷聽政。這叫做"告朔",聽政叫做"視朔",或者"聽朔"。到子貢的時候,每月初一,魯君不但不親臨祖廟,也不聽政,只是殺隻活羊敷衍一下。子貢便認爲這是"形式主義",不如乾脆連羊也不殺。孔子卻認爲保留形式,比了無痕跡還是強些。②愛:捨不得。

3.18 子曰:"事君盡禮,人以爲諂也①。"

【譯文】孔子說:"依照禮節服事君主,別人卻以爲他在獻媚呢!"

【注釋】①人以爲諂:其時禮崩樂壞,事君者多不知禮儀,而以謹守禮儀者爲諂媚。

3.19 定公問君使臣①,臣事君,如之何。孔子對曰:"君使臣以禮,臣事君以忠。"

【譯文】魯定公詢問,君主使用臣子,臣子服事君主,該怎麼做。孔子回答:"君主使用臣子應該合乎禮儀,臣子服事君主應該盡心竭力。"

【注釋】①定公:魯君,名宋,昭公之弟,繼昭公而立,在位 15 年。"定"是謚號。

3.20 子曰:"《關雎》①,樂而不淫②,哀而不傷。"

【譯文】孔子說:"《關雎》這首詩,快樂而不至於放蕩無度,悲哀而不至於刺骨錐心。"

【注釋】①《關雎》:《詩經》的第一篇。但這篇詩並不悲哀,劉台拱《論語駢枝》解釋說:"詩有《關雎》,樂亦有《關雎》,此章據樂言之。古之樂章皆三篇爲一。……樂而不淫者,《關雎》《葛覃》也;哀而不傷者,《卷耳》也。" ②淫:過分而失當。比如"淫雨",就是指雨水過多。

3.21 哀公問社於宰我①。宰我對曰:"夏后氏以松,殷人以柏,周人以栗,曰,使民戰栗。"子聞之,曰:"成事不說,遂事不諫,既往不咎。"

【譯文】魯哀公問宰我社主的事。宰我回答:"夏代用松木,殷代用柏木,周代用栗木,意思是使人民戰戰兢兢[,知道敬畏]。"孔子聞知後便說:"既成事實不必再解釋了,事已完結不必再勸阻了,已成既往不必再追究了。"

【注釋】①問社於宰我:社,土神。從上面的問答中可以推知,哀公所問的"社"是指社主。古代祭祀土神,要替他立一個木製的牌位,就是"主";並且認爲這一木主,便是神靈依附之所。如果國家有對外戰爭,還必需載著這一木主而行。詳見俞正燮《癸巳類稿》。宰我,孔子學生,名予,字子我。

3.22 子曰:"管仲之器小哉①!"或曰:"管仲儉乎?"曰:"管氏有三歸②,官事不攝③,焉得儉?""然則管仲知禮乎?"曰:"邦君樹塞門④,管氏亦樹塞門。邦君爲兩君之好,有反坫⑤,管氏亦有反坫。管氏而知禮⑥,孰不知禮?"

【譯文】孔子說:"管仲的器量小得很哪!"有人問:"管仲節儉嗎?"

孔子說:"管氏有三處采邑,手下人員又從不兼差,怎麼能算是節儉?"

那人又問:"那麼,他懂得禮儀嗎?"孔子說:"國君宮殿門前,立了個照壁,他管仲也立了個照壁;國君爲了睦鄰友好,兩楹之間有反坫,他管仲也有反坫。像管仲那樣的人都算懂得禮儀,那還有誰不懂得禮儀?"

【注釋】①管仲:春秋時齊國人,名夷吾,是齊桓公的宰相,使齊國稱霸諸侯。其事詳見《史記·管晏列傳》。　②三歸:三處采邑。詳見本章《考證》。　③攝:兼職。　④樹塞門:樹,動詞,樹立。塞門,用以間隔内外視線的一種東西,形式和作用和現今一些老宅的照壁類似。　⑤反坫(diàn):飲酒完畢,將酒杯(爵)放回的土臺。國君才能有此土臺。坫,放置器物的土臺,位於兩楹(廳堂前的兩根柱子)之間。反,同"返"。⑥管氏而知禮:通常將這句的"而"釋爲假設連詞,作"假如""假若"講,不確。請參2.22的《考證》。

【考證】三歸:

"三歸"有多種解釋,比較重要的有:1.國君一娶三女,管仲也娶了三國之女(《集解》引包咸説、唐寫本《論語》鄭氏注所載鄭玄説、皇侃《義疏》、邢昺《疏》等);2.臺名(孫志祖《讀書脞録》);3.三處家庭(俞樾《羣經平議》);4.管仲采邑之地名(梁玉繩《瞥記》);5.藏泉幣的府庫(武億《羣經義證》);6.市租(郭嵩燾《養知書屋文集》卷一《釋三歸》)。還有其他一些説法。

以上説法中,值得重視的主要有第1和第6種。先説第1種:這是鄭玄、包咸等人的説法,從漢代至明代,從未有人懷疑,確實值得重視,不應隨便懷疑。但《韓非子》《史記》《漢書》《説苑》等書都記有"三歸",而且都將它與"富""侈"聯繫起來。如:"管仲相齊,曰:'臣貴矣,然而臣貧。'桓公曰:'使子有三歸之家。'曰:'臣富矣,然而臣卑。'……孔子聞而非之曰:'泰侈偪上。'"(《韓非子·外儲説左下》)"管仲富擬於公室,有三歸、反坫,齊人不以爲侈。"(《史記·管晏列傳》)"臣聞管仲相齊,有三歸,侈擬於君。"(《漢書·公孫弘卜式兒寬傳》)如果是"娶三國之女",與"富"

"侈"就難以直接掛鈎。

再看第6種説法。郭嵩燾的證據有二:一爲《管子·山至數》之"民之三有歸於上矣",一爲《韓非子·外儲説左下》:"管仲相齊,曰:'臣貴矣,然而臣貧。'桓公曰:'使子有三歸之家。'"而《説苑·尊賢》作"管仲對曰:'貧不能使富。'桓公賜之齊國市租一年。"這種説法存在的問題,一是"民之三有歸於上"未必與"三歸"有關,二是"賜之齊國市租一年"之説與較早的《晏子春秋》的記載"賞之以三歸,澤及子孫"相矛盾。

我們認爲所謂"三歸",與管仲所封的采邑有關。《晏子春秋》的《外篇》與《内篇》的6篇内容多有重複者。如《外篇》的《景公有疾梁丘據裔款請誅祝史晏子諫》與《内篇諫上》的《景公病久不愈欲誅祝史以謝晏子諫》,《外篇》的《景公築長庲臺晏子舞而諫》與《内篇諫下》的《景公爲長庲欲美之晏子諫》,《外篇》的《晏子再治東阿上計景公迎賀晏子辭》與《内篇雜上》的《晏子再治阿而見信景公任以國政》,内容幾乎一模一樣。而《外篇》的《景公置酒泰山四望而泣晏子諫》與《内篇諫上》的《景公登牛山悲去國而死晏子諫》一爲泰山,一爲牛山,内容也差不多。

我們認爲,《外篇》中的《景公稱桓公之封管仲益晏子邑辭不受》與《内篇雜下》中的《晏子老辭邑景公不許致車一乘而後止》記敘的事極其相似,有可能是説的一件事:"晏子相景公,老,辭邑。……公不許曰:'昔吾先君桓公,有管仲恤勞齊國,身老,賞之以三歸,澤及子孫。今夫子亦相寡人,欲爲夫子三歸,澤至子孫,豈不可哉?'對曰:'……不可。'公不許。晏子出,異日朝,得閒而入邑,致車一乘而後止。"(《内篇雜下》)"景公謂晏子曰:'昔吾先君桓公,予管仲狐與穀,其縣十七,著之於帛,申之以策,通之諸侯,以爲其子孫賞邑。寡人不足以辱而先君,今爲夫子賞邑,通之子孫。'晏子辭曰:'……嬰請辭。'遂不受。"(《外篇上》)上段以管仲"賞之以三歸""澤及子孫"爲先例,下段則言"予管仲狐與穀,其縣十七,著之於帛,申之以策,通之諸侯""以爲其子孫賞邑";上段言"欲爲夫子三歸,澤及子孫",下段言"今爲夫子賞邑,通之子孫"。上段"三歸"用了動詞"賞",

下段也說是"賞邑"。上段言"得閒而入邑,致車一乘而後止",下段言"嬰請辭,遂不受"。何其相似乃爾。此其證一。

我們再從《晏子老辭邑景公不許致車一乘而後止》這一章內部來看:此章首言"晏子相景公,老,辭邑",景公乃言:"自吾先君定公至今用世多矣,齊大夫未有老辭邑者。今夫子獨辭之,是毀國之故,棄寡人也,不可。"遂引起晏嬰一段議論,但是"公不許",且說:"昔吾先君桓公,有管仲恤勞齊國,身老,賞之以三歸,澤及子孫。今夫子亦相寡人,欲爲夫子三歸,澤至子孫,豈不可哉?"如此看來,豈非三歸與封邑有絕大關係?此其證二。

《荀子·仲尼》:"齊桓公有天下之大節焉……俠然見管仲之能足以託國也……立以爲仲父,而貴戚莫之敢妒也;與之高、國之位,而本朝之臣莫之敢惡也;與之書社三百,而富人莫之敢距也。"對照《韓非子·外儲說左下》:"管仲相齊,曰:'臣貴矣,然而臣貧。'桓公曰:'使子有三歸之家。'曰:'臣富矣,然而臣卑。'桓公使立於高、國之上。曰:'臣尊矣,然而臣疏。'乃立爲仲父。"這兩段中,"與之書社三百,而富人莫之敢距也"與"'臣貴矣,然而臣貧。'桓公曰:'使子有三歸之家。'"適相對應。荀況和韓非是師生關係,《荀子》《韓非子》上述兩章的對應,不是比《韓非子》《說苑》的對應更有說服力嗎?此其證三。

綜上,"書社三百"和"狐與穀"的封邑,都是和"三歸"對應的,至少是類似的。因而"三歸"與封邑有絕大關係,殆無疑義。《晏子春秋·內篇雜下》的第十八章也說:"景公謂晏子曰:'昔吾先君桓公,以書社五百封管仲,不辭而受,子辭之何也?'"《內篇諫上》的第十二章又說:"昔吾先君桓公,以管子爲有力,邑狐與穀。"都可證。"書社三百"與"書社五百",其中或有一誤。每社25戶,則以管仲的封邑看,約相當漢代的"萬戶侯"。

上述說法可稱之爲"三歸爲封邑說"。1. 它可以解釋各種關於"三歸"的記載中的"富"和"侈"。2. 它可以解釋《韓非子》所謂"使子有三歸之家"。家者,所歸之處也。王引之《經義述聞·春秋名字解詁上》:"楚仲歸字子家,鄭公子歸生字子家,魯公孫歸父字子家,齊析歸父字子家,蔡公孫歸生字子家。"卿大夫的封邑也是"家",也是所歸之處。3. 可以排除地名說、臺名說,因爲景公對晏嬰說"欲爲夫子三歸",原來"三歸"是可以複製的,不是專有名詞。4."三歸"可能是管仲原有封邑再加上"狐與穀"。5. "三歸"的"歸"是否如同"歸孔子豚"的"歸"一樣,是"饋"的假借字呢? 但封邑,動詞用"賜"用"封",亦可用"賞",不能用"饋"。饋謂贈食於人,引申爲贈送他物,然而已經甚晚起,其賓語絶不能爲封地也。(26)

3.23 子語魯大師樂①,曰:"樂其可知也:始作,翕如也②;從之③,純如也④,皦如也⑤,繹如也⑥,以成。"

【譯文】孔子告訴魯國太師演奏音樂的道理,他說:"音樂,是可以深入瞭解的:演奏開始,奔放而熱烈;展開以後,和諧舒展,明快清麗,然後不絶如縷,餘音繞梁,最後結束樂章。"

【注釋】①語(yù)大(tài)師樂:語,告訴。大師,樂官之長。　②翕(xī)如:奔放熱烈狀。　③從(zòng):放縱,展開。　④純如:和諧舒展。　⑤皦(jiǎo)如:明快狀。　⑥繹(yì)如:斷斷續續,不絶如縷。

3.24 儀封人請見①,曰:"君子之至於斯也,吾未嘗不得見也。"從者見之②。出曰:"二三子何患於喪乎③? 天下之無道也久矣,天將以夫子爲木鐸④。"

【譯文】儀地的邊防官請求孔子接見他,說道:"凡道德君子到達此地,我從沒有不和他見面的。"隨行學生請求孔子接見了他。他辭出後,對學生們說:"你們這些人還用得著擔心國家喪亡嗎? 天下無道的日子太久了,〔聖人也該出來了,〕上天會把他老人家當做人民的導師啊。"

【注釋】①儀封人請見(xiàn)：儀，地名。封，邊疆；封人，典守邊疆的官。《左傳》有潁谷封人、祭封人、蕭封人、呂封人。楊樹達《古書疑義舉例續補》有"大夫稱人例"，孔子的父親叔梁紇曾經作過鄹大夫，因此稱爲"鄹人"；那麼，邊疆(封)的典守官自然也可稱爲"封人"。參見3.15注②。請見，請求接見。　②從者見(xiàn)之：見之，使孔子接見了他。何焯《義門讀書記》云："古者相見必由紹介，逆旅之中無可因緣，故稱平日未嘗見絕於賢者，見氣類之同，致詞以代紹介，故從者因而通之。夫子亦不拒其請，與不見孺悲異也。"　③喪(sàng)：國家喪亡。《憲問》云："子言衛靈公之無道也，康子曰：'夫如是，奚而不喪？'孔子曰：'仲叔圉治賓客，祝鮀治宗廟，王孫賈治軍旅。夫如是，奚其喪？'"《孟子·離婁上》云："城郭不完，兵甲不多，非國之災也；田野不辟，貨財不聚，非國之害也。上無禮，下無學，賊民興，喪無日矣。"這兩處的"喪"和此章的"喪"一樣，沒有賓語，也都指國家喪亡。　④木鐸：銅質木舌的鈴鐺。古代公家有什麼事要宣佈，就搖這種鈴鐺，召集大衆。

3.25 子謂《韶》①："盡美矣，又盡善也②。"謂《武》③："盡美矣，未盡善也。"

【譯文】孔子評價《韶》說："美極了，而且好極了。"評價《武》說："美極了，卻還不夠好。"

【注釋】①《韶》：舜時的樂曲名。　②美、善：從《左傳·襄公二十九年》所記季札觀樂來看，"美"不僅指音樂而言，也指內容而言，包括文辭的美。"善"可能指內容的教化方面而言。舜的天子之位是由堯"禪讓"而來，故孔子認爲"盡善"；周武王的天子之位是由討伐商紂而來，孔子便認爲"未盡善"。　③《武》：周武王時樂曲名。

3.26 子曰："居上不寬①，爲禮不敬，臨喪不哀，吾何以觀之哉?"

【譯文】孔子說:"居於上位不寬厚,行禮時不嚴肅認真,弔喪時不悲哀,我還根據什麼來觀察他呢?"

【注釋】①寬:"寬"不帶賓語時,多表示寬厚;統治者的寬厚,當然也包括實行"寬政"。下面這段文字可以和本章互參:"鄭子產有疾,謂子大叔曰:'我死,子必爲政。唯有德者能以寬服民,其次莫如猛。夫火烈,民望而畏之,故鮮死焉。水懦弱,民狎而翫之,則多死焉。故寬難。'疾數月而卒。大叔爲政,不忍猛而寬。鄭國多盜,取人於萑苻之澤。大叔悔之,曰:'吾早從夫子,不及此。'興徒兵以攻萑苻之盜,盡殺之,盜少止。仲尼曰:'善哉!政寬則民慢,慢則糾之以猛。猛則民殘,殘則施之以寬。寬以濟猛,猛以濟寬,政是以和。'"(《左傳·昭公二十年》)

里仁篇第四

共二十六章

4.1 子曰:"里仁爲美①。擇不處仁②,焉得知③?"

【譯文】孔子説:"住的地方,要有仁德才好。選擇居所,那兒卻没有仁德,怎麽能算聰明呢?"

【注釋】①里仁爲美:何晏《集解》引鄭玄曰:"里者,民之所居。居於仁者之里,是爲善。"這句話應該這樣理解:"里,仁爲美。"類似的有:"禮之用,和爲貴。先王之道,斯爲美。"(1.12)"由也,千乘之國,可使治其賦也。"(5.8)"仁者,其言也訒。"(12.3)　②處(chǔ):居住。　③知:"智"的古字。《論語》時代"智"都寫作"知"。這段話,不是單純指"擇居"而言。孔子認爲,仁和智互爲先決條件。此處言"擇不處仁,焉得知(智)",《公冶長》則言"未知(智),焉得仁"。參見5.19的《考證》(一)。

4.2 子曰:"不仁者不可以久處約,不可以長處樂。仁者安仁,知者利仁。"

【譯文】孔子説:"不仁的人做不到長久地居於窮困中,也做不到長久地居於安樂中。仁者心安理得於實行仁德;聰明人利用仁[來獲取長遠利益]。"

4.3 子曰:"唯仁者能好人,能惡人①。"

【譯文】孔子說:"只有仁人才能够[正確地]喜愛他人,厭惡他人。"

【注釋】①唯仁者能好人,能惡(wù)人:何晏《集解》引孔安國曰:"唯仁者能審人之所好惡。"惡,厭惡。《公冶長》第十九章:"未知(智),焉得仁?"反之,仁人一定是智者,故能明辨人的好惡是否得宜。另外,據我們全面調查,先秦漢語中"能"做謂語有褒義傾向。當它做狀語時,仍帶有這一特點,因此不能説"能"做不好的事。因此,翻譯時將這一特點用"正確地"補出。這並非什麽"增字解經",而是將隱含的語義揭示出來。

4.4 子曰:"苟志於仁矣,無惡也①。"

【譯文】孔子説:"假如某人立志實行仁德,他的所作所爲終歸會没有大惡。"

【注釋】①苟志於仁矣無惡也:何晏《集解》引孔安國説:"言誠能志於仁,則其餘終無惡。"皇侃《義疏》:"言人若誠能志在於仁,則是爲行之勝者,故其餘所行皆善無惡行也。"

4.5 子曰:"富與貴,是人之所欲也①;不以其道得之,不處也。貧與賤,是人之所惡也;不以其道得之,不去也。君子去仁,惡乎成名②?君子無終食之間違仁③,造次必於是,顛沛必於是。"

【譯文】孔子説:"發財升官,這是人人所渴望的;不是爲了追求仁道卻得到它,君子不接受。窮愁潦倒,這是人人所厭惡的;不是爲了追求仁道卻得到它,君子不離開。君子背離了仁德,怎樣去成就他的名聲呢?君子不會在哪怕吃一頓飯的時間背離仁德。

倉促匆忙間,他與仁德同在;顛沛流離時,他與仁德同在。"

【注釋】①富與貴,是人之所欲也:這句的"是"不是聯繫動詞,而是指示代詞。"是人之所欲"大約等於"此人之所欲"。 ②惡(wū)乎:何處。"惡乎"即"於何處",譯文意譯爲"怎樣"。 ③違:離開。

【考證】貧與賤……不以其道得之,不去也:

這幾句定州漢墓竹簡本《論語》和唐寫本《論語》都如此。何晏《集解》云:"時有否泰,故君子履道而反貧賤。此則不以其道得之,雖是人之所惡,不可違而去之。"唐寫本《論語》鄭玄注:"得貧賤者當以仁,不以仁得之,仁者不去也。"可見,在鄭玄、何晏等看來,這幾句是沒有問題的,並非曲爲之說。但千年以後,人們對那時的語言已感隔膜,認爲"貧與賤"不是人人想"得之"的,這幾句似乎"不合邏輯"。於是,有人說"不以其道得之"的"不""非衍即誤"(金代王若虛《論語辨惑》),有人說應在"不以其道"後點斷(翟灝《四書考異》),楊伯峻先生則說"得之"應該改爲"去之",並言"可能是古人的不經意處"。問題是,語言講求合當時當地的表達習慣,並不講求處處合乎邏輯。如"打掃衛生""恢復疲勞"都不合邏輯,卻合乎現代漢語的表達習慣;又如上海話"不要太瀟灑",字面上好像是責怪他人瀟灑過度,實際卻是讚美他人很瀟灑。因此我們認爲,照鄭玄、何晏那樣解釋即可。孔子行仁而"厄於陳蔡",以其道得之也,故可去之;顏回"在陋巷",不因求仁而得之也,故"不改其樂"而安之若素。"富而可求也,雖執鞭之士,吾亦爲之。如不可求,從吾所好。"(7.12)"從吾所好",也即安貧樂道而不離去,就像顏回那樣。(27)

4.6 子曰:"我未見好仁者,惡不仁者。好仁者,無以尚之①;惡不仁者,其爲仁矣②,不使不仁者加乎其身。有能一日用其力於仁矣乎?我未見力不足者。蓋有之矣,我未之見也③。"

【譯文】孔子説:"我没有見過愛好仁德的人和厭惡不仁的人。愛好仁德的人,那是再好不過的了;厭惡不仁德的人,他行仁德只是不想沾染上不仁德的東西。有誰能在某日致力於仁德呢?我没見過力量不够的。大概還是有這樣的人,我没有見到罷了。"

【注釋】①尚:超過。　②矣:"矣"用在這裏是表示停頓。　③蓋:大概。

4.7 子曰:"人之過也,各於其黨①。觀過,斯知仁矣。"

【譯文】孔子説:"什麽樣的人犯什麽樣的錯誤。仔細考察某人的過錯,就可以瞭解他是否具有仁德了。"

【注釋】①黨:鄉黨,親族。這裏指同類人。何晏《集解》引孔安國説:"黨,黨類。"

【考證】知仁:

　　翟灝《四書考異》引陸采《冶城客論》説:"斯知仁矣,'仁'是'人'字,與'宰我問井有仁焉'之'仁',皆以字音致誤。"馮登府《論語異文考證》説:"古'人''仁'本通,此作'人'字較明。"《後漢書·吳祐傳》引此章也作"觀過斯知人矣"。

　　但我們以爲這一句的"知仁"如字讀較好。因爲,1. 雖然先秦及西漢典籍中"知人"較爲常見,如《論語》本書即有:"不患人之不己知,患不知人也。"(《學而》)"樊遲問仁。子曰:'愛人。'問知。子曰:'知人。'"(《顔淵》)但"知仁"也並非絶無僅有。如《墨子·貴義》:"今天下之君子之名仁也,雖禹、湯無以易之。兼仁與不仁,而使天下之君子取焉,不能知也。故我曰天下之君子不知仁者,非以其名也,亦以其取也。"《禮記·仲尼燕居》:"陳其薦俎,序其禮樂,備其百官;如此,而後君子知仁焉。"

　　2. 陸采以爲證據的《雍也》"井有仁焉"的"仁",並非"人"的借字(參見6.26注①)。

3.《漢書·外戚傳》《宋書·何尚之傳》《南齊書·張岱傳》《魏書·皇后傳》《孝感傳》《北齊書·武成十二王傳》《魏收傳》《循吏傳》《隋書·徐孝肅傳》《南史·張裕傳》《北史·后妃傳》《齊宗室諸王傳》《郎基傳》《魏收傳》《孝行傳》以及唐寫本《論語》鄭玄注等引此章均作"知仁",鄭玄注云:"過後(厚)則仁,過薄則不仁也。"(定州漢墓竹簡《論語》此章闕如)而《後漢書·吳祐傳》則單文孤證,故難以採信。

4.於古無徵。此爲晚近之説,又乏堅强證據,不足爲訓。(28)

4.8 子曰:"朝聞道,夕死可矣。"

【譯文】孔子説:"早上得知真理,當晚死了都可以。"

4.9 子曰:"士志於道,而恥惡衣惡食者,未足與議也①。"

【譯文】孔子説:"士人有志於真理,但又以吃粗糧穿破衣爲恥辱,這種人,不值得和他商議。"

【注釋】①未足與議:與議,與之議,介詞"與"的賓語前文出現過時,常可省略。如:"衛鞅復見孝公。公與語,不自知膝之前於席也。"(《史記·商君列傳》)之,指"恥惡衣惡食"之"士"。同事劉奕在考察了先秦時期文獻中的幾十例"議"後認爲,斯時"議"的商議義可能尚未產生,"議"的意義爲"評議""議論"。我們認爲,即便如此,"與議"——與人評議或與人議論,翻譯爲"商議"也是可以的。

【考證】關於"士":

《論語》中"士"共18見,除"志士"1見(15.9),"士師"2見(18.2、19.19)外,其餘15例中,3例表示男子美稱:"且而與其從辟人之士也,豈若從辟世之士哉!"(18.6)"周有八士:伯達、伯适、仲突、仲忽、叔夜、叔夏、季隨、季騧。"(18.11)12例表示"最低階層的貴族":"士志於道,而恥惡衣惡食者,未足與議也。"(4.9)"富而可求也,雖執鞭之士,吾亦爲之。"(7.12)

"士不可以不弘毅,任重而道遠。"(8.7)"士何如斯可謂之達矣?"(12.20)"子貢問曰:'何如斯可謂之士矣?'子曰:'行己有恥,使於四方,不辱君命,可謂士矣。'"(13.20)"子路問曰:'何如斯可謂之士矣?'子曰:'切切偲偲,怡怡如也,可謂士矣。'"(13.28)"士而懷居,不足以爲士矣。"(14.2)"居是邦也,事其大夫之賢者,友其士之仁者。"(15.10)"士見危致命,見得思義,祭思敬,喪思哀,其可已矣。"(19.1)(29)

4.10 子曰:"君子之於天下也,無適也,無莫也①,義之與比②。"

【譯文】孔子説:"君子活在天底下,沒有永恒的朋友,也不盲目欽羨,一切都取決於是否符合道義。"

【注釋】①適、莫:這兩個字講法很多,《經典釋文》云:"適,鄭本作'敵';莫,鄭音'慕',無所貪慕也。"唐寫本正作"無適無慕"。唐寫本鄭玄注作:"適,疋("匹"的俗字)也。無(慕)也。君子志平於天下,無常疋偶,無所貪慕,唯義所在也。"按"敵""匹"爲同義詞。將《經典釋文》與《唐寫本論語鄭氏注》合勘,可知鄭玄讀"適"爲敵,並非"仇敵"義,而是"匹敵"義。然則,"無適無莫"便是"無固定朋友,也無所欽羨"。《吕氏春秋·慎行論》:"夫天下之所以惡,莫惡於不可知也。夫不可知,盜不與期,賊不與謀。盜賊大姦也,而猶所得匹偶,又況於欲成大功乎?"邢昺《疏》解"無適無莫"爲"情無親疏厚薄";朱熹《集注》解爲"無可無不可"。依據"從古原則",我們採用鄭玄的説法。　②義之與比:可理解爲"與義比"。比,舊讀 bì,挨著,靠攏,爲鄰。孔子"無必無固"(9.4),"可以仕則仕,可以止則止,可以久則久,可以速則速"(《孟子·公孫丑上》),所謂通權達變,唯義是從,可與此章互參。

4.11 子曰:"君子懷德,小人懷土①;君子懷刑②,小人懷惠③。"

【譯文】孔子説:"君子惦記著道德,小人惦記著土地;君子惦記著法度,小人惦記著恩惠。"

> 【注釋】①土:土地。有人釋爲"鄉土",而《論語》成書的時代,"土"的常見義是田土、土地、國土;在《論語》《左傳》《國語》《孟子》中,我們未見一例可以肯定爲"鄉土"者。那麽,"鄉土"義可能晚起,如《後漢書·班超傳》:"超自以久在絶域,年老思土。"即便並非晚起,也不是常見義。從語言的社會性來看,詞彙所表達的,應該是常見義,否則會妨礙交流。②刑:古代的法律制度。刑罰的"刑"本來寫作"荆",《説文》:"从井从刀,《易》曰:'井,法也。'井亦聲。"但後來寫作"刑"了。 ③惠:恩惠。

4.12 子曰:"放於利而行①,多怨。"

【譯文】孔子説:"依據利益而行事,會招致很多怨恨。"

> 【注釋】①放(fǎng):依據。

4.13 子曰:"能以禮讓爲國乎? 何有①? 不能以禮讓爲國,如禮何?"

【譯文】孔子説:"能够用禮讓來治理國家嗎? 這有何難? 若不能用禮讓來治理國家,拿禮儀怎麽辦呢?"

> 【注釋】①何有:春秋戰國時代的常用語,在這裏是"有何困難"的意思。黄式三《論語後案》、劉寶楠《論語正義》都説:"何有,不難之詞。"但"何有於我哉"(7.2、9.16)的"何有"不在此例。參見7.2《考證》,以及《附録》之《〈論語〉"何有於我"解》。

4.14 子曰："不患無位,患所以立①。不患莫己知②,求爲可知也。"

【譯文】孔子說："不發愁沒有職位,只發愁沒有安身立命的本領;不怕沒有人瞭解自己,只追求可以讓人瞭解自己的真本事。"

【注釋】①患所以立:這一章的"立"和《爲政》"三十而立"的"立"一樣,是"有所成立"之意。如《左傳·成公十七年》:"郤至曰:'人所以立,信、知、勇也。信不叛君,知不害民,勇不作亂。'"《孟子·盡心上》:"殀壽不貳,修身以俟之,所以立命也。"《呂氏春秋·孟夏紀》:"凡君之所以立,出乎衆也。"劉寶楠《論語正義》說這一章的"立"當讀爲"不患無位"的"位"。不確。　②莫:否定性無指代詞,指代人時可譯爲"沒有誰""沒有哪個人",指代地時可譯爲"沒有哪個地方",其餘類推。如《詩經·小雅·北山》:"溥天之下,莫非王土;率土之濱,莫非王臣。""莫非王土"就是"沒有哪個地方不是王的土地","莫非王臣"就是"沒有哪個人不是王的臣子"。《孟子·盡心上》:"反身而誠,樂莫大焉。強恕而行,求仁莫近焉。""樂莫大焉"意爲"沒有什麼快樂比這個快樂更大的了","求仁莫近焉"意爲"沒有哪條求仁之路比這條路更近的了"。王叔岷《古籍虛字廣義》解"莫"爲"最",實不可據。

4.15 子曰："參乎!吾道一以貫之①。"曾子曰："唯。"子出,門人問曰："何謂也?"曾子曰："夫子之道,忠恕而已矣②。"

【譯文】孔子說："參哪!我的學說有個觀念貫穿始終。"曾子說："是。"孔子走出去以後,學生們便問道:"什麼意思?"曾子說:"他老人家的學說嘛,不過'忠'和'恕'罷了。"

【注釋】①貫:貫穿、統貫。皇侃《義疏》云:"貫,猶'統'也。譬如以繩穿物,有貫統也。"《莊子·内篇·德充符》云:"老聃曰:'胡不直使彼以死生爲一條,以可不可爲一貫者,解其桎梏,其可乎?'"《管子·戒》云:"聞一言以貫萬物,謂之知道。"《荀子·天論》云:"百王之無變,足以爲道貫。一廢一起,應之以貫,理貫不亂。不知貫,不知應變,貫之大體未嘗亡也。""一貫""道貫""一言以貫萬物"之"貫",都是"貫穿""統貫"的意思。阮元《揅經室集》、王引之《經義述聞》認爲《論語》的"貫"都是"行""事"之意,未必可信。　②忠、恕:爲人盡心竭力謂之"忠",推己及人謂之"恕"。"忠"是孔子所謂"四教"之一:"子以四教:文,行,忠,信。"(7.25)"恕",孔子自己下了定義:"己所不欲,勿施於人。"(12.2、15.24)

4.16　子曰:"君子喻於義,小人喻於利。"

【譯文】孔子説:"君子明白的是義,小人明白的是利。"

4.17　子曰:"見賢思齊焉,見不賢而内自省也。"

【譯文】孔子説:"看見賢人,就想著向他看齊;看見不賢的人,就反省自己[,有没有和他一樣的毛病]。"

4.18　子曰:"事父母幾諫①,見志不從②,又敬不違③,勞而不怨。"

【譯文】孔子説:"侍奉父母,[對他們的過錯,]要輕微地勸止,若見到他們的心意是不打算聽從規勸,仍然恭敬地不觸犯他們,雖然勞苦,但不埋怨。"

【注釋】①幾(jī):輕微。　②見志不從:何晏《集解》引包咸説:"見父母志有不從己諫之色。"皇侃《義疏》、邢昺《疏》説同包咸。　③違:觸怒,冒犯。

【考證】勞而不怨:

大約相當於《左傳·僖公二十九年》的"勤而不怨"以及《孟子·盡心上》的"雖勞不怨",即勤苦勞頓卻不怨恨。王引之説:"勞,憂也。"不確。《經義述聞·禮記下》云:"勞,憂也。高誘注《淮南·精神篇》:'勞,憂也。'凡《詩》言'實勞我心''勞心忉忉''勞心慱慱''勞人草草'之類,皆謂'憂'也。……'勞而不怨',即承上'見志不從'而言。言諫而不入,恐其得罪於鄉黨州閭,孝子但憂之而不怨其親也。"王説爲楊伯峻《論語譯注》所採納,影響很大。

按,王所舉4例中有3例"勞"以"心"爲賓語。我們窮盡考察了《詩經》中的33例"勞"字(《大雅·民勞》的5例"民亦勞止"算作1例;4例"實勞我心",因其中2例見於《小雅·白華》,就只算作3例),除去以"心"字做賓語的9例,以及"民勞草草"1例,剩下23例中除了3例一般解作"慰勞"(莫我肯勞、職勞不來、召伯勞之)外,其餘20例一般都作"辛勞""勞苦"理解。如"棘心夭夭,母氏劬勞"(《邶風·凱風》)。"勞心"的"勞"即這一義位的使動用法。這和《左傳·襄公九年》《國語·魯語下》"君子勞心,小人勞力,先王之制也"以及《孟子·滕文公上》"或勞心,或勞力;勞心者治人,勞力者治於人"的"勞心"並無不同。又"勞心慘兮"(《陳風·月出》)和"慘慘劬勞"(《小雅·北山》)的"勞"也並無不同。"心之官則思",思慮過度則爲"勞心",也即是"憂"。試以義素分析法來解決這一問題:《王力古漢語字典》"憂"的第一個義位是"憂慮""憂傷",而"憂慮"這一義位大致可以分析爲[操勞]+[心(腦)]+[壞心情],而"勞心"正是"操勞其心"。這樣看來,將"勞心"理解爲、翻譯爲"憂"是可以的;但"勞心"的"勞",其詞彙意義並無本質上的改變。換言之,"勞心"可以理解爲"憂",但"勞"不能理解爲"憂"。至於將"勞人草草"的"勞"也解作"憂",則是由於毛傳説"草草,勞心也",而鄭箋説:"草草者,憂;將妄得罪也。"王氏乃運用"互文"的訓詁方法將毛傳的"勞心"與鄭箋的

"憂"聯繫起來。我們認爲,説"勞"有"憂"義,是隨文釋義,並不可靠;《左傳》中"勞"凡63見,而據陳克炯《左傳詳解詞典》(中州古籍出版社2004年)考察,並無一例可釋做"憂"者。這就有違王引之自己所説的"揆之本文而協,驗之他卷而通",也即違反了語言的社會性原則。"勞而不怨"又見於《堯曰》"子張問"章(20.2),上文言"勞而不怨",下文答曰"擇可勞而勞之,又誰怨?"皇侃《義疏》:"擇其可應勞役者而勞役之,則民各服其勞而不敢怨也。"尤可證"勞"當訓"勞動""勞苦"而非"憂愁"。另外,《孟子·盡心上》:"以佚道使民,雖勞不怨。"楊伯峻《孟子譯注》譯爲"在求老百姓安逸的原則下來役使百姓,百姓雖然勞苦,也不怨恨",亦可證。(30)

4.19 子曰:"父母在,不遠遊,遊必有方①。"

【譯文】孔子説:"父母在世,不出遠門;要出遠門,必須有目的地。"

【注釋】①遊必有方:何晏《集解》引鄭玄説:"方,猶'常'也。"常,常道。《荀子·天論》:"天行有常。"鄭玄用常道來解釋"方",可見是取其"方向"義。但較晚的文獻中"有方"用來表示抽象的"有道",如《莊子·人間世》:"有人於此,其德天殺。與之爲無方,則危吾國;與之爲有方,則危吾身。"《荀子·禮論》:"不法禮,不足禮,謂之無方之民;法禮,足禮,謂之有方之士。"《禮記·經解》:"隆禮由禮,謂之有方之士;不隆禮不由禮,謂之無方之民。"《檀弓上》:"事君有犯而無隱,左右就養有方,服勤至死,方喪三年。事師無犯無隱,左右就養無方,服勤至死,心喪三年。"《緇衣》:"君子之朋友有鄉,其惡有方。"《論語》成書時是否如此,我們尚缺乏進一步的證據,僅錄以備考。

4.20 子曰:"三年無改於父之道,可謂孝矣。"①

【注釋】①見《學而》(1.11)。

4.21 子曰:"父母之年,不可不知也。一則以喜,一則以懼。"

【譯文】孔子說:"父母的年歲不能不牢記:一方面歡喜他們高壽,一方面恐懼有所不測。"

4.22 子曰:"古者言之不出,恥躬之不逮也①。"

【譯文】孔子說:"古時候的人言語不輕易說出口,就是怕因自己來不及實行而羞恥。"

【注釋】①恥躬之不逮(dài):躬,自身。逮,趕上。

4.23 子曰:"以約失之者鮮矣①。"

【譯文】孔子說:"因爲節儉而犯錯的很少。"

【注釋】①約:儉約。何晏《集解》引孔安國說:"奢則驕溢招禍,儉約無憂患。"《禮記·表記》:"子曰:恭近禮,儉近仁,信近情,敬讓以行,此雖有過,其不甚矣。夫恭寡過,情可信,儉易容也,以此失之者,不亦鮮乎?"

4.24 子曰:"君子欲訥於言而敏於行①。"

【譯文】孔子說:"君子希望言語要謹慎遲鈍,工作要勤快敏捷。"

【注釋】①訥(nè):言語遲鈍。

4.25 子曰:"德不孤,必有鄰。"

【譯文】孔子說:"有道者不會孤單,一定會有志同道合的人與他爲鄰。"

【考證】德不孤,必有鄰:

這句解釋有歧義。《易經・繫辭上》：「方以類聚，物以群分。」又《乾・文言》：「子曰：同聲相應，同氣相求。」所以何晏《集解》説：「方以類聚，同志相求，故必有鄰，是以不孤也。」又皇侃《義疏》：「言人有德者，此人非孤，然必有善鄰里故也。」前説意爲「有德者不孤，必將有善鄰里相助」；而後説意爲「有德者之不孤，乃因善鄰里[已]相助故也」。此一分歧的關鍵，在對「必有」的理解。我們對《論語》《左傳》《國語》《孟子》等四部典籍中近百例「必有」作了全面的考察。例如：「父母在，不遠遊，遊必有方。」（《論語・里仁》）「十室之邑，必有忠信如丘者焉，不如丘之好學也。」（《公冶長》）「三人行，必有我師焉。」（《述而》）「齊，必有明衣，布。」（《鄉黨》）「夫人不言，言必有中。」（《先進》）「有德者必有言，有言者不必有德。仁者必有勇，勇者不必有仁。」（《憲問》）「人無遠慮，必有近憂。」（《衛靈公》）「雖小道，必有可觀者焉。」（《子張》）「違天必有大咎。」（《左傳・僖公二十三年》）「能敬必有德。」（《僖公三十三年》）「外寧必有內憂。」（《成公十六年》）通過考察，我們認爲以前説爲是。因爲，在這近百例證中未見一例這樣的，即「必有」後的成分表明的事情發生在「必有」前的成分表明的事情之前；所以，「德不孤，必有鄰」乃是表明「有德者不孤，必將有善鄰里相助」之意。(31)

4.26 子游曰：「事君數①，斯辱矣；朋友數，斯疏矣。」

【譯文】子游説：「對待君主過於煩瑣，就會招致侮辱；對待朋友過於煩瑣，反而會被疏遠。」

【注釋】①數(shuò)：煩瑣，頻頻造訪、請示。《左傳・文公十六年》：「無日不數於六卿之門。」孔穎達《正義》：「無有一日不數數於六卿之門，言參請不絕也。」

公冶長篇第五

共二十八章(何晏《集解》把第十章"子曰,始吾於人也"以下又分一章,故題爲二十九章;朱熹《集注》把第一、第二兩章併爲一章,故題爲二十七章)

5.1 子謂公冶長①:"可妻也②。雖在縲絏之中③,非其罪也。"以其子妻之④。

【譯文】孔子評價公冶長:"可以把女兒嫁給他。雖曾遭遇牢獄之災,但不是他的罪過。"便把自己的女兒嫁給他。

【注釋】①公冶長:孔子學生,齊人。 ②妻:這裏活用爲動詞,音 qì。 ③縲絏(léi xiè):拴罪人的繩索,這裏指代監獄。縲,通"纍"。 ④子:兒女,此處指女兒。

5.2 子謂南容①:"邦有道,不廢;邦無道,免於刑戮。"以其兄之子妻之②。

【譯文】孔子評價南容:"國家政治清明,[總有官做,]不被廢棄;國家政治黑暗,也不會遭刑罰。"便把自己的侄女嫁給他。

【注釋】①南容:孔子學生南宮适(Kuò),字子容。 ②兄之子:孔子之兄叫孟皮,見《史記·孔子世家》司馬貞《索隱》引《孔子家語》。此時孟皮可能已死,所以孔子替他女兒主婚。

5.3 子謂子賤①："君子哉若人！魯無君子者②,斯焉取斯？"

【譯文】孔子評價宓子賤："這人真是君子啊！如果魯國没有君子,他從哪兒取來這種好品德呢？"

    【注釋】①子賤:孔子學生宓(Mì)不齊,字子賤,比孔子小49歲(公元前521—?)。　②魯無君子者:"者"在這裏用於提示假設,因此,"君子者"不是指"君子一類的人"。

5.4 子貢問曰："賜也何如？"子曰："女,器也。"曰："何器也？"曰："瑚璉也①。"

【譯文】子貢問道："我怎麽樣？"孔子説："你是個器皿。"子貢説："什麽器皿？"孔子説："瑚璉。"

    【注釋】①瑚璉:即簠簋(fǔ guǐ),古代祭祀時盛糧食的器皿,方形的叫簠,圓形的叫簋,相當尊貴。子貢善言談,見《先進》第三章。《史記·仲尼弟子列傳》："田常欲作亂於齊,憚高、國、鮑、晏,故移其兵欲以伐魯。孔子聞之,謂門弟子曰:'夫魯,墳墓所處,父母之國,國危如此,二三子何爲莫出？'子路請出,孔子止之。子張、子石請行,孔子弗許。子貢請行,孔子許之。……子貢一出,存魯,亂齊,破吳,彊晉而霸越。子貢一使,使勢相破,十年之中,五國各有變。"或可爲這一章的注腳。

5.5 或曰："雍也仁而不佞①。"子曰："焉用佞？禦人以口給②,屢憎於人。不知其仁③,焉用佞？"

【譯文】有人説："冉雍啊,有仁德,卻没有口才。"孔子説："要口才幹什麽？靠伶牙俐齒和別人周旋,常常被別人厭棄。没聽説冉雍仁,但要口才幹什麽？"

【注釋】①雍也仁而不佞(nìng)：雍，孔子學生冉雍，字仲弓。佞，能言善辯，有口才。　②口給(jǐ)：給，足也。"口給"就是所謂"辯才無礙""巧舌如簧"。　③不知其仁：這是一種委婉的否定，實際上是說冉雍未達到"仁"。本篇第八章"孟武伯問子路仁乎，子曰，不知也"，與此類似。

5.7 子使漆彫開仕①。對曰："吾斯之未能信②。"子説。

【譯文】孔子叫漆彫開去做官。他答道："我對此還不自信。"孔子聽了很高興。

【注釋】①漆彫開：孔子學生，字子開。漆彫，姓；開，名。　②吾斯之未能信：可以理解爲"吾未能信斯"；之，代詞，這裏用來複指另一代詞"斯"。

5.7 子曰："道不行，乘桴浮于海①。從我者，其由與？"子路聞之喜。子曰："由也好勇過我，無所取材②。"

【譯文】孔子説："主張貫徹不了，我想坐個小木筏亡命海外，跟隨我的，恐怕只有仲由吧！"子路聽了這話，十分高興。孔子説："仲由的好勇甚至超過了我，只是沒有地方獲取紮木筏用的木材！"

【注釋】①桴(fú)：把竹子或者木頭編在一起，或寬或窄，以當船用，大的叫筏，小的叫桴，也就是現在的木筏。　②無所取材：沒地方獲取木材。詳見本章《考證》。

【考證】由也好勇過我無所取材：
　　這是鄭玄的句讀，還有其他句讀，一爲"由也好勇，過，我無所取材"，一爲"由也好勇過，我無所取材"(武億《經讀考異》、孫欽善《論語本解》)。

關於前一種，"過"無論作超過、過分、過錯、犯錯誤解，單獨爲一分句，是有條件的，其後一定有"則""而""是以"等連接詞。如："過，則勿憚改。"(《論語·學而》，又見《子罕》)"古之君子，過，則改之；今之君子，過，則順之。"(《孟子·公孫丑下》)"過，而不改，是謂過矣。"(《論語·衛靈公》)"過，而能改者，民之上也。"(《國語·魯語上》)"過，是以迷惑，陷入大國之地。"(《呂氏春秋·先識覽》)因爲連接緊密，通常"過"後不標逗號，而且諸如"過而能改"的"過"，不一定是做動詞用。所以，"由也好勇，過，我無所取材"的讀法，實難成立。至於後一種，當"過"表示過分、過錯時，要麼其後或其前緊接"也""矣"等語氣詞，要麼其後有"則""而""然後"等連接詞。如："四者之來，寵祿過也。"(《左傳·隱公三年》)"師也過，商也不及。"(《論語·先進》)"且爾言過矣，虎兕出於柙，龜玉毀於櫝中，是誰之過與？"(《季氏》)"吾言實過矣。"(《國語·晉語九》)"利過，則爲敗。"(《左傳·襄公二十八年》)"吾過，而里革匡我，不亦善乎！"(《國語·魯語上》)"人恒過，然後能改。"(《孟子·告子下》)以上，"過"做謂語，其主語也都是名詞、代詞等體詞，從未見"好勇"這樣的謂詞。所以，"由也好勇過，我無所取材"的讀法也是難以成立的。當然，這一"過"更應分析爲補語，但這並不會影響我們的結論，因爲上舉例證的"過"都位於句末。

無所取材，没地方取得木材。這是漢代鄭玄的第一個解釋。他的第二個解釋是："無所取哉，言唯取於己。古字'材''哉'同。"但先秦典籍中，"材"一爲木材，一爲人材，罕見借爲"哉"者。如《左傳》"材"出現21次，均爲木材、人材、材用義。河北定州漢墓竹簡的《論語》也作"無所取材"。另外，先秦時，我們未見"無所取"表達對某種性格、性情、態度等表示不認可、不贊同的意義，而只是表示没有"拿走"什麼；因此不能解作"不可取"。基於以上兩點，我們認同鄭玄的前一解釋。另外，孫欽善《論語本解》釋這句的"材"爲"用"，將"我無所取材"譯爲"我無所取用"。這也不妥。《論語》《左傳》成書的年代，像"無所取材"這樣的"無所+動賓結構","所"多爲名詞,義爲"處所"。例如:"君若以力,楚國方城以爲城,漢水以爲池,雖衆,無所用之。"(《左傳·僖公四年》)"群臣無所逃命。"(《宣公十二年》)"若又勿壞,是無所藏幣,以重罪也。"(《襄公三十一年》)"若從有司,是無所執逃臣也。"(《昭公七年》)"刑罰不中,則民無所錯手足。"(《論語·子路》)以上例句也可證明"無所取材"之譯爲"沒有地方獲取木材",在當時語言中是沒有問題的。與此同時,這一結構中的"所"或許已開始虛化爲代詞。但是,這一時期這一結構中的"所"不是助詞,將《論語》的"無所"等同於現代漢語的"無所"——現代漢語"無所……"的"所"是助詞——是不對的,將"我無所取材"譯爲"我無所取用"當然也是不對的。又,如上所述,"材"在當時文獻中,也用爲"人才"義。

那麼,像北大哲學系《論語批注》那樣,將"無所取材"解爲"其他沒有什麼可取的才能"可行嗎?這也是不妥的。既然"所"爲處所義,"無所取材"的焦點就是"無所";所以鄭玄解作"無所取桴材也"。而解爲"沒有什麼可取的才能",就無形中轉移了焦點;而且如前所述,"取"的意義當時並未虛化,因此也不能解作"沒有什麼可取的"。況且,"所"表處所,是"材"之所在,若解"材"爲"才能","所"就只能是指代子路本身。而子路本身是存在的,並非虛無。簡言之,鄭玄解作"無所取桴材"之所以較爲穩妥,乃是因爲"無所"的"所"和動詞"取"的意義當時仍然較爲實在,並未虛化。其實,"取材"爲取得木材或材料,當時典籍中並不罕見:"取材以章物采謂之物。"(《左傳·隱公五年》)"歲云秋矣,我落其實而取其材。"(《僖公十五年》)"信之而直,則取材正也。"(《周禮·考工記》)(32)

5.8 孟武伯問子路仁乎。子曰:"不知也。"又問。子曰:"由也,千乘之國,可使治其賦也①,不知其仁也。"

"求也何如?"子曰:"求也,千室之邑②,百乘之家③,可使爲之宰也④,不知其仁也。"

"赤也何如?"子曰:"赤也,束帶立於朝,可使與賓客言也⑤,不知其仁也。"

【譯文】孟武伯問子路是否仁。孔子說:"不知道。"他又問。孔子說:"仲由呢,如果是個有一千輛兵車的國家,可以叫他負責兵役和軍政工作。至於他是否仁,我不知道。"

"冉求如何?"孔子說:"求呢,千戶人口的城邑,百輛兵車的采邑,可以叫他當縣長或總管。至於他是否仁,我不知道。"

"公西赤如何?"孔子說:"赤呢,穿著禮服,站在朝廷之上,可以叫他跟賓客會談交涉。至於他是否仁,我不知道。"

【注釋】①賦:兵賦,古代的兵役制度。這裏泛指軍政工作。　②千室之邑:《左傳·莊公二十八年》:"凡邑,有宗廟先王之主曰都,無曰邑。"可見"邑"就是古代庶民聚居之所。邑,大者萬戶,小者十戶,"千室之邑"當然是大邑了。　③家:卿大夫的封地采邑。　④可使爲之宰:之,代詞,指代"千室之邑""百乘之家"。宰,一縣之長和大夫家的總管都叫做"宰"。"原思爲之宰"(6.5)的"宰"爲"總管",而"季氏使閔子騫爲費宰"(6.9)的"宰"則是縣長。　⑤賓客:貴客叫"賓",因之天子諸侯的客人叫"賓";一般客人叫"客",如《易經·需卦》:"有不速之客三人來。"從《左傳·文公十二年》"主人三辭。賓客曰:'寡君願徼福于周公……'"來看,那時"賓客"已近於成詞,或者說正處於同義詞連用階段。

5.9 子謂子貢曰:"女與回也孰愈①?"對曰:"賜也何敢望回?回也聞一以知十,賜也聞一以知二。"子曰:"弗如也;吾與女弗如也。"

【譯文】孔子對子貢說:"你和顏回,誰更強些?"子貢答道:"我呀怎敢和顏回相比?顏回呀,聽到一件事,可以推知十件事;我呢,聽到一件事,只能推知兩件事。"孔子說:"不如他呀,我和你都不如他呀!"

【注釋】①愈:超過,勝過。

【考證】吾與女弗如也:

朱熹《集注》說:"與,許也。"楊伯峻《譯注》因此譯此句爲"我同意你的話,是趕不上他。"但《論衡·問孔》引作"弗如也,吾與汝俱不如也"。《後漢書·橋玄傳》"仲尼稱不如顏淵",李賢注引《論語》作:"賜也何敢望回?子曰:'吾與汝俱不如也。'"漢代以來舊注大率如此。更重要的是,在《論語》時代以迄後來很長一段時間,"與"爲動詞表"贊同"義時,它後面的賓語都很簡單,如"與其進也,不與其退也……與其潔也"(《述而》)"吾與點也"(《先進》),從未見"女弗如也"這樣結構複雜的賓語。而在戰國時期,連詞"與"連接"吾"和"女""汝",後面再接上一個謂語性質的結構,是很普遍的。如《左傳·成公十三年》"吾與女同好棄惡""吾與女伐狄",《莊子·大宗師》"吾與汝共之",《應帝王》"吾與汝既其文,未既其實"。因此這一句的"與"還是視爲連詞爲妥。(33)

5.10 宰予晝寢。子曰:"朽木不可雕也;糞土之牆不可杇也①;於予與何誅?"子曰②:"始吾於人也,聽其言而信其行;今吾於人也,聽其言而觀其行。於予與改是③。"

【譯文】宰予大白天睡覺。孔子說:"腐朽糜爛的木頭雕刻不得,斑駁污穢的土牆粉刷不得;對於宰予嘛,說他什麼好呢?"又說:"原先,我對別人,聽到他的話,便相信他的行爲;今天,我對別人,聽到他的話,還要考察他的行爲。通過宰予這事兒,我改成了現在的態度。"

【注釋】①糞土之牆不可杇(wū):糞土,穢土。"糞"表示"屎"是後起義,故"糞土之牆"不能直接譯爲"糞土似的牆壁"。朽,抹牆的工具,把牆壁抹平也叫朽。因此這裏譯作"粉刷"。　②子曰:以下的話針對的雖然也是"宰予晝寢",卻是隔了一段時間説的,所以又加了個"子曰"。古人有這種修辭條例,可參閲俞樾《古書疑義舉例》卷二"一人之辭而加曰字例",也可參見《陽貨》第一章。　③與:通"歟",句中語氣詞。

5.11　子曰:"吾未見剛者①。"或對曰:"申棖②。"子曰:"棖也慾,焉得剛?"

【譯文】孔子説:"我没見過剛毅的人。"有人答道:"申棖就是啊。"孔子説:"申棖啊太貪心,哪能夠剛毅不屈?"

【注釋】①剛者:《左傳・隱公九年》:"使勇而無剛者,嘗寇而速去之。"《陽貨》:"好勇不好學,其蔽也亂;好剛不好學,其蔽也狂。"可見"剛"和"勇"是有區別的,所以譯"剛者"爲"剛毅的人"。　②申棖(Chéng):即《史記・仲尼弟子列傳》的申黨——古音"黨""棖"相近。

5.12　子貢曰:"我不欲人之加諸我也,吾亦欲無加諸人。"子曰:"賜也,非爾所及也。"

【譯文】子貢説:"我不希望别人[把侮辱]施加給我,我也不希望[把它]施加給别人。"孔子説:"賜啊,這不是你能做到的。"

【考證】(一)加:

加上,施加。馬融説:"加,陵也。"孔安國説:"'非爾所及',言不能止人使不加非義於己也。"按:孔説確。馬説雖然也許是解釋大意,未必錯誤,但後人據此翻譯"加"爲"欺侮",就不正確了。我們不否認"加""駕"爲同源詞,而"駕"有凌駕義;但根據對《論語》時代"加"的全面考察,它似乎還未產生"凌駕""欺凌"的意義。《王力古漢語字典》:"加,把一物放在另一物的上面,引申爲把某種行爲施加於別人身上。"覈之以先秦典籍,確實如此。加諸,即加之於,把它加給。所加上、施加的不一定是不好的、對被加者不利的行爲。如《孟子·梁惠王上》:"《詩》云:'刑于寡妻,至于兄弟,以御于家邦。'言舉斯心加諸彼而已。"《萬章下》:"堯之於舜也,使其子九男事之,二女女焉,百官牛羊倉廩備,以養舜於畎畝之中,後舉而加諸上位,故曰王公之尊賢者也。"《左傳·僖公八年》:"臣竭其股肱之力,加之以忠貞。其濟,君之靈也;不濟,則以死繼之。"《國語·周語上》:"至於武王,昭前之光明而加之以慈和,事神保民,莫弗欣喜。"《莊子·馬蹄》:"夫加之以衡扼,齊之以月題,而馬知介倪闉扼鷙曼詭銜竊轡。"《荀子·性惡》:"驊騮、騹、驥、纖離、綠耳,此皆古之良馬也,然而前必有銜轡之制,後有鞭策之威,加之以造父之馭,然後一日而致千里也。"(34)

(二)非爾所及也:

楊伯峻先生譯文:"這不是你能做到的。"按,楊説得之。孔安國説"'非爾所及',言不能止人使不加非義於己也",正是這個意思。孫欽善《論語本解》説:"在12.2中孔子把'己所不欲,勿施於人'視作'仁'的内容,在15.24中又把'己所不欲,勿施於人'視作終身行之的'恕'道(仁道的一種表述),而孔子不輕以仁許人,故這裏説子貢尚未做到這一點。此處'非爾所及'是'非爾所已及'的意思,不是'非爾所能及'的意思,否則就與15.24中對子貢説的話相矛盾,在那裏正是把'己所不欲,勿施於人'作爲子貢終身努力的方向提出來的。"此説我們不能同意。這一説法,正是李零讚譽的所謂"很注意辭語互見"。但這種非語言而是著重思想的"注意辭語互見",適足以擾亂基於語言内部考察所作出的正確判斷。《左傳·隱公五年》:"若夫山林川澤之實,器用之資,皁隸之事,官司之守,非君所及也。"沈玉成《左傳譯文》:"……有關官吏的職分,不是國君所應涉及的。"《昭公十八年》:"天道遠,人道邇,非所及也。"《左傳譯文》:"天道悠遠,人道切近,兩不相關,怎麼能瞭解它們的關係?"《昭公二十五年》:"公曰:'非小人之所及也。'"《左傳譯文》:"昭公説:'這不是小人管得著的。'"《宣公十二年》:"潘黨曰:'君盍築武軍而收晉尸以爲京觀。臣聞克敵必示子孫,以無忘武功。'楚子曰:'非爾所知也。'"《左傳譯文》:"……這不是你所知道的。"《孟子·萬章上》:"長息問於公明高曰:'舜往于田,則吾既得聞命矣。號泣于旻天,于父母,則吾不知也。'公明高曰:'是非爾所知也。'"楊伯峻《孟子譯注》:"……這不是你所能懂得的。"《禮記·雜記下》:"孔子曰:'賜也樂乎?'(子貢)對曰:"一國之人皆若狂,賜未知其樂也!'子曰:"百日之蜡,一日之澤,非爾所知也。"《國語·魯語下》:"晉樂王鮒求貨於穆子,曰:'吾爲子請於楚。'穆子不予。梁其踁謂穆子曰:'有貨,以衛身也。出貨而可以免,子何愛焉?'穆子曰:'非女所知也。'"以上七例"非所及""非……所及""非……所知"句式的句子,表示的都是對現實的判斷,而非對已然的否定。後者在當時語言中用"未"不用"非",而"非"通常用於判斷句,否定謂語和主語的關係,不是對過往的否定。(35)

5.13 子貢曰:"夫子之文章①,可得而聞也;夫子之言性與天道②,不可得而聞也③。"

【譯文】子貢説:"老師文獻方面的學問,我們聽得到;老師有關天性和天道的言論,我們聽不到。"

【注釋】①文章:孔子是古代文化整理和傳播的集大成者,這裏的"文章"應該是指古代文獻典籍。皇侃《義疏》:"文章者,六籍也。"即《詩經》《尚書》《禮經》《樂經》《易經》《春秋》六經,後《樂經》亡佚,只剩下五經。②性與天道:性,人的本性。何晏《集解》:"性者,人之所受以生者也。"孔子説:"性相近也,習相遠也。"(17.2)天道,自然和人類社會吉凶禍福的趨勢。文、武、周公以來,對殷商尊神敬鬼的風氣做了相當程度的糾正。而子產説:"天道遠,人道邇,非所及也。"(《左傳·昭公十八年》)似乎否定了自然和人類社會的吉凶有必然關係。晏嬰也説:"天道不諂。"(《左傳·昭公二十六年》)雖然是用人類的美德來衡量自然之神,反對禳災,也是對當時迷信習慣的破除。孔子作爲殷商後裔,卻憲章文武,祖述周公,而子産、晏嬰兩位先輩都爲孔子所稱道;他的不講天道,對自然和人類社會的關係取存而不論的態度,大約是受了這種思想的影響。《莊子・齊物論》說:"六合之外,聖人存而不論。" ③不可得而聞:即"不可得聞"。參見8.1《考證》。

5.14 子路有聞,未之能行,唯恐有聞。

【譯文】子路有所聞,還沒來得及去做,便生怕又有所聞。

【考證】唯恐有聞:

生怕有所耳聞。這一章2個"有聞"相同。何晏《集解》引孔安國説:"前所聞未及行,故恐後有聞不得並行也。"楊伯峻《譯注》説後一"有聞"的"有"同"又",不確。在《論語》的時代,"聞"表示"聽見"意義,做謂語時,除了下文將要講到的幾種特殊情況另當別論外,"聞"一般都必須帶賓語,沒有例外。

以《論語》爲例:"夫子至於是邦也,必聞其政。"(《學而》)"朝聞道,夕死可矣。"(《里仁》)"賜也何敢望回?回也聞一以知十,賜也聞一以知二。"(《公冶長》)"子路曰:'願聞子之志。'"(同上)"吾聞之也:君子周急不繼富。"(《雍也》)崔立斌《〈孟子〉詞類研究》將"聞"歸入及物感知動詞,是正確的。此章後一"有聞"如果讀作"又聞",按照上述規律,則必須帶賓語。

幾種特殊情況是:1. 聯動結構中"聞"與後一謂語動詞共用賓語:"鄭伯聞而惡之,使盜誘之。"(《左傳・僖公二十四年》)"若湯,則聞而知之。"(《孟子・盡心下》)2. 與代詞"所"結合成"所聞","所"其實可視爲"聞"的賓語:"勞師以襲遠,非所聞也。"(《左傳・僖公三十三年》)3. 或與副詞"相"結合成"相聞":"雞鳴狗吠相聞,而達乎四境。"(《孟子・公孫丑上》)4. "聞"前出現受事主語時:"召武子曰:'季氏,而弗聞乎?'"(《左傳・宣公十六年》)"夫子之文章,可得而聞也;夫子之言性與天道,不可得而聞也。"(《論語·公冶長》)"齊桓、晉文之事,可得聞乎?"(《孟子·梁惠王上》)5. 當"聞"受否定副詞"不"修飾爲"不聞"時,有小部分不帶賓語:"齊侯不及期,非疾也。君亦不聞。令龜有咎。"(《左傳·文公十八年》)"若曰無罪而惠免之,諸侯不聞,是逃命也。"(《昭公十三年》)其原因見 17. 15《考證》(二)。6. 當"聞"與其他詞結合成固定結構如"多聞""無聞"時。

此章的"有聞"先秦典籍中常見,也是一種固定結構,一般不帶賓語:"三咽,然後耳有聞,目有見。"(《孟子·滕文公下》)"康子曰:'雖然,肥願有聞於主。'"(《國語·魯語下》)"又聞"則不是固定結構,它是副詞"又"修飾謂語動詞"聞";因爲先秦典籍中僅僅見到三例,且都帶賓語:"問一得三,聞詩,聞禮,又聞君子之遠其子也。"(《季氏》)"君固無勇,而又聞是,弗能久矣。"(《左傳·襄公十八年》)"僑又聞之,内官不及同姓,其生不殖,美先盡矣,則相生疾,君子是以惡之。"(《昭公元年》)考慮到"聞"的帶與不帶賓語與否,所以本章第二個"有聞"還是如字讀爲妥。(36)

5.15 子貢問曰:"孔文子何以謂之'文'也①?"子曰:"敏而好學②,不恥下問,是以謂之'文'也。"

【譯文】子貢問道:"孔文子,憑什麽給他'文'這個謚號呢?"孔子說:"他聰敏靈活,愛好學問,還常請教地位較低的人,不以爲恥,所以用'文'字做他的謚號。"

【注釋】①孔文子:衛國的大夫孔圉(Yǔ)。孔文子死於魯哀公十五年,孔子卒於十六年夏四月,那麽,這次問答一定在哀公十五年到十六年初的一段時間内。　②敏:聰敏。何晏《集解》引孔安國說:"敏者,識之疾也。"就是所謂"神識敏鋭"的意思。《國語·晉語四》:"晉公子敏而有文,約而不諂,三材侍之,天祚之矣。"《管子·大匡》:"夫施伯之爲人也,敏而多畏。"《荀子·臣道》:"恭敬而遜,聽從而敏,不敢有以私決擇也。"

5.16 子謂子產①:"有君子之道四焉:其行己也恭,其事上也敬,其養民也惠,其使民也義。"

【譯文】孔子評論子產說:"他合於君子之道的有四項:他用莊嚴恭敬的外貌規範自己,他用負責認真的態度侍奉君上,他用恩惠來教養人民,他用道義來管理人民。"

【注釋】①子產:公孫僑,字子產,春秋時鄭國的賢相,執政於鄭簡公、鄭定公時,達二十二年。其時,正晉、楚兩國爭強,烽火四起之際。鄭國地處衝要,子產對外不卑不亢與兩強周旋,爲國家贏得尊敬和安全;對內整頓田制、軍賦,並鑄刑書以"救世",的確是一位傑出的政治家和外交家。老百姓歌頌他道:"我有子弟,子產誨之;我有田疇,子產殖之。子產而死,誰其嗣之?"(《左傳·襄公三十年》)

5.17 子曰:"晏平仲善與人交①,久而敬之②。"

【譯文】孔子說:"晏平仲善於和別人交朋友,相交越久,別人越尊敬他。"

【注釋】晏平仲:齊國的賢大夫,名嬰。《史記·管晏列傳》有幾百字介紹他,事蹟詳見《晏子春秋》,該書大約是戰國中晚期的作品。　②久而敬之:皇侃《義疏》云:"凡人交易絕,而平仲交久而人愈敬之也。"皇本、高麗本《論語》這句作"久而人敬之",所以"之"是指晏嬰自己。

5.18 子曰:"臧文仲居蔡①,山節藻梲②,何如其知也③?"

【譯文】孔子說:"臧文仲替大烏龜建造居所,斗栱鏤刻得像山一樣,梁上短柱上畫著水藻,他的聰明會怎麼樣呢?"

【注釋】①臧文仲居蔡:臧文仲,魯國大夫臧孫辰。居,動詞使動用法,使……居。蔡,大龜。因蔡地曾出大龜,因而稱大龜爲"蔡"。《周禮·

春官·龜人》:"凡取龜用秋時,攻龜用春時,各以其物,入于龜室。上春釁龜,祭祀先卜。若有祭祀,則奉龜以往。"可見,古人一是用龜占卜,二是用專室養龜。孔子譏諷臧孫辰,是因爲他築龜室不但僭越,而且太奢侈。②山節藻梲(zhuō):節,柱上斗栱;梲,梁上短柱。　③知:同"智"。

5.19 子張問曰:"令尹子文三仕爲令尹①,無喜色;三已之②,無愠色。舊令尹之政,必以告新令尹。何如?"子曰:"忠矣。"曰:"仁矣乎?"曰:"未知,焉得仁③?"

"崔子弑齊君④,陳文子有馬十乘⑤,棄而違之⑥。至於他邦,則曰:'猶吾大夫崔子也。'違之。之一邦,則又曰:'猶吾大夫崔子也。'違之。何如?"子曰:"清矣。"曰:"仁矣乎?"曰:"未知,焉得仁③?"

【譯文】子張問道:"令尹子文三次做令尹,沒有喜悦的表情;三次被罷免,沒有怨恨的表情。[每次交接,]一定把自己的政令全都告知新令尹。這個人怎麼樣?"孔子説:"真是公忠體國了。"子張説:"算不算仁呢?"孔子説:"他未能做到'智',怎麼能够算'仁'呢?"

子張又問:"崔杼無理地殺掉齊莊公,陳文子有四十匹馬,捨棄不要,離開齊國。到了另一國,就説:'這裏的統治者和我們那兒的崔子差不多。'又離開。又到了一國,又説:'這裏的統治者和我們那兒的崔子差不多。'於是又離開。這個人怎麼樣?"孔子説:"真是很清白。"子張説:"算不算仁呢?"孔子説:"他未能做到'智',怎麼能够算'仁'呢?"

【注釋】①令尹子文:楚国的令尹,相當於他國的宰相。子文,即鬬穀於菟(Dòu Gòuwūtú)。事蹟多見《左傳·宣公四年》。　②三仕、三已:"三"不一定是實數,只是表示次數較多。　③未知焉得仁:因爲不明智,怎麽稱得上"仁"呢。知,讀作"智"。詳見本章《考證》(一)。
④崔子弒齊君:崔子,齊國的大夫崔杼;齊君,齊莊公,名光。弒,在下的人殺掉在上的人;如子殺父,臣殺君,都叫做"弒"。"崔子弒齊君",事見《左傳·襄公二十五年》。　⑤陳文子:齊國大夫,名須無。　⑥棄而違之:捨棄(馬)並離開它(齊國)。詳見本章《考證》(二)。

【考證】(一)未知焉得仁:

　　知、智二字既是古今字關係,又是通假字關係。何晏《集解》引孔安國說:"但聞其忠事,未知其仁也。"那麽,這句和本篇第五章"不知其仁"、第八章"不知也"的"不知"相同,不是真的"不知",只是一種委婉的否定。但《經典釋文·論語音義》此章"未知"下注以"如字,鄭音'智'",即讀作"知",但鄭玄讀作"智"。唐寫本《論語鄭氏注》此章也作"未智焉得仁"。另外,《論衡·問孔》:"子張問:'令尹子文三仕爲令尹,無喜色;三已之,無慍色;舊令尹之政,必以告新令尹。何如?'子曰:'忠矣。'曰:'仁矣乎?'曰:'未知,焉得仁?'子文曾舉楚子玉代己位而伐宋,以百乘敗而喪其衆,不知如此,安得爲仁?問曰:子文舉子玉,不知人也。智與仁,不相干也。有不知之性,何妨爲仁之行?五常之道,仁、義、禮、智、信也。五者各別,不相須而成。故有智人、有仁人者,有禮人、有義人者。人有信者未必智,智者未必仁,仁者未必禮,禮者未必義。子文智蔽於子玉,其仁何毀?謂仁,焉得不可?"王充認爲"仁"與"智"是不相干的兩碼事,是否仁或是否智都不以另一方爲先決條件。可見王充和鄭玄一樣,將"知"讀爲"智"。這裏的事實依據是,子文舉子玉自代,結果"敗而喪其衆",是爲不智。又《里仁》:"擇不處仁,焉得知?"意謂選擇居所,沒有仁德,怎麽能算聰明智慧呢?彼處不仁則不智,此章不智則不仁,適相對照。

　　讀爲"智"的更爲堅強的證據是:1.我們全面調查了《論語》(1例,本章2例不算)《左傳》(14例)《國語》(2例)《孟子》(2例)《老子》(1例)《莊子》(12例)《墨子》(10例)《管子》(5例)《荀子》(3例)《吕氏春秋》(8例)《韓非子》(8例)11部古籍中的全部66例"未知";這66例中,除了

《荀子》中的2例外，其餘64例"未知"全都帶有賓語。例如："未知生，焉知死？"（《論語·先進》）"寡人有子，未知其誰立焉。"（《左傳·閔公二年》）"今乘輿已駕矣，有司未知所之，敢請！"（《孟子·梁惠王上》）"若無所濟，余未知死所，誰能與豺狼爭食？"（《國語·晉語四》）其中較爲特別的是《呂氏春秋·似順論》的一例："以凡人之知，不昏乎其所已知，而昏乎其所未知，則人之易欺矣，可惶矣，可恐矣，可喜矣。"其中"所"是"已知""未知"前置的賓語。《荀子》未帶賓語的兩例："養一之微，榮矣而未知。"（《解蔽》）"子貢問於孔子曰：'賜爲人下而未知也。'"（《堯問》）但這兩例較《論語》時代爲後，且與本章"未知"二字專作一句不同。由此可知，本章的"未知"應該讀爲"未智"。

2. "焉得"經常處於因果、條件複句的後一從句。我們在《論語》（2例）《左傳》（13例）《國語》（3例）《孟子》（2例）《管子》（2例）《呂氏春秋》（1例）《韓非子》（10例）7部古籍中找到33例"焉得"，除《孟子·滕文公下》（孟子曰："是焉得爲大丈夫乎？子未學禮乎？"）1例外，其餘32例"焉得"全部處於因果、條件複句的後一從句。例如："管仲有三歸，官事不攝，焉得儉？"（《論語·八佾》——因果）"里仁爲美。擇不處仁，焉得知？"（《里仁》——條件）"晉、楚無信，我焉得有信。"（《左傳·宣公十一年》——條件）"猶有晉在，焉得定功？"（《宣公十二年》——因果）"書退！國有大任，焉得專之？"（《成公十六年》——因果）"若弗棄，則主焉得之？"（《國語·晉語九》——條件）"君子平其政，行辟人可也，焉得人人而濟之？"（《孟子·離婁下》——條件）

由於"知"是及物感知動詞，"未知"通常要帶賓語；"智"是性質形容詞+抽象名詞的兼類詞，不帶賓語；而兩者字形可通，所以此章的"知"應讀作"智"。又由於"焉得"往往處於因果、條件複句的後一從句，所以，我們認爲"未知，焉得仁"應讀爲"未智，焉得仁"，是個因果複句（據子文舉子玉自代，"敗而喪其衆"可知）。

而且，當回答他人"我不知道"時，從《論語》時代直到戰國末年，一般都作"不知也"或"不知",從未見答以"未知"的。如:"或問禘之説。子曰:'不知也。'"(《論語·八佾》)"孟武伯問子路仁乎?子曰:'不知也。'"(《公冶長》)"'克、伐、怨、欲不行焉,可以爲仁矣?'子曰:'可以爲難矣,仁則吾不知也。'"(《憲問》)"越王句踐問焉,曰:'……請問戰奚以而可?'包胥辭曰:'不知。'"(《國語·吳語》)"曰:'周公知其將畔而使之與?'曰:'不知也。'"(《孟子·公孫丑下》)"於是泰清問乎無窮曰:'子知道乎?'無窮曰:'吾不知。'"(《莊子·外篇·知北游》)"湯曰:'孰可?'曰:'吾不知也。'"(《雜篇·讓王》)"子路問於孔子曰:'魯大夫練而床,禮邪?'孔子曰:'吾不知也。'"(《荀子·子道》)參見4.1注③。

可見,這5個字只能解作"他未能做到'智',怎麽能够算'仁'呢"。《國語·吳語》記申包胥説:"夫戰,智爲始,仁次之,勇次之。不智,則不知民之極,無以銓度天下之衆寡;不仁,則不能與三軍共饑勞之殃;不勇,則不能斷疑以發大計。"雖然説的是戰爭,我們從中也可看出在當時觀念中"智"於"仁"之不可或缺。(37)

(二)棄而違之:

捨棄(馬)並離開它(齊國)。棄,放棄,捨棄;違,離開。有人可能會認爲在這一句中,"棄"和"違"的賓語都應該是"之",但如果這樣,前一句"陳文子有馬十乘"就落空了。其實當時類似句子,兩個動詞共用賓語的固然多,但不共用的也不少。後者如:"楚師方壯,若萃於我,吾師必盡,不如收而去之。"(《左傳·宣公十二年》)收而去之——收兵離開這裏。"子山處令尹之宫,夫概王欲攻之,懼而去之。"(《定公四年》)懼而去之——害怕夫概王而離開這裏。"楚之邊邑曰卑梁,其處女與吳之邊邑處女桑於境上,戲而傷卑梁之處女。卑梁人操其傷子以讓吳人,吳人應之不恭,怒,殺而去之。"(《吕氏春秋·先識覽》)殺而去之——殺吳人然後離開這裏。"齊人甚好轂擊,相犯以爲樂,禁之不止。晏子患之,乃爲新車良馬,出與人相犯也,曰:'轂擊者不祥,臣其祭祀不順,居處不敬乎!'下車棄而去之。然後國人乃不爲。"(《晏子春秋·内篇雜下》)下車棄而去之——下車丢棄新車良馬而離開。這裏的"之",是泛指代詞(參見郭錫良《漢語史論集》之《漢語第三人稱代詞的起源和發展》)而非所謂"湊足音節的小品詞"。(38)

5.20 季文子三思而後行①。子聞之,曰:"再②,斯可矣。"
【譯文】季文子遇事都要考慮多次才行動。孔子得知後説:"考慮兩次,也就可以了。"

【注釋】①季文子三思而後行:季文子,魯國的大夫季孫行父。孔子説這話的時候,文子死了很久了。三思,思考多次。　②再:戰國早、中期的文獻,"再"一般只充當狀語修飾謂語動詞,但有時也直接充當謂語,如:"晉不可啓,寇不可翫,一之謂甚,其可再乎?"(《左傳·僖公五年》)"不信以幸,不可再也。"(《昭公十一年》)"大福不再,只取辱焉。"(《昭公十三年》)"天禄不再,天若胙君,不過周公,以魯足矣。"(《昭公二十五年》)"徇,農師一之,農正再之,后稷三之。"(《國語·周語上》)"於今再矣。"(《周語下》)唐石經《論語》作"再思",但定州漢墓竹簡本、唐寫本《論語》都無"思"字,因此尚不能據以認爲此處脱一"思"字。據《左傳》所載文子生平行事,其人過於謹小慎微,故孔子有此言。

5.21 子曰:"甯武子①,邦有道,則知;邦無道,則愚②。其知可及也,其愚不可及也。"
【譯文】孔子説:"甯武子這人,國家太平時,就聰明;國家昏暗時,就裝傻。他那聰明,别人趕得上;那裝傻,别人可就趕不上了。"

【注釋】①甯武子:衛國的大夫,姓甯,名俞。　②愚:孔安國説:"佯愚似實,故曰'不可及也'。"朱熹《集注》的一段話有助於我們瞭解甯武子的"愚不可及":"武子仕衛,當文公、成公之時。文公有道,而武子無事可見,此其知之可及也。成公無道,至於失國,而武子周旋其間,盡心竭力,不避難險;凡其所處,皆知巧之士所深避而不肯爲者,而能卒保其身以濟其君,此其愚之不可及也。"

5.22 子在陳①,曰:"歸與!歸與!吾黨之小子狂簡,斐然成章,不知所以裁之。"

【譯文】孔子在陳國,說:"回去吧!回去吧!我們那裏的學生狂放而耿直,文彩又斐然可觀,我都不知道再用什麼去指導他們了。"

【注釋】①陳:國名,姓嬀(Guī)。周武王滅殷以後,尋訪到舜的後代叫做嬀滿的,封於陳地。春秋時擁有現在河南開封以東,安徽亳(Bó)州以北一帶地方。定都於宛丘,即今天的河南淮陽縣。春秋末爲楚所滅。

【考證】吾黨之小子狂簡……不知所以裁之:

這幾句有兩點歧義,1. "簡"究竟是釋爲"大"(志大)還是"簡略";2. "不知所以裁之"的主語是"吾黨之小子"還是孔子。何晏《集解》引孔安國說:"簡,大也。孔子在陳,思欲歸去,故曰'吾黨之小子狂簡'者,進取於大道,妄作穿鑿以成文章,不知所以裁制,我當以裁之耳。遂歸。"邢昺《疏》:"狂者,進取也;簡,大也。"按《爾雅·釋詁》:"簡,大也。"但唐寫本《論語》鄭玄注:"狂者進取而簡略於時事,謂時陳仁(人)皆高談虛論,言非而博,我不知所以裁制而止之。"朱熹《集注》:"狂簡,志大而略於事也。"關於"簡",當今注《論》諸家或取"大"義,如楊伯峻《譯注》、李澤厚《今讀》、孫欽善《本解》;或取"簡略"義,如錢穆《新解》。我們取後一說,即"簡略"義。因爲,"簡"的"簡略"義是常義,多有書證:"直而溫,寬而栗,剛而無虐,簡而無傲"(《尚書·堯典》)"直而溫,簡而廉,剛而塞,強而義。彰厥有常,吉哉!"(《皋陶謨》)"仲弓問子桑伯子。子曰:'可也,簡。'仲弓曰:'居敬而行簡,以臨其民,不亦可乎?居簡而行簡,無乃大簡乎?'子曰:'雍之言然!'"(《雍也》)"退會,子羽謂子皮曰:'叔孫絞而婉,宋左師簡而禮,樂王鮒字而敬,子與子家持之,皆保世之主也。'"(《左傳·昭公元年》)以上各例的"簡"都是"簡略"義,且都和"吾黨之小子狂簡"一樣作謂語。而釋爲"大"的"簡",是僻義,其書證未見於《論語》《左傳》時代的典籍;見於《尚書·多方》的"天惟式教我用休,簡畀殷命,尹爾多方","簡"也是做狀語。

關於"不知所以裁之",上引孔安國説認爲主語是"吾黨之小子",而上引鄭玄説則認爲是孔子。我們也取後説。因爲唐寫本《論語》作"吾不智(知)所裁之",《史記·孔子世家》也作"孔子曰:'歸乎歸乎!吾黨之小子狂簡,斐然成章,吾不知所以裁之。'"(《儒林列傳》引此則無"吾"字)

還有一點值得注意,按照上引鄭玄和孔安國所説,"狂簡"似乎是貶義,但《孟子·盡心下》:"萬章問曰:'孔子在陳,曰:"盍歸乎來!吾黨之小子狂簡,進取,不忘其初。"孔子在陳,何思魯之狂士?'孟子曰:'孔子"不得中道而與之,必也狂狷乎!狂者進取,狷者有所不爲也"。孔子豈不欲中道哉?不可必得,故思其次也。''敢問何如斯可謂狂矣?'曰:'如琴張、曾皙、牧皮者,孔子之所謂狂矣。''何以謂之狂也?'曰:'其志嘐嘐然,曰:"古之人,古之人。"夷考其行,而不掩焉者也。狂者又不可得,欲得不屑不絜之士而與之,是狷也,是又其次也。'"《史記·孔子世家》:"孔子居陳三歲,會晉楚爭彊,更伐陳,及吳侵陳,陳常被寇。孔子曰:'歸與歸與!吾黨之小子狂簡,進取,不忘其初。'於是孔子去陳。"《儒林列傳》:"及高皇帝誅項籍,舉兵圍魯,魯中諸儒尚講誦習禮樂,弦歌之音不絶,豈非聖人之遺化,好禮樂之國哉?故孔子在陳,曰'歸與歸與!吾黨之小子狂簡,斐然成章,不知所以裁之'。夫齊魯之間於文學,自古以來,其天性也。"照《孟子》《史記》所説,"狂簡"似乎含有褒義,至少不是明顯的貶義。"狂者進取"(13.21)以及前文所舉例"直而温,簡而廉""宋左師簡而禮"也能佐證這一點。又,孟子答萬章問,似乎用"狂狷"解"狂簡";且舉出琴張、曾皙、牧皮及若干"不屑不絜之士",大約就是"吾黨之小子"。查"狷"與"簡",上古音均爲見紐元部字。將上引"吾黨之小子狂簡,進取不忘其初"與《子路》"不得中行而與之,必也狂狷乎。狂者進取,狷者有所不爲也"對照,似乎"狂簡"就是"狂狷"。因證據尚嫌薄弱,存疑待考。(39)

5.23 子曰:"伯夷、叔齊不念舊惡①,怨是用希②。"

【譯文】孔子說:"伯夷、叔齊不記舊仇,對他們的怨恨也就很少。"

【注釋】①伯夷叔齊不念舊惡:伯夷、叔齊:孤竹君的兩個兒子,父親死了,互讓君位,不果,都逃到周文王那裏。武王起兵討伐商紂王,二人攔住車馬勸阻;周朝統一天下,以吃周朝的糧食爲恥,餓死於首陽山。《史記·伯夷列傳》對二人事蹟有詳細介紹。惡,嫌隙,仇恨。　②怨是用希:是,此。用,因。是用,因此;代詞"是"爲介詞"用"的前置賓語。希,稀,少。至於"怨"指我對別人的怨恨,還是指別人對我的怨恨,見本章《考證》。

【考證】怨是用希:

這句話有歧義,到底是我的怨恨少呢？還是別人對我的怨恨少？楊伯峻《譯注》譯爲"別人對他們的怨恨也就很少",孫欽善《本解》則說:"怨,指自己的怨恨。《述而》孔子謂伯夷、叔齊'求仁而得仁,又何怨？'"(7.15)但《論語》時代的語言中,當"怨"表示怨恨,且處於主語位置時,一般表示他人的怨恨,很少例外。如:"且華而不實,怨之所聚也。"(《左傳·文公五年》)"怨之所聚,亂之本也。"(《成公十六年》)"今郤至在七人之下而欲上之,是求蓋七人也,其亦有七怨。怨在小醜,猶不可堪,而況在侈卿乎?"(《國語·周語中》)"立於淫亂之國,而好盡言,以招人過,怨之本也。"(《周語下》)"貪者,怨之本也。"(《晉語二》)"臣從君還軫,巡於天下,怨其多矣！臣猶知之,而況君乎?"(《晉語四》)"子一言而有三怨。怨已多矣,難以擊人。"(同上)"剛而主能,不本而犯,怨之所聚也。"(《晉語五》)我們只見到1例這種情況下表示自己對他人的怨恨的:"克、伐、怨、欲不行焉,可以爲仁矣?"(《憲問》)但這例的"怨"並非單獨做主語,其他的三個詞可以對它的意義進行限定。至於"求人而得仁,又何怨",這一"怨"是謂語;雖然和主語"怨"意義差不多,但以此爲證説"怨是用希"的"怨"是自己不怨恨他人,尚嫌勉强。有鑑於此,我們以爲楊伯峻先生所譯較爲準確。(40)

5.24 子曰:"孰謂微生高直①?或乞醯焉②,乞諸其鄰而與之。"

【譯文】孔子説:"誰説微生高直爽?有人向他討點醋,[他不説自己没有,]卻到鄰居那裏要一點給人。"

【注釋】①微生高:《莊子·盗跖》《戰國策·燕策》等書有尾生高守信的故事,説他和一位女子相約在橋下見面。到時女子不來,他卻水漲了都不走,最終淹死。"微""尾"音近字通。　②醯(xī):醋。

5.25 子曰:"巧言、令色、足恭①,左丘明恥之②,丘亦恥之。匿怨而友其人,左丘明恥之,丘亦恥之。"

【譯文】孔子説:"花言巧語,滿臉堆笑,屈膝以爲恭順,左丘明以此爲辱,我也以此爲辱。把怨恨藏在心底,表面上去跟某人要好,左丘明以此爲辱,我也以此爲辱。"

【注釋】①足恭:屈膝作出一副恭敬的樣子。詳見本章《考證》。　②左丘明:孔子的朋友,《左傳》的作者,大約卒年晚於孔子。

【考證】足恭:

足,《經典釋文》給它注音:"將樹反,又如字。"即一讀爲 jù,動詞;一讀爲 zú,形容詞。舊讀以 jù 爲常見,義爲"充足其恭敬"。但許多學者主張如字讀 zú,"足"爲手足之"足",如邢昺《疏》與劉寶楠《正義》,我以爲後一主張是對的。如釋爲"充足"義,有好幾點不能通。首先,先秦漢語中,定中結構的"足某"未見,因此不可能是"十足的恭敬";如釋爲"充足其恭敬",又從未見以"恭"這種抽象名詞做賓語的;且"恭"在先秦儒家典籍如

《論語》《孟子》《荀子》中，是至高無上的道德範疇，爲典型的襃義詞，從未有用爲貶義者。"足恭"適足以襃揚之，何貶之有？即以《論語》爲例，全書除"足恭"外尚有 11 例"恭"，全部用爲襃義："夫子溫、良、恭、儉、讓以得之。"(《學而》)"信近於義，言可復也；恭近於禮，遠恥辱也。"(《學而》)"其行己也恭，其事上也敬，其養民也惠，其使民也義。"(《公冶長》)"子溫而厲，威而不猛，恭而安。"(《述而》)"恭而無禮則勞，慎而無禮則葸，勇而無禮則亂，直而無禮則絞。"(《泰伯》)"君子敬而無失，與人恭而有禮，四海之內皆兄弟也。"(《顏淵》)"居處恭，執事敬，與人忠，雖之夷狄，不可棄也。"(《子路》)"無爲而治者，其舜也與？夫何爲哉？恭己正南面而已矣。"(《衛靈公》)"君子有九思：視思明，聽思聰，色思溫，貌思恭，言思忠，事思敬，疑思問，忿思難，見得思義。"(《季氏》)"恭、寬、信、敏、惠。恭則不侮，寬則得衆，信則人任焉，敏則有功，惠則足以使人。"(《陽貨》)"陳子禽謂子貢曰：'子爲恭也，仲尼豈賢於子乎？'"(《子張》)《左傳》《國語》《孟子》同樣如此："不忘恭敬，民之主也。"(《左傳·宣公二年》)"寬肅宣惠，君也；敬恪恭儉，臣也。……敬所以承命也，恪所以守業也，恭所以給事也，儉所以足用也。"(《國語·周語中》)"是故賢君必恭儉禮下，取於民有制。"(《孟子·滕文公上》)

因此"足恭"只能是主謂結構，"足"爲手足之足。這類主謂結構較爲常見："足躩如也""足蹜蹜如有循"(均見《鄉黨》)，"體恭敬而心忠信，術禮義而情愛人，橫行天下，雖困四夷，人莫不貴。……體倨固而心執詐，術順墨而精雜汙，橫行天下，雖達四方，人莫不賤。……君子貧窮而志廣，富貴而體恭"(《荀子·修身》)，"晉侯視遠而足高"(《國語·周語下》)。

"恭"雖爲襃義，但以"足"來限制它意義就有所不同。《國語·魯語上》："今將惠以小賜，祀以獨恭。小賜不咸，獨恭不優。"獨恭，一身之恭，故不能優裕也。"足恭"與"獨恭"類似。何晏《集解》引孔安國注云："足恭，便僻貌。"邢昺《疏》："便僻其足以爲恭，謂前卻俯仰，以足爲恭也。"翟灝《論語考異》："(《禮記》)《表記》云：'君子不失足於人，不失色於人，不失口於人.'失足於人,足恭也;失色於人,令色也;失口於人,巧言也."《史記·五宗世家》:"彭祖爲人巧佞卑諂,足恭而心刻深。好法律,持詭辯以中人。"《大戴禮記·曾子立事》:"忿怒而爲惡,足恭而口聖,而無常位者,君子弗與也。""口聖"和"足恭"一樣,用"口"限制褒義詞"聖",就成了貶義。但"足恭,便僻貌"不知究竟爲何體態,因此譯文只能揣摩其意。(41)

5.26 顏淵季路侍①。子曰:"盍各言爾志②?"

子路曰:"願車馬衣輕裘與朋友共敝之而無憾③。"

顏淵曰:"願無伐善,無施勞④。"

子路曰:"願聞子之志。"

子曰:"老者安之,朋友信之,少者懷之⑤。"

【譯文】顏淵、季路兩人站在孔子身邊。孔子說:"何不各自說說你們的志向?"

子路說:"我願將車馬衣服和朋友共同使用直到破爛也沒遺憾。"

顏淵說:"我願不誇耀自己,不勞煩別人。"

子路對孔子說:"希望聽聽先生的志向。"

孔子說:"老人,讓他安逸;朋友,讓他信任我;年輕人,讓他懷念我。"

【注釋】①侍:立侍,即站著。坐侍叫做"侍坐"。 ②盍:"何不"的合音字。 ③願車馬衣輕裘與朋友共敝之而無憾:這句的"輕"字是後人加上去的,很多證據表明較早的本子並沒有這個字。見劉寶楠《論語正義》。詳見本章《考證》(一)。 ④無施勞:孔安國說:"不以勞事置施於人。"即,不麻煩別人勞神費力。詳見本章《考證》(二)。 ⑤安之、信之、懷之:這三個詞組都是使動用法,意謂讓老者安定,讓朋友信任,讓幼者懷念。詳見本章《考證》(三)。

【考證】(一)願車馬衣輕裘與朋友共敝之而無憾：

這句的"輕"字是後人加上去的，很多證據表明較早的本子並沒有這個字。見劉寶楠《論語正義》。但錢大昕說"輕"字是宋人所加則未必，因爲唐寫本《論語》此處也有"輕"字。這一句有兩種讀法。第一種從"共"字斷句，把"共"字當做謂語。第二種作一句讀，把"共"字當做狀語，修飾"敝"字。雖然兩種讀法所表現的意義沒有明顯區別，但能辨析清楚當然最好不過。只是意義差別不大，從魏晉人以串講爲形式的解釋中看不出其傾向。如皇侃《義疏》云："子路性決，言朋友有通財，車馬衣裘共乘服而無所憾恨也；一家通云，而無憾者，言願我既乘服朋友衣馬而不慚憾也。"何晏《集解》則無説。

我們以爲，後一種讀法較爲妥當。因爲，在《論語》時代的語言中，相較於"共"做謂語，它做狀語的頻率要高得多。"昔我先君桓公……斬之蓬蒿藜藋，而共處之。"(《昭公十六年》)"今我王室之一二兄弟……體解節折而共飲食之。"(《國語·周語中》)像"與朋友共敝之"同樣句型的句子也不鮮見。如："君若辱在寡君，寡君與其二三臣共聽兩君之所欲，成其可知也。"(《左傳·成公四年》)"子教寡人和諸戎、狄而正諸華，於今八年，七合諸侯，寡人無不得志，請與子共樂之。"(《國語·晉語七》)"凡我父兄昆弟及國子姓，有能助寡人謀而退吳者，吾與之共知越國之政。"(《越語上》)"此語夏王桀之執有命也，湯與仲虺共非之。"(《墨子·非命中》)"民知其母，不知其父，與麋鹿共處。"(《莊子·雜篇·盜跖》)"夫韓以秦爲不義，而與秦兄弟共苦天下。"(《韓非子·存韓》)如前所言，"共"做謂語較爲少見。

雖然使用頻率的高低說服力不是很強，但做謂語的"共"一般都帶有賓語，卻很能說明問題。如"三族共政，無相害也。"(《左傳·哀公二十六年》)"魯有單豹者，巖居而水飲，不與民共利，行年七十而猶有嬰兒之色。"(《莊子·外篇·達生》)"選材士有力者三十人共船。"(《墨子·備水》)

"我寒而不我衣,我飢而不我食,而時使我與千人共其養,是衆人畜我也。"(《吕氏春秋·季冬紀》)"仁義者,與天下共其所有而同其利者也。"(《韓非子·外儲説右上》)"夫以王良、造父之巧,共轡而御不能使馬,人主安能與其臣共權以爲治?以田連、成竅之巧,共琴而不能成曲,人主又安能與其臣共勢以成功乎?"(《外儲説右下》)

即使像"車馬衣裘"這樣的因爲賓語較長而將它轉換爲受事主語的,或受事隔得較遠而須轉換的,或須强調賓語而轉換的,"共"後面也通常有一"之"複指前面的受事主語。如:"三年之喪,齊疏之服,飦粥之食,自天子達於庶人,三代共之。"(《孟子·滕文公上》)"庶人有魚炙之薦,籩豆、脯醢則上下共之。"(《國語·楚語上》)"孔子曰:'丘,天之戮民也。雖然,吾與汝共之。'"(《莊子·内篇·大宗師》)"子變子言,則齊國吾與子共之。"(《晏子春秋·内篇雜上》,又見《吕氏春秋·恃君覽》)"國雖小,請與客共之。"(《吕氏春秋·慎大覽》)因此,如要表達前一種讀法的意思,與"齊國吾與子共之"一樣,應作"車馬衣裘與朋友共之"。

我們只見到一例類似前一種讀法即"與朋友共"的句子:"故明主之治天下也,威勢獨在於主而不與臣共,法政獨制於主而不從臣出。"(《管子·明法解》)這裏未作"共之",很可能是受後一句的影響。因爲後一句的"出"只是在使動用法時才能以"之"做賓語。如:"鄭人入於井,倒戟而出之,獲狂狡。"(《左傳·宣公二年》)其他情况下則不以"之"做賓語:"仁從中出,義從外作。"(《管子·戒》)由於古書在流傳過程中後人往往會爲了句式整齊而加以删改,所以這一單文孤證,我們不敢採信;況且這一孤證乃出自遠較《論語》成書爲晚的《管子》一書。

綜上,我們以爲前一種讀法,即從"共"後點斷,是不大可信的,後一種讀法則較爲可信。唐寫本《論語》此句作"□□馬衣輕裘與朋友敝之而無憾",無"共"字,也可旁證後一種讀法即一氣讀下是可信的。(42)

(二)無施勞:

孔安國説:"不以勞事置施於人。"皇侃《義疏》云:"願不施勞役之事於天下也。"楊伯峻《譯注》云:"《淮南子‧詮言》'功蓋天下,不施其美。'這兩個'施'字意義相同,《禮記‧祭統》注云:'施猶著也。'即表白的意思。"按《禮記‧祭統》鄭玄注"施於烝彝鼎"云:"施,猶著也;言我將行君之命,又刻著於烝祭之彝鼎。"很明顯,這裏的"著"是"附著"義而非"表白"義。至於《淮南子‧詮言》"功蓋天下,不施其美",大率《史記》《韓詩外傳》《淮南子》《説苑》《新序》等西漢文獻,凡言"施其美""施其德""施其善""施其善政""施其能""施其才""施其力"者,"施"均謂推行、謂施展也。故從孔安國説。(43)

(三)安之、信之、懷之:

這三個詞組都是使動用法,意謂讓老者安定,讓朋友信任,讓幼者懷念。秦漢典籍中這種表達很常見。如:"越國之中,富者吾安之,貧者吾與之,救其不足,裁其有餘,使貧富皆利之。"(《國語‧吳語》)"是以近者安之,遠者歸之,日月之所照,舟車之所及,雨露之所漸,粒食之所養,得此莫不勸譽。"(《墨子‧尚賢中》)"夫然後足以化民易俗,近者説服,而遠者懷之,此大學之道也。"(《禮記‧學記》)梁元帝蕭繹也是這樣理解的:"必使長者安之,幼者愛之,朋友信之。"(《金樓子‧戒子》)(44)

5.27 子曰:"已矣乎,吾未見能見其過而內自訟者也[1]。"

【譯文】孔子説:"算了吧,我還没見過能够發現自己的錯誤而自我責備的人呢。"

【注釋】[1]訟(sòng):争論是非曲直。

5.28 子曰:"十室之邑,必有忠信如丘者焉,不如丘之好學也。"

【譯文】孔子説:"十來户人家的小村落,必定有像我一樣忠誠信實的人,只是不像我這樣好學罷了。"

雍也篇第六

共三十章(朱熹《集注》把第一、第二和第四、第五各併爲一章,故只有二十八章)。

6.1 子曰:"雍也可使南面①。"

【譯文】孔子説:"冉雍這個人,有能力君臨天下。"

【注釋】①雍也可使南面:南面,君臨天下。詳見本章《考證》。

【考證】南面:

南面,多有歧解:劉向《説苑·脩文篇》云:"當孔子之時,上無明天子也。故言'雍也可使南面',南面者,天子也。"何晏《集解》引包咸説:"可使南面者,言任諸侯治。"唐寫本《論語》鄭玄注云:"可使南面者,言任諸侯治□之政。"皇侃《義疏》云:"南面,謂爲諸侯也。孔子言冉雍之德可使爲諸侯。"此外,邢昺《疏》及朱熹《集注》等均主此説。劉寶楠《正義》則以爲指天子、諸侯"要皆通也",其論證尤周詳栗密。

王引之《經義述聞》則云:"南面,有謂天子及諸侯者,有謂卿大夫者。雍之可使南面,謂可使爲卿大夫也。《大戴禮·子張問入官》:'君子南面臨官。'《史記·樗里子傳》:'請必言於衛君,使子爲南面。'蓋卿大夫有臨民之權,臨民者無不南面。仲弓之德可爲卿大夫以臨民,故曰'可使南面'也。《論語摘輔像》曰:'仲弓淑明清理,可以爲卿。'爲卿則南面臨民矣。而包咸《論語注》乃以爲'任諸侯',皇《疏》亦云'冉雍之德可使爲諸侯',非也。身爲布衣,安得僭擬於人君乎?《鹽鐵論·殊路篇》:'七十子皆諸侯卿相之才,可南面者數人。'亦誤以'南面'爲諸侯之位。《説苑·脩文篇》：'孔子言"雍也可使南面"，"南面"者，天子也。'又誤以'南面'爲天子之位。"我們認爲，王引之此說不大可信。

1. 欲建立新說，須先駁倒舊說；而王氏駁斥舊說的理由十分勉強而不可據。其唯一所據者，乃"身爲布衣，安得僭擬於人君"耳。此明、清皇權至上時期觀念，鄭玄、包咸、皇侃、朱熹固未受此觀念影響，即同爲清人之劉寶楠，亦不主此說。若果爲"僭越"，鄭包皇朱劉等能熟視無睹乎？我們一貫認爲，推翻漢魏六朝學者關於詞語解釋的成說，必須有語言內部的堅強證據。王氏於此所據者，非惟來自語言外部，且十分薄弱。《吕氏春秋·士容論》云："士不偏不黨。……執固橫敢而不可辱害，臨患涉難而處義不越，南面稱寡而不以侈大。"《鹽鐵論·殊路》："七十子躬受聖人之術，有名列於孔子之門，皆諸侯卿相之才，可南面者數人。"正反映了那一時代的觀念。

2. 再看王氏是如何建立新說的。歷史事實或卿大夫可以南面臨民，但語言表達則是另一碼事。若將兩者混淆，未免無形中偷換概念。所謂"卿大夫有臨民之權，臨民者無不南面。仲弓之德可爲卿大夫以臨民"爲歷史事實，而非語言表達，亦即非語言內部之證據。

3. 語言內部之證據，端賴書證；王氏文中僅有漢代之《大戴禮》與《史記》兩條證據，加上讖書一條證據；較之乃父《終風篇》用《詩經》內多條"終~且~"書證之嚴整密栗，遜色多矣。先秦典籍中支持"天子說"與"諸侯說"之書證至夥，且均較王氏所提供書證爲早。

以上三點，足證王氏之說不足推翻舊說。但當今之注《論語》者，多從其說，如楊伯峻《譯注》、李澤厚《今讀》、孫欽善《本解》。不從其說者，有楊樹達《疏證》（"古之人君鄉明而治，天子諸侯皆南面，不獨天子也。"）、錢穆《新解》、李零《喪家狗》等。

我們傾向於劉向之說，即所謂"南面者，天子也"。論證如下：見於先秦典籍之"南面"，其義有二：一爲面朝南方，如："《書》曰：'湯一征，自葛始。'天下信之，東面而征，西夷怨；南面而征，北狄怨。"（《孟子·梁惠王下》，又見《滕文公下》《盡心下》）一爲特指天子諸侯面朝南方。除《雍也》此章的"南面"尚待討論外，我們在先秦典籍中找到此類書證23例，其中"南面"用以表示天子的17例，用以表示諸侯的6例，未見一例用於卿大夫的。例如："無爲而治者，其舜也與？夫何爲哉？恭己正南面而已矣。"（《論語·衛靈公》）"舜南面而立，堯帥諸侯北面而朝之，瞽瞍亦北面而朝之。"（《孟子·萬章上》）"聖人南面而聽天下，向明而治，蓋取諸此也。"（《周易·說卦》）"髑髏曰：'死，無君於上，無臣於下；亦無四時之事，從然以天地爲春秋，雖南面王樂，不能過也。'……髑髏深矉蹙頞曰：'吾安能棄南面王樂而復爲人間之勞乎！'"（《莊子·外篇·至樂》）"天子之位，負斧依，南面立。"（《逸周書·明堂解》）"成周之會，埠上張赤帝陰羽，天子南面立，絻無繁露，朝服，八十物擯珽。"（《王會解》）"是故聖人……南面聽天下，而無驕色。如此，而後可以爲天下王。"（《管子·戒》）"天子者……南面而聽天下。"（《荀子·正論》）"堯、舜，至天下之善教化者也。南面而聽天下，生民之屬莫不振動從服以化順之。"（同上）"大人哉舜！南面而立萬物備。"（《成相》）"聖人南面而立，以愛利民爲心，號令未出，而天下皆延頸舉踵矣。"（《呂氏春秋·季秋紀》）"是故聖王之德……今日南面，百邪自正，而天下皆反其情。"（《審分覽》）"堯教於隸屬而民不聽，至於南面而王天下，令則行，禁則止。"（《韓非子·難勢》）"今桀、紂南面而王天下，以天子之威爲之雲霧，而天下不免乎大亂者，桀、紂之材薄也。"（同上）"桀、紂爲高臺深池以盡民力，爲炮烙以傷民性，桀、紂得乘四行者，南面之威爲之翼也。"（同上）以上爲"南面"用以表示天子的。用以表示諸侯的如："哀公異日以告閔子曰：'始也吾以南面而君天下，執民之紀而憂其死，吾自以爲至通矣。'"（《莊子·內篇·德充符》）"凡人有此一德者，足以南面稱孤矣。"（《雜篇·盜跖》）"而君發其明府之法瑞以稽之，立三階之上，南面而受要。"（《管子·君臣上》）"景公……被髮亂首，南面而立，傲然。"（《晏子春秋·內篇諫下》）"士不偏不黨。……南面稱寡而不以侈大。"（《呂氏春秋·士容論》）"魯哀公，下主也，南面君國，境內之民莫敢不臣。"(《韓非子·五蠹》)以上 6 例,除《莊子·內篇》1 例外,其他都見於較晚的文獻。而《莊子·內篇》1 例雖然主語是"哀公",但他說"南面而君天下",顯然以天子自居。上引《呂氏春秋·士容論》雖說"士不偏不黨",但只有諸侯才能"稱寡"。

由以上 23 例可知,一是較早的文獻,如《論語》《孟子》,未見"南面"用於諸侯者;二是凡儒家文獻,如《論語》《孟子》《荀子》,"南面"都用於天子。劉寶楠《正義》引《孟子·萬章上》"匹夫而有天下者,德必若舜禹,而又有天子薦之者,故仲尼不有天下";引《荀子·非十二子》"聖人之不得埶(勢)者也,仲尼、子弓是也。……聖人之得埶(勢)者,舜、禹是也",可見子弓和孔子一樣,得與"聖人"之列,可以南面爲天子。綜上,我們認爲,此章的"南面"不是指卿大夫。在天子和諸侯之間,我們認爲是指天子。

但是,何以後漢的包咸、鄭玄均以爲"南面"是指諸侯呢?這與"南面"一詞到漢代以後的詞義變化有關。《史記》中,"南面"除了指一般的面向南方外,特指天子諸侯卿大夫面南而治的有 22 例,其中用於諸侯的有 16 例,用於天子的 5 例,用於卿大夫的只有 1 例(即王引之所引者),包、鄭等正是基於當時的語感,才說"南面"指稱諸侯。語言有著一定的慣性,也即語言反映已經改變的社會現實時有一定的滯後性。西周時,天子即"王"。自楚子僭稱王起,到戰國時群雄俱稱王,有一個過程;與"天子",也即"王"相對應的詞語"南面",隨著"王"地位的下降,即諸侯都可稱"王",它的逐漸指稱諸侯,有一定必然性,但要滯後一些。《論語》成書時,楚君已僭稱王,但在與《論語》成書時間差不多的《左傳》中,"楚王"只有 8 次出現,且都是在對話中;"楚子"卻出現 233 次。也就是說,當時公認的"王"仍是"天王",即周天子。因此,與"王"相對應的詞語"南面",那時也不可能用於諸侯。到了後代,諸侯已普遍稱"王","南面"也自然可用於諸侯;所以漢代的學者,犯了"以今律古"的常見病,也就以爲《論語》此章的"南面"是指的諸侯了。(45)

6.2 仲弓問子桑伯子①。子曰："可也,簡②。"仲弓曰："居敬而行簡③,以臨其民,不亦可乎？居簡而行簡,無乃大簡乎④？"子曰："雍之言然。"

【譯文】仲弓問子桑伯子這人怎樣。孔子說："這人不錯,簡潔明快。"仲弓說："平素嚴肅認真禮儀周全,行事卻簡潔明快,這樣來治理百姓,不也挺好嗎？平素隨便散漫,行事也一味求簡求快,不是有些簡單粗暴了嗎？"孔子說："你這話說得對！"

【注釋】①子桑伯子：已無可考。詳見本章《考證》。　②可也簡：何晏《集解》："以其能簡,故曰'可'也。"　③居：平居,平素。　④無乃大簡乎：無乃,相當於反問的"不是"。大,通"太"。

【考證】子桑伯子：

已無可考。劉寶楠以爲就是《莊子·大宗師》的子桑戶,又有人以爲就是秦穆公時的子桑(公孫枝),都未必可靠。程石泉《論語讀訓》說下文的"可也簡"應作"戶也簡","可""戶"形近而訛,"戶"即子桑戶。但孔子只是稱呼自己和學生直呼其名並加一"也"字,如："丘也幸,苟有過,人必知之。"(7.31)"柴也愚,參也魯,師也辟,由也喭。"(11.18)而對他人從未如此。何況兩字字形也並不相近。(46)

6.3 哀公問弟子孰爲好學。孔子對曰："有顏回者好學,不遷怒,不貳過。不幸短命死矣①,今也則亡,未聞好學者也。"

【譯文】魯哀公詢問學生中誰好學。孔子答道："有一個叫顏回的人好學,不拿別人出氣；也不犯同樣的過失。不幸短命死了,現在再沒有這樣的人了,再也沒聽說過好學的人了。"

【注釋】①短命死矣：《公羊傳·哀公十四年》："顏淵死,子曰：'噫！天喪予。'"魯哀公十四年即公元前481年,其時孔子年七十一。與《先進》第八章對勘,可知較爲可信。據《史記·仲尼弟子列傳》,顏淵少於孔子三十歲,則死時年四十一。

6.4 子華使於齊①,冉子爲其母請粟②。子曰:"與之釜③。"
請益。曰:"與之庾④。"
冉子與之粟五秉⑤。
子曰:"赤之適齊也,乘肥馬⑥,衣輕裘⑦。吾聞之也,君子周急不繼富⑧。"

【譯文】公西華出使於齊國,冉有替他母親請求發給小米。孔子説:"給他一釜。"

冉有請求增加。孔子説:"再給他一庾。"

冉有卻給了他五秉。

孔子説:"公西赤到齊國去,坐著高頭大馬拉的車,穿著輕便暖和的皮袍。我聽説,君子只雪中送炭,不錦上添花。"

【注釋】①子華使於齊:子華,孔子學生,姓公西,名赤,字子華,比孔子小四十二歲。使,舊讀去聲,出使。 ②冉子爲其母請粟:冉子,冉有。《論語》中,孔子弟子稱"子"的不過曾參、有若、閔子騫和冉有等數人。粟,去殼穀,小米。 ③釜(fǔ):古代容積單位,約合當時的6斗4升,約合近世的1斗2升8合。注者以爲,今譯的原則,不宜把整數譯爲零數。如《列子·湯問》:"太形、王屋二山,方七百里,高萬仞。"將"高萬仞"譯爲"高16100米"則有將誇張坐實之嫌,甚爲不妥。不如譯爲"高萬丈"或者乾脆不譯,仍作"萬仞"。著者中學時曾向語文老師提出,未獲贊同,今仍持己見。參見19.23注③。 ④庾(yǔ):古代量名,約合當時的2斗4升,或近世之4升8合。 ⑤秉:古代量名,16斛,約合近世之 3.2 石。　　⑥乘肥馬：不能解釋爲"騎肥馬"，因爲直到戰國時趙武靈王"胡服騎射"，中原各國才普遍騎馬。肥，壯碩。　　⑦衣(yì)：名詞活用爲動詞，穿。　　⑧周："賙"的古字，救濟。

6.5　原思爲之宰①，與之粟九百②，辭。子曰："毋！以與爾鄰里鄉黨乎③！"

【譯文】原思在孔子家當總管，孔子給他小米九百斗，他不接受。孔子說："別推辭，有多的，就給你那四鄰八村的鄉親們吧！"

【注釋】①原思：孔子弟子原憲，字子思。　　②九百：孔安國說："九百，九百斗也。"程樹德《集釋》根據《周禮》所載上士的俸祿(孔子時任魯國司寇，原憲爲孔子家總管，與上士等)折合粟 921 斗，並說："云九百者，舉成數也。"　　③鄰里鄉黨：都是古代行政區劃名稱，5 家爲鄰，25 家爲里，500 家爲黨，12500 家爲鄉。

6.6　子謂仲弓曰："犂牛之子騂且角①；雖欲勿用②，山川其舍諸③？"

【譯文】孔子對冉雍說："雜色牛生的牛犢渾身純赤，兩角齊整，即使想要不把牠用做祭祀的犧牲，山川之神會捨得放棄牠嗎？"

【注釋】①犂牛之子騂且角：犂牛，又作"驪牛"，黃黑雜色的牛。騂，純赤色。角，名詞動用，指兩角長得周正。詳見本章《考證》(二)。　　②用：甲骨文"用"常常表示用牲，也即《左傳》"用牲於社"(《莊公二十五年》《文公十五年》)之"用"，殺之以祭也。　　③山川其舍諸：其，語氣副詞。王引之《經傳釋詞》說："其，猶'寧'也。"楊伯峻先生說此"其"字意義同"豈"，均爲隨文釋義，不確。諸，"之乎"的合音字。

【考證】(一)子謂仲弓曰："……"：

唐寫本《論語》鄭玄注説：「仲弓賢而父不肖，其意若自退然，故告之，以此進之。」意謂，仲弓雖賢，而父親不爭氣，仲弓因此有自卑感，想打退堂鼓；孔子於是告訴他上面這些話，用來鼓勵他。由此可知，這一章是孔子當面對仲弓説的。從何晏《集解》、陸德明《經典釋文》，到皇侃《義疏》、邢昺《疏》對此均無異議。但朱熹《論語集注》説：「然此論仲弓云爾，非與仲弓言也。」楊伯峻《譯注》、錢穆《新解》、潘重規《今注》、李澤厚《今讀》、李零《喪家狗》均從朱熹説。孫欽善《本解》則説：「《論語》中凡 '謂……曰'的句型，都是 '對……説'的意思……而 '謂……'的句型，則爲 '評論……'的意思。」並舉了多個例證。聯繫到鄭玄注，我們以爲孫説是正確的。語法結構具有嚴密性，極少例外；如要指出它的例外，必須拿出語言内部的證據。李零説：「'子謂仲弓曰'，有兩種斷句，兩種理解。一種斷句是 '子謂仲弓曰'如何如何，下面是孔子講給仲弓聽的話；一種是 '子謂仲弓，曰'如何如何，下面是孔子評論仲弓的話。第二種斷句更好。」説「第二種斷句更好」，不知其語言内部證據何在。與此章類似的有 9.21 「子謂顔淵曰：'惜乎！吾見其進也，未見其止也。'」唐寫本鄭玄注説：「顔淵病，孔子往省之，故發此言，痛惜之甚。」説明這段話是顔淵病重孔子去探視他的時候説的。參見 2.20《考證》(一)、9.21《考證》。(47)

(二) 犂牛之子騂且角：

犂牛，又作「驪牛」，黄黑雜色的牛。古代犂、黧、驪常通假。《莊子·天下》：「黄馬驪牛三。」《戰國策·魏一》：「夫物多相類而非也，幽莠之幼也似禾，驪牛之黄也似虎。」《墨子·備梯》：「手足胼胝，面目黧黑。」《論衡·定賢》作：「手足胼胝，面目驪黑。」騂，純赤色。周朝以赤色爲貴，祭祀的時候多用赤色的牲畜。角，名詞動用，指兩角長得周正。《史記·仲尼弟子列傳》記載，仲弓的父親是賤人，仲弓卻是「可使南面」的人才，所以孔子才這樣説。與這一章類似的話見於《淮南子·説山》：「髡屯犂牛，既牪以犧，決鼻而羈，生子而犧，尸祝齋戒以沉諸河，河伯豈羞其所從出，辭而不享哉！」髡屯、既牪以犧，牛醜陋貌。又見於《論衡·自紀篇》：「母驪犢騂,無害犧牲;祖濁裔清,不牓奇人。""母驪犢騂",言母爲雜色而子爲純赤色,即"犁牛之子騂",所謂"祖濁裔清"也。錢穆《論語新解》說:"或母犁犢騂之說,古自有之,孔子偶爾運用。"王引之《經義述聞》卷三一之《五色之名》對"犁牛"之當釋爲雜色牛而不當釋爲耕牛有精當詳細的論證。(48)

6.7 子曰:"回也,其心三月不違仁①,其餘則日月至焉而已矣②。"

【譯文】孔子說:"顏回呀,他的心長時間都不離開仁德,別的學生嘛,只是像太陽月亮每天升起又落下一樣到這兒應應景罷了。"

【注釋】①三月:指較長時間。《述而》:"子在齊聞《韶》,三月不知肉味。"②日月至焉:"日月",名詞做狀語,修飾動詞"至"。焉,於此;此,指代上文的"仁"。注意,這裏的"日月"不是時間詞,而是指太陽月亮。日月至焉,像太陽月亮每天升起又落下一樣到此應應景,點點卯。《論語》時代的典籍中,"日月"一般都指太陽月亮,極少例外。參見17.1《考證》。

6.8 季康子問仲由可使從政也與。子曰:"由也果,於從政乎何有?"

曰:"賜也可使從政也與?"曰:"賜也達,於從政乎何有?"

曰:"求也可使從政也與?"曰:"求也藝,於從政乎何有?"

【譯文】季康子詢問仲由這人可以讓他從政嗎。孔子說:"仲由果敢決斷,讓他從政有什麼困難呢?"

又問:"端木賜可以讓他從政嗎?"孔子說:"端木賜通情達理,讓他從政有什麼困難呢?"

又問:"冉求可以讓他從政嗎?"孔子説:"冉求多才多藝,讓他從政有什麽困難呢?"

6.9 季氏使閔子騫爲費宰①。閔子騫曰:"善爲我辭焉!如有復我者,則吾必在汶上矣②。"

【譯文】季氏叫閔子騫作他采邑費地的縣長。閔子騫對來人説道:"好好地替我辭掉吧! 若是再來找我的話,那我一定會在汶水邊上了。"

【注釋】①季氏使閔子騫爲費宰:閔子騫,孔子學生閔損,字子騫,比孔子小15歲(公元前515—?)。費,舊音 Bì,故城在今山東費縣西北 20 里。②汶(Wèn)上:汶水兩岸的地帶。汶,水名,就是山東的大汶河。詳見本章《考證》。

【考證】汶上:

汶,就是山東的大汶河。孔安國説:"去汶水上,欲北如齊。"故"汶上"暗指齊國之地。桂馥《札樸·汶上》云:"《玉海》引曹氏曰:'汶在齊南魯北,言欲北如齊也。'水以陽爲北,凡言某水上者,皆謂水北。"桂説不確。周秦典籍中多見"江上""淮上""河上""漢上""沂上""汝上""泗上""涇上""濮上""濟上"以至於"川上""海上"等等,均指水邊;而且這"水邊"不一定僅僅指岸邊,距某水幾里十幾里也可叫做"某上"。如《左傳·僖公二十四年》:"己丑晦,公宫火,瑕甥、郤芮不獲公,乃如河上,秦伯誘而殺之。"沈玉成譯後兩句爲:"於是就到了黄河邊上,秦伯把他們騙去殺掉。"《成公十七年》:"楚公子申救鄭,師于汝上。"沈譯:"楚國公子申救援鄭國,軍隊駐紥在汝水邊上。"《襄公十九年》:"諸侯還自沂上,盟于督揚。"沈譯:"諸侯從沂水邊上回來,在督揚結盟。"《襄公十九年》:"遂次于泗上,疆我田。"沈譯:"諸侯的軍隊就駐紥在泗水邊上,劃定我國的疆界。"《子罕》:"子在川上,曰:'……'"楊伯峻先生譯爲:"孔子在河邊,歎道:

'……'"《吕氏春秋·孝行覽》:"人有大臭者,其親戚兄弟妻妾知識,無能與居者。自苦而居海上。海上人有説其臭者,晝夜隨之而弗能去。"

又,《史記·孔子世家》"唯子贛廬於冢上",司馬貞《索隱》:"按:《家語》無'上'字。且《禮》云'適墓不登壟',豈合廬於冢上乎?蓋'上'者,亦是側邊之意。"(此條是董志翹先生 2014 年夏在長春面告我的,特此鳴謝!)然則,不獨"水名+上"表示在側邊矣。

"河上""海上"有時逕稱爲"河""海"。《微子》:"鼓方叔入於河,播鼗武入於漢,少師陽、擊磬襄入於海。"楊伯峻先生譯爲:"打鼓的方叔入居黄河之濱,摇小鼓的武入居漢水之涯,少師陽和擊磬的襄入居海邊。"北宋范仲淹作《江上漁者》:"江上往來人,但愛鱸魚美。"詩中"江上"仍指江邊,以至江兩岸的廣袤地區。直到現代,依然如此表達。歌曲《松花江上》:"我的家在東北松花江上,那裏有森林煤礦,還有那滿山遍野的大豆高粱。"上海稱"海上",即海濱之地;又稱"滬上",即滬瀆(黄浦江下游)之上,滬瀆兩岸。至於"某下",周秦典籍中我們只見到《韓非子·有度》中一例:"攻韓拔管,勝於淇下。"存疑待考。(49)

6.10 伯牛有疾①,子問之,自牖執其手,曰:"亡之②,命矣夫!斯人也而有斯疾也!斯人也而有斯疾也!"

【譯文】伯牛生了病,孔子去探問他,從窗户裏握著他的手説:"失去了這人,這都是命啊!這樣的人竟得了這樣的病!這樣的人竟得了這樣的病!"

【注釋】①伯牛:孔子學生冉耕,字伯牛。　②亡之:定州竹簡本《論語》此處作"末之"。唐寫本《論語》正文脱漏,但鄭玄注文云:"末,無也。無之……"究爲何意,我們未能明白,只得暫從舊注。何晏《集解》引孔安國説:"亡,喪也。疾甚,故持其手曰喪之。"喪,喪失,失去。

6.11 子曰:"賢哉,回也! 一簞食①,一瓢飲,在陋巷②,人不堪其憂,回也不改其樂。賢哉,回也!"

【譯文】孔子説:"顏回多麼有修養啊! 一竹筐飯,一瓜瓢水,住在偏僻的巷子裏,别人都不堪忍受那憂愁,顏回卻不改他的快樂。顏回多麼有修養啊!"

【注釋】①簞(dān):古代盛飯的圓形竹編筐。　②陋巷:偏遠的街巷。詳見本章《考證》。

【考證】陋巷:

陋,僻陋。《論語》時代直到戰國末年,"陋"只有兩義,一爲"僻陋"義,一爲"愚陋"義。我們窮盡考察了《左傳》(5)《國語》(1)《逸周書》(1)《晏子春秋》(2)《管子》(2)《荀子》(17)《吕氏春秋》(4)《韓非子》(6)等八部先秦古籍中的38例"陋"(《論語》6.11、9.14的3例"陋"、《孟子·離婁下》1例"陋巷"待考證,不算),只見到"僻陋""愚陋"兩義,未見一例用爲"簡陋"義者。值得玩味的是,"陋"的"簡陋"義卻見於《列子》:"化人以爲王之宮室卑陋而不可處,王之廚饌腥螻而不可饗,王之嬪御膻惡而不可親。"(《周穆王第三》)這似乎可爲《列子》僞書説又添一書證。

巷,街巷。王引之《經義述聞·通説上》説此章的"巷"爲"所居之宅",不確。他説:"家大人曰,古謂里中道爲'巷',亦謂所居之宅爲'巷'。……《論語·雍也》:'在陋巷','陋巷'謂狹隘之居。即《儒行》所云'一畝之宮,環堵之室'也。故曰:'一簞食,一瓢飲,在陋巷';《孟子·離婁下》亦言顏子'居於陋巷'也。曹植《諫取諸國士息表》曰:'蓬户茅牖,原憲之室也;陋巷簞瓢,顏子之居也。'應璩《與尚書諸郎書》曰:'陋巷之居,無高密之宇;壁立之室,無旬朔之資。'則'陋巷'爲狹隘之居明矣。《莊子·列禦寇》:'處窮閭陋巷。''閭'亦居也。故'窮閭'或曰'窮巷'。《秦策》曰'窮巷掘門,桑户棬樞之士',《楚策》曰'堀穴窮巷',《韓詩外傳》曰'窮巷白屋',《史記·陳丞相世家》曰'家乃負郭窮巷,以弊席爲門',則'巷'爲所居之宅又明矣。今之説《論語》者以'巷'爲街巷之'巷',非也。"

"巷"爲"里中道",其兩旁即爲民居,故謂之"在陋巷""居於陋巷"。上引如"陋巷簞瓢,顔子之居"云云,不足以證明"巷"爲"所居之宅"。所謂"窮巷",乃寒士所居;與之對應者即爲"達巷",故達巷黨人言:"大哉孔子,博學而無所成名。"《漢書·董仲舒傳》:"臣聞良玉不瑑,資質潤美,不待刻瑑,此亡異於達巷黨人不學而自知也。"《墨子·號令》:"卒有驚事,中軍疾擊鼓者三,城上道路、里中巷街皆無得行,行者斬。……窮巷幽閒無人之處,姦民之所謀爲外心,罪車裂。……其有知識、兄弟欲見之,爲召,勿令入里巷中。"前言"城上道路、里中巷街皆無得行",後言"勿令入里巷中",而其中言"窮巷幽閒無人之處",可知"窮巷"並非"所居之宅"。"陉巷",即"隘巷",《集韻》以"陉""隘"爲一字。《戰國策·中山》:"中山之君所傾蓋與車而朝窮閭隘巷之士者七十家。""窮閭隘巷"即王引之文所引《莊子雜篇·列禦寇》之"窮閭陉巷"。《詩經·大雅·生民》:"誕寘之隘巷,牛羊腓字之。"可見"隘巷"爲狹窄的里巷,否則不能"牛羊腓字之"。《雜篇·讓王》:"原憲居魯,環堵之室,茨以生草,蓬户不完,桑以爲樞;而甕牖二室,褐以爲塞;上漏下濕,匡坐而弦。子貢乘大馬,中紺而表素,軒車不容巷,往見原憲。原憲華冠縰履,杖藜而應門。""軒車不容巷",即爲"隘巷"的寫照。古文字"巷"和該字的或體都從"行",也可間接證明這一點。參見9.14《考證》。(50)

6.12 冉求曰:"非不説子之道,力不足也。"子曰:"力不足者①,中道而廢;今女畫②。"

【譯文】冉求説:"不是不喜歡您的學説,是力量不够。"孔子説:"力量不够的人,會半途而廢;現在你卻還没走就打起了小算盤。"

【注釋】①力不足者:力量不足的人。詳見本章《考證》。　②畫:謀劃,計劃。何晏《集解》引孔安國説及唐寫本《論語》鄭玄注見本章《考證》。

今從鄭説。因爲"畫"的"謀劃""計劃"義在《論語》時代直至後來是常見義,例如:"聞下有師,君請六子畫。"(《左傳·哀公二十六年》)"是故主畫之,相守之;相畫之,官守之;官畫之,民役之。"(《管子·君臣上》)"孝公平畫。"(《商君書·更法》)而"畫"的"停止"義是僻義,十分罕見,且未見於《論語》成書年代的典籍,故不取。

【考證】力不足者:

這四字理解有歧異,一説"者"是一表停頓的語氣詞,有時兼表假設語氣。楊伯峻先生取此説,並云參見其《文言語法》一書。一説指"力量不够的人",如同《里仁》第六章之"我未見力不足者"。孫欽善等取此説。根據漢儒的理解,"力不足"的"者"並非表假設的標記。知者,在注"魯無君子者,斯焉取斯"時,何晏《集解》引包咸説:"如魯無君子,子賤安得此行而學行之?"唐寫本《論語》鄭玄注:"魯若無君子之仁(人),此仁(人)於何取此道而學行之也?"可見依其體例,漢儒根據當時的語感理解"者"爲表假設的標記時,即以"如""若"注明之。而注此章時,何晏《集解》引孔安國説:"力不足者當中道而廢,今女自止耳,非力極也。"唐寫本《論語》鄭玄注則云:"力疲倦者,當如牛馬之□而廢伏;今汝計畫才力,豫止不前。"都未以"如""若"注出。因此,在未能證明這一"力不足者"與4.6的"力不足者"("我未見力不足者")有所區別之前,我們暫取後説。(51)

6.13 子謂子夏曰:"女爲君子儒!無爲小人儒!"

【譯文】孔子對子夏説:"你要做君子般的儒者,不要做小人般的儒者!"

6.14 子游爲武城宰①。子曰:"女得人焉耳乎?"曰:"有澹臺滅明者②,行不由徑③,非公事,未嘗至於偃之室也。"

【譯文】子游做武城縣長官。孔子問:"你在這兒得到什麽人才没有?"子游説:"有一個叫澹臺滅明的人,走路不插小道,不是公事,從不到我的居室來。"

【注釋】①武城:魯國的城邑,在今山東費縣西南。　②有澹臺滅明者:澹臺滅明,姓澹臺,名滅明,字子羽。《史記·仲尼弟子列傳》將他列入弟子。但從此處子游答話的語氣來看,至少這時還没有成爲孔子的學生。　③行不由徑:類似現在的遵守交通規則。徑,小路。上古禁絶穿行小路,而此時這一禁令已經廢弛,由《老子》"大道甚夷,而民好徑"可知;而澹臺滅明仍然遵守,所以子游稱許他。

6.15 子曰:"孟之反不伐①,奔而殿,將入門,策其馬,曰:'非敢後也,馬不進也。'"

【譯文】孔子説:"孟之反不誇耀自己,撤退時殿後,將進城門,便鞭打馬兒説:'不是我敢於殿後,是馬兒不肯向前跑哇。'"

【注釋】①孟之反不伐:孟之反,即《左傳·哀公十一年》之"孟之側"。《左傳》記載,魯與齊戰,魯右師敗逃,齊師逼近魯都。孟之側殿後,鞭策其馬曰:"馬不進也。"伐,自誇。

6.16 子曰:"不有祝鮀之佞①,而有宋朝之美②,難乎免於今之世矣。"

【譯文】孔子説:"没有祝鮀的口才,只有宋朝的英俊,在如今這世道怕是不易倖免於難的了。"

【注釋】①祝鮀:衛國的大夫,字子魚,《左傳·定公四年》記有他的外交辭令。　②宋朝之美:宋朝,宋國的公子朝,《左傳·昭公二十年》和《定公十四年》都有他因爲長得英俊而惹起亂子的事情。詳見本章《考證》。

【考證】而有宋朝之美:

而有,王引之《經傳釋詞》云:"而,猶'與'也。……言有祝鮀之佞與有宋朝之美也。"但"而有……"先秦典籍中常見,而"與有……"("與"爲連詞)則從未一見。王力主編《古代漢語》說:"在古代漢語裏,'而'字一般不連接名詞或名詞性的詞組,連接名詞或名詞性詞組的,是連詞'與'字和'及'字。"反之,連詞"與"一般也不連接動詞、形容詞或動詞性、形容詞性詞組,除非連詞後的部分只是"否""不"等,並且與連詞前一部分意義相反。如《左傳·僖公三十年》:"三十年春,晉人侵鄭,以觀其可攻與否。"《墨子·尚同中》:"古者國君諸侯之聞見善與不善也,皆馳驅以告天子。"然則,"而有宋朝之美"絶不能讀爲"與有宋朝之美"。楊伯峻《譯注》說:"我終嫌'不有祝鮀之佞,與有宋朝之美'爲語句不順,王氏此說恐非原意。"(52)

6.17 子曰:"誰能出不由户①?何莫由斯道也②?"

【譯文】孔子說:"誰能出屋而不從房門走過?爲什麼没有人從這條路上走呢?"

【注釋】①户:門。　②何莫由斯道:莫,否定性無指代詞;如果指人,可譯爲"没有人"或"没有誰"。由斯道,從這條路上走,指從仁義的路上走。《孟子·離婁上》:"仁,人之安宅也;義,人之正路也。曠安宅而弗居,舍正路而不由,哀哉!"

6.18 子曰:"質勝文則野①,文勝質則史。文質彬彬②,然後君子。"

【譯文】孔子說:"質樸多於文采,難免粗野;文采多於質樸,難免虛浮。文采和質樸配合得恰到好處,這樣才成爲君子。"

【注釋】①質勝文則野:質,本質;文,文采。　②文質彬彬:既文雅又樸實;彬彬,兩者配合恰到好處的樣子。

6.19 子曰:"人之生也直,罔之生也幸而免①。"

【譯文】孔子説:"一個人的活著,要依靠正直;誣罔者的活著,是由於僥倖而免於禍害。"

【注釋】①罔:誣罔,不正直;這裏指誣罔者,不正直的人。

6.20 子曰:"知之者不如好之者,好之者不如樂之者①。"

【譯文】孔子説:"[對於任何學問和事業,]學習它的人不如愛好它的人,愛好它的人又不如迷戀它的人。"

【注釋】①樂之:形容詞意動用法,"以之爲樂"之意。可參下文"知者樂水"章(6.23)的考證。

6.21 子曰:"中人以上①,可以語上也;中人以下,不可以語上也。"

【譯文】孔子説:"中等智力以上的人,能夠告訴他高深學問;中等智力以下的人,不能夠告訴他高深學問。"

【注釋】①中人以上:何晏《集解》引王肅説:"上,謂上智之所知也。"《穀梁傳·僖公二年》:"玩好在耳目之前,而患在一國之後,此中知以上乃能慮之,臣料虞君中知以下也。"

6.22 樊遲問知。子曰:"務民之義①,敬鬼神而遠之②,可謂知矣。"

問仁。曰:"仁者先難而後獲,可謂仁矣。"

【譯文】樊遲問怎麽樣才算明智。孔子説:"管理民衆的要義,是既要敬畏鬼神,但又不太接近他,這可以説是明智了。"

又問怎麼樣才算有仁德。孔子說：「仁德的人先歷經坎坷，然後收穫果實，這可以說是仁德了。」

【注釋】①務民之義：何晏《集解》引王肅說：「務民之義，務所以化道（導）民之義也。」詳見本章《考證》。　②遠：疏遠，不經常接近。

【考證】務民之義：

何晏《集解》引王肅說：「務民之義，務所以化道民之義也。」皇侃《義疏》說同。但楊伯峻《譯注》譯爲「把心力專一地放在使人民走向'義'上」，這等於把此句的"之"視爲動詞。我們贊同王肅皇侃之說。因爲"之"作爲動詞表示"到……"時，在《論語》《左傳》《孟子》直到《韓非子》等先秦典籍中，只以處所、人物、時間爲賓語，從未見以抽象名詞做賓語者（參見拙文《孟子疑難句讀辨析一例》第三部分，《滄海一粟——漢語史窺管集》，復旦大學出版社 2007 年）。因此，這裏的"之"相當於"的"。在那一時代的典籍中，"民"後接一抽象意義的名詞或名詞詞組的例證不勝枚舉，而這些例證中的"之"都應譯爲"的"。如："是宜爲君，有恤民之心。"（《左傳‧莊公十一年》）"民之情僞，盡知之矣。"（《僖公二十八年》）"生民之道，於是乎在矣。"（《文公六年》）"民之多幸，國之不幸也。"（《宣公十六年》）"夫君，神之主而民之望也。"（《襄公十四年》）"兵，民之殘也，財用之蠹，小國之大菑也。"（《襄公二十七年》）"憂民之憂者，民亦憂其憂。"（《孟子‧梁惠王下》）"其取諸民之不義也。"（《萬章下》）"死必遺愛，死民之思，不亦可乎？"（《國語‧晉語二》）"夫德義，生民之本也。"（《晉語四》）"朝夕勤志，恤民之羸，聞一善若驚，得一士若賞。"（《楚語下》）(53)

6.23 子曰："知者樂水，仁者樂山①。知者動，仁者靜。知者樂，仁者壽。"

【譯文】孔子說："智者以水爲樂，仁人以山爲樂。智者活潑，仁人沉静。智者快樂，仁人長壽。"

【注釋】①樂(lè)：樂水、樂山都是形容詞的意動用法，以水爲樂以山爲樂的意思。詳見本章《考證》。

【考證】關於本章的"樂"：

樂，音 lè，樂水、樂山都是形容詞的意動用法，以水爲樂以山爲樂的意思。有些舊注説這兩句的"樂"讀"五教切"或"義效切"，音 ào 或 yào，義爲"愛好""喜好"，這是錯誤的。這兩個讀音來自"叶音"。唐代陸德明《經典釋文·毛詩音義》注釋《關雎》"鐘鼓樂之"説："樂之，音洛，又音岳，或云協韻宜五教反。"這裏記載了六朝人讀《關雎》"參差荇菜，左右芼之。窈窕淑女，鐘鼓樂之"，"芼"與"樂"（讀作"洛"，即今音的 lè）不和諧，便將"樂"讀爲 ào，即五教反，以求押韻。因此，《經典釋文·論語音義》也在本章"知者樂水，仁者樂山"的"樂"下注以"又五孝反"。本來，語音是不斷變化的，到六朝時，人們讀《詩經》就有些不押韻了。古人卻不大懂得這是語音變化了的緣故，他們以爲，古人遇到不押韻的地方，可以改變字的讀音，以求和諧，即所謂"叶音"。這當然是荒謬的。語言符號，即聲音與意義的結合體，在音與義一旦約定俗成之後，就帶有强制性，任何人都不能指鹿爲馬，顛倒"黑""白"。清代古音學興起以後，一些著名的注家和好的注本，如劉寶楠之著《論語正義》，都不從叶音之説。王力主編《古代漢語》説："清代古音學興起以後，'叶音説'早已受到徹底批判，但是直到現在仍有人錯誤地沿用'叶音説'。"（在第二册第六單元的《通論》部分《詩經的用韻》末尾）對此我們尤當注意。(54)

6.24 子曰："齊一變，至於魯；魯一變，至於道。"

【譯文】孔子説："齊國[的政治和教育]一有改革，便達到魯國的樣子；魯國[的政治和教育]一有改革，便進而合於大道了。"

6.25 子曰："觚不觚①，觚哉！觚哉！"

【譯文】孔子說："觚不像個觚，觚哇！觚哇！"

【注釋】①觚（gū）：盛酒的器皿。每器容當時容量二升（或曰三升；古代釀酒，不懂得蒸酒的技術，因之酒精成分很低，而升又小，兩三升酒是微不足道的。今湖南南部道縣、江華一帶仍有這類低度白酒）。觚只能容酒兩升（或三升），用以限制飲酒。但當時濫飲無度，觚已經失去這一作用了。

6.26 宰我問曰："仁者，雖告之曰'井有仁焉①'，其從之也？"子曰："何爲其然也？君子可逝也，不可陷也②；可欺也，不可罔也③。"

【譯文】宰我問道："有仁德的人，即使告訴他'井裏有位仁人呢'，他會跟著跳下去嗎？"孔子說："爲什麼要那樣呢？君子，能夠讓他走開，卻不能使他沉淪；能夠欺騙他，卻不能使他迷失方向。"

【注釋】①仁：即"仁人"的意思，和《學而》"汎愛衆而親仁"以及《微子》"殷有三仁焉"的"仁"用法相同。參見1.6注④、4.7《考證》；徐仁甫《廣古書疑義舉例》（中華書局1990年）有"以性狀代人物例"，也可參考。②君子可逝不可陷：逝，往，離開。陷，表示抽象意義時，和下句的"罔"一樣，帶有貶義，故以"沉淪"譯之。詳見本章考證。　③可欺不可罔：罔，有令人迷惑而誤入歧途的意思。《孟子·梁惠王上》《滕文公上》："及陷於（乎）罪，然後從而刑之，是罔民也。焉有仁人在位罔民而可爲也？"君子可逝不可陷，可欺不可罔，意謂君子可使備受摧殘，但不可使之折節降志；也即"士可殺不可辱"之意。

【考證】君子可逝也，不可陷也：

逝，往，離開。陷，陷害，使陷入坑中；表示抽象意義時，和下句的"罔"一樣，往往帶有貶義。如："陷君於敗，敗而不死，又使失刑，非人臣也。"

(《左傳·僖公十五年》）"陷君於難，罪孰大焉？"（《昭公二十五年》）"彼陷溺其民，王往而征之，夫誰與王敵？"（《孟子·梁惠王上》）"及陷於罪，然後從而刑之，是罔民也。"（同上，又《滕文公上》）"詖辭知其所蔽，淫辭知其所陷，邪辭知其所離，遁辭知其所窮。"（《公孫丑上》）"苟不志於仁，終身憂辱，以陷於死亡。"（《離婁上》）"非天之降才爾殊也，其所以陷溺其心者然也。"（《告子上》）"若以邪臨民，陷而不振，用善不肯專，則不能使，至於殄滅而莫之恤也。"（《國語·魯語上》）"君鎮撫群臣而大庇蔭之，無乃不堪君訓而陷於大戮，以煩刑、史，辱君之允令，敢不承業。"（《晉語七》）所以，譯文以"沉淪"譯之。（55）

6.27 子曰："君子博學於文，約之以禮①，亦可以弗畔矣夫②！"

【譯文】孔子說："君子廣泛地學習文獻，並用禮節來約束自己，也就可以不離經叛道了吧！"

【注釋】①博學於文，約之以禮：與《子罕》第十一章"博我以文，約我以禮"的意思大致相同。詳見本章考證。　②畔：通"叛"。

【考證】博學於文，約之以禮：

與《子罕》第十一章："博我以文，約我以禮"的意義大致相同。"約之以禮"的"之"指代主語"君子"。皇侃《義疏》所云"言君子廣學六籍之文，又用禮自約束"，正是這個意思。毛奇齡《論語稽求篇》卻說："博、約是兩事，文、禮是兩物，然與'博我以文，約我以禮'不同。何也？彼之博約是以文禮博約回；此之博約是以禮約文，以約約博也。博在文，約文又在禮也。"簡言之，毛氏認爲"約之以禮"的"之"是指代"文"，而非指代"君子"。"博學於文，約之以禮"也即"由博返約"的意思。毛說不確。

1. 代詞"之"指代前面出現過的成分時，一般指代主語、謂語動詞的賓語，或整個句子所指的事物；我們未見"之"指代前文出現的介詞的賓語，至少在《論語》一書出現的幾百例代詞"之"中,未見此種用法。而"博學於文"的"文"正是充當介詞"於"的賓語。

2. 毛氏説:"博約是以禮約文,以約約博也",也即他以爲這裏的"約"既表約束義,又表簡約義,而詞在一定語境中是不可能同時表達兩個或以上意義的。(56)

6.28 子見南子①,子路不説。夫子矢之曰②:"予所否者,天厭之!天厭之!"

【譯文】孔子去和南子相見,子路不高興。孔子[不承認有不軌行爲,並]發誓説:"我的話如有不實之處,老天厭棄我!老天厭棄我!"

【注釋】①南子:衛靈公夫人,把持著當日衛國的政治,且名聲不好。《史記·孔子世家》:"靈公夫人有南子者,使人謂孔子曰:'四方之君子不辱欲與寡君爲兄弟者,必見寡小君。寡小君願見。'孔子辭謝,不得已而見之。夫人在絺帷中。孔子入門,北面稽首。夫人自帷中再拜,環珮玉聲璆(qiú,佩玉相擊聲)然。"寡小君,國君之妻對外國人的自稱。請參《季氏》最後一章(16.14)。　②夫子矢之曰:夫子爲這事發誓説。矢之,爲此發誓。

【考證】予所否者,天厭之!天厭之:

這幾句《史記·孔子世家》作"予所不者,天厭之!天厭之!"按,春秋及戰國早期誓詞中多有"所不",如:"所不與舅氏同心者,有如白水!"(《左傳·僖公二十四年》,又見《國語·晉語四》,後句作"有如河水")"若背其言,所不歸爾帑者,有如河!"(《文公十三年》)"所不此報,無能涉河!"(《宣公十七年》)"主苟終,所不嗣事于齊者,有如河!"(《襄公十九年》)"而殺之,所不請於君焚丹書者,有如日!"(《襄公二十三年》)"盟國人於大宮,曰:'所不與崔、慶者。'晏子仰天歎曰:'嬰所不唯忠於君利社稷者是與,有如上帝!'乃歃。"(《襄公二十五年》)"陽虎若不能居魯,而息肩於晉,所不以爲中軍司馬者,有如先君!"(《定公六年》)"所不殺子者,有如陳宗!"(《哀公十四年》)"所不掩子之惡,揚子之美者,使其身無終没於越國!"(《國語·越語下》)而不用"所不"者較少,如:"余所有濟漢而南者,有若大川!"(《左傳·定公三年》)有鑑於此,我們認爲,"予所否者"即"予所不者",否、不相通。至於"不"後面的成分,則省略了。孔子的意思大約是,我的話如有不可信的地方,"天厭之!天厭之!"這句的"所",一般語法書或虚詞詞典都從王引之《經傳釋詞》之説,説是表假設的連詞,可譯爲"如果""假若",我們不能同意。它仍然是特殊指示代詞,與"己所不欲,勿施於人"的"所"相同,表示"……的東西""……的事情""……的人""……的地方""……的原因"等等。

其理由如下:《經傳釋詞》説"'所'猶'若'也",所舉例句有五,其中《詩經·牆有茨》"所可道也,言之醜也"、《左傳·宣公十年》"所有玉帛之使者則告,不然則否"、《孟子·離婁上》"上無道揆也,下無法守也,朝不信道,工不信度,君子犯義,小人犯刑,國之所存者幸也"等三個例句中的"所",明顯都是代詞;訓作"若",一般不爲學者採納,如王力主編《古代漢語》、楊伯峻《春秋左傳注》《孟子譯注》等。《古代漢語》注釋"所可道也"即爲"可説的話呀",這當然是正確的。"所可道也,言之醜也"意爲"如有可説的話,説出來也很醜","所"指代"話";而表假設的"如",是翻譯時補出來的。《論語》文風質樸,往往不用假設連詞"如"或"若":"(若)道之以政,齊之以刑,民免而無恥。(若)道之以德,齊之以禮,有恥且格。"(《爲政》),又參見《附録》之《〈論語〉"何有於我"解》。

排除了以上三個例句,剩下的就是所謂"誓詞"了。一個連詞,爲何僅用於誓詞,僅見於春秋和戰國早期的幾部文獻?它從何而來,後來又怎麽消失了?在共時語言系統中,它與其他假設連詞的關係如何?等等,都説不清楚。但這些,並不是傳統訓詁所關心的。"所"唯一可解釋爲假設連詞的理由,是它恰恰在假設句中處於假設連詞經常所處的位置。故釋爲假設連詞後,句子"文從字順",而"文從字順,犁然有當於人心"恰恰是傳統訓詁衡量詞句解釋是否成功的最高標準之一。

如前所述,先秦漢語的假設句,往往不用表假設的連詞;而句中用以提頓的"者",也可視爲假設句的標記。如果這種表達方式繼續存在下去,"所"有可能虛化爲假設連詞;可惜它曇花一現,最終並沒有證據表明它已經成爲連詞。但若將"所"解釋爲特殊代詞,一切問題都迎刃而解。1. 這些誓詞中的"所",後接一謂詞性結構,和特殊代詞"所"的後接成分十分接近。2. 它的引申來源也清楚了。段玉裁《說文解字注》說:"從'處所'之義引申之,若'予所否者''所不與舅氏同心者'之類是也。"而特殊代詞"所"也正是從"處所"義引申出來的。3. 它的去向也很清楚了。隨著這種誓詞的逐漸消失,存在於這種誓詞的特殊代詞"所"當然也不見了,但依然存在於其他句式中。《左傳·定公三年》的"余所有濟漢而南者,有若大川",在成書較晚的《公羊傳·定公四年》中即爲"天下諸侯苟有能伐楚者,寡人請爲之前列"。4. 以之解讀這些誓詞句,同樣文從字順。如"所不與舅氏同心者",可譯爲"如有不和舅舅一條心的地方""如有不和舅舅一條心的事情"。(57)

6.29 子曰:"中庸之爲德也①,其至矣乎!民鮮久矣。"

【譯文】孔子說:"中庸這種道德,該是最高的了,老百姓已經是長久地缺乏它了。"

【注釋】①中庸:折中,恰當;無過,也無不及——"過猶不及"(11.16)。

6.30 子貢曰:"如有博施於民而能濟衆,何如?可謂仁乎?"子曰:"何事於仁①?必也聖乎!堯舜其猶病諸②!夫仁者,己欲立而立人,己欲達而達人③。能近取譬,可謂仁之方也已。"

【譯文】子貢說:"如果有人能廣施仁惠給百姓,幫助大家生活得好,怎麼樣?可以說是'仁'了嗎?"孔子說:"爲什麼僅僅用'仁'來評價?一定要評價的話,那就是'聖'了。對此,堯舜都有遺憾呢!'仁'是什麼?自己要站得住,也要讓別人站得住;自己要行得通,也要讓別人行得通。能夠設身處地爲他人著想,可以說是實踐仁德的方法了。"

【注釋】①事於:從事於。譯文用意譯。　　②病諸:病,遺憾。諸,"之乎"的合音字。　　③己欲立而立人,己欲達而達人:參見12.2注①。

【考證】事於:

從事於,用事於。例如:"子盍求事於齊以臨民?"(《左傳·定公十年》)"段、椎、錐俱事於履。"(《墨子·經說下》)有的學者說這裏的"事"通"倳"(zì),置也。大約是受了俞樾《群經平議》的啓發。《左傳·文公六年》:"置善則固,事長則順,立愛則孝,結舊則安。"《群經平議》卷二五說此一"事"讀作"倳",置也。"事長則順"就是"置長則順""立長則順"的意思。俞說不確。"事長"是當時習語,服事年長者的意思。如"國之大節有五,女皆奸之。畏君之威,聽其政,尊其貴,事其長,養其親。五者所以爲國也。……幼而不忌,不事長也……"(《左傳·昭公元年》)"夫下事上,少事長,所以爲順也。"(《國語·周語上》)"人有三不祥:幼而不肯事長,賤而不肯事貴,不肖而不肯事賢。"(《荀子·非相》)"少事長,賤事貴,不肖事賢,是天下之通義也。"(《仲尼》)"子云:'孝以事君,弟以事長,示民不貳也。'"(《禮記·坊記》)"孝者,所以事君也;弟者,所以事長也;慈者,所以使衆也。"(《大學》)而"倳"是一個僻字,先秦文獻中僅見於《管子》,其意思也不是"置",而是"插"。本字本來可以講通,卻用一個僻字來通假,是解讀古書的大忌。(58)

述而篇第七

共三十八章(朱熹《集注》把第九、第十兩章併作一章,所以題爲三十七章)

7.1 子曰:"述而不作,信而好古①,竊比於我老彭②。"

【譯文】孔子説:"傳述而不創制禮樂,相信進而喜好古代文化,且私下將我自己比作老彭。"

【注釋】①述而不作:皇侃《義疏》云:"述者,傳於舊章也;作者,新制作禮樂也。孔子自言我但傳述舊章而不新制禮樂也。"詳見本章《考證》(一)。 ②竊比於我老彭:即"竊比我於老彭"。老彭,何晏《集解》引包咸説:"老彭,殷賢大夫,好述古事。"大約就是《大戴禮記·虞戴德》中孔子所説的"商老彭"。詳見本章《考證》(二)。

【考證】(一)述而不作:

述,傳述。何晏《集解》引包咸説:"老彭,殷賢大夫,好述古事。我若老彭,祖述之耳。"皇侃《義疏》云:"述者,傳於舊章也;作者,新制作禮樂也。孔子自言我但傳述舊章而不新制禮樂也。"當"作"的主語爲君、父等在上位者而"述"的主語爲臣、子等在下位者時,"作"便不是指一般的創作,而是指"制禮作樂"以及"勤王家"等大事。《禮記·樂記》云:"故知禮樂之情者能作,識禮樂之文者能述。作者之謂聖,述者之謂明。明聖者,述作之謂也。樂者,天地之和也。禮者,天地之序也。……故聖人作樂以應天,制禮以配地。"《中庸》云:"無憂者,其惟文王乎!以王季爲父,以武王爲子,父作之,子述之。"又云:"仲尼祖述堯舜,憲章文武:上律天時,下

襲水土。"所以孔子説:"周監於二代,郁郁乎文哉!吾從周。"(《八佾》)譯文從此。(59)

(二)竊比於我老彭:

應爲"竊比我於老彭"。定州漢墓竹簡本《論語》作"竊比我於老彭"。按,何晏《集解》引包咸説:"老彭,殷賢大夫,好述古事。我若老彭,祖述之耳。"細玩文義,似更像解説"竊比我於老彭"。我們全面考察了《論語》《左傳》《國語》《孟子》四部古籍中1181例"我"字(《左傳》747例,《國語》220例,《孟子》162例,《論語》52例——"竊比於我老彭"的"我"除外),未見有"我"直接修飾人名者。"我"如需修飾人名,該人名前必須有一表示稱謂的名詞,如"我小君文姜"(《左傳·莊公二十二年》)"我小君哀姜"(《僖公二年》)"我先大夫子駟"(《襄公二十二年》)"我先大夫嬰齊"(《昭公七年》)"我高祖少皞摯"(《昭公十七年》)。《左傳·宣公十五年》的"我伯姬"似乎是"我"直接修飾人名者,但"伯姬"並非人名,也是表稱謂的名詞;《左傳》中稱爲"伯姬"的有宋共公夫人、秦穆公夫人、潞子夫人、衛孔悝之母等。

相反,"比我於老彭"這種結構則是很常見的。如:"既生既育,比予于毒。"(《詩經·邶風·谷風》)"爾何曾比予於管仲?"(《孟子·公孫丑上》)"女將惡乎比予哉?若將比予於文木邪?"(《莊子·内篇·人間世》)"何事比我於新婦乎?"(《吕氏春秋·審應覽》)"闔廬惟能用其民,以敗我於柏舉。"(《左傳·哀公元年》)"子索我於形骸之外,不亦過乎?"(《莊子·内篇·德充符》)"夫子何不譚我於王?"(《雜篇·則陽》)"胡不見我於王?"(《墨子·公輸》)"此必懇我於萬乘之主。"(《吕氏春秋·孝行覽》)

因此,我們認爲,"竊比我於老彭"應該是較爲可信的。至於"老彭",前引包咸説是"殷賢大夫",大約就是《大戴禮記·虞戴德》中孔子所説的"商老彭"。(60)

7.2 子曰:"默而識之[①],學而不厭,誨人不倦,何有於我哉②？"

【譯文】孔子說："默默記住知識,學習永不厭棄,教人不知疲倦,〔如能做到這些,〕那我孔丘又算得了什麼？"

【注釋】①識(zhì)：記住。　②何有於我哉："何有於……",是《論語》時代的習語,表示"……又算個什麼""……又算得了什麼"。詳見本章《考證》。

【考證】何有於我哉：

"於……何有"與"何有於……"皆爲《論語》時代的習語,前者表示"對於……有何難",是"不難之詞";後者則表示"……又算個什麼""……又算得了什麼"。例如："雖及胡耇,獲則取之,何有於二毛？"（《左傳·僖公二十二年》）"吉若獲戾,子將行之,何有於諸游？"（《昭公元年》）"將奪其國,何有於妻,唯秦所命從也。"（《國語·晉語四》）"君若不鑑而長之,君實有國而不愛,臣何有於死,死在司敗矣！惟君圖之！"（《楚語下》）"今君掩王東海,以淫名聞於天子,君有短垣,而自踰之,況蠻、荊則何有於周室？"（《吳語》）"人情非不愛其子也,於子之不愛,將何有於公？公喜宮而妒,豎刁自刑而爲公治內。人情非不愛其身也,於身之不愛,將何有於公？"（《管子·小稱》）"於子之不愛,將何有於公""於身之不愛,將何有於公"的意思是："他連自己兒子都不愛,主公您又算個什麼""他連自己身體都不愛,主公您又算個什麼"。餘類推。皇侃《義疏》："又一云,人若能如此,則何復須我？故云'何有於我哉'也。"也正是這個意思。"何有於我哉"也就是《孟子》"人皆可以爲堯舜"之意。《子罕》"出則事公卿"章(9.16)的"何有於我哉"與此章相同。參見本書《附錄》之《〈論語〉"何有於我"解》。(61)

7.3 子曰："德之不修,學之不講,聞義不能徙①,不善不能改,是吾憂也。"

【譯文】孔子說:"品德不培養;學問不講習;聞知義之所在,卻不能奔赴;缺點不能改正,這些都是我的憂慮呀!"

【注釋】①是:代詞,用來複指"德之不修,學之不講,聞義不能徙,不善不能改"這一較長的主語。參見2.17注②。

7.4 子之燕居,申申如也①,夭夭如也②。

【譯文】孔子在家閒居,既整齊端莊,又舒緩自然。

【注釋】①申申:整敕貌。 ②夭夭:和舒貌。

7.5 子曰:"甚矣吾衰也!久矣吾不復夢見周公①!"

【譯文】孔子說:"我衰老得好快呀!我都好長時間沒有夢見周公了!"

【注釋】①周公:姓姬,名旦,周文王的兒子,武王的弟弟,成王的叔父,魯國的始祖,他是孔子心目中最敬服的古代聖人之一。

7.6 子曰:"志於道,據於德,依於仁,遊於藝①。"

【譯文】孔子說:"志在於'道',堅守於'德',依賴於'仁',而悠遊於'六藝'之中。"

【注釋】①藝:指禮、樂、射、御、書、數六藝。

7.7 子曰:"自行束脩以上①,吾未嘗無誨焉。"

【譯文】孔子說:"只要送我一束肉脯以上見面禮的人,我沒有不教誨他的。"

【注釋】①自行束脩以上:自,介詞。行,做,從事,此處可譯爲"贈送"。束脩,十條肉脯。脩,乾肉,肉脯。一條肉脯叫一脡(挺),十脡爲一束。古代用以作初次拜見的菲薄禮物。詳見本章《考證》。

【考證】自行束脩以上：

自，介詞。行，做，從事，此處可譯爲"贈送"。《論語》有"行其言""行其餘""行己""行三軍""行夏之時""行小慧""行義""行五者於天下"等"行"帶賓語的例子。"自行束脩以上"，句式略同"年自七十以上"（《左傳·文公十六年》）"自虞以上"（《襄公二十四年》）"自夏以上"（《昭公二十九年》）"自王以下"（《哀公十三年》）"自踐土以來""自莒疆以西"（《昭公二十五年》）；《論語》也有"禘自既灌而往者，吾不欲觀之矣"（《八佾》）。這裏的"自"不是表示"自己"，更不是表示"主動"。《論語》中"自"表示"自己……"的，有"自省""自訟""自辱""自經""自道""自稱""自致""自絕"等，都是"自"後接一單音節動詞；而且以上這些"自"都不是"主動"的意思（似乎先秦漢語中"自"還没有產生"主動"的意義）。因此，"自"不能譯爲"主動"。(62)

7.8 子曰："不憤不啓，不悱不發①。舉一隅不以三隅反，則不復也。"

【譯文】孔子說："教導學生，不到他有强烈求知欲的時候，不到他想說而說不清楚的時候，不去啓發他。教給他一個方向，卻不能由此推知其他三方，便停下不再教他了。"

【注釋】①不憤不啓，不悱(fěi)不發：憤，憋悶，這裏指求知而未得的心理狀態。悱，想說又說不出的樣子。"知之者，不如好之者；好之者，不如樂之者。"(6.20)所以，必須讓受教者先發生困難，有求知的欲望，然後去啓發教導他。

7.9 子食於有喪者之側，未嘗飽也。

【譯文】孔子在辦喪事的人旁邊吃飯，從没吃飽過。

7.10 子於是日哭,則不歌。

【譯文】孔子在這天哭過,就不再唱歌。

7.11 子謂顏淵曰:"用之則行,舍之則藏,惟我與爾有是夫!"

子路曰:"子行三軍,則誰與①?"

子曰:"暴虎馮河②,死而無悔者,吾不與也;必也臨事而懼,好謀而成者也。"

【譯文】孔子對顏淵說:"用我,就行動起來;不用,就隱藏起來。大概只有我和你才能這樣吧!"

子路說:"您若統帥一國軍隊,找誰共事?"

孔子說:"徒步打虎,涉水過河,死了都不後悔的人,我才不和他共事呢;[我要和他共事的,]一定是面臨大事便恐懼謹慎,善於謀略而能成功的人呢!"

【注釋】①子行三軍,則誰與:行,做,從事,這裏可譯爲"統帥""率領"。三軍,春秋時大國通常有上、中、下三軍,因此,"三軍"又是軍隊的代稱。②暴虎馮(píng)河:暴虎,又見於《詩經‧鄭風‧大叔于田》和《詩經‧小雅‧小旻》。"馮河"又見於《周易‧泰卦》爻辭和《小雅‧小旻》。兩詞都是當時俗語。《爾雅‧釋訓》:"暴虎,徒搏也;馮河,徒涉也。"何晏《集解》引孔安國說,唐寫本《論語》鄭玄注:"暴虎,徒搏;馮河,徒涉。"無車而搏虎曰暴虎,無船而涉河曰馮河。漢人多訓"暴虎"爲"空手搏虎",因爲《論語》時代的典籍中,當"徒"用爲狀語時,都是"空""徒然"的意思,漢人遂以爲較早的《爾雅》所訓"徒搏"爲空手搏虎。但"馮河"爲不依賴船而涉水,"暴虎"也應是不依賴田獵所用的車而與虎相搏,且裘錫圭先生釋甲骨文中以手執仗搏虎的字爲"暴虎"的"暴"的本字;故此句

"暴虎"當爲徒步搏虎。參見裘錫圭《古文字論集》(中華書局 1992 年) 350—352 頁及本書 11.8《考證》。

7.12 子曰:"富而可求也①,雖執鞭之士②,吾亦爲之。如不可求,從吾所好。"

【譯文】孔子説:"財富如果可以求得,即使是手執皮鞭的低賤職業我也去幹。如果不能求得,還是幹我所愛好的吧。"

【注釋】①富而可求:而,連詞。王引之《經傳釋詞》説這類"而""猶'如'也",那麽它就是假設連詞。王説不確。"富而可求"翻譯成"財富如果可以求得的話"是可以的,但句中的"如果"並不是"而"的對譯。參見 2.22《考證》。 ②雖執鞭之士吾亦爲之:何晏《集解》引鄭玄説:"雖執鞭之賤職,我亦爲之。"根據《周禮》,"執鞭之賤職"有兩種,一種是當天子及諸侯出入時,有二至八人揮舞皮鞭使行路之人讓道;一種是市場的守門人,手執皮鞭維持秩序。

7.13 子之所慎:齊、戰、疾①。

【譯文】孔子所小心慎重的事有三樣:齋戒、戰爭、疾病。

【注釋】①齊:通"齋",即祭祀之前的沐浴靜心。

7.14 子在齊聞《韶》,三月不知肉味,曰:"不圖爲樂之至於斯也。"

【譯文】孔子在齊國聽到《韶樂》,很長時間吃肉都不香,説:"想不到欣賞音樂達到了這種境界。"

7.15 冉有曰:"夫子爲衛君乎①?"子貢曰:"諾,吾將

問之。"

　　入，曰："伯夷、叔齊何人也？"曰："古之賢人也。"曰："怨乎？"曰："求仁而得仁，又何怨？"

　　出，曰："夫子不爲也。"

【譯文】冉有說："老師贊成衛君嗎？"子貢說："好的，我去問問他。"

　　子貢進入孔子室內，說："伯夷、叔齊是怎樣的人？"孔子說："是古代的賢人。"子貢說："[他倆互相推讓，都不肯當國君而逃往國外，]怨悔了嗎？"孔子說："他們追求仁德而得到仁德，又怨悔什麽呢？"

　　子貢出來，說："老師不贊成衛君。"

【注釋】①夫子爲(wèi)衛君乎：這裏的"爲"，可譯爲"幫助""贊成"。衛君，指衛出公輒。輒是衛靈公之孫，太子蒯聵之子。太子蒯聵因得罪衛靈公夫人南子，逃往晉國。靈公死，立輒爲君。晉國的趙簡子將蒯聵送回繼位。衛出公拒絕，並抵禦晉軍。下文孔子贊美伯夷、叔齊，自然就是不贊成出公輒了。

7.16　子曰："飯疏食①，飲水②，曲肱而枕之③，樂亦在其中矣。不義而富且貴，於我如浮雲。"

【譯文】孔子說："吃粗糧，喝冷水，彎著胳膊做枕頭，樂趣也在其中。幹不正當的事得來的富貴，對我來說如同浮雲。"

【注釋】①疏食，粗糧。　②水：古代熱水叫做"湯"，"水"就是冷水。　③曲肱(gōng)而枕之：肱，胳膊。枕，動詞。

7.17　子曰："加我數年，五十以學《易》①，可以無大過矣。"

【譯文】孔子説:"讓我多活幾年,到五十歲時去學《易經》,就可以不犯大錯了。"

【注釋】①《易》:古代一部用以占筮的書,其中的卦辭和爻辭是孔子以前的作品。

7.18 子所雅言①:《詩》《書》、執禮②,皆雅言也。

【譯文】孔子説雅言的場合:誦《詩》,讀《書》,行禮等,都用雅言。

【注釋】①子所雅言:句式同7.13"子之所慎"。"雅言"在這裏用爲動詞,故句末用冒號。雅言,當時中原各國通行的語言。 ②《詩》《書》、執禮:這句《詩》《書》前面的動詞没有出現,這就是俞樾《古書疑義舉例》一書中所説的"探下文而省例"。不過,這一例比較特殊,不能徑直在《詩》《書》前補上"執"字,而須根據具體情況補上"誦""讀"等字。《孟子·萬章下》:"頌其詩,讀其書,不知其人,可乎?"

7.19 葉公問孔子於子路①,子路不對。子曰:"女奚不曰,其爲人也,發憤忘食,樂以忘憂,不知老之將至云爾②。"

【譯文】葉公問子路孔子爲人如何,子路不回答。孔子對子路説:"你爲什麽不這樣説,他的爲人,發憤用功而忘記吃飯,樂在其中而忘記憂愁,渾然不知衰老就要到來,不過如此而已。"

【注釋】①葉公:葉,舊讀 Shè,地名,即今河南葉縣南30里之古葉城。葉公,葉地的行政長官沈諸梁,字子高。 ②云爾:如此而已。云,如此。爾,通"耳",而已,罷了。

7.20 子曰:"我非生而知之者,好古,敏以求之者也。"

【譯文】孔子説:"我不是生來就聰明智慧的人,而是靠著愛好古代文化,勤奮敏捷去追求聰明智慧的人。"

7.21 子不語怪、力、亂、神。
【譯文】孔子不談怪異、勇力、叛亂和鬼神。

7.22 子曰:"三人行,必有我師焉:擇其善者而從之,其不善者而改之①。"
【譯文】孔子説:"幾個人一道行走,其中一定有可以做我老師的人:我選擇他的優點來學習,對照他的缺點來改正。"
　　【注釋】①子曰……改之:子貢説:"夫子焉不學?而亦何常師之有?"(19.22)《老子》第二十七章:"善人,不善人之師;不善人,善人之資。"都可作爲這一章的注腳。

7.23 子曰:"天生德於予,桓魋其如予何①?"
【譯文】孔子説:"天生成了道德於我一身,桓魋能把我怎樣?"
　　【注釋】①桓魋(Tuí)其如予何:桓魋,宋國的司馬向魋,因爲是宋桓公的後代,所以又叫桓魋。《史記·孔子世家》記載了這一章的背景:"孔子去曹,適宋,與弟子習禮大樹下。宋司馬桓魋欲殺孔子,拔其樹。孔子去,弟子曰:'可以速矣!'孔子曰:'天生德於予,桓魋其如予何?'"

7.24 子曰:"二三子以我爲隱乎?吾無隱乎爾。吾無行而不與二三子者,是丘也。"
【譯文】孔子説:"弟子們以爲我有所隱瞞嗎?我對你們没有隱瞞什麽。我的所作所爲没有一點不是與你們共同去做的,這就是我孔丘的爲人。"

【考證】吾無隱乎爾:

　　對這句的"爾"理解有歧異。唐寫本《論語》鄭玄注:"二三子以我有所隱於汝乎? 我無所隱於汝也。"皇侃《義疏》說:"爾,汝也。……云吾無所隱於汝也。"如此,"乎"就是介詞,相當於"於"。但劉寶楠《正義》引趙佑《溫故錄》說:"'乎爾'與《詩》之'俟我於著乎而',《孟子》'然而無有乎爾''則亦無有乎爾',俱齊魯間語辭。"我們以爲,鄭玄、皇侃舊注並無不妥,不必輕易推翻。《先進》:"以吾一日長乎爾,毋吾以也。"《孟子·梁惠王下》:"戒之戒之! 出乎爾者,反乎爾者也。"動詞"隱"後也可接介賓結構。如:"牛臣隱於短牆以射之。"(《左傳·襄公二十五年》)"治國制刑,不隱於親。"(《昭公十四年》)"行權不可以隱於私。……行權隱於私,則政不行。"(《國語·晉語八》)"道隱於小成,言隱於榮華。"(《莊子·內篇·齊物論》)"支離疏者,頤隱於臍,肩高於頂。"(《人間世》)"未得天極,則隱於德。"(《管子·勢》)"仲尼無置錐之地……不隱乎天下,名垂乎後世。"(《荀子·王霸》)《荀子·王霸》的這例也是"隱乎"連言。可見,舊注是信而有徵的。(63)

7.25 子以四教:文、行、忠、信。

【譯文】孔子用四種內容教育學生:歷代文獻,社會實踐,對人忠心,講求誠信。

7.26 子曰:"聖人,吾不得而見之矣;得見君子者①,斯可矣。"

　　子曰:"善人②,吾不得而見之矣;得見有恒者,斯可矣。亡而爲有,虛而爲盈,約而爲泰③,難乎有恒矣。"

【譯文】孔子說:"聖人,我不能見到了;能見到君子一類人,就可以了。"

又說:"善人,我不能見到了,能見到堅持住操守的人,就可以了。本來沒有,卻裝做有;本來空虛,卻裝做充足;本來窮困,卻要豪華,這樣的人便難於堅持一定的操守了。"

【注釋】①君子者:君子一類的人。參見6.12《考證》。下文"有恒者"也可爲證。　②善人:除此章外,《論語》中"善人"還出現數次:"子張問善人之道。子曰:'不踐跡,亦不入於室。'"(11.20)"善人爲邦百年,亦可以勝殘去殺矣。"(13.11)"善人教民七年,亦可以即戎矣。"(13.29)"周有大賚,善人是富。"(20.1)綜合起來看,"善人"不是僅僅指善良的人,而是指較之聖人稍次的完善的人;但今譯不加改動,讀者知之可也。　③泰:驕奢。《國語·晉語》:"恃其富寵,以泰於國。"

7.27 子釣而不綱①,弋不射宿②。

【譯文】孔子釣魚時,不用"綱"的辦法來取魚;用帶生絲的箭射鳥時,從不射歸巢的鳥。

【注釋】①綱:用爲動詞。網上的大繩叫綱,用此大繩橫於水流,在其上用生絲排列諸多弔鈎以取魚,也叫做"綱"。　②弋(yì)不射宿:弋,用生絲繫於箭尾而射。宿,歸巢而宿的鳥。

7.28 子曰:"蓋有不知而作之者,我無是也。多聞,擇其善者而從之;多見而識之;知之次也①。"

【譯文】孔子說:"大概有無知卻喜歡造作的人,我沒有他這種毛病。多多地聽,從中擇取好的加以接受;多多地看,默默記在心裏。我的知,是次於'生而知之'的'知'啊。"

【注釋】①知之次也:孔子說:"生而知之者上也;學而知之者次也。"(16.9)

7.29 互鄉難與言①,童子見,門人惑。子曰:"與其進也,不與其退也,唯何甚?人潔己以進,與其潔也,不保其往也②。"

【譯文】互鄉的人難以交談,[那兒的]一個少年得到孔子的接見,弟子們疑惑。孔子說:"贊成他們的進步,不贊成他們的退步,何必做得太過分?別人虛心自潔而來,就該贊成他的潔淨;至於他離開後如何,就管不著了。"

【注釋】①互鄉:地名。 ②人潔己以進,與(yù)其潔也,不保其往也:何晏《集解》引鄭玄說:"往,猶'去'也。人虛己自潔而來,當與之進,亦何能保其去後之行也。"與,贊同。

7.30 子曰:"仁遠乎哉?我欲仁,斯仁至矣。"

【譯文】孔子說:"仁德離我們很遠嗎?我要仁德,它就來了。"

7.31 陳司敗問昭公知禮乎①。孔子曰:"知禮。"孔子退,揖巫馬期而進之②,曰:"吾聞君子不黨,君子亦黨乎?君取於吳③,爲同姓④,謂之吳孟子⑤。君而知禮⑥,孰不知禮?"

巫馬期以告。子曰:"丘也幸,苟有過,人必知之。"

【譯文】陳國的司敗詢問孔子,魯昭公是否懂得禮。孔子說:"懂禮。"

孔子走了出來,陳國司敗向巫馬期作揖,請他走近自己,說道:"我聽說君子不偏不黨,難道孔子也有所偏私嗎?魯君從吳國娶夫人,吳和魯又是同姓,只好稱她爲'吳孟子'。連魯君都算懂得禮,那誰不懂得禮呢?"

巫馬期把些話轉告給孔子。孔子説:"我孔丘真幸運,假如有錯誤,人家一定會知道。"

【注釋】①陳司敗問昭公知禮乎:陳司敗,陳國相當於"司寇"的官。司敗,陳、楚、唐諸國官名,相當於他國的司寇。詳見本章《考證》。昭公:魯昭公,名裯,襄公庶子,繼襄公而爲君。"昭"是謚號。　②巫馬期:孔子學生,姓巫馬,名施,字子期,小於孔子三十歲。　③取:"娶"的古字。　④爲同姓:魯爲周公之後,吳爲太伯之後,都是姬姓。　⑤吳孟子:春秋時代,國君夫人的稱號一般是她娘家所在國的國名加她的本姓。魯娶於吳,這位夫人應該稱爲"吳姬"。但昭公娶於吳違背了"同姓不婚"的周朝禮法,因此改稱爲"吳孟子",以掩其醜。"孟子"可能是這位夫人的字。　⑥君而知禮:這句的"而"同《爲政》"人而無信"的"而",參見2.22注①。

【考證】陳司敗:

陳司敗,陳國相當於"司寇"的官。《左傳·文公十年》:"臣免於死,又有讒言,謂臣將逃,臣歸死於司敗也。"楊伯峻先生注:"《論語·述而》有'陳司敗',《定三年》傳述唐人'自拘於司敗',是知陳、楚、唐俱有司敗之官。此'歸死於司敗',與《襄三年》'請歸死於司寇'文意同,足知陳、楚、唐之司敗即他國之司寇。"按,《左傳·宣公四年》:"遂歸,復命,而自拘於司敗。"《國語·楚語下》:"臣何有於死,死在司敗矣!惟君圖之!"均可爲證。陳司敗,詞組結構同《左傳·襄公二十年》"與蔡司馬同謀"的"蔡司馬",後者指曾任蔡國司馬的公子燮。以往注《論》諸書多謂"陳司敗"爲"人名"者,實誤。(64)

7.32 子與人歌而善,必使反之,而後和之。

【譯文】孔子和別人一道唱歌,如果唱得好,一定請他重唱一遍,然後自己跟著他唱。

7.33 子曰:"文莫,吾猶人也。躬行君子,則吾未之有得。"

【譯文】孔子說:"書本上的學問,我和別人差不多。做一個踐行的君子,那我還沒有成功。"

【考證】文莫吾猶人也:

這句話很不好解釋,古今有各種解釋,較爲典型的有四種:第一種是傳統的解釋。何晏《集解》:"莫,無也。文無者,猶俗言'文不'也。'文不吾猶人'者,言凡文皆不勝於人也。孔(安國)曰:'身爲君子,己未能也。'"唐寫本鄭玄注與之類似。第二種爲王引之《經義述聞·通說下·形訛》所説:"'莫'蓋'其'之誤,言文辭吾其猶人也。上下相應,猶《左傳》'其將積聚也','其'與'也'相應也。"第三種爲劉寶楠《正義》引他人之説。説"文莫"是"黽勉"這一連綿詞的另一種寫法。如此,這句話就該譯爲"在努力而爲上,我和別人是一樣的"。第四種爲吳承仕在《亡莫無慮同詞說》一文中所主張,而爲楊伯峻《譯注》所採納的觀點。說"莫"是"約莫"的意思,並言朱熹《集注》所說"莫,疑辭"也是這個意思。

我們認爲,以上四種解釋,均有所未安。先說第一種。"莫"在《論語》成書時代的語言中,最常見的意義是通常所說的否定性無指代詞,即通常所譯的"沒有哪個人""沒有哪件東西""沒有哪處地方"。但"莫"通常位於謂語動詞(包括能願動詞)、形容詞、副詞之前,如:"我心傷悲,莫知我哀。"(《詩經·小雅·采薇》)"過而能改,善莫大焉。"(《左傳·宣公二年》)"溥天之下,莫非王土;率土之濱,莫非王臣。"(《詩經·小雅·北山》)所以有的語法書(如《古代漢語虛詞詞典》)將其處理爲副詞。"莫"的這一用法,絕不能位於主謂結構之前,從未見有例外。較爲常見的"莫"後接有人稱代詞,都是前置的賓語,也未見例外。如:"莫我知也夫!"(《論語·憲問》)"莫余敢止。"(《左傳·僖公二十五年》)"莫余毒也已!"(《僖公二十八年》)"莫吾能若也。"(《莊子·外篇·秋水》)"群臣之謀又莫吾及也。"(《呂氏春秋·恃君覽》)而"吾猶人也"顯然是主謂結構。所以第一種解釋不能成立。

第二種解釋缺乏文獻的佐證。而且,據我們調查,先秦典籍中從未見"其吾"連文的例子,只有兩例"其我"連文之例:"烏呼!'我之懷矣,自詒伊戚',其我之謂矣!"(《左傳·宣公二年》)"其我獨芒,而人亦有不芒者乎?"(《莊子·内篇·齊物論》)其中前一例的"我"是"謂"的前置賓語。王引之說"其吾猶人也"與《左傳》"其將積聚也"同爲"其……也"格式,也失之太寬泛。

第三種解釋不但缺乏書證,而且,文獻中"黽勉"這一聯綿詞從來都用做狀語,未見用爲主語者。

第四種解釋同樣缺乏書證。"莫"有"約莫"義,是相當晚近的事。韓國奉化邊瀅雨教授在《〈論語〉中"足恭""文莫"諸説考察》(韓國中文學會2001.6)一文中説:"《論語》裏'文莫吾猶人也'的'莫'一般認爲是表推測語氣的副詞。我們從十一種先秦典籍裏找出與動詞'猶'字有關的句型,從中發現了……主語和動詞'猶'字中間,除了極少數例子的'其'和一次的'亦'以外,任何副詞都没有出現。換言之,'莫'不是副詞。"邊教授的研究也可證明第四種解釋的不可靠。

但以上四種解釋中,除第三種解釋外,"莫"都屬下讀(即跟"吾猶人也"連在一起),第三種解釋中,"莫"屬上讀(即跟"文"連在一起)。既然可以肯定"莫"在此章不是無指代詞,也不是"其"之訛,也不是表"約莫"的副詞,那麽,它屬上讀,就幾乎没有疑問了。"文莫,吾猶人也",結構類似於"聽訟,吾猶人也"(12.14),是表肯定的,與下文"躬行君子,則吾未之有得"表否定互爲呼應。"文莫"的確切含義,看來只有等待高明了。至於譯文,姑且用楊伯峻先生的而稍稍改動之。(65)

7.34 子曰:"若聖與仁,則吾豈敢？抑爲之不厭,誨人不倦,則可謂云爾已矣。"公西華曰:"正唯弟子不能學也。"

【譯文】孔子説:"至於聖和仁,那我豈敢當？不過是學習工作總不厭倦,教導別人總不疲倦,可説是不過如此而已。"公西華説:"這正是我們不能學到的。"

7.35 子疾病①,子路請禱。子曰:"有諸?"子路對曰:"有之;《誄》曰②:'禱爾于上下神祇③。'"子曰:"丘之禱久矣。"

【譯文】孔子病重,子路請求祈禱。孔子説:"有這回事嗎?"子路説:"有的;《誄文》説:'爲你向天神地祇祈禱。'"孔子説:"我早就祈禱過了。"

【注釋】①疾病:病重。"病"是"疾"的補語。詳見本章《考證》。

②誄(lěi):《説文解字》作讄,生者祈禱文;和哀悼死者的"誄"不同。

③祇(qí):地神。

【考證】疾病:

"疾病"連言,《論語》《左傳》二書中,多爲重病。如:"子疾病,子路使門人爲臣。"(《論語·子罕》)"初,魏武子有嬖妾,無子。武子疾,命顆曰:'必嫁是。'疾病,則曰:'必以爲殉。'及卒,顆嫁之,曰:'疾病則亂,吾從其治也。'"(《左傳·宣公十五年》)"公疾病,求醫於秦。秦伯使醫緩爲之。……醫至,曰:'疾不可爲也。在肓之上,膏之下,攻之不可,達之不及,藥不至焉,不可爲也。'"(《成公十年》)此二書的"疾病","病"可能是"疾"的補語;譯爲現代漢語,就是"病得厲害了"。但到了《孟子》,則不一定了。如:"今王鼓樂於此,百姓聞王鐘鼓之聲,管籥之音,舉欣欣然有喜色而相告曰:'吾王庶幾無疾病與,何以能鼓樂也?'今王田獵於此,百姓聞王車馬之音,見羽旄之美,舉欣欣然有喜色而相告曰:'吾王庶幾無疾病與,何以能田獵也?'"(《梁惠王下》)"鄉田同井,出入相友,守望相助,疾病相扶持,則百姓親睦。"(《滕文公上》)《經典釋文》:"子疾,一本云'子疾病'。"定州漢墓竹簡本《論語》亦無"病"字。但敦煌唐寫本鄭玄注《論語》有"病"字。(66)

7.36 子曰:"奢則不孫①,儉則固②。與其不孫也,寧固。"

【譯文】孔子說:"奢侈就顯得盛氣淩人,省儉就顯得寒酸固陋。與其盛氣淩人,寧可寒酸固陋。"

【注釋】①孫:通"遜"。　②固:固陋,寒酸。

7.37 子曰:"君子坦蕩蕩,小人長戚戚。"

【譯文】孔子說:"君子心地平坦寬廣,小人總是憂慮不安。"

7.38 子溫而厲,威而不猛,恭而安。

【譯文】孔子溫和而嚴厲,有威儀卻不兇猛,恭敬而安詳。

泰伯篇第八

共二十一章

8.1 子曰:"泰伯①,其可謂至德也已矣。三以天下讓,民無得而稱焉②。"

【譯文】孔子説:"泰伯,可以説是品德極爲高尚了。多次把天下讓給季歷,但老百姓[卻因不知道這事而]没有稱頌他。"

【注釋】①泰伯:亦作"太伯",周朝祖先古公亶父的長子。他的弟弟是仲雍、季歷。季歷的兒子就是周文王姬昌。傳説古公預見到昌的聖德,想把君位傳給幼子季歷,再傳給昌。太伯爲實現父親的意願,偕同仲雍出走勾吴,成爲吴國的始祖。　②民無得而稱:可理解爲"民無得稱",也即民衆(因無從知道泰伯"三以天下讓"之事而對他)無所稱述。詳見本章《考證》。

【考證】民無得而稱:

"得而 V"(V 代表謂語動詞)本來是個連動結構,後來連詞"而"意思虚化,便成爲狀中結構。民無得而稱,可理解爲"民無得稱",也即民衆(因無從知道泰伯"三以天下讓"之事而對他)無所稱述。因此,雖然有些句子,"而"似乎還起連接作用,如:"文嬴請三帥,曰:'彼實構吾二君,寡君若得而食之,不厭,君何辱討焉!使歸就戮於秦,以逞寡君之志,若何?'"(《左傳·僖公三十三年》)"初,周人與范氏田,公孫尨税焉。趙氏得而獻之,吏請殺之。"(《哀公二年》)但更多的句子中"而"似乎已失去連接作用了:"善人吾不得而見之矣;得見有恒者,斯可矣。"(《論語·述而》)"仲尼,日月也,無得而踰焉。"(《子張》)"禹疏九河,瀹濟、漯而注諸海,決汝、漢,排淮、泗而注之江,然後中國可得而食也。"(《孟子·滕文公上》)"居下位而不獲於上,民不可得而治也。"(《離婁上》)"語云:盛德之士,君不得而臣,父不得而子。……《書》曰:'祗載見瞽瞍,夔夔齊栗,瞽瞍亦允若。'是爲父不得而子也。"(《萬章上》)"見且由不得亟,而況得而臣之乎?"(《盡心上》)"子之先生不齊,吾無得而相焉。試齊,且復相之。"(《莊子·内篇·應帝王》)"故節於身,誨於民,是以天下之民可得而治,財用可得而足。"(《墨子·辭過》)

知此,則不能將這句理解爲"老百姓不知道如何來稱讚他才好"。王肅云:"泰伯以天下三讓於王季。其讓隱,故無得而稱言之者,所以爲至德也。"劉寶楠《論語正義》引鄭玄《注》云:"三讓之美,皆隱蔽不著,故人無德而稱焉。"(唐寫本《論語》鄭玄注後句作"故人無得而稱之")皇侃《義疏》也説:"隱而不彰,故民無得而稱。"可與5.13注③互參。

另外,本篇第十九章"民無能名焉"的意思也與這一句類似。又《季氏》:"齊景公有馬千駟,死之日,民無德而稱焉。伯夷、叔齊餓于首陽之下,民到于今稱之。"先秦典籍中,德、得二字常通用(如《憲問》:"驥不稱其力,稱其德也。"下句定州漢墓竹簡本《論語》作"稱其得也"),"無德而稱"即"無得而稱",觀下文"民到于今稱之"可知,觀上引劉寶楠引鄭玄注與唐寫本鄭玄注的差異亦可知。另外,《經典釋文》在本章"民無得"下注"本亦作'德'"。然則,《季氏》的"民無德而稱"與本章"民無得而稱"其實是完全一樣的,都是"民衆没有稱頌他"的意思。(67)

8.2 子曰:"恭而無禮則勞,慎而無禮則葸①,勇而無禮則亂,直而無禮則絞②。君子篤於親,則民興於仁③;故舊不遺,則民不偷④。"

【譯文】孔子説:"恭敬卻不知禮,就未免勞倦;謹慎卻不知禮,就懦弱畏縮;膽大卻不知禮,就會違法作亂;直率卻不知禮,就會過於急躁。君子厚待親族,老百姓就會奔向仁德;君子不遺棄舊交,老百姓就不會冷淡無情。"

【注釋】①葸(xǐ):膽怯,害怕。　②絞:《經典釋文》引鄭玄說:"絞,急也。"　③興:起來。　④偷:感情淡薄。

8.3 曾子有疾,召門弟子曰:"啓予足!啓予手①!《詩》云②:'戰戰兢兢,如臨深淵,如履薄冰③。'而今而後,吾知免夫!小子!"

【譯文】曾參病了,把他的學生召集攏來,說道:"看看我的腳!看看我的手!《詩經》上說:'小心哪!謹慎哪!好像站在深深的水坑之旁,好像走在薄薄的冰層之上。'從今以後,我才曉得自己是可以免於禍害刑戮的了!學生們!"

【注釋】①啓予足,啓予手:"啓"的意思,有兩說。何晏《集解》引鄭玄說:"啓,開也。曾子以爲受身體於父母,不敢毀傷,故使弟子開衾而視之也。"皇侃《義疏》、邢昺《疏》、朱熹《集注》皆從之。但王念孫《廣雅疏證·釋詁》說,《論語》的這"啓"字就是《說文·目部》的"䀼"字。《說文》:"䀼,省視也。"我們之所以懷疑鄭玄說,是因爲先秦文獻中未見"啓"以"足""手"爲賓語者,但王說同樣缺乏文獻的證據,尚不足以推翻成說。因爲鄭說爲"開衾而視之",與王說"啓"訓"視"有交集,故仍以"看著"來翻譯。　②《詩》云:這三句詩見《詩經·小雅·小旻》。　③履:步行。《易·履卦》爻辭:"眇能視,跛能履。"

8.4 曾子有疾,孟敬子問之①。曾子言曰:"鳥之將死,其鳴也哀;人之將死,其言也善。君子所貴乎道者三:動容貌,斯遠暴慢矣;正顔色,斯近信矣;出辭氣,斯遠鄙倍矣②。籩豆之事③,則有司存④。"

【譯文】曾參病重,孟敬子來探問他。曾子説:"鳥將要死,牠的鳴聲充滿悲哀;人將要死,他的話語充滿善意。君子所看重合乎'道'的有三點:嚴肅自己的容貌,就可以避免他人無禮慢待;端正自己的臉色,就容易令人信服;説話文雅,就可以避免粗鄙和錯誤。至於禮儀的細節,有關人員會去管它。"

【注釋】①孟敬子:魯國大夫仲孫捷。　②動容貌……斯遠鄙倍矣:敦煌唐寫本鄭玄注:"動容貌,能濟濟鏘鏘,則人不敢暴慢輕蔑之;正顔色,能矜莊嚴慄,則人不敢欺誕之;出辭氣,能順而説之,則無惡戾之言入於耳也。"暴,粗暴無禮;慢,懈怠不敬;鄙,粗野鄙陋;倍,通"背"、"悖",不合理,荒謬。　③籩(biān)豆之事:指禮儀的細微末節。籩,一種竹器,高脚,上面像碗,祭祀時用以盛果實等食品。豆,形狀像籩,木質,有蓋,用以盛有汁的食物。　④有司:主管具體事務的小吏。

8.5 曾子曰:"以能問於不能,以多問於寡;有若無,實若虛,犯而不校,昔者吾友嘗從事於斯矣①。"

【譯文】曾子説:"能者請教於無能者,博學者請教於孤陋者;有學問像没學問那樣[如飢似渴],滿腹經綸像一無所知那樣[虛心求教];遭受冒犯,也不計較,從前我的一位朋友曾這樣做過。"

【注釋】①吾友:古今注家多以爲是指顔回。

8.6 曾子曰:"可以託六尺之孤①,可以寄百里之命②,臨大節而不可奪也③,君子人與？君子人也。"

【譯文】曾子説:"可以託付給他幼小的孤兒,可以交付給他國家的命脈,面臨國家安危的緊要關頭,卻不動搖屈服,這是君子人嗎? 是君子人哪。"

【注釋】①六尺:古代尺短,成年人一般七八尺,身高六尺者指尚未完成發育的小孩。　②百里:一般諸侯國方圓約百里。　③奪:強取。《說文解字》作"敓",釋爲"彊(強)取也"。

8.7 曾子曰:"士不可以不弘毅①,任重而道遠。仁以爲己任,不亦重乎? 死而後已,不亦遠乎?"

【譯文】曾子説:"士人不可以不寬宏大量而又果決能斷,因爲他負擔沉重,路程遥遠。以實現仁德爲己任,不是很沉重嗎? 奮鬥到死才算完,不是很遥遠嗎?"

【注釋】①士不可以不弘毅:唐寫本鄭玄注:"弘,大也;毅,強而能斷也。士當寬大強斷決,以其所任者重,而行之又久遠。"

8.8 子曰:"興於《詩》,立於禮,成於樂①。"

【釋文】孔子説:"《詩》提高我的修養,禮使我立足社會,音樂健全我的人格。"

【注釋】①興於《詩》,立於禮,成於樂:何晏《集解》引包咸説:"興,起也;言修身當先學《詩》也。禮者,所以立身。樂,所以成性。"

8.9 子曰:"民可使由之,不可使知之。"

【譯文】孔子説:"老百姓,容易讓他們照著我們的道路走去,難以讓他們明白那是爲什麽。"

【考證】子曰……知之:

楊伯峻《譯注》説:"這兩句與'民可以樂成,不可與慮始'(《史記·滑稽列傳》所載西門豹之言,《商君列傳》作"民不可與慮始,而可與樂成")意思大致相同,不必深求。後來有些人覺得這種説法不很妥當,於是别生解釋,意在爲孔子這位'聖人'迴護,雖煞費苦心,反失孔子本意。如劉寶楠《正義》以爲'上章是夫子教弟子之法,此"民"字亦指弟子'。不知上章'興於《詩》'三句與此章旨意各别,自古以來亦曾未有以'民'代'弟子'者。宦懋庸《論語稽》則云:'對於民,其可者使其自由之,而所不可者亦使知之。或曰,興論所可者則使共由之,其不可者亦使知之。'則原文當讀爲'民可,使由之;不可,使知之'。恐怕古人無此語法。"《譯注》所説是正確的。

我們在《論語》《左傳》《國語》《孟子》裏考察了全部共 1683 例"可"(《論語》156 例、《左傳》822 例、《國語》447 例、《孟子》258 例),這四部典籍中罕見主語後直接接一"可"字做謂語者;即便有,如"趙衰曰:'郤縠可。'"(《左傳·僖公二十七年》)也是説"郤縠這人可以(勝任)",卻没有一例主語直接接"可"字可以確定是表示某某同意某某認可的(即"以爲可",實際上是"可"的意動用法)。類似前者的還有一例:"對曰:'午也可。'於是羊舌職死矣,晉侯曰:'孰可以代之?'對曰:'赤也可。'"(《襄公三年》)以上三例郤縠、午、赤都是表單數的專有名詞。主語直接接"可"的否定形式表示某某不同意,某某不認可,在這四部典籍中並不罕見,如"子良不可"(《左傳·宣公四年》),"公賂之,請緩師,文子不可"(《成公八年》),"公若欲使余,余不可而抆余"(《昭公二十五年》),"趙孟不可"(《定公十三年》),"白公欲以子閭爲王,子閭不可"(《哀公十六年》)。以上五例"不可"都是"不同意"的意思。但主語直接接"可"字表示某某同意某某認可的,卻似乎只有《孟子》中一例"百官族人可,謂曰知"。"百官族人可"似乎是"百官族人贊同認可"之意。但從趙岐《注》、朱熹《集注》到焦循《正義》均語焉不詳,説不清楚;而且也均未在"可"下讀斷,而作"百官族人可謂曰知"。朱熹且説"'可謂曰知',疑有闕誤"。楊伯峻《孟子譯注》雖然在"可"下逗開,也只是説:"他(指朱熹)也不甚瞭解,趙岐《注》也没説明白,暫且以我們的意思譯出。"可見,將"民可"點斷,理解爲

"民以爲可",是不可靠的。

同樣,斷作"民可使,由之;不可使,知之"也是不行的。《論語》時代語言中固然有"可使""不可使",但這"使"是"出使"的意思。《左傳·襄公二十二年》:"不可使也,而傲使人,國之蠹也。"沈玉成譯:"他不配出使反而對使者驕傲,這是國家的蛀蟲。"《襄公二十六年》:"公曰:'諾。孰可使也?'"沈譯:"晉侯説:'好。誰可以做使者?'"類似的有《國語·晉語二》"知禮可使",謂公子縶懂得禮數,可以出使也。我們只見到一例例外:"楚既寧,將取陳麥。楚子問帥於大師子穀與葉公諸梁,子穀曰:'右領差車與左史老,皆相令尹、司馬以伐陳,其可使也。'"(《左傳·哀公十七年》)但"其可使"謂可使取陳麥,因上"取陳麥"(奪取陳國的麥子)而省,而"民可使,由之"卻不具備這一條件。

郭店楚簡《尊德義》:"民可使導之,而不可使知之。民可導也,而不可強也。"前兩句多斷作"民可使,導之;而不可使,知之",是不對的。除了上述理由外,"而不可使"的"而"字用法也不對,換作"若""如"方可。斷作"民可使導之,而不可使知之",則文從字順。

牛澤群《論語札記》列有除"民可使由之,不可使知之"之外的八種句讀,除上面談及的兩種外,尚有六種,其情形與上舉兩種類似,不必贅言。

與此相反,"民可使由之"的讀法,在孔子時代的語言中,卻是帶有普遍性的。如:"由也,千乘之國,可使治其賦也……求也,千室之邑,百乘之家,可使爲之宰也……赤也,束帶立於朝,可使與賓客言也。"(《公冶長》)"雍也,可使南面。"(《雍也》)"仲由可使從政也與?……賜也可使從政也與?……求也可使從政也與。"(《雍也》)"求也爲之,比及三年,可使足民。"(《先進》)"吾兄弟比以安,尨也可使無吠。"(《左傳·昭公元年》)"今夫水,搏而躍之,可使過顙;激而行之,可使在山。"(《孟子·告子上》)"不揣其本,而齊其末,方寸之木可使高於岑樓。"(《告子下》)即使將範圍縮小到以"民"爲主語,我們也可找到諸如"易其田疇,薄其税斂,民可使富也"(《孟子·盡心上》)"明王之務,在於強本事,去無用,然後民可使富;

論賢人,用有能,而民可使治;薄稅斂,毋苟於民,待以忠愛,而民可使親"(《管子·五輔》)"明君審居處之教,而民可使居治、戰勝、守固者也"(《管子·君臣下》)這樣的例子。至於下句"不可使知之",與《左傳·莊公十六年》"不可使共叔無後於鄭"類似的例子在那一時代的典籍中也並不少見,這裏就不多説了。(68)

8.10 子曰:"好勇疾貧,亂也。人而不仁,疾之已甚,亂也。"

【譯文】孔子説:"好勇鬥狠卻厭惡貧困,是禍亂的根源。對不仁之人,恨得太厲害,也是禍亂的根源。"

8.11 子曰:"如有周公之才之美,使驕且吝,其餘不足觀也已。"

【譯文】孔子説:"即使有周公那樣的才能和美德,只要驕傲而且吝嗇,別的方面也就不值得一看了。"

8.12 子曰:"三年學,不至於穀①,不易得也。"

【譯文】孔子説:"學了三年還不存在做官的念頭,難能可貴呀。"

【注釋】①不至於穀:至於,到達;這裏指意念之所至。穀,俸祿,這裏指做官。古代以穀米爲俸祿,用做謂語,就是做官的意思。"邦有道,穀;邦無道,穀"(14.1)的"穀"用法與此相同。

8.13 子曰:"篤信好學①,守死善道。危邦不入,亂邦不居②。天下有道則見③,無道則隱。邦有道,貧且賤焉,恥也;邦無道,富且貴焉,恥也。"

【譯文】孔子説:"堅信我們的道,努力學習它,誓死保全它。危險的國家不進入,禍亂的國家不居住。天下太平,就出來做事;不太平,就隱居。政治清明,貧窮低賤,是恥辱;政治黑暗,富足高貴,也是恥辱。"

【注釋】①篤信:《子張》:"執德不弘,信道不篤,焉能爲有?焉能爲亡?""博學而篤志,切問而近思,仁在其中矣。"這裏的"篤"應該和"信道不篤""篤志"的"篤"意思一樣。可參19.6《考證》。　②危邦亂邦:何晏《集解》引包咸説:"臣弑君,子弑父,亂也;危者,將亂之兆也。"　③見:同"現"。

8.14 子曰:"不在其位,不謀其政。"

【譯文】孔子説:"不處在那個職位,便不爲它的政務操心。"

8.15 子曰:"師摯之始①,《關雎》之亂②,洋洋乎盈耳哉!"

【譯文】孔子説:"當太師摯開始升歌之時,當合樂演奏《關雎》之際,曼妙的樂聲迴旋於耳久久不絕呀!"

【注釋】①師摯之始:師摯,魯國的太師(樂官之長),名摯。始,是樂曲的開端,古代奏樂,開始叫做"升歌",一般由太師演奏。　②《關雎》之亂:亂,樂曲的結束。由"始"到"亂",叫做"一成"。"亂"是"合樂",如同當今的合唱。合樂時,奏《關雎》的樂章,叫做"《關雎》之亂"。

8.16 子曰:"狂而不直,侗而不愿,悾悾而不信①,吾不知之矣。"

【譯文】孔子説:"狂妄而不直率,幼稚而不老實,貌似誠懇卻不守信用,這種人我真是猜不透他。"

【注釋】①悾悾:誠懇的樣子。請參9.8《考證》。

8.17 子曰:"學如不及,猶恐失之。"

【譯文】孔子說:"做學問好像總趕不上似的;趕上了,又總怕失去。"

【考證】學如不及,猶恐失之:

　　楊樹達《古書疑義舉例續補》(《古書疑義舉例五種》,中華書局1956年)有"省句例",如《史記·馮唐列傳》:"上既聞廉頗、李牧爲人良,說而搏髀曰:'嗟乎!吾獨不得廉頗、李牧時爲吾將,吾豈憂匈奴哉!'"按,漢文帝的話本該是"吾獨不得於廉頗、李牧時,令頗、牧爲將;若得於廉頗、李牧時,令頗、牧爲將,吾豈憂匈奴哉!"因急不擇言而省去。本章也是省句之例,如補足,應爲"學如不及;及之,猶恐失之"。譯文即據此。(69)

8.18 子曰:"巍巍乎,舜禹之有天下也而不與焉①!"

【譯文】孔子說:"崇高哇!舜和禹貴爲天子,富有四海,[卻常年爲百姓操勞,]一點也不爲自己。"

　　【注釋】①與(yù):參與,關連。這裏指雖然管理天下卻不參與分享"富有四海"的好處。

8.19 子曰:"大哉堯之爲君也!巍巍乎!唯天爲大,唯堯則之。蕩蕩乎,民無能名焉①!巍巍乎,其有成功也!焕乎其有文章!"

【譯文】孔子說:"堯作爲一個君主,真是偉大呀!崇高哇!只有天最高遠無際,只有堯能夠效法天。他的恩惠真是浩蕩無涯呀![化育百姓,他們習焉不察,所以]百姓並不知道他的名字。他的功績實在太崇高了,他的禮儀制度也真夠美好了!"

　　【注釋】①民無能名:民不能稱述其名。包咸説:"言其布德廣遠,民無能識其名焉。"皇侃《義疏》引王弼説:"若夫大愛無私,惠將安在?至美無偏,名將何生?……百姓日用而不知其所以然,夫又何可名也。"譯文即用其意。

8.20 舜有臣五人而天下治。武王曰:"予有亂臣十人①。"孔子曰:"才難,不其然乎?唐虞之際,於斯爲盛②。有婦人焉,九人而已。三分天下有其二③,以服事殷。周之德,其可謂至德也已矣。"

【譯文】舜有臣子五人而天下大治。武王説:"我有善於治理的能人十位。"孔子因此説:"人才難得,不是這樣嗎?唐堯和虞舜之間,人才最爲興盛。[武王的十位能人中,]有一位還是婦女,實際上只有九位罷了。周文王得了天下的三分之二,仍然服事殷商。周的道德,可以説是最高的道德了。"

【注釋】①亂臣:善於治理的能人。詳見本章《考證》(一)。　②唐虞之際,於斯爲盛:唐堯和虞舜之間,人才最爲興盛。斯,指上文"才難"的"才",人才也。詳見本章《考證》(二)。　③三分天下有其二:事見《逸周書·程典》和《史記·殷本紀》。

【考證】(一)亂臣:

早期的很多《論語》版本都没有"臣"字,宋本及宋殘本《左傳·襄公二十八年》"武王有亂十人",《尚書·泰誓》"予有亂十人",可見"臣"字是衍文。《説文》:"亂,治也。"《爾雅·釋詁》同。唐寫本《論語》鄭玄注:"亂,猶'理'也。"郭錫良先生認爲,依據《説文》,"亂"的本義是"治理亂絲",引申爲治理一切紛亂的事物,是動詞。"後來再引申爲形容紛亂的事物,變成形容詞。漢代以後,本義和早期的引申義逐漸衰亡,只保持後起的引申義,專用爲形容詞'紛亂'的意思,與'治'相對。司馬遷在《史記·

夏本紀》中引用《尚書·皋陶謨》的'亂而敬，擾而毅'時，將'亂'改爲'治'，說明當時口語中'亂'的古義'治'已經消亡。許慎在解釋'亂'時，是推求它的本義、古義，所以訓'治'。郭璞沒有區分'亂'字的古今義，於是提出了'反訓'的說法，這同'臭'字相似，是由於沒有分清古今義而作出的錯誤論斷。"(《反訓不可信》，載《漢語史論集》，商務印書館2005年)(70)

(二)唐虞之際，於斯爲盛：

錢穆《論語新解》總結說："此兩語有四說：一唐虞之際比周初爲尤盛。一唐虞之際不如周初。一唐虞之際與此周初爲盛。於，解作'與'。一際，邊際義，即以後、以下義，謂自唐虞以下，周初爲盛。"

第一種說法較早。何晏《集解》引孔安國說："'際'者，堯舜交會之間。斯，此也。"皇侃《義疏》說："斯，此也。此，謂周也。言唐虞二代交際，共有此五臣；若比於此周，周最爲盛。"唐寫本《論語》鄭玄注云："周自大王、王季、文王、武王，賢聖相承四世；唐、虞二聖相承，期運之謹，於周最爲盛矣。"

第二種說法較也較早。皇侃《義疏》引季彪說："今云唐虞之際於此爲盛，言唐虞之朝盛於周室——周室之隆，不及唐虞。"朱熹《集注》與季氏說同："言周室人才之多，惟唐虞之際乃盛於此。"但"唐虞之際，於斯爲盛"，哪來的"若比於"？

王引之不滿於這種"增字解經"(《經義述聞》卷三二有專文論"增字解經"之弊)，乃有第三種說法——"於斯爲盛"的"於"讀爲"與"(《經義述聞》卷三一)。但說"於"讀爲"與"，王氏所舉其他幾例姑置不論，此例未必成立。因爲《論語》時代及稍後的典籍中，從未見連詞"與"直接連接指示代詞"斯""此"本身(即"斯二者""此人"等不算)者。

第四種說法爲劉寶楠《正義》之說："'唐虞之際'者，'際'猶下也，後也。《淮南子·脩務》：'湯旱，以身禱于桑林之際。'《太平御覽·皇王部》七、《禮儀部》八引作'桑林之下'。又《潛夫論·遏利篇》：'信立於千載之上,而名傳乎百世之際。'是'際'有下、後之義。夫子此言唐虞之下,至周乃爲盛也。"但所引二例,一爲類書之異文,一用互文見義方法。類書異文固不可信(詳見楊樹達《漢書窺管》及《積微居小學述林》所載《離騷傳與離騷賦》一文),互文見義又何足採信(詳見郭錫良《漢語史論集》所載《關於繫詞"是"產生時代和來源論争的幾點認識》一文)?

我們以爲,"名傳乎百世之際"謂名傳於百世之間也。以上諸家之説,有一共同點,即"於斯爲盛"的"斯"指代"周"或"周初"。姑不論周秦時代,指示代詞"斯""此"本身("斯時""此時"除外)從不指代時間;即使將"周"視爲朝代名而非時間詞,"於斯(周)爲盛"和"唐虞之際"也存在難以銜接的問題。我們認爲,"斯"如指代"周",則上承"武王曰:'予有亂臣十人'",但上文分明是"舜有臣五人而天下治。武王曰:'予有亂臣十人'"以及"才難,不其然乎",則"斯"分明指代的是"才"。如此,"才難,不其然乎"總括上文"舜有臣五人而天下治。武王曰:'予有亂臣十人'",而"唐虞之際,於斯爲盛"及"有婦人焉,九人而已……"則分指"舜有臣五人而天下治"和"武王曰:'予有亂臣十人'"。古人行文不避疏略(俞樾語),"有婦人焉,九人而已"上有"武王曰:'予有亂臣十人'",下有"周之德,其可謂至德也已矣",與當時行文相較,其實並不十分突兀。(71)

8.21 子曰:"禹,吾無間然矣①!菲飲食而致孝乎鬼神,惡衣服而致美乎黻冕②,卑宫室而盡力乎溝洫③。禹,吾無間然矣!"

【譯文】孔子説:"禹,真没得説了!自己飲食菲薄,祭品卻辦得極豐盛;衣服粗劣,祭服卻做得極華美;住房卑下,卻一心一意於興修水利。禹,真没得説了!"

【注釋】①無間然:何晏《集解》引孔安國説:"孔子推禹功德之盛美,言己不能復間廁其間。"也即禹功德之盛,不勞我之參與而頌揚之。 ②黻

(fú)冕：黻，祭祀時穿的禮服；冕，這裏指祭祀時的禮帽。早先大夫以上者所戴帽子都叫冕，後來只有帝王的帽子才叫冕。　③溝洫：溝渠，這裏指農田水利而言。

子罕篇第九

共三十一章(朱熹《集注》把第六、第七兩章合併爲一章,所以作三十章)

9.1 子罕言利與命與仁。

【譯文】孔子很少談到功利、命運和仁德。

【考證】子罕言利與命與仁:

這段話有兩種句讀,一種是傳統的,從何晏《集解》到皇侃《義疏》,再到劉寶楠《正義》、楊伯峻《譯注》都將此八個字作爲一句,一讀到底。如此,句中"與"是連詞。主張另一種讀法的有金代王若虛《誤謬雜辨》、元代陳天祥《四書辨疑》、清代史繩祖《學齋佔畢》。他們讀作"子罕言利,與命與仁。""與"爲去聲 yù,義爲"許",贊同也。按傳統的句讀,抽象名詞利、命、仁都是感知動詞"言"的賓語,而按後一種句讀,命、仁成了感知動詞"與"的賓語。蔣紹愚《讀〈論語〉札記》(載《中國語言學》第 4 輯)提供了表贊同義的"與"共十一例,其中七例帶賓語,但無一例以抽象名詞做賓語的。這七例如下:"與其進也,不與其退也,唯何甚?人潔己以進,與其潔也,不保其往也。"(《述而》)"論篤是與,君子者乎?色莊者乎?"(《先進》)"夫子喟然歎曰:'吾與點也!'"(《先進》)"先軫曰:'子與之。定人之謂禮,楚一言而定三國,我一言而亡之。我則無禮,何以戰乎?'"(《左傳·僖公二十八年》,又見《國語·晉語四》)"朝有過夕改則與之,夕有過朝改則與之。"(《大戴禮記·曾子立事》)蔣先生說:"先秦義爲'許'的動詞'與',後面跟的賓語只能是一個簡單的名詞、代詞或名詞性詞組,而且都是具體的指某人、某人的做法，沒有用抽象名詞做賓語的。所以，'與命與仁'的'與'不可能是義爲'許'的動詞。"我們同意蔣先生的結論，但同時也認爲只有七例作爲統計的樣本，似嫌太少；因爲抽象名詞本來就不多，做賓語的概率本來就低，因此七例中未見到抽象名詞做賓語，說服力似乎不是很強。著者思考這一問題已有數年而遲遲未能下筆，顧慮就在於此。我們不妨換個角度加以論證。"言"（說）是言語類感知動詞，這類動詞可以帶各種賓語包括抽象名詞賓語，以"言"爲例："夫子之言性與天道，不可得而聞也。"（《公冶長》）"介之推不言祿。"（《左傳·僖公二十四年》）"詩以言志。"（《襄公二十七年》）所以，以利、命、仁三個抽象名詞作"言"的賓語，是沒有問題的。連著用兩個連詞"與"來連接，也沒有問題。例如："夫弗及而憂，與可憂而樂，與憂而弗害，皆取聚之道也，憂必及之。"（《左傳·昭公元年》）"公鳥死，季公亥與公思展與公鳥之臣申夜姑相其室。"（《昭公二十五年》）"令尹炮之，盡滅郤氏之族黨，殺陽令終與其弟完及佗與晉陳及其子弟。"（《昭公二十七年》）"夏后卜殺之與去之與止之，莫吉。"（《國語·鄭語》）綜上，"子罕言利與命與仁"作一句來讀是沒有問題的。

再看"子罕言利，與命與仁"；感知動詞"與"（yù）能否帶抽象名詞做賓語呢？如果不能，當然不能讀作"子罕言利，與命與仁"。動詞對其賓語是有選擇性的，不是隨便拎出一個賓語就能與某動詞匹配的。先秦漢語中，能以抽象名詞做賓語的動詞固然不少，但絕非每個動詞都能以抽象名詞做賓語。《孟子》一書的450個行爲動詞中，以抽象名詞做賓語的，只有130個，佔29%弱（參見崔立斌《〈孟子〉詞類研究》，河南大學出版社2004年）。表示參與義的動詞"與"（yù，下文姑且稱爲與$_2$）就在其餘的71%之中。表贊同義的"與"（姑且稱爲與$_1$）是感知動詞（《孟子》中未見與$_1$），感知動詞中不能帶抽象名詞做賓語的也有一半以上。既然動詞"言"可以帶抽象名詞做賓語，而動詞"與"不能證實能帶抽象名詞做賓語，那哪一讀法正確，已經不言而喻了。由於與$_1$例證較少，我們還可以通過考察例證較多的與$_2$來作爲旁證。與$_2$也音yù,和與$_1$的引申關係極爲密切。除了二者同音,"贊同"最初實際上就是"參加"到某某一邊。我們在《左傳》中找到與$_2$共55個,它的賓語基本上都是謂詞性賓語,如:"初,鄭公子蘭出奔晉,從於晉侯。伐鄭,請無與圍鄭。"(《左傳·僖公三十年》)"公孫夏從寡君以朝于君,見於嘗酎,與執燔焉。"(《襄公二十二年》)這類受事賓語也可變換爲受事主語,如"新城之盟,蔡人不與"(《文公十五年》)"凡諸侯會,公不與"(同上);試比較"我不與盟,何爲於晉"(《襄公二十八年》)"公不與會,齊難故也"(《文公十七年》)。這些都和與$_1$相近,如:"與其進也,不與其退也,唯何甚?人潔己以進,與其潔也,不保其往也"(《述而》)"靈言弗與"(《大戴禮記·曾子立事》)。在這55例與$_2$中,我們也未見到一例以抽象名詞做賓語的。由此可見,與$_1$能帶抽象賓語的概率非常低。語言是一個系統,系統內各要素之間的聯繫遠較系統內與系統外(系統論稱之爲"環境")之間的聯繫爲緊密;因此,解決詞語釋讀等語言問題應該從語言内部進行考察。簡言之,語言系統内的證據是自足的(即,只需有這些證據就夠了),語言系統外的證據是非自足的(即,光有這些證據是不夠的)。建立一種新説,先必須"證偽",即證明前説是錯的;然後才能"證實",即證明己説是對的。證偽以及證實兩個步驟都必須有語言内部的證據。提出此章當讀爲"子罕言利,與命與仁"的人既未從語言上論證傳統的讀法如何站不住,又未從語言上證明己説如何站得住,因此,光憑這一點就可知道此説絕不可信。(72)

9.2 達巷黨人曰①:"大哉孔子!博學而無所成名②!"子聞之,謂門弟子曰:"吾何執?執御乎?執射乎?吾執御矣③。"

【譯文】達巷這地方的一個人説:"孔子真偉大!學問廣博,可惜没有地方來施展才能抱負哇!"孔子聽了這話,對學生們説:"我幹什麼呢？趕馬車呢？還是射箭呢？我趕馬車好了。"

【注釋】①達巷黨：何晏《集解》引鄭玄説："達巷者，黨名也。五百家爲黨。"《禮記·雜記》有"余從老聃助葬於巷黨"，但僅此一例孤證難以證明"巷黨"爲一個詞。　　②博學而無所成名：博學卻無處施展才能抱負。詳見本章《考證》。　　③鄭玄解釋這四句説："聞人美之，承之以謙。吾執御，欲名六藝之卑也。"

【考證】大哉孔子！博學而無所成名：

何晏《集解》引鄭玄説："此黨之人，美孔子博學道藝，不成一名而已。"皇侃《義疏》引江熙"言其瀰貫六經，不可以一藝取名焉"，進一步將鄭玄説的"不成一名"理解爲"不可以一藝取名"。楊伯峻先生之譯爲"孔子真偉大！學問廣博，可惜没有足以樹立名聲的專長"，大約即本此。我們以爲譯"無所成名"爲"（可惜）没有足以樹立名聲的專長"不確，應該譯爲"（可惜）没地方施展才能抱負"。理由如下：

1. 若如上譯，則在讚美孔子"博學"之後急轉直下，而歎息他没有專長；這與類似句子不符。以下各例讚美某人或某事都是一貫到底，没有中途轉而指出其不足："君子哉若人！魯無君子者，斯焉取斯？"（《公冶長》）"賢哉回也！一簞食，一瓢飲，在陋巷，人不堪其憂，回也不改其樂。賢哉回也！"（《雍也》）"大哉堯之爲君也！巍巍乎！唯天爲大，唯堯則之，蕩蕩乎，民無能名焉。巍巍乎其有成功也，焕乎其有文章！"（《泰伯》）"孝哉，閔子騫！人不間於其父母昆弟之言。"（《先進》）"善哉問！先事後得，非崇德與？攻其惡，勿攻人之惡，非修慝與？一朝之忿，忘其身，以及其親，非惑與？"（《顔淵》）"富哉言乎！舜有天下，選於衆，舉皋陶，不仁者遠矣。湯有天下，選於衆，舉伊尹，不仁者遠矣。"（同上）"直哉史魚！邦有道如矢，邦無道如矢。君子哉蘧伯玉！邦有道則仕，邦無道則可卷而懷之。"（《衛靈公》）

不獨讚美，指責也是一貫到底，没有中途又轉爲讚美或肯定："久矣哉，由之行詐也！無臣而爲有臣。吾誰欺，欺天乎！且予與其死於臣之手也,無寧死於二三子之手乎!且予縱不得大葬,予死於道路乎?"(《子罕》)"子曰:'必也正名乎!'子路曰:'有是哉,子之迂也!奚其正?'子曰:'野哉,由也!君子於其所不知,蓋闕如也。名不正,則言不順;言不順,則事不成;事不成,則禮樂不興;禮樂不興,則刑罰不中;刑罰不中,則民無所錯手足。'"(《子路》)"小人哉,樊須也!上好禮,則民莫敢不敬;上好義,則民莫敢不服;上好信,則民莫敢不用情。夫如是,則四方之民襁負其子而至矣,焉用稼?"(同上)"鄙夫可與事君也與哉?其未得之也,患得之;既得之,患失之;苟患失之,無所不至矣。"(《陽貨》)

如譯爲"可惜没地方施展抱負",則並非指責,只是對孔子的抱負與才能得不到施展而深深惋惜。無處施展抱負才能,也與孔子一生的事蹟相符。唐玄宗詩:"夫子何爲者,栖栖一代中""歎鳳嗟身否,傷麟怨道窮",正是孔子一生最好寫照。

2. 當時語言中"無所 VO"(VO 指謂語動詞及其賓語)結構中的"所"一般都指"處所""地方"。楊伯峻先生之所以將"無所成名"譯爲"没有專長來成就名聲",除依據皇侃《義疏》所載江熙所云外,也是因爲他將這裏的"所"看成代詞或助詞(代詞或助詞只是各家對其詞性看法不同,無論歸爲代詞或助詞,對其意義的理解卻相差不大),並認爲這一"所"指代"專長"。我們對同時代語言考察的結果,這一"所",其意義應爲"處所""地方"。類似書證如:

"由也好勇過我,無所取材。"(《公冶長》,可參考"無所取材"(5.7)的《考證》)"刑罰不中,則民無所錯手足。"(《子路》)"飽食終日,無所用心。"(《陽貨》)"寡君畏君之威,不敢寧居,來修舊好,禮成而不反,無所歸咎,惡於諸侯。"(《左傳·桓公十八年》,沈玉成譯"無所歸咎"爲:"没有地方追究罪責。")"君若以力,楚國方城以爲城,漢水以爲池,雖衆,無所用之。"(《僖公四年》,沈譯"雖衆無所用之"爲:"[君王的軍隊]雖然衆多,也没有用得上的地方。")"君若不還,無所逃命。"(《僖公十五年》,沈譯:"君王如果不回去,我們將没有地方逃避命令。")"群臣無所逃命。"(《宣公十二年》,沈譯:"臣下們没有地方逃避命令。")"若又勿壞,是無所藏幣,以重罪也。"(《襄公三十一年》,沈譯:"如果還不毁壞圍牆,那就没有地方收藏財禮而加重罪過了。")

由此及彼,"無所成名"應爲"没地方成就名聲"。

3. 當時語言中的"成名"都指成就名聲,成就一番事業,施展抱負。例如:"君子去仁,惡乎成名?"(《里仁》)"君過之!烏存以力聞可矣,何必以弑君成名?"(《左傳·昭公二十三年》)"昔吾先王昭王、穆王,世法文、武遠績以成名。"(《國語·齊語》)"君若求置晉君以成名於天下,則不如置不仁以猾其中,且可以進退。"(《晉語二》)"吾先人以善事君,成名於諸侯。"(《楚語下》)"桓公問於管子曰:'以天財地利立功成名於天下者,誰子也?'管子對曰:'文武是也。'"(《管子·地數》)"善不積不足以成名,惡不積不足以滅身。"(《周易·繫辭下》)

因此,我們最終將此句譯爲:"孔子真偉大!學問廣博,可惜没有地方來施展才能抱負哇!"(73)

9.3 子曰:"麻冕①,禮也;今也純②,儉③,吾從衆。拜下④,禮也;今拜乎上,泰也。雖違衆,吾從下。"

【譯文】孔子説:"用麻料織禮帽,是合乎禮的;如今都用絲料織,這樣節儉些,我認可大家的做法。臣見君,先在堂下磕頭,然後升堂又磕頭,是合乎禮的。如今都只是在升堂後磕頭,未免太倨傲。雖然與衆不同,我仍然要先在堂下磕頭。"

【注釋】①麻冕:用麻布做的禮帽。 ②純:黑色的絲。 ③儉:績麻做禮帽,十分費工,用絲織則較爲省儉。 ④拜下:拜於堂下。臣子對君主行禮,先在堂下磕頭,然後升堂再磕頭。

9.4 子絶四:毋意①,毋必,毋固,毋我。

【譯文】孔子要根絕四種毛病:不要懸空揣測,不要絕對肯定,不要拘泥固執,不要唯我獨尊。

【注釋】①毋:不要,表示禁止。《左傳·襄公十一年》:"凡我同盟,毋薀年,毋壅利,毋保姦,毋留慝。"沈玉成《左傳譯文》:"凡是我們同盟國家,不要囤積糧食,不要壟斷利益,不要庇護罪人,不要收留壞蛋。"

9.5 子畏於匡①,曰:"文王既没,文不在兹乎②?天之將喪斯文也,後死者不得與於斯文也③;天之未喪斯文也,匡人其如予何?"

【譯文】孔子在匡地被圍,便説:"周文王死了以後,一切文化遺産不都在我這裏了嗎?天若是要滅絕這種文化,那我也不會掌握這些文化了;天若是不要滅絕這一文化,那匡人能奈我何?"

【注釋】①子畏於匡:畏,通"圍"。匡,地名。今河南省長垣縣城西南有匡城,可能就是當日孔子被囚之地。詳見本章《考證》。 ②文王既没,文不在兹乎:古今中外諸賢哲多有這種氣概。德國文豪托馬斯·曼説:"吾之所在,即爲德國;以德意志文化在吾懷也。"日機正狂轟濫炸,梁漱溟端坐院中讀書。他寫信給友人,大意謂,爲往聖繼絕學,爲萬世開太平,此我一生之使命,我不能死,我不會死。我若死,天地將爲之變色,歷史將爲之改轍,那是不可想象的…… ③後死者不得與(yù)於斯文也:後死者,孔子自稱。與,參與。

【考證】子畏於匡:

《史記·孔子世家》説,孔子離開衛國,準備到陳國去,經過匡。匡人曾經遭受過魯國陽貨迫害,而孔子的相貌很像陽貨,於是"拘焉五日"。"畏"通"圍"。《莊子·秋水》云:"孔子遊於匡,宋人圍之數匝,而弦歌不輟。"《淮南子·主術》説孔子"圍於匡,顏色不變",《鹽鐵論·大論》也説他"不用於衛,遇圍於匡,困於陳、蔡"。其實"圍"也是廣義的"拘"。俞樾

《羣經平議》説這一"畏"字和《禮記·檀弓》"死而不弔者三,畏、厭、溺"的"畏"相同,是拘囚的意思;但《白虎通·紼冕》説:"《檀弓》曰:'不弔三:畏、厭、溺也。'畏者,兵死也。"可知《禮記·檀弓》這一"畏"指戰爭中畏怯戰敗而死者,俞説恐非。(74)

9.6 太宰問於子貢曰①:"夫子聖者與?何其多能也?"子貢曰:"固天縱之將聖,又多能也。"

子聞之,曰:"太宰知我乎!吾少也賤,故多能鄙事。君子多乎哉?不多也。"

【譯文】太宰問子貢説:"孔老先生是位聖人嗎?爲什麽那樣多才多藝呢?"子貢説:"那本是上天推動他成爲聖人,又多才多藝的。"

孔子聽到後説:"太宰瞭解我呀!我年輕時地位低下,所以掌握了不少難以登大雅之堂的本領。君子們會有這樣多本領嗎?是不會的。"

【注釋】①太宰:官名。鄭玄及劉寶楠都説是吳太宰嚭。

9.7 牢曰①:"子云:'吾不試②,故藝③。'"

【譯文】牢説:"孔子説過,我不曾被國家任用,所以多才多藝。"

【注釋】①牢:人名。何晏《集解》引鄭玄説:"牢,弟子牢也。"但《史記·仲尼弟子列傳》不載此人。《孔子家語》説:"琴張,一名牢,字子開,亦字子張,衛人也。"王念孫《讀書雜志·漢書雜志》卷三引王引之説予以駁正。②試:何晏《集解》引鄭玄説:"試,用也。" ③藝:這一"藝"與"求也藝"(6.8)"冉求之藝"(14.12)的"藝"同,多才多藝之謂。"吾不試,故藝",也就是上一章的"吾少也賤,故多能鄙事"。

9.8 子曰:"吾有知乎哉? 無知也。有鄙夫問於我,空空如也①。我叩其兩端而竭焉。"

【譯文】孔子説:"我有知識嗎? 沒有呢。有個種田的向我求教,很誠懇的樣子;我從他那個問題的头和尾去盤問,[才領會到很多意思,]然後儘量地告訴他。"

【注釋】①空空如也:很誠懇的樣子。詳見本章《考證》。

【考證】空空如也:

很誠懇的樣子。"空空"即《泰伯》的"悾悾而不信"的"悾悾",誠懇貌。疊音形容詞和形容詞疊用是兩種不同的語法形式,前者如"堂堂正正"的"堂堂",後者如"好好學習"的"好好"。"堂堂"不是"登堂入室"的"堂"的疊用,"好好"卻是"好學生"的"好"的疊用。據著有《漢語形容詞重疊形式的歷史發展》並獲佳評的石鏐先生面告,先秦時期,形容詞疊用可以由"～～"式轉化爲"～然"式或"～如"式,但較少轉化爲"～～然",一般不轉化爲"～～如"。然則"空空如"的"空空",很難認爲是形容詞的疊用。在沒有强有力的證據證明這一點之前,我們只能將它視爲疊音形容詞;而疊音形容詞,不是字形與音義對應的,可以有多種寫法,"空空"就是"悾悾"。先秦兩漢典籍中"空空""悾悾"常見,都是"誠懇"的意思。《吕氏春秋·慎大覽》:"得道之人,貴爲天子而不驕倨,富有天下而不騁誇……匆匆乎其心之堅固也,空空乎其不爲巧故也……以天爲法,以德爲行,以道爲宗。"《大戴禮記·主言》:"君先立於仁,則大夫忠而士信,民敦、工璞、商慤、女憧、婦空空,七者教之志也。"《太玄經·勤》:"次二:勞有恩,勤悾悾,君子有中。"《經典釋文》云:"'空空',鄭或作'悾悾',同,音空。"因此,我們不能把《論語》的"空空如也"理解爲"什麼都沒有""一點也不知道"。至於現代成語"空空如也"表示什麼都沒有,那是後世語言的變化所致,正如"桃之夭夭"變化成"逃之夭夭"一樣,只是後者連文字也變了。可與8.16注①互參。(75)

9.9 子曰:"鳳鳥不至,河不出圖①,吾已矣夫!"

【譯文】孔子說:"鳳凰不來了,黃河也不出圖畫了,我怕是快完了吧!"

【注釋】①鳳鳥河圖:古代傳說,鳳凰是吉祥的象徵,出現就表示天下太平。又說,聖人受命,黃河就出現圖畫。《周易‧繫辭上》:"河出圖,洛出書,聖人則之。"

9.10 子見齊衰者①、冕衣裳者與瞽者②,見之,雖少,必作③;過之,必趨③。

【譯文】當孔子看見穿喪服的人、戴禮帽穿禮服的人和瞎了眼睛的人,相見的時候,即使年輕,一定站起來;走過的時候,一定快走幾步。

【注釋】①齊衰(zīcuī):下邊縫齊的熟麻布喪服,有別於斬衰——兩袖及下邊都不縫的生粗麻布喪服;又分齊衰三年、齊衰期(一年)、齊衰五月、齊衰三月數等,視與死者的親疏關係而定。這裏講齊衰,也包括斬衰而言。②冕衣裳者與瞽者:冕衣裳者,衣冠整齊的貴族。冕,高等貴族所戴的禮帽,後來只有皇帝才能戴;衣,上衣;裳,下衣,相當現代的裙。冕、衣、裳三字均名詞作動詞用。 ③作,趨:作,起;趨,疾行。這兩個動作都表示敬意。

9.11 顏淵喟然歎曰①:"仰之彌高,鑽之彌堅。瞻之在前,忽焉在後。夫子循循然善誘人,博我以文,約我以禮,欲罷不能。既竭吾才,如有所立卓爾②,雖欲從之,末由也已。"

【譯文】顏淵讚歎道:"老師的道德文章,越仰視,越覺得巍峨高大;越鑽研,越覺得堅不可摧。[乍一看高深莫測——]看著好像在前面,忽然又到後面去了。但老師循序漸進善於誘導學生,用文獻來充實我,用禮節來約束我,讓我[樂在其中,]想停都停不下來。我已經用盡我的才華,假如老師又卓然有所建樹,即使想再跟上去,又不知從何處走了。"

【注釋】①喟(kuì)然:長嘆。　②既竭吾才,如有所立卓爾:何晏《集解》引孔安國説:"……使我欲罷而不能,已竭我才矣。其有所立,則又卓然不可及……"如,如果,假如。所立卓爾,卓然有所建樹。詳見本章《考證》。

【考證】既竭吾才,如有所立卓爾:

這兩句有歧義。何晏《集解》引孔安國説:"……使我欲罷而不能,已竭我才矣。其有所立,則又卓然不可及……"按照孔安國的説法,是孔子"有所立",句中的"如"是連詞,"如果""假如"的意思;"如有所立"就是"假如(夫子)有所建樹"。朱熹《集注》與孔説同:"盡心盡力,不少休廢,然後見夫子所立之卓然。"但署名韓愈、李翱的《論語筆解》則説"此回自謂雖卓立,未能及夫子之高遠也",又成了顔回"有所立",句中的"如"爲副詞,"好像""似乎"的意思;"如有所立"則是"似乎能夠獨立地工作"(楊伯峻先生譯)。另外,唐寫本《論語》鄭玄注又説:"卓爾,絶望之辭。"

我們同意孔安國説。原因一是孔説遠較《筆解》之説爲早,二是雖然《論語》中的"如"大多是副詞,意爲"好像""似乎",但"如有"連言時,"如"一般都是連詞,意爲"如果""假如"。除本章暫且存疑外,他如:"如有復我者,則吾必在汶上矣。"(《雍也》)"如有博施於民而能濟衆,何如?可謂仁乎?"(同上)"如有周公之才之美,使驕且吝,其餘不足觀也已。"(《泰伯》)"如有王者,必世而後仁。"(《子路》)"其事也,如有政,雖不吾以,吾其與聞之。"(同上)"吾之於人也,誰毀誰譽?如有所譽者,其有所試矣。"(《衛靈公》)"如有用我者,吾其爲東周乎!"(《陽貨》)只有一例例外:"勃如戰色,足蹜蹜如有循。"(《鄉黨》)但《鄉黨》此例"如有"和上舉諸例不同——"如有"不在句首,而在句中。《孟子》的情形與《論語》類似:"如有不嗜殺人者,則天下之民皆引領而望之矣。"(《梁惠王上》)"如有一朝之患,則君子不患矣。"(《離婁下》)一例例外是"吾如有萌焉何哉"(《告子上》),其中"如……何"是個固定格式,"有萌"的"有"是個詞頭。可見,"如有"在當時語言中是一表假設的常用詞組,本章的"如有"似乎也不能例外。

有一點順便說一下。朱熹《集注》在"欲罷不能,既竭吾才,如有所立卓爾,雖欲從之,末由也已"後注釋說:"此顏子自言其學之所至也。"這並不意味著朱熹的解釋與《論語筆解》同,是顏回"有所立"。朱熹這段話是總結上面五句話的,而非單單解釋"如有所立"的,當然也不是說顏回"有所立"了。觀其下文也可知,"蓋悅之深而力之盡,所見益親,而又無所用其力也"。(76)

9.12 子疾病①,子路使門人爲臣②。病間③,曰:"久矣哉,由之行詐也!無臣而爲有臣。吾誰欺?欺天乎!且予與其死於臣之手也,無寧死於二三子之手乎④!且予縱不得大葬,予死於道路乎?"

【譯文】孔子病得厲害,子路便組織學生操辦喪事。痊癒以後,孔子說:"這麼長時間了,仲由幹這種欺騙的勾當!我不該享有治喪的組織,你卻要籌組它。我矇騙誰呢?矇騙老天嗎?我與其死在治喪的人手裏,還不如死在同學們手裏呀!況且我即使不能高規格下葬,難道我會死在路上嗎?"

【注釋】①疾病:"病"是"疾"的補語,病得厲害。包咸說:"疾甚曰病。"
②爲臣:和今天的組織治喪委員會有相似之處。古代,諸侯之死才能有"臣",但孔子之時,可能有許多卿大夫也僭行此禮。不同之處是,治喪委員會要在人死後才組成開始工作;"臣"卻在死前便工作,死者的衣衾

手足的安排以及剪鬚諸事都由他處理。所以孔子才説"死於臣之手"。③間(jiàn)：疾病痊癒或好轉。　④無寧：也寫作"毋寧"，"寧願"的意思。

9.13 子貢曰："有美玉於斯，韞匵而藏諸①？求善賈而沽諸②？"子曰："沽之哉！沽之哉！我待賈者也③。"

【譯文】子貢説："這裏有一塊美玉，把它放在櫃子裏藏起來呢？還是求一個好價錢賣掉呢？"孔子説："賣掉它呀！賣掉它呀！我在等待買主呢。"

【注釋】①韞(yùn)匵(dú)：收在櫃子裏。韞，收藏。匵，同"櫝"，櫃子，匣子。　②善賈：善價，好價錢。賈，通"價"。詳見本章《考證》。③待賈(gǔ)：包咸説："我居而行賈。"行賈，做買賣。《史記·貨殖列傳》："楚越之地，地廣人希，飯稻羹魚，或火耕而水耨，果隋蠃蛤，不待賈而足。"可見這一"賈"音 gǔ。

【考證】善賈：

有兩説。一爲"賈"通"價"，價錢；一"賈"音 gǔ，商人，上古行商曰商，坐商曰賈。如取後一義，"善賈"便是"好商人"。但形容詞"善"在周秦時代只修飾"人""士"等，作"善人""善士"；農、工、商、賈、醫、匠、庖等職業名一般則用"良"修飾，作"良農""良工""良商""良賈""良醫""良匠""良庖"等。從未見"善農""善工""善商""善醫""善匠""善庖"等。"善賈(jià)"雖未在他書見到(《韓非子·五蠹》"長袖善舞，多錢善賈"之"善賈"是善於做買賣之意，"賈"音 gǔ)，但在《左傳》《國語》等書中，"善"修飾抽象名詞如"善政""善教"等常見，因此我以爲"善賈"的"賈"應讀作"價"。(77)

9.14 子欲居九夷①。或曰："陋，如之何？"子曰："君子居之，何陋之有②？"

【譯文】孔子想搬到九夷去住。有人說:"那地方偏遠閉塞,沒有文化,怎麽好去住?"孔子說:"有君子住在那兒,就不偏遠閉塞了。"

【注釋】①九夷:九夷就是淮夷。《韓非子·說林上》云:"周公旦攻九夷而商蓋伏。"商蓋就是商奄,則九夷本居魯國之地,周公曾用武力降服他們。春秋以後,蓋臣屬楚、吴、越三國,戰國時又專屬楚。以《說苑·君道》《淮南子·齊俗》《戰國策·秦策》與《魏策》、李斯《上秦始皇書》諸說九夷者考之,九夷實散居於淮、泗之間,北與齊、魯接壤(說本孫詒讓《墨子閒詁·非攻》)。　②陋:僻陋、鄙陋,僻遠而少文。詳見本章《考證》。

【考證】君子居之,何陋之有:

何晏《集解》引馬融說:"君子所居則化。"皇侃《義疏》引孫綽云:"九夷所以爲'陋'者,無禮儀也。"朱熹《集注》:"君子所居則化,何陋之有?"如馬、皇、孫、朱所解爲確詁,則"陋"爲僻陋、鄙陋,僻遠而少文可知。而楊伯峻《譯注》釋此章之"陋"爲"簡陋",孫欽善《本解》釋之爲"粗陋",故有辨析的必要。《左傳·文公十二年》:"不有君子,其能國乎? 國無陋矣。"意謂没有君子,能叫做國家嗎? 秦國有了君子,所以不鄙陋。大意與本章同。《左傳·成公八年》記載,晉侯的使者經過莒國,對莒君說:"城墻已經敗壞了。"莒君卻說:"辟陋在夷,其孰以我爲虞?"意謂我國僻陋,處在蠻夷之地,誰會打我們的主意呢? 第二年果然被楚國攻下。《成公九年》:"莒恃其陋,而不修城郭,浹辰之間(十二天之内),而楚克其三都,無備也夫!""恃陋"意謂仗著自己處在邊遠之地。彼言"辟陋在夷",此言"子欲居九夷。或曰:'陋,如之何?'"可證此章之"陋"也是鄙陋、僻陋之意。又《昭公十九年》:"晉之伯也,邇於諸夏,而楚辟陋,故弗能與争。"楚國被各國視爲蠻夷,故而僻陋;而九夷亦遠在楚國。辟、僻古今字。《左傳·昭公四年》的一段文字亦可與《成公九年》之"莒恃其陋"互相發明:"(晉侯)曰:

'晉有三不殆,其何敵之有?國險而多馬,齊、楚多難。有是三者,何鄉(嚮)而不濟?'(司馬侯)對曰:'恃險與馬,而虞鄰國之難,是三殆也。四岳、三塗、陽城、大室、荆山、中南,九州之險也,是不一姓。冀之北土,馬之所生,無興國焉。恃險與馬,不可以爲固也,從古以然。"恃險與馬"與"莒恃其陋"可以互證,顯示後者的"陋"是邊遠僻陋的意思,因爲如果是"簡陋",便不足"恃",一擊則破;這也可間接證明"君子居之,何陋之有"的"陋"也是"邊遠僻陋"之意。參見6.11《考證》。(78)

9.15 子曰:"吾自衛反魯①,然後樂正②,《雅》《頌》各得其所③。"

【譯文】孔子説:"我從衛國回到魯國,音樂[的篇章]才得以納於正軌,《雅》《頌》各得以歸於適當的位置。"

【注釋】①自衛反魯:其事詳見《左傳·哀公十一年》。 ②樂正:音樂得以歸於正軌。何晏《集解》引鄭玄説:"是時道衰樂廢,孔子來還,乃正之,故曰'《雅》《頌》各得其所'。" ③《雅》《頌》各得其所:"雅"和"頌"既是《詩經》内容分類的類名,也是樂曲分類的類名。篇章内容的分類,可見於《詩經》;樂曲的分類,則早已失傳。孔子之正《雅》《頌》,《史記·孔子世家》和《漢書·禮樂志》以爲主要是正其篇章。

9.16 子曰:"出則事公卿,入則事父兄①,喪事不敢不勉,不爲酒困,何有於我哉②?"

【譯文】孔子説:"出外便服事公卿,入門便服事父兄,有喪事不敢不盡禮,不被酒所困擾,[如能做到這些,]那我孔丘又算得了什麽?"

【注釋】①父兄:"父兄"和"子弟"一樣,在《論語》時代已經成詞;換言之,其意義爲長輩,而不局限於父親和哥哥。《左傳·僖公十八年》:"衛侯以國讓父兄子弟及朝衆曰:'苟能治之,燬請從焉。'"《襄公八年》:"民死亡者,非其父兄,即其子弟。"《昭公十九年》:"其父兄立子瑕。……其子幼弱,其一二父兄懼隊宗主,私族於謀而立長親。"《哀公十四年》:"其父兄故臣曰:'不可。'"　②何有於我哉:"何有於某某"是《論語》時代的習語,表示"某某又算個什麼"。《述而》"默而識之"章(7.2)的"何有於我哉"與本章相同。參見7.2《考證》及本書《附錄》之《〈論語〉"何有於我"解》。

9.17 子在川上①,曰:"逝者如斯夫②——不舍晝夜③!"

【譯文】孔子在河邊上,說:"流逝的就像這個一樣吧——日夜而不停!"

【注釋】①川上:河邊。請參6.9《考證》。　②逝:一去不復返。　③不舍晝夜:白天黑夜都不放棄,日夜不停(地奔流)。舍,"捨"的古字。詳見本章《考證》。

【考證】不舍晝夜:

"舍"字讀音意義有歧異。一讀爲 shě,意爲放棄、拋棄,這一音義後來寫作"捨";一讀爲 shè,是由客舍義引申出的止息、停留義,古注"音赦"。今取前一音義,即音 shě,放棄、拋棄義。

1.雖然《經典釋文》對用爲動詞的"舍"注音有時注"音捨",有時注"音赦",有時注"音捨,又如字",但其中《論語音義》解釋"不舍晝夜"時卻說:"不舍,音捨。"而且,先秦典籍中所有"不舍",《經典釋文》都注"音捨",從不注"音赦"或其他。如《周易·姤》:"有隕自天,志不舍命也。"《左傳·襄公十一年》:"叔孫氏使盡爲臣,不然不舍。"《莊子·外篇·秋水》:"然且語而不舍,非愚則誣也。"《雜篇·庚桑楚》:"業入而不舍,每更爲失。"《盜跖》:"且馮而不舍,可謂辱矣;財積而無用,服膺而不舍,滿心戚醮,求益而不止,可謂憂矣。"《天下》:"雖然,墨子真天下之好也,將求之不得也,雖枯槁不舍也。""雖天下不取,强聒而不舍者也。"

2."晝""夜"等時間名詞也屬於廣義的抽象名詞。經考察,先秦典籍中,當"舍"的賓語爲謂詞性成分或抽象名詞等較爲抽象的成分時,一般都讀作 shě,意爲放棄、拋棄。如:"求,君子疾夫舍曰欲之而必爲之辭。"(《論語·季氏》)"原田每每,舍其舊而新是謀。"(《左傳·僖公二十八年》)"吾子舍其大,而重拜其細,敢問何禮也?"(《襄公四年》)"今舍慈且勇,舍儉且廣,舍後且先,死矣。"(《老子》第六十七章)以上四例的"舍",《經典釋文》都注"音捨"。《孟子·梁惠王下》:"姑舍女所學而從我。"《離婁下》:"源泉混混,不舍晝夜,盈科而後進,放乎四海。"《告子上》:"二者不可得兼,舍生而取義者也。"《盡心上》:"仲子,不義與之齊國而弗受,人皆信之,是舍簞食豆羹之義也。"以上四例,楊伯峻《孟子譯注》所附《孟子詞典》都釋爲"捨棄"義(《經典釋文》未收《孟子》),尤其《離婁下》一例,"不舍晝夜"四字與本章全同。

綜上,本章的"舍",當以讀爲 shě,意爲"放棄""拋棄"爲妥。(79)

9.18 子曰:"吾未見好德如好色者也。"

【譯文】孔子説:"我没有見過喜愛道德如同喜愛美色的人。"

【考證】好色:

這一詞語至今仍在使用,意思與本章中的差不多,只是多了一些貶義。這本是没有什麼疑義的。但有人説:"色,有二解:一指女色,一指容態。按,喜好道德與喜好女色,似無關聯,無緣類比。當以後一解爲長。一般人喜好故作姿態,假裝有德,而孔子歷來嫉恨僞善,把表裏如一的實際表現作爲考察仁德的重要標準。"(孫欽善《論語本解》,三聯書店 2009年)這種説法似乎可商。首先,"無關聯"不是理由。《詩經·大雅·既醉》:"既醉以酒,既飽以德。"酒和德又有什麼關聯呢? 其次,真的"喜好道德與喜好女色，似無關聯"嗎？《管子·戒》："如此，而又近有色而遠有德，雖鴻鵠之有翼，濟大水之有舟楫也，其將若君何……如此，而近有德而遠有色，則四封之内視君其猶父母邪！四方之外歸君其猶流水乎！"其實，有無關聯並不重要，重要的是，"容態"說缺乏書證。

"好色"當時是兩個常用詞組，一爲"好(hǎo)色"，即美色、美女的意思，通常做主語、賓語，判斷句謂語；一爲"好(hào)色"，喜好美色、美女之謂，通常做敘述句謂語，偶爾也做謂詞性賓語、謂詞性定語。先秦典籍中的"好色"，非此即彼，没有例外。《孟子·萬章上》："好色，人之所欲，妻帝之二女，而不足以解憂……人悦之、好色、富貴，無足以解憂者，惟順於父母可以解憂。人少則慕父母，知好色則慕少艾，有妻子則慕妻子，仕則慕君，不得於君則熱中。"這一段三處"好色"，前兩處楊伯峻先生譯爲"美麗的姑娘"，第三處譯爲"喜歡女子"。《莊子·外篇·至樂》："夫天下之所尊者，富貴壽善也；所樂者，身安厚味美服好色音聲也；所下者，貧賤夭惡也；所苦者，身不得安逸，口不得厚味，形不得美服，目不得好色，耳不得音聲。"這一段兩處"好色"的"好"都讀作 hǎo。《孟子·梁惠王下》："王曰：'寡人有疾，寡人好色。'對曰：'昔者太王好色，愛厥妃。……王如好色，與百姓同之，於王何有？'"《晏子春秋·内篇問下》："昔吾先君桓公善飲酒，窮樂，食味方丈，好色，無别辟，若此，何以能率諸侯以朝天子乎？"《管子·小匡》："寡人有汙行，不幸而好色，而姑姊有不嫁者。"《荀子·王霸》："故人之情，口好味而臭味莫美焉，耳好聲而聲樂莫大焉，目好色而文章致繁婦女莫衆焉，形體好佚而安重閒靜莫愉焉，心好利而穀禄莫厚焉。"《性惡》："若夫目好色，耳好聲，口好味，心好利，骨體膚理好愉佚，是皆生於人之情性者也。"《吕氏春秋·孝行覽》："代君好色，請以其弟姊妻之，代君許諾。"以上七處"好色"的"好"都讀作 hào。本章"好色"用爲謂詞性定語，"好"讀作 hào。是喜好美色的意思。

王力先生說："古人已經死了，我們只能通過他的語言去瞭解他的思想；我們不能反過來，先主觀地認爲他必然有這種思想，從而引出結論說，他既然有這種思想,他這一句話也只能作這種解釋了。後一種做法有陷於主觀臆測的危險。"(《王力語言學論文集・訓詁學上的一些問題》,商務印書館 2000 年)高郵王氏讀書法之要義,乃是從古書中歸納抽繹詞義,這是"通過他的語言去瞭解他的思想"的最佳途徑。(80)

9.19 子曰:"譬如爲山,未成一簣①,止,吾止也。譬如平地,雖覆一簣,進,吾往也。"

【譯文】孔子說:"好比堆土成山,只差一筐土了,如果[應該]停止,我會停下來。好比平地堆土成山,即使才剛剛倒下一筐土,如果[應該]前進,我會一往無前。"

【注釋】①簣(kuì):筐子。

【考證】(一)平地:

　　該詞組本無需注解,但嚴靈峰《讀論語札記》說:"平,猶'治'也。《書・大禹謨》:'天平地成。'孔安國傳:'水土治曰平'。是此處當指凸處夷平或從凹處填平也。故馬融曰:'平地,將進加功。'蓋'平'作動詞,與上'爲山'相對爲文也。"首先,嚴所引馬融說爲斷章取義。馬融說:"平地者將進加功,雖始覆一簣,我不以其見功少而薄之也。"其次,所謂與"爲山"對文,是用駢文興起以後的觀念範圍古人。清人姚永概指責王念孫往往據類書誤改古書時說:"古人屬辭,意偶而辭不必偶,往往有一字而偶二三字者。王氏每以句法參差不齊爲疑,據類書以改古本。不知類書多唐以後人作,其時排偶之文,務尚工整。故其援引,隨乎更乙,使之比和。況古人引書,但取大義,文句之多寡,字體之同異,絕不計焉。"(《書〈經義述聞〉〈讀書雜志〉後》)可見,僅以"相對爲文"爲據是不足取的。

　　有人又說:"有勞動常識的人都知道,'平地'就是平整地面。這裏,是指以土平窪地,平坑壕。"(《〈論語〉歧解輯錄》,中華書局 2011 年)這是缺乏歷史觀念,混淆古今的說法。《左傳・隱公九年》:"凡雨,自三日以往爲霖;平地尺爲大雪。"《周禮·考工記》:"是故大車平地既節軒摯之任,及其登陁,不伏其轅,必縊其牛。"陁(zhì),坡。《荀子·勸學》:"施薪若一,火就燥也;平地若一,水就濕也。"《大略》:"均薪施火,火就燥;平地注水,水流濕。"《史記·河渠書》:"於是禹以爲河所從來者高,水湍悍,難以行平地,數爲敗,乃廝二渠以引其河。"《吳王濞列傳》:"吳多步兵,步兵利險;漢多車騎,車騎利平地。"以上諸例足以説明"平地"是較爲平坦的土地。讀古書如果不從共時語言内部尋找規律抽繹歸納,而是依據語言外部的所謂"情理"去推導,最易誤入歧途。參見王力《訓詁學上的一些問題》第二部分《從思想上去體會還是從語言上去説明》,《王力語言學論文集》,商務印書館2000年。(81)

(二)子曰⋯⋯吾往也:

這一章的解釋有歧異。一爲:"好比堆土成山,只差一筐土了,如果[應該]停止,我便停止。好比平地堆土成山,縱是剛剛倒下一筐土,如果[應該]前進,我便前進。"一爲:"好比堆土成山,只要再加一筐土便成山了,如果嫌得做下去,這是我自己停止的。又好比在平地上堆土成山,縱是剛剛倒下一筐土,如果決心努力前進,還是要自己堅持呵!"(兩者都是楊伯峻先生所譯)前者爲何晏《集解》所引包咸、馬融之説,後者爲皇侃《義疏》、邢昺《疏》及朱熹《集注》之説。前一解釋是"唯義與比"(與義同在)的意思,後一解釋是"爲仁由己"的意思。我們取前者。《荀子·宥坐》:"如垤而進,吾與之;如丘而止,吾已矣。"就是對此章的轉述。垤,蟻洞口的小土堆。與,贊同。意爲:"即使剛堆了一小撮土,如果應該繼續,我贊同這樣做;即使堆成了一座山,如果應該停止,我也會停下來。""吾止也""吾往也"是"我會停止的""我會前進的"之意,而非"是我自己停止的""是我自己前進的"的意思。《孟子·公孫丑上》:"自反而不縮,雖褐寬博,吾不惴焉;自反而縮,雖千萬人,吾往矣。"後三句楊伯峻先生譯爲:"反躬自問,正義確在我,對方縱是千軍萬馬,我也勇往直前。"又如:"麻冕,禮也;今也純,儉,吾從衆。拜下,禮也;今拜乎上,泰也。雖違衆,吾從下。"

(《子罕》)"吾從衆""吾從下"意爲"我會從衆的""我會從下的",而非"是我自己從衆的""是我自己從下的"。類似的表達還有:"居,吾語女。"(《陽貨》)"捷,吾以女爲夫人。"(《左傳·莊公八年》)"晉侯謂子臧:'反,吾歸而君。'"(《成公十六年》)"難,吾助女。"(《襄公二十七年》)"來,吾免而父。"(《昭公二十年》)"見我,吾告女所行貨。"(《昭公二十三年》)"活我,吾與女璧。"(《哀公十七年》)以上諸例都表示"我要……""我會……的",而非表示"是我自己……的"。(82)

9.20 子曰:"語之而不惰者①,其回也與!"

【譯文】孔子說:"聽我說話專心致志的,大概只有顏回吧!"

【注釋】①語之:和他說話,告訴他。

9.21 子謂顏淵曰:"惜乎!吾見其進也,未見其止也。"

【譯文】孔子對顏淵說:"可惜呀!我只看見你不斷地進步,從沒看見你停滯不前。"

【考證】惜乎!吾見其進也,未見其止也:

皇侃《義疏》:"顏淵死後,孔子有此嘆也。"邢昺《疏》、朱熹《集注》、劉寶楠《正義》及當世注本如楊伯峻《譯注》、錢穆《新解》、潘重規《今注》、李澤厚《今讀》、孫欽善《本解》均從之。但唐寫本鄭玄注說:"顏淵病,孔子往省之,故發此言,痛惜之甚。"那麽,這明明是顏淵病重孔子去探視他的時候說的。先秦漢語中,"謂……曰"格式都是"對……說"的意思,——我們調查了幾千例,未見例外。若是評論某人,那時都是用"謂……"的格式。聯繫到鄭玄注,我們以爲此處也不例外。其,特指代詞(參見郭錫良《漢語史論集》所載《漢語第三人稱代詞的起源和發展》),可譯爲"他的",也可譯爲"你的""我的"。如:"老臣以媼爲長安君計短也,故以爲其愛不若燕后。"(《戰國策·趙策》)這一例"其"即可譯爲"你的"。參見2.20的

《考證》(一)和6.6的《考證》(一)。(83)

9.22 子曰："苗而不秀者有矣夫①！秀而不實者有矣夫！"

【譯文】孔子説："出苗卻不吐穗開花,是有的吧！吐穗卻不凝漿結實,是有的吧！"

　【注釋】①秀：穀類作物抽穗開花。唐寫本《論語》鄭玄注："不秀,諭項託；不實,諭顔淵。"項託,即《三字經》所謂"昔仲尼,師項橐"的七歲小兒項橐。

9.23 子曰："後生可畏,焉知來者之不如今也？四十、五十而無聞焉,斯亦不足畏也已。"

【譯文】孔子説："年輕人是值得敬畏的,怎能知道後來者比不上現在的人呢？一個人到了四五十歲還默默無聞,也就不值得敬畏了。"

9.24 子曰："法語之言①,能無從乎？改之爲貴。巽與之言②,能無説乎？繹之爲貴。説而不繹,從而不改,吾末如之何也已矣。"

【譯文】孔子説："嚴肅認真的話,能不順從嗎？改正錯誤才可貴。順從己意的話,能不高興嗎？分析一下才可貴。只是高興而不分析；只是順從而不改正,這種人我拿他是没辦法的了。"

　【注釋】①法語(yù)：法,嚴肅,嚴正；語,告訴。　②巽(xùn)與：巽,恭敬；與,語氣詞。

9.25 子曰："主忠信。毋友不如己者。過,則勿憚改。"①

【譯文】孔子説："要時時恪守忠誠信實。不要跟不如自己的人交朋友。有了過錯,就不要怕改正。"

【注釋】①這一章1.8已出現過。

9.26 子曰:"三軍可奪帥也①,匹夫不可奪志也②。"

【譯文】孔子說:"一國的軍隊,能夠強取它的主帥;一個平頭百姓,卻不能剝奪他的主張。"

【注釋】①三軍:又見7.11。春秋時大國通常有上中下三軍,因此,"三軍"又是軍隊的代稱。 ②三軍可奪帥匹夫不可奪志:唐寫本《論語》鄭玄注:"匹夫之守志,重於三軍之死將也。"英國女作家伊芙琳·比阿特麗斯·霍爾在《伏爾泰的朋友們》中寫過一句話:"我不同意你的說法,但我誓死捍衛你說話的權利!"似乎可以幫助我們理解"匹夫不可奪志"的含意。參見8.6注③、14.36《考證》第3點。

9.27 子曰:"衣敝縕袍①,與衣狐貉者立,而不恥者,其由也與?'不忮不求,何用不臧②?'"子路終身誦之。子曰:"是道也,何足以臧?"

【譯文】孔子說:"穿著破舊的絮袍與穿著狐貉皮大衣的人併肩而立,也不覺得慚愧的,恐怕只有仲由吧!《詩經》說:'不嫉妒,不心貪,做好啥事都不難。'"子路於是便老唸著這兩句詩。孔子又說:"只是這種做法,哪裏能夠算得上好呢?"

【注釋】①衣(yì)敝縕(yùn)袍:衣,穿。縕,舊絮。當時沒有棉花,因此"絮"都指絲棉。 ②不忮(zhì)不求,何用不臧:見《詩經·邶風·雄雉》。忮,嫉恨,忌恨;臧,善,好。

9.28 子曰:"歲寒,然後知松柏之後彫也。"

【譯文】孔子説:"天寒地凍,才知道松針柏葉是最後凋落的。"

【考證】歲寒,然後知松柏之後彫也:

王叔岷《古籍虛字廣義》(中華書局2007年)説:"'後'猶'不'也。"並論證之:"'後凋'之義云何?'後'蓋與'不'同義,'後凋'猶言'不凋'耳。《莊子·德充符》載魯哀公傳國於哀駘它,哀駘它'悶然而後應,氾若而辭'(今本'若而'二字誤倒,奚侗《補注》有説)。《田子方》載文王以臧丈人爲太師,臧丈人'昧然而不應,泛然而辭'。兩文末二句文義全同。'後應'猶'不應'也。《史記·項羽本紀》:'項王已死,楚地皆降漢,獨魯不下。'荀悦《漢紀》三'不'作'後','後'與'不'同義。晉陸機《擬古詩》:'嘉樹生朝陽,凝霜封其條。執心守時信,歲寒終不彫。'《弘明集》七釋慧通《駁顧道士夷夏論》:'松柏歲寒之不凋。'劉子《大質篇》:'寒嶺之松,處於積冰,終歲而枝葉不凋。'諸言'不凋',正《論語》'後凋'之義也。"

王先生所舉第一例,並不足以得出"後"有"不"義的結論。1.且看,《德充符》和《田子方》兩事並不相同:"國無宰,寡人傳國焉。悶然而後應,氾而若辭。寡人醜乎,卒授之國。無幾何也,去寡人而行。"(《德充符》)"文王於是焉以爲大師,北面而問曰:'政可以及天下乎?'臧丈人昧然而不應,泛然而辭,朝令而夜遁,終身無聞。"(《田子方》)《德充符》中哀駘它確實是"應"了,"若辭"(好像要辭)卻未辭。《田子方》中臧丈人卻未"應",而且也確實"辭"了。問題是,王先生是從奚侗之説將"氾而若辭"改爲"氾若而辭"才得出了結論;而奚侗之説又是不能成立的。奚侗説:"'氾而若辭',文不成義。當作'氾若而辭'。'氾若'與上'悶然'相對。"按,奚説才是"文不成義"。誠然,"若"可作爲助詞(有的語法書説是"形容詞詞綴")出現在形容詞後面,可譯爲"……的樣子""……地",這一點和"然"類似;但是,與"然"可組成"形容詞+然+而+謂語動詞"結構不同,"若"絕不可出現在類似結構中。因此,我們可以見到諸如"覥然而入面"(《國語·越語下》)"攸然而逝"(《孟子·萬章上》)"浡然而生"(《告子上》)"坦然而善謀"(《老子》七十三章)"我怫然而怒,……廢然而反"

(《莊子·內篇·德充符》)"翛然而往,翛然而來"(《內篇·大宗師》)的許多例子,卻未見一例"～若而……"的類似句子。楊樹達先生說:"前人於訓詁之學有一大病焉,則不審句例是也。大言之,一國之文字,必有一國之句例;小言之,一書之文字,必有一書之句例。然古人於此絕不留意,但隨本文加以訓詁,其於通例相合與否,不之顧也。故往往郢書燕說,違失其真,至可惜也!高郵王氏說經乃始注意即此,往往據全書通例以說明一句之義,故能泰山不移。"(《訓詁學小史》,載《積微居小學述林全編》,上海古籍出版社 2007 年)奚侗之說"氾而若辭",則不審句例之典型,而王叔岷先生從之,當然是"至可惜也"!相對而言,我們以爲陳鼓應《莊子今注今譯》依武延緒之說將"氾而若辭"改爲"氾然而若辭"較爲合理一些。陳先生譯"氾然而若辭"爲"漫漫然而未加推辭",而譯"泛然而辭"爲"漫漫然不作答";兩者的差異是顯而易見的。然則,說"悶然而後應"與"昧然而不應"同義,則頓失犄角。2."而後"是一個固定結構,因此"悶然而後應"與"昧然而不應"語法結構並不相同,也即,前者是"悶然而後·應",而後者是"昧然而·不應"。所以社科院語言所編寫的《古代漢語虛詞詞典》解說"而後"爲:"慣用詞組,由連詞'而'和時間詞'後'組成。"其功能一爲"連接時間上前後相承的兩件事情或兩種情況,表示後一件事情發生在前者之後",一爲"連接事理上具有條件關係的前後兩件事,表示後一件事情的發生或出現是以前者爲條件的,即先有前一件事,才能有後一件事"。顯然,"悶然而後應"的"後"絕非"不"義。當然,王叔岷先生之舉此例,顯然只是犯了"前人訓詁之學""不審句例"的通病。

王先生所舉第二例,以荀悅《漢紀》爲證,爲舉證不當。《漢紀》並非改寫《史記·項羽本紀》之"項王已死,楚地皆降漢,獨魯不下",而是改寫《漢書·高帝紀下》之"楚地悉定,獨魯不下"。《漢紀》卷三改之爲:"楚地悉平,獨魯後降。"這種改寫當時很常見。《史記》之改寫《尚書》《左傳》《國語》,《漢書》之改寫《史記》,都是如此。改寫和被改寫的文字,並不是每個字詞都一一對應的。如果"獨魯後降"的"後"有"不"義,依王先生的邏輯,那麽"獨魯後降"的"降"也有"下"義了。而且,楊樹達先生說:"早些年在北京教書的時候,對於《漢書》,曾下過一點工夫,知道荀悦《漢紀》與《漢書》文字不同的地方,一定是《漢書》對,《漢紀》不對。後來偶讀顧亭林先生的《日知錄》,先生說了一句話,恰恰說的是這個意思。我當時一面感覺到前人讀書的精細,一面自己也增加了一點校勘上的自信。因爲我有過一個這樣的實踐,所以我現在可以大膽地說:荀悦這個人雖然是一個漢朝人,但是他對於《漢書》文字的瞭解力,實在是低能到萬分。不過他雖然低能,膽子卻又極大。他對於《漢書》的文句有不瞭解的處所,便毫不客氣地動手大改特改起來,往往因此弄得牛頭不對馬嘴,將班固原文的意思喪失得乾乾淨淨。"(《離騷傳與離騷賦》,《積微居小學述林全編》)按,顧炎武語見《日知錄》卷二六,原文爲:"荀悦《漢紀》改紀、表、志、傳爲編年,其敘事處索然無復意味,間或首尾不備;其小有不同,皆以班書爲長,惟一二條可採者。"所以,王先生所舉第二例,更不足爲據。至於其餘幾例晉以後的詩文,說服力就更弱了。蘇軾《念奴嬌·大江東去》:"亂石穿空,驚濤拍岸。"前句或作"亂石崩雲",後句或作"驚濤裂岸""驚濤撲岸",難道能因此說"穿"有"崩"義,"拍"既有"裂"義,又有"撲"義嗎?異文和互文一樣,都不是語言内部的證據,只能作爲旁證,不能作爲主證,更不能作爲唯一證據。而王先生往往以異文作爲唯一證據。最後幾例晉以後的詩文甚至連異文都算不上,就更缺乏說服力了。而且,一個詞有本義和直接引申義、間接引申義,在詞義的引申鏈條中井然有序;一個字也有本義、引申義、假借義,要說某字有某義必須說出其來龍去脈。因爲意義不是憑空產生的。試問"後"的"不"義是引申義還是假借義?是如何引申或假借的?這些都無法說清。參見10.16《考證》。(84)

9.29 子曰:"知者不惑,仁者不憂,勇者不懼。"①

【譯文】孔子說:"智者不疑惑,仁者常樂天,勇者大無畏。"

【注釋】①參見 14.28。

9.30 子曰:"可與共學,未可與適道①;可與適道,未可與立②;可與立,未可與權。"

【譯文】孔子説:"能夠一道學習的人,未必會和他志同道合;能夠志同道合的人,未必會成爲至交;能夠成爲至交的人,未必會和他通權達變,事事取得一致。"

【注釋】①未可與適道:直譯爲"不能與他一起走向'道'"。"與"的賓語"之"没有出現;適,走向。　②與立:結爲盟友。説參 15.14《考證》。

9.31 "唐棣之華①,偏其反而②。豈不爾思?室是遠而。"子曰:"未之思也,夫何遠之有?"

【譯文】古詩上説:"唐棣樹的花兒,隨風翻飛上下。難道我不想念你?只因家遠在天涯。"孔子説:"他不是真的想念哪,真的想念,那有什麽遠呢?"

【注釋】①唐棣:一種植物,陸璣《毛詩草木鳥獸蟲魚疏》以爲就是郁李。而《爾雅·釋木》云:"唐棣,栘。"郭璞注:"似白楊,江東呼夫栘。"　②偏其反而:偏,通"翩",搖動貌;反,通"翻"。偏其反而,似有捉摸不定的意思,或許和"瞻之在前,忽焉在後"(9.11)意思差不多。其後的"夫何遠之有"可能是"仁遠乎哉?我欲仁,斯仁至矣"(7.30)的意思。

鄉黨篇第十

本是一章,今分爲二十六節

10.1 孔子於鄉黨,恂恂如也①,似不能言者。其在宗廟朝廷,便便言②,唯謹爾。

【譯文】孔子在本鄉本土非常恭順,好像説不出話的樣子。他在宗廟朝廷,説話明白曉暢,只是很謹慎。

【注釋】①恂(xún)恂:恭順貌。　②便(pián)便:言語流暢貌。

10.2 朝,與下大夫言,侃侃如也;與上大夫言,誾誾如也①。君在,踧踖如也②,與與如也③。

【譯文】上朝的時候,跟下大夫説話,溫和而快樂;跟上大夫説話,正直而恭敬。當君主在時,恭敬而略顯拘謹,嚴肅而又溫和。

【注釋】①誾(yín)誾:正直恭敬貌。　②踧踖(cùjí):恭敬局促貌。
　③與(yù)與:有威儀而又溫和之貌。

10.3 君召使擯,色勃如也①,足躩如也②。揖所與立③,左右手④,衣前後⑤,襜如也⑥。趨進⑦,翼如也。賓退,必復命曰:"賓不顧矣。"

【譯文】君主召他接待國賓,矜持莊重,舉步維艱。朝兩旁的人作揖,向左向右輪番拱手,衣裳前後俯仰,飄飄蕩蕩。快步向前,如同鳥兒展翅。貴賓別後,一定向君主回復説:"客人已經不回頭了。"

【注釋】①勃如:鄭玄説:"矜莊貌。"即矜持莊重的樣子。　②躩如:盤旋貌,逡巡不前貌;如此以示敬畏恭敬。何晏《集解》引包咸説:"足躩,盤辟貌。"《經典釋文》:"躩如,盤辟貌。"唐寫本《論語》鄭玄注:"足躩如,逡巡貌也。"　③所與立:結交的人,同事。參見15.14的《考證》。　④左右手:鄭玄説:"揖右人,右其手;揖左人,左其手。"　⑤衣前後:俯仰的意思;俯仰則衣前後交替下垂。　⑥襜(chān)如:搖動的樣子。　⑦趨進:小跑的姿態,以示敬意。

10.4 入公門,鞠躬如也①,如不容。立不中門,行不履閾。過位②,色勃如也,足躩如也,其言似不足者③。攝齊升堂④,鞠躬如也,屏氣似不息者。出,降一等,逞顏色,怡怡如也。沒階,趨進⑤,翼如也。復其位⑥,踧踖如也。

【譯文】孔子走進朝廷的門,縮著身體,小心翼翼,好像沒有容身之地。站,不站在門中央;走,不踩門檻。經過國君的坐位,面色矜持莊重,舉步維艱,惜字如金,好像沒有多話講似的。提起下襬向堂上走,小心翼翼,憋住氣息如同停止呼吸一般。出來,下了一級臺階,臉色放鬆,怡然自得。走完了臺階,小跑,如同鳥兒展翅。再次經過國君的坐位,恭敬而略顯拘謹。

【注釋】①鞠躬如:縮著身體,做出小心翼翼的樣子。　②過位:這裏指經過國君空著的座位。　③其言似不足者:皇侃《義疏》云:"言語細下,不得多言,如言不足之狀也。"　④攝齊(zī):攝,提起;齊,衣裳縫了邊的下襬。　⑤沒階趨進:《經典釋文》云:"沒階趨,一本作'沒階趨進',誤也。"而定州竹簡本恰恰無"進"字,可見"進"字爲衍文。

⑥復其位:何晏《集解》引孔安國説:"來時所過位也。"

10.5 執圭,鞠躬如也①,如不勝②。上如揖,下如授③。勃如戰色,足蹜蹜如有循④。

享禮⑤,有容色⑥。私覿⑦,愉愉如也。

【譯文】[孔子出使外國,]舉著圭,小心翼翼,好像拿不起來。從地上取圭朝上授人時,俯身如同作揖;置圭於地時,仍然徐徐俯身,和授圭時一樣。面色如同作戰時般嚴峻。小步子走直線,如同沿著什麼在走。

行享獻之禮時,滿臉和氣。私下見外國君臣,顯得輕鬆愉快。

【注釋】①執圭,鞠躬如也:包咸説:"爲君使,聘問鄰國,執持君之圭。鞠躬者,敬慎之至。"鄭玄説:"執珪,謂以君命聘於鄰國。執珪如不勝者,敬慎之至。"圭,一種玉器,上圓,或劍頭形,下方,舉行典禮的時候,君臣都拿著;使臣亦持本國國君之圭以爲信物。　②不勝(舊讀 shēng):不能擔負。　③上如揖,下如授:何晏《集解》引鄭玄説:"上如揖,授玉宜敬也;下如授,不敢忘禮也。"皇侃《義疏》進一步解釋説:"上如揖,謂就下取玉上授與人時也,俯身爲敬,故如揖時也。云'下如授'者,謂奠玉置地時也,雖奠置地,亦徐徐俯僂,如授與人時也。"譯文從之。　④足蹜(suō)蹜如有循:足蹜蹜,舉脚細密,即後脚的脚趾幾乎接觸到前脚的後跟。如有循,如同沿著什麼在走。　⑤享禮:使節剛到所聘問的國家,先行聘問禮。前一段正是行聘問禮時孔子之所爲。其後行享獻之禮,使臣將各種禮物羅列滿庭。　⑥有容色:《儀禮·聘禮》:"及享,發氣焉盈容。"　⑦覿(dí):相見。

10.6 君子不以紺緅飾①,紅紫不以爲褻服②。當暑,袗絺綌,必表而出之③。緇衣,羔裘;素衣,麑裘;黃衣,狐裘④。褻裘長,短右袂⑤。必有寢衣⑥,長一身有半。狐貉之厚以居⑦。去喪,無所不佩。非帷裳⑧,必殺之⑨。羔裘玄冠不以弔⑩。吉月⑪,必朝服而朝。齊,必有明衣⑫,布⑬。

【譯文】君子不用紺色、緅色作鑲邊,淺紅色和紫色不用來作平常居家的衣服。暑天,穿粗或細的葛布單衣,但出門時,一定加件上衣。[冬天,]黑衣套紫羔,白衣套麑裘,黃衣套狐裘。居家的皮襖較長,右邊的袖子要做得短些。睡覺一定有小被,長度是一個半人身長。[冬天]家居時接待賓客,穿厚狐貉皮裘。過完喪期脫掉喪服之後,什麼東西都可以佩帶。不是上朝和祭祀時穿的禮服,一定裁去一些布。紫羔裘和黑禮帽都不穿戴著去弔喪。每月初一,一定穿著朝服上朝。齋戒沐浴時,一定有浴衣,布做的。

【注釋】①紺緅(gàn zōu)飾:紺,深青中透紅的顏色,相當今天的"天青";緅,是青多紅少,比紺更暗的顏色。飾,是滾邊、鑲邊。紺、緅因近於黑色,而後者用於禮服,所以不用來作裝飾。 ②紅紫不以爲褻服:這兩種顏色都表示高貴,所以不用爲平常家居衣服。紅,粉紅,淺紅。上古時,"朱"是深紅,"赤"是大紅(正紅),"紅"則是淺紅。中古時,"赤"和"紅"已無區別,都表示正紅。 ③當暑,袗(zhěn)絺綌(chī xì),必表而出之:袗,單也。絺,細葛布;綌,粗葛布。皇侃《義疏》:"當暑雖熱,絺綌可單。若出,不可單,則必加上衣也。"可知,"袗"用爲動詞;"表而出之"的"表"也做動詞,"加上衣"的意思。 ④緇(zī)衣羔裘等三句:這三句說明衣服裏外的顏色如何相配才合乎"禮"。古代皮衣毛朝外,因此一定要有罩衣,謂之"裼(xī)衣"。這裏說的正是裼衣的顏色。緇,黑色;而所謂"羔裘"都是黑色羊毛,即今所謂"紫羔",佳品也。麑(ní),

小鹿,其毛白色。　⑤褻裘長,短右袂(mèi):褻裘長,爲了保暖;短右袂,爲便於工作。袂,袖子。　⑥寢衣:小被子。古代大被叫"衾",小被叫"被"。　⑦狐貉之厚以居:穿著厚狐貉裘在家接待賓客。詳見本節《考證》(一)。　⑧帷裳:上朝和祭祀時穿的禮服,用整幅布做,不加翦裁,腰間收縮褶疊,猶如百褶裙。　⑨殺(shài):裁去。"殺之"就是裁去多餘的布,不用褶疊,省工省料。　⑩羔裘玄冠不以弔:羔裘玄冠,都是黑色的吉服。玄冠,一種禮帽。喪事凶,不能穿戴吉服弔喪。　⑪吉月:每個月的第一天,詳見本節《考證》(二)。　⑫明衣:浴衣。　⑬布:古代沒有棉花(草棉),布,指麻布、葛布。

【考證】(一)狐貉之厚以居:

　　何晏《集解》引鄭玄説:"在家以接賓客也。"皇侃《義疏》解釋得更具體:"此謂在家接待賓客之裘也。"然則,此句意爲在家接待賓客穿著厚狐貉之裘。但劉寶楠《正義》所引鳳韶《經説》卻別出心裁:"《論語》'居,吾語女',《孝經》'坐,吾語女',《孟子》'坐,吾明語子',居、坐互出,則'居'字有'坐'義。閻氏據此及《小戎》詩'文茵',謂'狐貉之厚以居爲坐褥',良是。"劉寶楠謂:"鳳説是也。古人加席於地而坐其上,大夫再重。至冬時氣寒,故夫子於所居處,用狐貉之厚者爲之藉也。"

　　我們認爲,"居"即使有"坐"的意義,但鳳、劉並未能證明此處的"居"恰恰就是"坐"義,故並不可靠。但自楊伯峻《譯注》起,包括錢穆《新解》、潘重規《今注》、李澤厚《今讀》、孫欽善《本解》、李零《喪家狗》,我們所見到的幾乎所有《論語》的今注本都從"坐墊"之説,這就未免"太倉之粟陳陳相因"了。

　　"居"的"家居""平居""平時"義在《論語》中也是常見的。如:"子之燕居,申申如也,夭夭如也。"(《述而》)"居處恭,執事敬,與人忠。雖之夷狄,不可棄也。"(《子路》)下面,我們來證明"狐貉之厚以居"的"居"是家居義。

　　《禮記·服問》:"公爲卿大夫,錫衰以居,出亦如之。"意謂國君爲卿大夫服喪,日常居處時服錫衰,外出時亦如此。"狐貉之厚以居"和"錫衰以居"句式完全相同,"狐貉之厚"和"錫衰"都是介詞"以"的前置賓語。類似句子還有:"王與大夫盡弁(禮帽)以啓金縢之書。"(《尚書·金縢》)"羔裘逍遥,狐裘以朝。"(《詩經·檜風·羔裘》)"晏子相景公,布衣鹿裘以朝。"(《晏子春秋·外篇上》)"及期日質明,王麻衣以朝,朝中無采衣。"(《逸周書·大匡解》)"服衰以遊,不可。"(《吕氏春秋·孝行覽》)"祭之日,王皮弁以聽祭報,示民嚴上也。"(《禮記·郊特牲》)"諸侯玄端以祭,裨冕以朝,皮弁以聽朔於大廟,朝服以日視朝於内朝。"(《玉藻》)"君衣狐白裘,錦衣以裼之。……君子狐青裘豹褎,玄綃衣以裼之;麛裘青豻褎,絞衣以裼之;羔裘豹飾,緇衣以裼之;狐裘,黄衣以裼之。"(同上)"如筮,則筮史練冠長衣以筮。"(《雜記》)"夙興,婦沐浴,纚笄、宵衣以俟見。"(《儀禮·士昏禮》)以上諸例都是"服飾+以+動詞"("服衰以遊"稍不同,前面多一動詞"服")的格式,都是"穿戴著……幹……"或"穿戴著……來……"的意思,服飾都是介詞"以"的前置賓語。"狐貉之厚以居"正屬於這一格式。"錫衰以居,出亦如之"是説家居時服錫衰,外出亦服錫衰;然則,"狐貉之厚以居"正是穿著厚狐貉裘家居(見客)的意思,可知鄭注不誤。(85)

(二)吉月:

有各種解釋:1.每月初一。何晏《集解》引孔安國説、唐寫本《論語》鄭玄注均爲:"吉月,月朔也。"皇侃《義疏》、邢昺《疏》同。2."吉"字誤,應該作"告"。"告月"就是每月月底,司曆者以下月初一告之於君(王引之《經義述聞》、俞樾《群經平議》)。3.正月初一(程樹德《集釋》引夏炘《學禮管釋》,且言"惟夏心伯之説爲允")。孔安國、鄭玄之説何所本我們不知,但是,在後兩説均極不可靠的情況下,我們只得從較早的古注。王引之言"吉月"爲"告月"之誤,並無任何語言内部的證據;而夏炘説是正月初一,其理由就更加站不住脚了。他説"元"可訓爲"善",亦訓爲"始",那麽,"吉"既可訓爲"善",當然也可訓爲"始"了。於是"吉月"就是"始月",也就是正月了。至於爲何是正月初一,夏炘並無任何闡述,就直接説:"故凡始月始日皆以'吉'名之。"我們知道,同義詞是指某詞的某一義位(義項)與另一詞的某一義位意義相近,並不是説該兩詞的所有義位相同。故"元"既訓"善"又訓"始",並不意味著"吉"訓"善"也就可以訓"始"。《周禮‧地官‧族師》:"月吉,則屬民而讀邦法。"鄭玄注:"月吉,每月朔日也。"有可能"吉月"爲"月吉"之倒文,但有待證明。(86)

10.7 齊必變食①,居必遷坐②。食不厭精,膾不厭細③。食饐而餲④,魚餒而肉敗⑤,不食。色惡,不食。臭惡,不食。失飪,不食。不時⑥,不食。割不正⑦,不食。不得其醬⑧,不食。肉雖多,不使勝食氣⑨。唯酒無量,不及亂⑩。沽酒市脯不食⑪。不撤薑食,不多食。

【譯文】齋戒時,一定改變飲食;卧室也一定搬移。糧食,儘可能精細;魚肉,儘可能切細。糧食起霉變質,魚和肉腐敗,都不吃。食物變色,不吃。氣味難聞,不吃。食物沒煮熟或煮得過久,不吃。不到該吃的時候,不吃。不是按一定方法切割的肉,不吃。沒有一定的醬料,不吃。肉雖然多,吃它不超過主食。只有酒不限量,但不能喝醉。買來的酒和肉乾不喝不吃。薑不撤除,但不多吃。

【注釋】①齊(zhāi)必變食:齊,齋,齋戒,祭祀前潔淨身心以示虔敬。《周禮‧天官‧膳夫》:"王日一舉……王齊,日三舉。"鄭玄注:"鄭司農云:'齊必變食。'"意謂,王一日三餐,只在第一餐時殺牲,其餘兩餐,只將剩菜回鍋而已。齋戒之時,則餐餐吃新鮮的,不吃回鍋的剩菜,取其潔淨,這便是"變食"。鄭司農,即鄭眾。程樹德《集解》説:"齊者,潔清之義也,所謂'變食'是。後儒以爲變其所常食,取《莊子》'不飲酒,不茹葷'當之,失古制矣。"程樹德意謂不應以今律古,良是。　②遷坐:改變卧室，即由與妻室同居的"燕寢"遷到"外寢"（正寢）。唐代法律規定，舉行大祭，齋戒時，官吏不宿於正寢者，每一晚打五十竹板。 ③食不厭精，膾(kuài)不厭細：膾，細切的魚肉。厭，滿足；或者厭棄，嫌棄。詳見本節《考證》（一）。 ④饐(yì)而餲(ài)：饐，食物腐敗變味；餲，食物重度腐敗變味。 ⑤餒(něi)，敗：餒，魚腐爛；敗，肉腐爛。 ⑥不時：不到該吃時候（的食物）。詳見本節《考證》（二）。 ⑦割不正：依據豬牛羊等牲畜的腠理而分割爲大塊叫做"割"，烹調前再切成小塊或片狀叫做"切"。《周禮·夏官·羊人》："祭祀，割羊牲，登其首。"登，升也。《禮記·內則》："漬，取牛肉必新殺者，薄切之。"未能依據其腠理而胡亂分割即爲"割不正"。可參考《莊子·內篇·養生主》。 ⑧醬：鄭玄說："謂韭菹醓醢醷梅魚膾芥醬之屬也。"也就是各種植物醬、動物醬，包括魚醬、肉醬。 ⑨食氣："氣"即後來的"餼"(xì)字，糧食，主食。 ⑩亂：神志昏亂，醉。 ⑪沽酒市脯不食：上古時，只能說"飲酒"，不能說"食酒"。例如，《左傳·襄公三十年》："鄭伯有耆酒，爲窟室，而夜飲酒，擊鐘焉。朝至，未已。……既而朝，則又將使子晳如楚，歸而飲酒。"《論語·鄉黨》："鄉人飲酒，杖者出，斯出矣。"《孟子·盡心下》："般樂飲酒，驅騁田獵，後車千乘，我得志弗爲也。"今日粵方言仍如此。俞樾《古書疑義舉例·古人行文不嫌疏略例》解釋說："《易·繫辭》云：'潤之以風雨。'《論語》云：'沽酒市脯不食。'《玉藻》云：'大夫不得造車馬。'皆從一而省文也。按：此亦古人行文不嫌疏略之證。使後人爲之，必爲之辭曰：'沽酒不飲，市脯不食。'此文之所以日繁也。"

【考證】（一）食不厭精，膾不厭細：

膾，細切的魚肉。厭，滿足；或者厭棄，嫌棄。有先生解釋"厭"爲"足，貪飽"，翻譯"食不厭精，膾不厭細"爲"飯食不貪吃精粹，魚肉不貪吃細美"（孫欽善《論語本解》），恐有未安。"厭"這一詞的引申脈絡是"飽→滿足→厭棄"，沒有"貪"的意思；而且其"滿足"和"厭棄，嫌棄"義是常見義。如："默而識之，學而不厭，誨人不倦，何有於我哉！"（《論語·述而》）"夫子時然後言，人不厭其言；樂然後笑，人不厭其笑；義然後取，人不厭其取。"(《憲問》)"唯我知女，女專利而不厭，予取予求，不女疵瑕也。"(《左傳·僖公七年》)"齊桓……從善如流，下善齊肅，不藏賄，不從欲，施舍不倦，求善不厭。"(《昭公十三年》)"晉公子亡，長幼矣，而好善不厭，父事狐偃，師事趙衰，而長事賈佗。"(《國語·晉語四》)"蓄聚不厭，其速怨於民多矣。"(《楚語下》)以下兩例句式與"食不厭精，膾不厭細"相同：《莊子·雜篇·庚桑楚》："故鳥獸不厭高，魚鱉不厭深。夫全其形生之人，藏其身也，不厭深眇而已矣。"《呂氏春秋·審分覽》："夫欲定一世，安黔首之命，功名著乎盤盂，銘篆著乎壺鑑，其勢不厭尊，其實不厭多。""魚鱉不厭深"是魚鱉不嫌水深的意思，而非魚鱉不貪水深；"其勢不厭尊"是其權勢不滿足於如何尊貴，而非不貪尊貴。同樣，"食不厭精，膾不厭細"是"糧食不嫌舂得精，魚和肉不嫌切得細"(楊伯峻先生譯)的意思，而非"飯食不貪吃精粹，魚肉不貪吃細美"。(87)

(二)不時：

解釋有歧異。1.不是應該吃的時候。這是鄭玄、皇侃等早期注家的解釋。2.非其時之物，比如溫室所種蔬菜。此為朱熹、毛奇齡等人的解釋。從"不時"這一常用詞組在先秦時期的使用情形看，當以前者為是。"不時"即不當其時。《左傳·昭公元年》："日月星辰之神，則雪霜風雨之不時，於是乎禜之。……女，陽物而晦時，淫則生內熱惑蠱之疾。今君不節不時，能無及此乎？"沈玉成譯："……遇到雪霜風雨不合時令……現在您沒有節制不分晝夜……"《昭公八年》："作事不時，怨讟動于民。"沈玉成譯："做事不合時令，怨恨誹謗在百姓中發生。"《哀公十五年》："以水潦之不時，無乃廩然隕大夫之尸，以重寡君之憂。"沈玉成譯："由於雨水不合時令，恐怕大水氾濫而毀壞大夫的靈柩，增加寡君的憂慮。"《墨子·非攻中》："與其居處之不安，食飯之不時，飢飽之不節，百姓之道疾病而死者，不可勝數。"《荀子·天論》："夫日月之有蝕，風雨之不時，怪星之黨見，是無世而不常有之。"《晏子春秋·內篇雜上》："景公探雀鷇，鷇弱，反之。晏子聞之,不時而入見,公汗出惕然。"《管子・形勢解》:"起居時,飲食節,寒暑適,則身利而壽命益;起居不時,飲食不節,寒暑不適,則形體累而壽命損。"王引之《經義述聞》解"不時"爲"不待",似非確詁。(88)

10.8 祭於公,不宿肉①。祭肉不出三日②。出三日,不食之矣。

【譯文】助祭於國君,所分得的祭肉不能留到第二天。自家的祭肉存留不超過三天。如果存留超過了三天,便不吃了。

【注釋】①不宿肉:古代的大夫、士都有助君祭祀之禮,須自帶祭牲。天子諸侯的祭禮,當天清晨宰殺牲畜,然後舉行祭典。第二天又祭,叫做"繹祭"。繹祭之後各人方可帶助祭的肉回去,或者依貴賤等級分別頒賜祭肉。因此,祭於公的肉,須趕快吃掉,不能再過夜。 ②祭肉:指自家的祭肉。

10.9 食不語,寢不言。

【譯文】吃飯時不交談,睡覺時不說話。

10.10 雖疏食、菜羹、瓜祭,必齊如也①。

【譯文】即使是糙米飯、蔬菜湯和瓜的祭祀,祭的時候也一定像齋戒了一樣。

【注釋】①齊(zhāi)如:像齋戒了一樣。齊,齋。

【考證】瓜祭:

《魯論語》作"必祭",有些注家便以爲"瓜"字是因形近而訛;其實"瓜"字不訛。唐寫本《論語》該"瓜"字有草字頭,鄭玄注:"三物雖薄,祭之必敬。"與邢昺《疏》同。"三物"是指"疏食""菜羹"和"瓜"。《禮記・

玉藻》:"食棗桃李,弗致于核。瓜祭上環,食中,棄所操。"證明"瓜祭"並非於文獻無徵。俞樾《古書疑義舉例》有"探下文而省例","疏食菜羹"的"祭"因"瓜"後的"祭"字而省略。我們在《卷首的話》所引楊樹達《漢書窺管·自序》"賞爲奉車,建駙馬都尉""龔爲弘農,歆河内,鳳九江太守"諸例,也與此類似。此章是説,食前將席上各種食品拿出少許,放在食器之間,祭最初發明飲食的人,《左傳》謂之"氾祭"。(89)

10.11 席不正①,不坐。

【譯文】坐席擺得不端正,不坐。

【注釋】①席:古代没有椅子凳子,都是席地而坐,地上鋪席子。席子一般是用蒲葦、蒯草、竹篾以至禾穰等爲材料。現在日本人、韓國人還保留著席地而坐的習慣。《墨子·非儒》說:"哀公迎孔子,席不端,不坐。"即坐席不端正就不坐。《禮記·曲禮上》:"若非飲食之客,則布席,席間函丈。主人跪正席,客跪撫席而辭。"

10.12 鄉人飲酒①,杖者出,斯出矣。

【譯文】行鄉飲酒禮後,要等年長者出去了,自己才出去。

【注釋】①鄉人飲酒:即行鄉飲酒禮。《禮記·鄉飲酒》:"鄉飲酒之禮,六十者坐,五十者立侍,以聽政役,所以明尊長也。六十者三豆,七十者四豆,八十者五豆,九十者六豆,所以明養老也。民知尊長養老,而後乃能入孝弟。"(豆,高腳盤,用來盛食物)此即所謂"少長以齒"。因此結束時,孔子必須讓年紀較長的"(拄)杖者"先出。

10.13 鄉人儺①,朝服而立於阼階②。

【譯文】本地人驅除疫鬼,自己穿著朝服站在東邊臺階上。

【注釋】①儺(nuó):古代驅逐疫鬼的一種儀式。湖南西部和南部,如果家中有病人,偶爾還僱請巫師以驅逐疫鬼,謂之"沖儺",可能是這種風俗的殘餘。　②阼(zuò)階:東面的臺階,主人所立之地。

10.14 問人於他邦①,再拜而送之②。

【譯文】託人給在外國的朋友問好送禮,要拜兩次送別受託者。

【注釋】①問:問候。但古代問候他人,定要送禮,如《詩經·鄭風·女曰雞鳴》"雜佩以問之",《左傳·成公十六年》"楚子使工尹襄問之以弓",《哀公十一年》"使問弦多以琴"。　②再拜而送之:拜,上古之拜,惟拱手並彎腰而已,後來則必須以手據地而俯首;此處不能以"以手據地俯首"釋之。再拜,拜兩次。

10.15 康子饋藥,拜而受之。曰:"丘未達,不敢嘗。"

【譯文】季康子送藥給孔子,孔子拜而接受,說:"我不太瞭解這藥性,還不敢試服。"

10.16 廄焚。子退朝,曰:"傷人乎?"不問馬。

【譯文】孔子的馬棚失了火。孔子剛好退朝,問:"傷了人嗎?"卻不問馬。

【考證】傷人乎?不問馬:

何晏《集解》引鄭玄說:"重人賤畜也。"皇侃《義疏》、邢昺《疏》、朱熹《集注》、劉寶楠《正義》皆從之。只有《經典釋文》記載:"曰傷人乎,絕句;一讀至'不'字絕句。"後一說"不"讀作"否"。那麼就是"曰:'傷人乎不(否)?'問馬"。我們以為《釋文》所載後說不確。雖然先秦文獻中不乏"也乎""矣乎""也邪""乎哉""也乎哉""也已矣"等二個甚至三個語氣詞連用的(參見郭錫良師《漢語史論集·先秦語氣詞新探》),但未見一例

"乎不""乎否"。"乎否"最早見於宋代文獻:"天意然乎否?待相攜、風煙五畝,招邀迂叟。"(方岳《滿江紅》,《全宋詞》)"赤壁之遊樂乎否?問其名,不答予驚悟。"(無名氏《賀新郎》,《全宋詞》)當然,口語中可能早些,但不可能早至先秦時期。所謂"然乎否""樂乎否",是"然乎否乎""樂乎否乎"的緊縮。"乎不"則晚於宋代的文獻也未之見。

又有李匡乂《資暇集》、武億《經讀考異》主張"傷人乎"一讀,"不"讀作"否"爲一讀,"問馬"一讀,乃是孔子問"傷人乎"後,他人回答"否",孔子接著又問馬。先秦典籍如《孟子》中,確有多處"否"單獨爲一句回答他人問話,但前面都有一個"曰"字,絕大多數後面還緊接著有一段議論。如:"王曰:'否。吾何快於是?將以求吾所大欲也。'"(《梁惠王上》)"孟子曰:'否。我四十不動心。'"(《公孫丑上》)"曰:'否。自有生民以來,未有孔子也。'"(同上)"公孫丑曰:'樂正子強乎?'曰:'否。'"(《告子下》)甚至,自己說話,中間停頓一下,停頓後說的話之前也要加上一個"曰",如《陽貨》第一章陽貨說的一段話中,就插入了三個"曰"字。參見俞樾《古書疑義舉例‧一人之辭而加"曰"字例》。俞樾書中還有《兩人之辭而省"曰"字例》,卻未必適用於"否"字單獨成句之例。所以,以上說法也是不能成立的。

又王叔岷先生說,"不問馬"的"不"有"後"義,理由是《子罕》"歲寒然後知松柏之後凋也"中"後凋"的"後"有"不"義。且不說"後"絕無"不"義,即使有,又怎麼能據此說明"不"有"後"義呢?參見9.28《考證》。(90)

10.17 君賜食,必正席先嘗之。君賜腥,必熟而薦之。君賜生,必畜之。侍食於君,君祭,先飯①。

【譯文】國君賜給熟食,孔子一定擺正坐席先嘗嘗。國君賜給生肉,一定做熟了,先進供給祖宗。國君賜給活物,一定養著牠。和國君一道吃飯,當他舉行飯前祭禮的時候,自己先吃飯。

【注釋】①飯:動詞,吃飯,不包括吃菜。

10.18 疾,君視之,東首①,加朝服,拖紳②。

【譯文】孔子病了,國君來看望,他便頭頂朝東,把朝服蓋在身上,拖著大帶。

【注釋】①東首:頭頂朝東。首,腦袋,這裏活用爲動詞。《禮記·玉藻》:"君子之居恒當户,寢恒東首。"《尚書·顧命》疏:"《喪大記》云:疾病,外内皆埽。君大夫徹懸,士去琴瑟。寢東首於北牖下。"由此看來,不管平時還是得病時,都頭頂朝東,但病時須睡在卧室朝北的窗下。唐寫本《論語》鄭玄注:"疾時寢室中北牖下也。"(得病時睡在卧室朝北的窗下)　②加朝服,拖紳:皇侃《義疏》説,"加朝服"是將朝服披蓋在孔子身上。紳,束在腰間的大帶;束後,其多餘部分垂下來。

10.19 君命召,不俟駕行矣。

【譯文】國君有令召見,孔子不等車套好,立刻先步行。

10.20 入太廟,每事問。①

【注釋】①見3.15。

10.21 朋友死,無所歸,曰:"於我殯①。"

【譯文】朋友死亡,没有親人收斂,孔子説:"喪事由我來操辦。"

【注釋】①殯:停放靈柩,或埋葬。這裏指整個喪事的操辦。

10.22 朋友之饋,雖車馬,非祭肉,不拜①。

【譯文】接受朋友的饋贈時,即便是車馬,只要不是祭肉,也不行拜禮。

【注釋】①孔安國説:"不拜者,有通財之義也。"朱熹《集注》説:"祭肉則拜者,敬其祖考,同於己親也。"綜上,朋友之間財物可互通;而朋友饋贈的祭祖之肉,拜之,就是敬對方的祖宗,如同敬自己的雙親。

10.23 寢不尸,居不容①。

【譯文】孔子睡覺不像死屍一樣[仰面朝天躺著];日常起居,也不總保持端莊的儀容。

【注釋】①居不容:應爲"居不客",意爲日常起居不必如做客般保持儀容。詳見本節《考證》。

【考證】居不容:

《經典釋文》:"居不容,苦百反,本或作'客',羊凶反。""苦百反"即是"客"的反切。唐石經亦作"居不客"。"容""客"字形相近,較易混淆。如王弼本《老子》十五章"儼兮其若容"之"容",河上本、傅奕本、帛書本、竹簡本均作"客"。且"客"與下句"渙兮若冰之將釋"之"釋"同爲入聲鐸部字而協韻。據我們考察,"容"在先秦典籍中,其容受、容納義及其引申義可以、允許義是常用義,而容貌、儀容義(名詞)活用爲動詞(如《史記·刺客列傳》之"士爲知己者死,女爲説己者容")則十分罕見。而"客"活用爲動詞並不罕見。其他典籍中,我們雖未見"不客",但其肯定形式"客之"則有見之(參見17.15《考證》二)。如《墨子·耕柱》:"子墨子游荆耕柱子於楚。二三子過之,食之三升,客之不厚。二三子復於子墨子曰:'耕柱子處楚無益矣!二三子過之,食之三升,客之不厚。'""客之不厚"即待客不客氣。所以我們從《經典釋文》與唐石經。居不客者,日常起居不必如做客般保持儀容也。(91)

10.24 見齊衰者,雖狎①,必變。見冕者與瞽者,雖褻②,必以貌。凶服者式之③。式負版者④。有盛饌⑤,必變色而作。迅雷風烈必變⑥。

【譯文】孔子看見穿齊衰孝服的人，即使是親近的人，也一定改變儀容，[以示同情。]看見戴著禮帽和瞎了眼睛的人，即使是經常見面的人，也一定有禮貌。在車中遇見穿著喪服的人，便手伏車前的橫木，[俯身，以示同情。]遇見背負國家圖籍的人，也手伏車前橫木。他人以豐盛美食款待，一定改變儀容，起立示敬。遇見疾雷、大風，一定改變儀容。

【注釋】①狎：親近，關係密切，玩得好。　②褻：本義是居家常穿的衣服，貼身內衣；引申爲熟悉，親近。何晏《集解》引周生烈說："謂數（shuò，屢屢，經常）相見。"　③式：通"軾"，古代車輛前的橫木叫"軾"，這裏活用爲動詞，用手伏軾，表示同情。《禮記·檀弓下》："孔子過泰山側，有婦人哭於墓者而哀，夫子式而聽之。使子路問之曰：'子之哭也，壹似重有憂者。'而曰："然，昔者吾舅死於虎，吾夫又死焉，今吾子又死焉。'"　④負版：背負國家圖籍。　⑤有盛饌，必變色而作：何晏《集解》引孔安國說："敬主人之親饋也。"可見不是赴宴，而是別人送來的美食。　⑥迅雷風烈：即"迅雷烈風"。《禮記·玉藻》："若有疾風迅雷甚雨，則必變，雖夜必興，衣服冠而坐。"

10.25 升車，必正立，執綏①。車中，不內顧，不疾言，不親指②。

【譯文】孔子上車時，一定先端端正正地站在車旁，然後拉著扶手帶[登車]。到了車上，不向內回顧，不快速說話，不用手指指點點。

【注釋】①綏：拉著它來上車的繩子，作用如同當今火車、汽車車門上的把手。　②不親指：不自顧自地指指點點。親，親自。皇侃《義疏》："車上既高,亦不得手有所親指點,爲惑下人也。"

10.26 色斯舉矣①,翔而後集。曰:"山梁雌雉,時哉時哉!"子路共之②,三嗅而作。③

【譯文】[孔子一行在山谷中行走,看見幾隻野雞。]野雞似乎覺得來者不善,馬上飛向天空,盤旋一陣,又都停在一處。孔子説:"這些山梁上的母野雞,得其時啊!得其時啊!"子路[理會錯了孔子的意思,張網將牠們捕獲,]煮熟呈上給孔子吃,孔子聞了幾下,站起身[不吃牠]。

【注釋】①色斯舉矣:何晏《集解》引馬融説:"見顏色不善則去之。" ②共:何晏《集解》:"共具之。""共具"是伺候吃飯的意思。《史記·田敬仲完世家》:"衛君辟宮舍之,稱臣而共具。"《荆燕世家》:"田生盛帷帳共具,譬如列侯。"《吕氏春秋·季秋紀》:"故子路揜雉而復釋之。"揜(yǎn):張羅而捕取之。　③這段文字古今注者蜂起,仁智互見;而較早的鄭玄之説和何晏之説相近,我們暫從之。唐寫本《論語》鄭玄注:"孔子山行,見雌雉食其粱粟,無有驚害之态,故曰:'時哉時哉!'——感而自傷之言也。子路失其義,謂可捕也。乃捕而煞之,烹而進之。'三嗅之'者,不以微見人過。既嗅之而起,不食之。"何晏《集解》:"言山梁雌雉得其時,而人不得其時,故嘆之。子路以其時物,故共具之。非本意,不苟食,故三嗅而作。作,起也。"綜合鄭、何的説法,大意是,孔子見山梁之雌雉逍遥自在地吃著粱粟,於是嘆道:"時哉!時哉!"也就是羨慕這鳥能享受太平時光的意思。子路卻會錯了意,以爲孔子説現在正是捕鳥的好時機。於是捕而殺之並煮熟呈上。孔子不想因微小的過錯而使子路難堪,便拿著碗聞了幾下,接著站起來,並不吃牠。

先進篇第十一

共二十六章(朱熹《集注》把第二、第三兩章合併爲一章。劉寶楠《正義》則把第十八、第十九和第二十、第二十一章各併爲一章)

11.1 子曰:"先進於禮樂,野人也;後進於禮樂①,君子也;如用之,則吾從先進。"

【譯文】孔子説:"先學習禮樂的,即使是野人;後學習禮樂的,即使是君子,如果讓我選用人才,會主張選用先學習禮樂的人。"

【注釋】①先進,後進:《經典釋文》在本章"先進"二字下注云:"包云謂'仕'也,鄭云謂'學'也。"我們從鄭玄説,即"先進""後進"是先學後學的意思。"先進於禮樂,野人也;後進於禮樂,君子也"是一種假設。《論語》文風質樸,往往不用表示假設的連詞如"若""則"等:"(若)道之以政,齊之以刑,民免而無恥。(若)道之以德,齊之以禮,有恥且格。"(《論語·爲政》)"不憤(則)不啓,不悱(則)不發。"(《述而》)"益者三友,損者三友。(若)友直,友諒,友多聞,(則)益矣。(若)友便辟,友善柔,有便佞,(則)損矣。"(《季氏》)本章意思是説,即便是野老農夫,只要他學習了禮樂,我也要用他;意在強調學習禮樂的重要。

11.2 子曰:"從我於陳、蔡者①,皆不及門也②。"

【譯文】孔子説:"跟著我在陳國、蔡國之間忍飢挨餓的人,如今都不在我這兒了。"

【注釋】①從我於陳、蔡："從"舊讀去聲。《史記·孔子世家》云："吳伐陳，楚救陳，軍于城父。聞孔子在陳、蔡之間，楚使人聘孔子，孔子將往拜禮。陳、蔡大夫謀曰：'孔子賢者，所刺譏皆中諸侯之疾，今者久留陳、蔡之間，諸大夫所設行皆非仲尼之意。今楚，大國也，來聘孔子。孔子用於楚，則陳、蔡用事大夫危矣。'於是乃相與發徒役圍孔子於野。不得行，絕糧。從者病，莫能興。……於是使子貢至楚。楚昭王興師迎孔子，然後得免。" ②不及門：不上門，不在我這兒了。詳見本章《考證》。

【考證】不及門：

漢唐舊解"不及門"爲"不及仕進之門"或"不仕於卿大夫之門"，如鄭玄説："言弟子從我而厄於陳蔡者，皆不及仕進之門而失其所也。"朱熹《集注》卻説："孔子嘗厄於陳蔡之間，弟子多從之者。此時皆不在門，故孔子思之，蓋不忘其相從於患難之中也。"先秦兩漢典籍中"及門"均謂到達門邊。如："周顗先入，及門，遇疾而死。"(《左傳·僖公三十年》)"子路入，及門，公孫敢門焉，曰：'無入爲也。'"(《哀公十五年》)所以應當理解爲"不上門"，意譯爲"來不了了"。朱熹説"此時皆不在門"，近之。(92)

11.3 德行：顏淵，閔子騫，冉伯牛，仲弓。言語：宰我，子貢。政事：冉有，季路。文學①：子游，子夏。

【譯文】[學生中]德行好的有：顏淵、閔子騫、冉伯牛、仲弓；會説話的有：宰我、子貢。善於從政的有：冉有，季路。熟悉古代文獻的有：子游、子夏。

【注釋】①文學：古代文獻。

11.4 子曰："回也非助我者也，於吾言無所不説。"

【譯文】孔子説："顏回呀，不是個有助於我的人，因爲他對我説的話從没有不喜歡過。"

11.5 子曰:"孝哉閔子騫!人不間於其父母昆弟之言①。"

【譯文】孔子說:"真孝順哪,閔子騫!別人對他爹娘兄弟讚頌他的話沒有不認同的。"

【注釋】①間(jiàn):異,不同。這裏可譯爲"不認同""有異議"。

11.6 南容三復白圭①,孔子以其兄之子妻之。

【譯文】南容反復誦讀"白圭"之詩,孔子便把自己的姪女嫁給他。

【注釋】①白圭:白圭詩,共四句,見於《詩經·大雅·抑》:"白圭之玷,尚可磨也;斯言之玷,不可爲也。"意思是白圭的污點還可以磨掉,我們言語中的污點卻無法去掉。大概南容是個謹慎的人,能做到"邦有道,不廢;邦無道,免於刑戮"。(5.2)

11.7 季康子問弟子孰爲好學。孔子對曰:"有顏回者好學,不幸短命死矣,今也則亡。"

【譯文】季康子詢問學生中誰好學。孔子答道:"有一個叫顏回的人好學,不幸短命死了,現在再沒有這樣的人了。"

11.8 顏淵死,顏路請子之車以爲之椁①。子曰:"才不才,亦各言其子也。鯉也死②,有棺而無椁。吾不徒行以爲之椁③。以吾從大夫之後④,不可徒行也。"

【譯文】顏淵死了,顏路請求孔子賣掉車子爲顏淵置辦外椁。

孔子說:"不管有才或是無才,總歸是爲了自己的兒子。我的兒子鯉死時,也只有棺,而沒有椁。我不能[賣掉車子]步行來爲他買椁。因爲我也曾隨行於大夫行列之後,是不能够步行的。"

【注釋】①顏路請子之車以爲之椁(guǒ):顏路,顏回之父,據《史記·仲尼弟子列傳》,名無繇,字路,也是孔子學生。椁,也作"槨"。古代大官棺木至少用兩層,裏面的一層叫做"棺",外面的一層叫做"椁",此所謂"内棺外椁"。　②鯉也死:鯉,字伯魚,年五十死,那時孔子年七十。　③徒行:無所憑依而行,指無車而行,即徒步而行。徒,空,無所憑依。詳見本章《考證》。　④從大夫之後:孔子曾任魯國司寇(司法部長),是大夫。說這話時,孔子已經去位多年。他説"吾從大夫之後"(在大夫行列之後隨行),是一種謙遜的表達。

【考證】徒行:

　　徒,空,無所憑依。《禮記·王制》:"君子耆老不徒行,庶人耆老不徒食。"鄭玄注:"徒,猶'空'也。"《論語》時代的典籍中,當"徒"用爲狀語時,都是"空""徒然"的意思,如:"齊師徒歸。"(《左傳·襄公二十五年》)"徒善不足以爲政,徒法不能以自行。"(《孟子·離婁上》)"子之從於子敖來,徒餔啜也。"(同上)"徒取諸彼以與此,然且仁者不爲,況於殺人以求之乎?"(《告子下》)"吾豈將徒殺之?吾將以公子重耳代之。"(《國語·晉語三》)"諸臣之委室而徒退者,將與幾人?"(《晉語六》)"主其許之先,無以待危,然而不可徒許也。"(《吳語》)徒行,無所憑依而行,指無車而行,即徒步而行。(93)

11.9 顏淵死。子曰:"噫!天喪予!天喪予!"

【譯文】顏淵死了,孔子說:"唉!老天要我死啊!老天要我死啊!"

11.10 顏淵死,子哭之慟①。從者曰:"子慟矣!"曰:"有慟乎?非夫人之爲慟而誰爲②?"

【譯文】顏淵死了,孔子哭他,痛不欲生。跟隨的人說:"您傷心過度了!"孔子説:"真傷心過度了嗎？我不爲那人痛不欲生,又爲誰痛不欲生呢!"

【注釋】①慟(tòng):哀傷過度。　②非夫(fú)人之爲慟而誰爲:"非夫人之爲慟"是"非爲夫人慟"的倒裝形式。夫人,那人。之,複指"夫人",有幫助倒裝的作用。所謂"倒裝",是從現代漢語的角度看的。上古漢語,如果介詞或者動詞的賓語是疑問代詞,該賓語一般都放在介詞或者動詞之前;"誰爲"即如此。又如,"吾誰欺？欺天乎!"(9.12)

11.11 顔淵死,門人欲厚葬之①。子曰:"不可。"門人厚葬之。子曰:"回也視予猶父也,予不得視猶子也。非我也,夫二三子也。"

【譯文】顔淵死了,學生們想要厚葬他。孔子説:"不可以。"

　　學生們仍然厚葬了他。孔子説:"顔回呀,你看待我如同父親,我卻做不到看待你如同兒子。這不怪我呀,是你那些同學幹的呀。"

【注釋】①厚葬:根據《禮記·檀弓》所記載孔子的話,喪葬的厚薄應該根據家庭的貧富程度量力而爲。如果家富,也不能"過禮";家貧,則"斂首足形,還葬,縣棺而封"。顔回家貧而厚葬,依孔子看來,是不應該的;因此這些話有責備那些主持葬禮的學生之意。

11.12 季路問事鬼神。子曰:"未能事人,焉能事鬼？"曰:"敢問死。"曰:"未知生,焉知死？"

【譯文】子路問服事鬼神的方法。孔子説:"活人還服事不過來,怎能去服事死人？"

　　子路又説:"我冒昧地問一下,死是怎麽回事。"孔子説:"生的道理還弄不明白,哪裏知道死是怎麽回事?"

11.13 閔子侍側,誾誾如也;子路,行行如也①;冉有、子貢,侃侃如也。子樂。"若由也,不得其死然②。"

【譯文】閔子騫站在孔子身邊,顯得恭敬又正直;子路顯得很剛强;冉有、子貢顯得温和又快樂。孔子很高興,但後來又說:"像仲由這樣的,怕是不得好死。"

【注釋】①行(hàng)行:剛强的樣子。　②不得其死然:得死,當時俗語,得善終之謂。《左傳·僖公十九年》:"得死爲幸。"《襄公二十八年》:"君小國事大國,而惰傲以爲己心,將得死乎？若不免,必由其子。"《哀公十六年》:"得死,乃非我。"不得死,就是今所謂"不得好死"。《襄公二十九年》:"子其不得死乎？好善而不能擇人。"然,語氣詞,同"焉"。

11.14 魯人爲長府。閔子騫曰:"仍舊貫,如之何？何必改作①?"子曰:"夫人不言,言必有中。"

【譯文】魯國人翻修叫做長府的金庫。閔子騫說:"照著老樣子下去怎麽樣？爲什麽一定要翻修呢？"孔子說:"那人平日不大説話,一説就説到點子上。"

【注釋】①爲長府……何必改作:鄭玄説:"長府,藏名也。藏貨財曰府。仍,因也。貫,事也。因舊事則可也,何乃復更改作?"也就是說,"長府"是倉庫的名稱,"仍"是因襲的意思。

11.15 子曰:"由之瑟奚爲於丘之門①?"門人不敬子路。子曰:"由也升堂矣,未入於室也②。"

【譯文】孔子説:"仲由鼓瑟,爲什麽在我這兒來弄呢?"學生們因此瞧不起子路。孔子又説:"由嘛,已經登上堂了,只是還沒有進入室中。"

【注釋】①瑟(sè):古代的樂器,和琴同類。《説苑·脩文》:"子路鼓瑟,有北鄙之声。孔子聞之曰:'信矣,由之不才也。'"　②升堂入室:這是比喻。"堂"是正廳,"室"是内室。先入門,次升堂,最後入室,比喻學習的層次或階段。"入室"好比今天所謂"到家",如"這個人學問真是做到家了"。只是"升堂入室"是比喻子路鼓瑟的技藝呢,還是指他的學問呢,或二者兼有呢,卻不得而知了。

11.16 子貢問師與商也孰賢。子曰:"師也過,商也不及。"曰:"然則師愈與?"子曰:"過猶不及。"

【譯文】子貢詢問,顓孫師和卜商俩人,誰强一些。孔子説:"師呢,有時做得過頭了;商呢,有時好像趕不上。"子貢説:"那麽,師强一些嗎?"孔子説:"做得過頭和趕不上是一樣的。"

11.17 季氏富於周公①,而求也爲之聚斂而附益之②。子曰:"非吾徒也。小子鳴鼓而攻之,可也。"

【譯文】季氏比周公還富,冉求又爲他搜刮,來增加更多的財富。孔子説:"冉求不再是我的弟子了,弟子們大可以堂堂正正地攻擊他。"

【注釋】①周公:指周公旦,不是泛指當時在周天子左右作卿士的人,如周公黑肩、周公忌父、周公閲等人。詳見本章《考證》。　②聚斂而附益之:事實參見《左傳·哀公十一年》和《十二年》。季氏要用田賦制度,增加賦税,使冉求徵求孔子的意見,孔子主張"施取其厚,事舉其中,斂從其薄"。但冉求仍舊聽從季氏,實行田賦制度。

【考證】周公：

指周公旦。"周公"一詞專指周公旦，還是泛指在周天子左右作卿士的人，如周公黑肩、周公忌父、周公閲之類，有不同説法。據我們全面考察，如指周公旦的後人之在周天子左右作卿士者，如周公黑肩、周公忌父、周公閲之類，1.必須有同位語如"黑肩""忌父""閲"等，或者"周公"作"宰"的同位語。2.如非上述情形，則必須可以根據上下文能明顯判斷此一"周公"乃是後世的而非周公旦者。前者如："周公黑肩將左軍，陳人屬焉。"（《左傳·桓公五年》）"周公忌父出奔虢。"（《莊公十六年》）"夏四月，周公忌父、王子黨會齊隰朋立晉侯。"（《僖公十年》）"秋，頽叔、桃子奉大叔，以狄師伐周，大敗周師，獲周公忌父、原伯、毛伯、富辰。"（《僖公二十四年》）"冬，王使周公閲來聘。"（《僖公三十年》）"十四年春，頃王崩。周公閲與王孫蘇爭政，故不赴。"（《文公十四年》）"夏，公會宰周公、齊侯、宋子、衞侯、鄭伯、許男、曹伯于葵丘。"（《僖公九年》）"冬，天王使宰周公來聘。"（《僖公三十年》）"葵丘之會，獻公將如會，遇宰周公。"（《國語·晉語二》）後者如："周公欲弒莊王而立王子克。辛伯告王，遂與王殺周公黑肩。王子克奔燕。初，子儀有寵於桓王，桓王屬諸周公。辛伯諫曰：'並后、匹嫡、兩政、耦國，亂之本也。'周公弗從，故及。"（《左傳·桓公十八年》）"昔辛伯諗周桓公云：'内寵並后，外寵二政，嬖子配嫡，大都耦國，亂之本也。'周公弗從，故及於難。"（《閔公二年》）"秋，諸侯盟。王使周公召鄭伯。"（《僖公五年》）"周公將與王孫蘇訟于晉，王叛王孫蘇，而使尹氏與聃啓訟周公于晉。"（《文公十四年》）"周公楚惡惠、襄之偪也，且與伯與爭政，不勝，怒而出。"（《成公十一年》）"十二年春，王使以周公之難來告。書曰：'周公出奔晉。'"（《成公十二年》）如不屬於上述情形而"周公"徑直出現者，則必爲周公旦。如："周公殺管叔而蔡蔡叔，夫豈不愛？王室故也。"（《左傳·昭公元年》）"周公其不饗魯祭乎！周公饗義，魯無義。"（《昭公十年》）"天禄不再，天若胙君，不過周公，以魯足矣。"（《昭公二十五年》）"周公"於《論語》出現四次，其餘三次均徑直出現，也都指周公旦："久矣吾不復夢見周公。"(《述而》)"如有周公之才之美,使驕且吝,其餘不足觀也已。"(《泰伯》)"周公謂魯公曰:'君子不施其親……'"(《微子》)因此,我們以爲,本章的"周公"指周公旦的可能性較高。另外,北大哲學系工農兵《論語批注》(中華書局 1974 年)説這章的"周公"是"周朝的公侯"。(94)

11.18 柴也愚①,參也魯②,師也辟③,由也喭④。

【譯文】高柴愚笨,曾參遲鈍,顓孫師偏激,仲由魯莽。

【注釋】①柴:高柴,字子羔,孔子學生,比孔子小三十歲(公元前 521—?)。②魯:愚鈍。③辟(pì):偏激。④喭(yàn):粗魯,魯莽。

11.19 子曰:"回也其庶乎①?屢空②。賜不受命③,而貨殖焉,億則屢中。"

【譯文】孔子説:"顏回的學問道德差不多了吧?可是常常窮得没有辦法。端木賜不能完全領會我的學説,而囤積投機,猜測行情,竟每每猜對了。"

【注釋】①回也其庶乎:意謂顏回(的學問)大概差不多了吧。庶,相當"庶幾","差不多"的意思,一般用在稱讚的場合。詳見本章《考證》(一)。②屢空:常常空乏困頓。詳見本章《考證》(二)。　③賜不受命:謂端木賜不能很好領會孔子教給他的。詳見本章《考證》(三)。

【考證】(一)回也其庶乎:

　　這段話古今諸家多在"其庶乎"後一讀,但明代郝敬《論語詳解》卻將下句"屢空"與之連讀,作"其庶乎屢空"。李零《喪家狗》、黃懷信《論語匯校集釋》(上海古籍出版社 2008 年)從之。李零説:"一般理解,話分兩段:上段講顏回,説顏回聽天由命,安貧樂道,幾乎達到道德的最高境界,但兩手空空,很窮;下段講子貢,説子貢不安於命,但做起買賣來,對市場行情,一猜一個準,反而發大財。但這樣解釋,上下沒有對稱性。明郝敬説,'其庶乎屢空'當作一句讀,很正確。我懷疑,'庶'是'度'的通假字。'度'音 duó,有測度、意度之意,字形與'庶'有關,……讀音極爲相近,疑是通假字。'度'與'臆'同義,'屢空'與'屢中'相反,前後正好對稱,意思是説,顏回命舛,度事屢空,子貢相反,臆則屢中。"用所謂"上下沒有對稱性"爲由懷疑舊説,理由是不怎麼充分的。俞樾《古書疑義舉例》中"古人行文不嫌疏略例"言之甚詳,清人姚永概對此也有論述,此不贅。即使以"對稱性"來衡量,"回也其庶乎"對應"賜不受命","屢空"對應"億則屢中",何不對稱之有?果如李説,"回也其度乎屢空"誠然對應"賜……億則屢中",而"不受命而貨殖焉"又沒有著落了。

其實,先秦典籍中"……其庶乎""……其庶幾乎"所在多有,而且都在"乎"字後絶句;知此,則不至於無端生疑。例如:"臧文仲曰:'宋其興乎。禹、湯罪己,其興也悖焉;桀、紂罪人,其亡也忽焉。且列國有凶稱孤,禮也。言懼而名禮,其庶乎!'"(《左傳・莊公十一年》,沈玉成譯:"這就差不多了吧?")"平公曰:'晉其庶乎!吾臣之所争者大。'"(《襄公二十六年》,沈譯:"晉國差不多要大治了吧?")"宣子喜曰:'鄭其庶乎!二三君子以君命貺起,賦不出鄭志,皆昵燕好也。'"(《昭公十六年》,沈譯:"鄭國差不多要强盛了吧?")"王之好樂甚,則齊其庶幾乎!今之樂猶古之樂也。"(《孟子・梁惠王下》,楊伯峻先生譯:"那齊國便會很不錯了。")《易經・繫辭下》記載了孔子贊揚顏回的一段話,尤可與"回也其庶乎"互證:"子曰:'顏氏之子,其殆庶幾乎?有不善未嘗不知,知之未嘗復行也。'"庶,相當"庶幾","差不多"的意思,一般用在稱贊的場合。(95)

(二)屢空:

俞樾《群經平議》説"屢"當讀如"婁","婁空"意謂"通達無滯"。黄懷信據此也將"回也其庶乎屢空"作一句讀。其實,先秦文獻中,"婁空""廔空"未之一見;只有《莊子・秋水》"不似礨空之在大澤乎"似乎挨點邊,但"礨空"或釋爲蟻穴,或釋爲"螺孔"(于省吾説:"敝居名'澤螺'即取義於此。"見拙編《積微居友朋書札》,湖南教育出版社1986年);而"屢+單音節動詞或形容詞"則很多。《詩經·小雅·巧言》:"君子屢盟,亂是用長。"《左傳·成公十六年》:"晉韓厥從鄭伯,其御杜溷羅曰:'速從之?其御屢顧,不在馬,可及也。'"《國語·晉語四》:"余於伯楚屢困,何舊怨也?"《墨子·尚賢中》:"所欲不得,而所憎屢至,自古及今,未嘗能有以此王天下、正諸侯者也。"《易經·繫辭下》:"《易》之爲書也不可遠,爲道也屢遷,變動不居。"本章前言"屢空",後言"屢中",尤能説明問題。

除了俞樾讀"屢空"爲"婁空"外,"空"也有二解。何晏《集解》説:"言回庶幾聖道,雖數空匱而樂在其中矣。……一曰,空,猶虛中也。……其於庶幾每能虛中者,惟回懷道深遠,不虛心不能知道。"空,本義指空間的空曠、空虛,引申爲貧乏。例如:"故善爲政者,田疇墾而國邑實,朝廷閒而官府治,公法行而私曲止,倉廩實而囹圄空,賢人進而奸民退。"(《管子·五輔》)更常見的是"空虛":"今吳民既罷,而大荒荐饑,市無赤米,而囷鹿空虛,其民必移就蒲嬴於東海之濱。"(《國語·吳語》)"不信仁賢,則國空虛。"(《孟子·盡心下》)"室無空虛,則婦姑勃豀。"(《莊子·外物》)"而或以無禮節用之,則必有貪利糾譑之名,而且有空虛窮乏之實矣。"(《荀子·富國》)所以,何晏前解"空匱"是可取的。《史記·伯夷列傳》:"回也屢空,糟糠不厭,而卒蚤夭。""糟糠不厭"意謂糟糠都吃不飽,實際是對"屢空"的補充解釋。而解"空"爲"虛中",即心中空虛,已經拐了個大彎;再解"虛中"爲"懷道深遠",又拐了個大彎;且於文獻無徵。先秦文獻中,我們從未見到"空"表示"懷道深遠"之例。所以,何晏後一説,實在没什麽道理。(96)

(三)賜不受命:

這句話古今有多種解釋,關鍵在對"命"字涵義的理解不同。何晏《集解》説:"賜不受教命,惟財貨是殖,億度是非。"其"一曰"又説:"不受命"是"非天命"。皇侃《義疏》同。王充《論衡》的《率性》《問孔》和《知實》也説所謂"不受命"爲"不受天之富命"。朱熹《集注》也説:"命,謂天命。"王弼説:"命,爵命也。"(王説見皇侃《義疏》)俞樾《群經平議》則引《吕氏春秋·士容論》"凡民自七尺以上,屬諸三官:農攻粟,工攻器,賈攻貨"爲説,言"若夫不受命於官而自以其財市賤鬻貴,逐什一之利,是謂不受命而貨殖"。

我們全面考察了《左傳》《禮記》二書中的全部"受命"幾十處用例,所謂"受命",泛指接受上對下的指令,特指接受上天或祖先或君主的命令。也有接受指教的,如:"公使展喜犒師,使受命于展禽。"(《左傳·僖公二十六年》)"秋,齊陳瓘如楚。過衛,仲由見之,曰:'天或者以陳氏爲斧斤,既斲喪公室,而他人有之,不可知也。其使終饗之,亦不可知也。若善魯以待時,不亦可乎?何必惡焉?'子玉曰:'然,吾受命矣,子使告我弟。'"(《哀公十五年》)因此我們傾向於何晏的前一解釋,但我們以爲應理解爲子貢未能完全領會孔子學説的精神實質。

《史記·孔子世家》的下列記載或許能印證此説:"子貢入見。孔子曰:'賜,《詩》云"匪兕匪虎,率彼曠野"。吾道非邪?吾何爲於此?'子貢曰:'夫子之道至大也,故天下莫能容夫子。夫子蓋少貶焉?'孔子曰:'賜,良農能稼而不能爲穡,良工能巧而不能爲順。君子能脩其道,綱而紀之,統而理之,而不能爲容。今爾不脩爾道而求爲容。賜,而志不遠矣!'子貢出,顔回入見。孔子曰:'回,《詩》云"匪兕匪虎,率彼曠野"。吾道非邪?吾何爲於此?'顔回曰:'夫子之道至大,故天下莫能容。雖然,夫子推而行之,不容何病,不容然後見君子!夫道之不脩也,是吾醜也。夫道既已大脩而不用,是有國者之醜也。不容何病,不容然後見君子!'孔子欣然而笑曰:'有是哉,顔氏之子!使爾多財,吾爲爾宰。'"當孔子問顔回,我的主張錯誤嗎?我爲什麼落到這步田地呢?顔回答道,您的主張不被容納,才能顯出您是真君子。孔子曾説:"鳥獸不可與同群,吾非斯人之徒與而誰與?天下有道,丘不與易也。"(《微子》)所以顔回的回答深得孔子之心,以致開玩笑説你如果發了財,我到你家做管家。而子貢面臨同樣的問題,卻希望孔子能降低標準,以求被容納,孔子因此批評子貢志向不大遠。(97)

11.20 子張問善人之道①。子曰:"不踐迹,亦不入於室②。"

【譯文】子張問怎樣才是善人。孔子説:"善人,不會踩著別人的脚印走,學問道德也没有完全到家。"

【注釋】①善人:標準低於"聖人"的好人。《論語》三次論及"善人",可將這章和7.26、13.11兩章互參。　②入於室:猶言"學問做到了家"。本篇第十五章:"由也升堂矣,未入於室也。"

11.21 子曰:"論篤是與①,君子者乎②? 色莊者乎?"

【譯文】孔子説:"總是推許言論篤實的人,是君子一類的人呢? 還是僅僅表情上莊重的人呢?"

【注釋】①論篤是與:這是"與論篤"的倒裝形式,"是"是幫助倒裝之用的代詞,和"唯你是問""唯利是圖"的"是"用法相同。"與",許也。"論篤"就是"論篤者"的意思。　②君子者:君子一類的人。參見6.12《考證》。下文"色莊者"與之類似。

11.22 子路問聞斯行諸。子曰:"有父兄在,如之何其聞斯行之?"冉有問聞斯行諸。子曰:"聞斯行之。"公西華曰:"由也問聞斯行諸,子曰'有父兄在',求也問聞斯行諸,子曰'聞斯行之'。赤也惑,敢問。"子曰:"求也退,故進之;由也兼人,故退之①。"

【譯文】子路詢問是否聽到就幹起來。孔子説:"父兄還健在,怎麽能聽到就幹起來?"冉有詢問是否聽到就幹起來。孔子説:"聽到就幹起來。"公西華説:"仲由問聽到就幹起來嗎,您説:'父兄還健在,[不能這樣做;]'冉求問聽到就幹起來嗎,您説:'聽到就幹起來。'我感到困惑,斗膽問問。"孔子説:"冉求平日謙虚退讓,所以我鼓勵他向前;仲由的幹勁卻有兩個人的大,力求勝過別人,所以我要拖拖他後腿。"

【注釋】①求也退……故退之:鄭玄説:"言冉有性謙退,子路務在勝尚人,各因其人之失而正之。"勝尚人,勝過、超越別人。

11.23 子畏於匡,顏淵後。子曰:"吾以女爲死矣。"曰:"子在,回何敢死?"

【譯文】孔子在匡地被圍時,顏淵最後才趕來。孔子説:"我還以爲你死了呢。"顏淵説:"老師您還健在,顏回怎麽敢死呢?"

11.24 季子然問仲由、冉求可謂大臣與①。子曰:"吾以子爲異之問,曾由與求之問。所謂大臣者,以道事君,不可則止②。今由與求也,可謂具臣矣③。"曰:"然則從之者與?"子曰:"弑父與君,亦不從也。"

【譯文】季子然詢問仲由和冉求是否可以説是大臣了。孔子説:"我還以爲你是問別人,原來是問由和求哇。所謂大臣,憑道義侍奉君主,如果行不通,就辭職不幹。如今由和求呢,可以説是初具資格的臣屬了。"

季子然又説:"那麽,他們會唯命是從嗎?"孔子説:"弑父弑君之事,他們也不會服從的。"

【注釋】①季子然:大約是季氏的同族之人,《史記·仲尼弟子列傳》作"季孫"。 ②不可則止:謂道不行,則停止事君。他如:"忠告而善道之,不可則止。"(《顏淵》)謂忠告而善導無效,則停止忠告,善導之。"命救火者傷人則止。"(《左傳·哀公三年》)謂救火者受傷則停止救火也。"天之所欲則爲之,天所不欲則止。"(《墨子·法儀》)謂天所不欲則停止"爲之"也。"入則鳴,不入則止。"(《莊子・人間世》)謂不入則止鳴也。　③具臣:何晏《集解》引孔安國説:"言備臣數而已。"即初具資格的臣子。詳見本章《考證》。這一章可以和孔子不以仁許仲由冉求公西赤章(5.7)以及季氏旅泰山冉有不救章(3.6)、季氏伐顓臾冉有子路見於孔子章(16.1)合參。

【考證】具臣:

何晏《集解》引孔安國説:"言備臣數而已。"楊伯峻《譯注》譯"具臣"爲"具有相當才能的臣屬",則是理解此一"具"爲才能、才具義,但"具"的此一意義産生甚晚,約在南北朝以後,字典載之甚明,故不從之。(98)

11.25 子路使子羔爲費宰。子曰:"賊夫人之子①。"子路曰:"有民人焉,有社稷焉,何必讀書,然後爲學?"子曰:"是故惡夫佞者。"

【譯文】子路叫子羔去費縣做縣長。孔子説:"這會坑了那裏人的子女!"子路説:"那地方有芸芸衆生,有土神穀神,爲什麽一定要讀書才叫做學習呢?"孔子説:"所以説,我討厭巧舌如簧的人。"

【注釋】①賊夫人之子:何晏《集解》引包咸説:"子羔學未熟習而使爲政,所以爲'賊害'也。"賊,戕害。夫人,那人。夫,遠指代詞,略等於現代漢語的"那"。

11.26 子路、曾晳①、冉有、公西華侍坐。子曰:"以吾一日長乎爾,毋吾以也②。居則曰③:'不吾知也!'如或知爾,則何以哉?"

子路率爾而對曰:"千乘之國,攝乎大國之間,加之以師旅,因之以饑饉;由也爲之,比及三年④,可使有勇,且知方也⑤。"夫子哂之。

"求！爾何如？"對曰："方六七十⑥，如五六十⑦，求也爲之，比及三年，可使足民。如其禮樂，以俟君子。"

"赤！爾何如？"對曰："非曰能之，願學焉。宗廟之事，如會同，端章甫⑧，願爲小相焉⑨。"

"點！爾何如？"

鼓瑟希，鏗爾，舍瑟而作⑩，對曰："異乎三子者之撰。"

子曰："何傷乎？亦各言其志也。"曰："莫春者⑪，春服既成，冠者五六人，童子六七人，浴乎沂⑫，風乎舞雩⑬，詠而歸。"

夫子喟然歎曰："吾與點也！"

三子者出，曾晳後。曾晳曰："夫三子者之言何如？"子曰："亦各言其志也已矣。"曰："夫子何哂由也？"曰："爲國以禮，其言不讓，是故哂之。""唯求則非邦也與⑭？""安見方六七十如五六十而非邦也者？""唯赤則非邦也與？""宗廟會同，非諸侯而何？赤也爲之小，孰能爲之大？"

【譯文】子路、曾晳、冉有、公西華陪著孔子坐著。孔子説："不要因爲我比你們年長一點，就拘謹約束。你們常説：'人家不瞭解我呀！'假如有人瞭解你們，那你們打算怎麽做呢？"

子路不加思索地回答："一千輛兵車的國家，局促地夾在大國之間，外面有軍隊侵犯它，再加上國內的災荒；我去治理，只要三年光景，可使人人奮勇，而且懂得禮法。"孔子微微一笑。又問：「冉求，你怎麼樣？」回答説：「方圓六七十里或五六十里的小國，我去治理，只要三年光景，可使人人富足。至於怎樣做才合於禮樂，只好等待賢人君子了。」又問：「公西赤！你怎麼樣？」回答説：「不敢説一定行，我願意邊做邊學。祭祀的事，或與外國盟會，我願穿著禮服，戴著禮帽，做一個小司儀。」又問：「曾點！你怎麼樣？」曾皙鼓瑟正近尾聲，鏗鏘一聲，把瑟放下，站起來回答説：「我的志向和他們三位説的有所不同。」孔子説：「有什麼關係呢？不過是各人説説自己的志向罷了！」曾皙便説：「暮春三月，春天衣服也都置辦妥當了，我陪同五六個大人，六七個小孩，在沂水邊上洗洗澡，在舞雩臺上吹吹風，然後唱著歌回家。」孔子長歎一聲説：「我贊同曾點的主張啊！」子路、冉有、公西華三人都出去了，曾皙在後邊。曾皙説：「那三位同學的話怎樣？」孔子説：「不過是各人説説自己的志向，如此而已。」曾皙又説：「您爲什麼笑仲由呢？」孔子説：「治理國家講求禮讓，他説話卻一點也不謙虛，所以笑笑他。」「難道冉求所講的就不是國家嗎？」孔子説：「怎見得方圓六七十里或五六十里土地就不算是一個國家呢？」「公西赤所講的不是國家嗎？」孔子説：「有宗廟，有國際會盟，不是國家是什麼？如果他只做一小司儀，又有誰來做大司儀呢？」

【注釋】①曾皙：名點，曾參的父親，也是孔子的學生。　②毋吾以也：不要因我（年長而）……。毋，不要。詳見本章《考證》。　③居：平居，平日，平常。　④比（bǐ）：等到。　⑤知方：《經典釋文》引鄭玄注：「方，禮法也。」「方」有「方法」的意思，大約由方向義引申而來。《左傳・成公十八年》：「舉不失職，官不易方，爵不踰德，師不陵正，旅不偪師，民無謗言，所以復霸也。」《昭公二十九年》：「夫物，物有其官，官脩其方,朝夕思之."《國語·周語中》:"官不易方,而財不匱竭,求無不至,動無不濟."《孟子·萬章上》:"故君子可欺以其方,難罔以非其道."禮法義,又是方法義的引申。按,王引之《經義述聞》説"官不易方"之"方"爲"常",失察。　⑥方六七十:長寬各六七十里。　⑦如:或者。下文"如會同"的"如"也是如此。　⑧端章甫:端,古代禮服之名;章甫,古代禮帽之名。端章甫,此處活用爲動詞,穿戴著端和章甫的意思。⑨相(xiàng):主持禮儀者,司儀。　⑩舍(shě)瑟而作:作,起立,站起來。　⑪莫:"暮"的古字。　⑫沂:水名,源出山東鄒縣(近改名"鄒城市)東北,西流經曲阜與洙水合,入於泗水;也即《左傳·昭公二十五年》"季平子請待於沂上"的"沂"。但和當今的大沂河以及流入大沂河的小沂河都不相同。　⑬舞雩(yú):求雨用的祭壇,在今曲阜市城南。雩,《水經注》:"沂水北對稷門,一名高門,一名雩門。南隔水有雩壇,壇高三丈。即曾點所欲風處也。"　⑭唯:用在句首引出話題的助詞。

【考證】毋吾以也:

這句話有歧義。何晏《集解》引孔安國説:"言我問女,女無以吾長故難對也。"皇侃《義疏》解釋得更直白易懂:"言吾今一日年齒長大於汝耳,汝等無以吾年長而不敢言己志也。"朱熹《集注》類似,不引。但劉寶楠《正義》説:"以,用也。言此身既差長,已衰老,無人用我也。"劉説爲楊伯峻《譯注》所採納。綜上,孔安國將"以"釋爲介詞,"因爲"的意思;劉寶楠則釋其爲"用","吾以"是"用我"的意思。劉寶楠大約以爲此"毋吾以也"同《子路》的"雖不吾以"——後者是"雖然不用我"的意思。我們認爲,"以"理解爲"因爲"是對的:"以吾從大夫之後,不敢不告也。"(《憲問》)"雖然,以吾故也。"(《左傳·襄公二十六年》)"司馬以吾故,亡其良子。"(《昭公二十一年》)本章前面説"以吾一日長乎爾"(因爲我比你們年長一點),後面説"毋吾以也"(不要因我[年長而]……——"年長"上承前句而無須説出,省略號指可意會的"不敢説話""拘謹"等);因爲是否定句,代詞賓語

"吾"就提前到"以"的前面。我們的關鍵證據是，"毋"表禁止性否定，"不要"的意思；因此"毋吾以"和"不吾以"就有所不同。毋，又寫作"無"，孔安國、皇侃用"無"來對譯"毋"，當然沒有問題。而劉寶楠用"無人用我"來解釋"毋吾以"，卻是不妥的。"毋"是古明母字(m-)，近千年來口語中也寫作"莫"，依然是"不要"的意思。"無"也是古明母字，近千年來口語中也寫作"毛"(如劉貢父[一曰錢穆父]請蘇東坡吃"三毛"——鹽毛,蘿蔔毛,白米飯毛)、"没"、"冇"，依然是"没有"的意思。劉寶楠將"毋"理解爲"没有"，當然不對。《論語》中"毋"表禁止的例子如："毋意,毋必,毋固,毋我。"(《子罕》)"毋友不如己者。"(《子罕》)"忠告而善道之,不可則止,毋自辱焉。"(《顏淵》)本章的"毋"自不能例外。譯文中，我們把"毋"的對譯"不要"挪到前一句。(99)

顔淵篇第十二

共二十五章

12.1 顔淵問仁。子曰:"克己復禮爲仁①。一日克己復禮,天下歸仁焉②。爲仁由己,而由人乎哉?"

　　顔淵曰:"請問其目。"子曰:"非禮勿視,非禮勿聽,非禮勿言,非禮勿動。"

　　顔淵曰:"回雖不敏,請事斯語矣。"

【譯文】顔淵問仁德。孔子説:"克制自己,使言語行動都回復到'禮'的境界,就是仁。一旦這樣做成了,天下的人都會歸向仁德。實踐仁德,全靠自己,還靠別人嗎?"

　　顔淵説:"請問具體的條目。"孔子説:"不符合禮的,不看;不符合禮的,不聽;不符合禮的,不説;不符合禮的,不做。"

　　顔淵説:"我雖然不聰慧,也要實行您這話。"

【注釋】①克己復禮:《左傳·昭公十二年》:"仲尼曰:'古也有志:克己復禮,仁也。'"由此可見,孔子是將前人的話賦予了新的含義。　②天下歸仁:天下(的百姓)都將歸向仁德。詳見本章《考證》。

【考證】天下歸仁:

　　清代毛奇齡在其《論語稽求篇》中説:"'歸仁'即'稱仁'。"毛説不確。本章的"天下歸仁"和《孟子·離婁上》的"民之歸仁",其"歸仁"並無不同;因爲"天下"實際上是指天下百姓也即天下之民。《孟子·離婁上》:

"桀紂之失天下也,失其民也。……得其民有道:得其心,斯得民矣。得其心有道:所欲與之聚之,所惡勿施爾也。民之歸仁也,猶水之就下、獸之走壙也。"動詞"歸"是伴隨著移動的,具有"移動"這一義素;不管是"歸"的女子出嫁、返回、歸還、歸附、歸宿等義位,都具有這一義素。而上文"就下""走壙"的"就""走",同樣具有"移動"這一義素,這就有了可比性,所以能説"民之歸仁也,猶水之就下、獸之走壙也";如果是"稱",便沒有可比性了。而"民之歸仁"的"歸"顯然不可能是出嫁、返回、歸還、歸宿等,那就只能是"歸附"(歸向)了。

　　以《離婁》這段話爲紐帶,又可引出下列證據:"如有不嗜殺人者,則天下之民皆引領而望之矣。誠如是也,民歸之,由水之就下,沛然誰能禦之?"(《孟子·梁惠王上》)"叔向曰:'齊其何如?'晏子曰:'此季世也,吾弗知齊其爲陳氏矣!公棄其民,而歸於陳氏。……其愛之(陳氏)如父母,而歸之如流水,欲無獲民,將焉辟之?'"(《左傳·昭公三年》)"寡人聞,古之賢君,四方之民歸之,若水之歸下也。"(《國語·越語上》)"其與士交也,用財無筐篋之藏,國人負攜其子而歸之,若水之流下也。"(《晏子春秋·内篇問上第三》)"而百姓皆愛其上,人歸之如流水,親之歡如父母。"(《荀子·富國》)"有能化善、修身、正行、積禮義、尊道德,百姓莫不貴敬,莫不親譽……故民歸之如流水。"(《議兵》)"故義兵至,則鄰國之民歸之若流水,誅國之民望之若父母,行地滋遠,得民滋衆,兵不接刃而民服若化。"(《吕氏春秋·孟秋紀》)可見,民的歸向何處,就像水向下流一樣,是當時的習語。這裏的"歸",是歸附、歸向,它們都具有"移動"義素。上引《國語·越語上》"四方之民歸之,若水之歸下也"尤足以説明此點。以上諸例,足以證明《孟子·離婁上》"歸仁"的"歸"是歸附、歸向。如果沒有强有力的證據證明《論語·顔淵》"一日克己復禮,天下歸仁焉"的"歸仁"與《孟子·離婁上》的"歸仁"有所不同的話,我們只能認爲前者的"歸"也是歸附、歸向。因此,我們認同皇侃《義疏》所謂:"言人君若能一日克己復禮,則天下之民咸歸於仁君也。"(100)

12.2 仲弓問仁。子曰："出門如見大賓,使民如承大祭。己所不欲,勿施於人①。在邦無怨②,在家無怨③。"

仲弓曰:"雍雖不敏,請事斯語矣。"

【譯文】仲弓問什麽是仁。孔子説:"出門做事,如同接待貴賓般謹慎;役使百姓,如同承辦大典般小心。自己所不喜歡的,不要施加給別人。仕於諸侯不心生怨恨,仕於卿大夫也不心生怨恨。"

仲弓説:"我雖然不聰慧,也要實行您這話。"

【注釋】①己所不欲,勿施於人:這兩句又見15.24。李敖説:"又好比孔子説:'己所不欲,勿施於人。'可耶穌説:'把你喜歡的給別人。'同樣的一個觀念,耶穌就比孔子積極。你若是做這種文化上的對比,你會覺得挺好玩的。"(《南都周刊》2007.1.28:《專訪大師李敖:季羨林三頂桂冠都不及格》)但孔子又説"夫仁者,己欲立而立人,己欲達而達人"(6.30),這不就是"把你喜歡的給別人"嗎?　②無怨:我(對他人)没有怨恨。詳見本章《考證》。　③在家:包咸説:"在邦爲諸侯,在家爲卿大夫。"也即劉寶楠《正義》所説:"在邦謂仕於諸侯之邦,在家謂仕於卿大夫家也。"《論語》時代的典籍中,"家"在與"邦""國"並言時,多指卿大夫或其采邑,鮮有例外。本篇下文"在邦必聞,在家必聞""在邦必達,在家必達"(12.20)也是如此。

【考證】無怨:

朱熹《集注》説:"内外無怨,亦以其效言之,使以自考也。"照朱熹的説法,是他人無怨於我,不是我不抱怨於人。但從《論語》時代典籍中"無怨"的用法來看,一般都表示我(主語)無怨於他人。《憲問》:"貧而無怨難,富而無驕易。"《左傳·昭公元年》:"子相晉國以爲盟主……寧東夏,平秦亂,城淳于,師徒不頓,國家不罷,民無謗讟,諸侯無怨,天無大災,子之力也。"《昭公二十年》:"若有德之君,外内不廢,上下無怨,動無違事,其祝史薦信,無愧心矣。"以上諸例,都是這種用法。(101)

12.3 司馬牛問仁。子曰："仁者,其言也訒。"曰："其言也訒,斯謂之仁已乎?"子曰："爲之難,言之得無訒乎?"①

【譯文】司馬牛問仁德。孔子説："仁人,他的言語遲鈍。"司馬牛説："言語遲鈍,這就叫做仁了嗎?"孔子説："實行不易,説話能不遲鈍嗎?"

【注釋】①司馬牛……無訒乎:《史記·仲尼弟子列傳》:"司馬耕,字子牛。牛多言而躁,問仁於孔子。孔子曰:'仁者其言也訒。'"據此,孔子的回答似乎是針對司馬牛的"多言而躁"所説的。

12.4 司馬牛問君子。子曰："君子不憂不懼。"曰："不憂不懼,斯謂之君子已乎?"子曰："內省不疚,夫何憂何懼?"

【譯文】司馬牛問怎樣才能做個君子。孔子説："君子不憂愁,不恐懼。"

司馬牛説："不憂愁,不恐懼,這樣就可以叫做君子了嗎?"孔子説："問心無愧,那有什麼可以憂愁和恐懼的呢?"

12.5 司馬牛憂曰："人皆有兄弟,我獨亡①。"子夏曰："商聞之矣:死生有命,富貴在天。君子敬而無失,與人恭而有禮。四海之內,皆兄弟也——君子何患乎無兄弟也?"

【譯文】司馬牛憂傷地説："別人都有兄弟,唯獨我沒有。"子夏説:"我聽説過:死生聽由命運,富貴全憑老天。君子只管嚴肅認真,沒有過失,對他人謙恭有禮,普天之下,到處都是兄弟——君子哪裏用得著擔心沒有兄弟呢?"

【注釋】①亡(wú):無。

12.6 子張問明。子曰："浸潤之譖,膚受之愬,不行焉,可謂明也已矣。浸潤之譖,膚受之愬,不行焉,可謂遠也已矣。"

【譯文】子張問怎樣才能明察秋毫。孔子說:"日積月累水滴石穿般的讒言,以及表面膚淺未及實情的控告,你都不接受,那你可算是明察秋毫了;日積月累水滴石穿般的讒言,以及表面膚淺未及實情的控告,你都不接受,那你可算是具有遠見卓識了。"

12.7 子貢問政。子曰:"足食,足兵①,民信之矣②。"子貢曰:"必不得已而去,於斯三者何先?"曰:"去兵。"

子貢曰:"必不得已而去,於斯二者何先?"曰:"去食。自古皆有死,民無信不立。"

【譯文】子貢請教執政之道。孔子說:"充足糧食,充足軍備,百姓就信任政府了。"

子貢說:"如果迫不得已,一定要去掉一項,在這三者之中先放棄哪一項?"孔子說:"放棄軍備。"

子貢說:"如果迫不得已,一定還要去掉一項,在剩下的兩者之中先放棄哪一項?"孔子說:"放棄糧食。自古以來誰都免不了一死,如果人民不信任政府,國家就立不住了。"

【注釋】①兵:兵器、軍備。　②信:相信,信任。與"始吾於人也,聽其言而信其行"的"信"相同。

12.8 棘子成曰①:"君子質而已矣,何以文爲②?"子貢曰:"惜乎,夫子之說君子也!駟不及舌。文猶質也,質猶文也;虎豹之鞟猶犬羊之鞟③。"

【譯文】棘子成説:"君子只要有好的本質就够了,做那些文飾有什麽用?"子貢説:"可惜呀,先生竟這樣地談論君子!一言既出,駟馬難追。本質和文飾,同樣重要;[好比没有斑斕多彩的毛,]虎豹的鞟和犬羊的鞟就是一樣的。"

【注釋】①棘子成:衛國大夫。古代大夫都可以被尊稱爲"夫子",所以子貢這樣稱呼他。 ②何以文爲:"文"是動詞"爲"的前置賓語。爲,做。這句話直譯就是爲什麽要做文彩儀節那些勞什子事。由於這種用法的"爲"老是處在疑問句的末尾,久而久之就虛化成了疑問語氣詞;但《論語》的時代這一虛化似乎還没有完成。 ③鞟(kuò):去掉毛的皮。

12.9 哀公問於有若曰:"年饑,用不足,如之何?"有若對曰:"盍徹乎①?"曰:"二,吾猶不足,如之何其徹也?"

對曰:"百姓足,君孰與不足?百姓不足,君孰與足?"

【譯文】魯哀公問有若説:"年成不好,國家用度不够,應該怎麽辦?"

有若回答説:"爲什麽不實行十分抽一的税率呢?"哀公説:"十分抽二,我還不够,怎麽能十分抽一呢?"回答説:"如果百姓的用度够,您怎麽會不够?如果百姓的用度不够,您又怎麽會够?"

【注釋】①盍(hé)徹乎:盍,何不。徹,十分抽一的田税制度。

12.10 子張問崇德辨惑。子曰:"主忠信,徙義,崇德也。愛之欲其生,惡之欲其死。既欲其生,又欲其死,是惑也。'誠不以富,亦祇以異①。'"

【譯文】子張問如何推崇道德,明辨惑亂。孔子説:"依靠忠誠信實,唯義是從,這就是推崇道德。喜愛他,就希望他活著;討厭他,恨不得他死掉。既要他活,又要他死,這便是惑亂。正所謂'不但撈不著,只讓人奇怪。'"

【注釋】①誠不以富,亦祇以異:這是《詩經·小雅·我行其野》的詩句,引在這裏,不大好解釋。程頤説是"錯簡"(別章的文句,因爲竹簡次序錯了,誤在此處),但無證據。何晏《集解》引鄭玄説:"言此行誠不可以富致,適足以爲異耳。取此詩之'異'義以非之。"鄭玄後面那句話是説孔子引此詩句是要強調那個"異"字。我們以爲鄭説可從,因爲當時引《詩》並不須忠於原意,"各取所需"罷了,故譯文從之。

12.11 齊景公問政於孔子。孔子對曰:"君君,臣臣,父父,子子。"公曰:"善哉!信如君不君,臣不臣,父不父,子不子,雖有粟,吾得而食諸?"

【譯文】齊景公向孔子請教執政之道。孔子答道:"君主要像君主,臣子要像臣子,父親要像父親,兒子要像兒子。"景公説:"好得很!真的是君不像君,臣不像臣,父不像父,子不像子,就是有糧食,我能吃得著嗎?"

12.12 子曰:"片言可以折獄者①,其由也與?"

【譯文】孔子説:"根據單方面的供述就可以斷案的,大概只有仲由吧!"

【注釋】①片言折獄:依據單方面言辭判案。打官司必須根據原告被告兩造的説辭判案,孔子説子路"片言可以折獄",只不過表示子路真誠坦蕩,別人不會欺騙他。片言,《太平御覽》六三九引鄭玄注:"'片'讀爲

'半',半言單辭。"查"片"字先秦典籍中極爲罕見。《莊子·雜篇·則陽》:"雌雄片合,於是庸有。"片合,又作"牉(pàn)合",謂各合其半以成雌雄也。因此,片言即半邊的言辭。單辭,指兩造中一造的説辭。

12.13 子路無宿諾。

【譯文】子路從不拖延諾言。

【考證】子路無宿諾:

陸德明《經典釋文》云:"或分此爲別章。"即有的版本將此句另分爲一章。《文選》江淹《雜詩三十首》之二十五:"共秉延州信,無慚仲路諾。"李善注:"《論語》:'子曰:"子路無宿諾。"'"程樹德《集釋》説:"按,夫子口中不應稱'子路',或本非。"我們認爲,程樹德所説"夫子口中不應稱'子路'"是對的,《論語》中,孔子稱子路爲"由",無一例外。但因此説"或本非",則不然。程樹德大約以爲,既然孔子不可能稱"子路",則其上不大可能有"子曰"二字;而無"子曰"二字,"子路無宿諾"這没頭没腦的5個字似乎不能單獨成爲一章。我們以爲,《論語》誠然以記言爲主,絕大多數的"章"中都有孔子或孔子學生的言論;但也有些"章"只記行,不記言。除第十篇《鄉黨》以記行爲主外,其他篇中也常有所見;例多不遍舉,以《述而》爲例:"子食於有喪者之側,未嘗飽也。"(7.9)"子於是日哭,則不歌。"(7.10)"子之所慎:齊、戰、疾。"(7.13)"子所雅言,《詩》《書》、執禮,皆雅言也。"(7.18)"子不語怪、力、亂、神。"(7.21)"子以四教:文、行、忠、信。"(7.25)"子釣而不綱,弋不射宿。"(7.27)"子與人歌而善,必使反之,而後和之。"(7.32)"子温而厲,威而不猛,恭而安。"(7.37)誠然,這些記行的"章"一般都是記孔子之行,但也有記子路的:"子路有聞,未之能行,唯恐有聞。"(5.14)鑑於"子路無宿諾"與前文似無聯繫,我們據《經典釋文》將此5字單獨列爲一章。(102)

12.14 子曰："聽訟①,吾猶人也;必也使無訟乎②!"

【譯文】孔子説:"審理官司,我和别人一樣會留有遺憾;如果想要不留遺憾,除非做到不打官司。"

　　【注釋】①聽訟:據《史記·孔子世家》,孔子曾爲魯國大司寇,是治理刑事的官。　②必也使無訟乎:"必也"是對前面句子的讓步,而非對其後接成分的强調。

12.15 子張問政。子曰："居之無倦,行之以忠。"

【譯文】子張請教執政之道。孔子説:"在崗位上兢兢業業,執行政令一心一德。"

12.16 子曰："博學於文,約之以禮,亦可以弗畔矣夫①!"

　　【注釋】①見6.27。

12.17 子曰："君子成人之美,不成人之惡。小人反是。"

【譯文】孔子説:"君子成全别人,而不促人作惡。小人與此相反。"

12.18 季康子問政於孔子。孔子對曰："政者,正也。子帥以正,孰敢不正?"

【譯文】季康子向孔子請教執政之道。孔子答道:"'政'字含有'端正'的意思。您若帶頭端正自己,誰敢不端正呢?"

12.19 季康子患盜,問於孔子。孔子對曰："苟子之不欲,雖賞之不竊。"

【譯文】季康子苦於偷盜,問孔子對策。孔子答道:"假如您不貪,就是獎勵偷盜,他們也不幹。"

12.20 季康子問政於孔子曰:"如殺無道,以就有道,何如?"孔子對曰:"子爲政,焉用殺?子欲善而民善矣。君子之德風,小人之德草。草上之風①,必偃。"

【譯文】季康子向孔子請教執政之道,説:"如果通過殺掉壞人來靠攏好人,怎麼樣?"孔子回答:"您執政,幹嘛用殺戮的辦法?您樂善好德,百姓也會從善如流。君子的作風好比風,小人的作風好比草。風從草上面吹過,草必然朝同一方向倒伏。"

【注釋】①草上之風:不能理解爲"草上的風"。"上"在這句中做謂語。《論語》成書時期的語言中,"上"經常做謂語。如:"杜祁以君故,讓偪姑而上之。"(《左傳·文公六年》)"范匄少於中行偃而上之,使佐中軍。韓起少於欒黶,而欒黶、士魴上之,使佐上軍。"(《襄公九年》)"今郤至在七人之下而欲上之,是求蓋七人也。"(《國語·周語中》)這句話可以理解爲"草,上之以風"。

12.21 子張問士何如斯可謂之達矣。子曰:"何哉,爾所謂達者?"子張對曰:"在邦必聞,在家必聞。"子曰:"是聞也,非達也。夫達也者,質直而好義,察言而觀色,慮以下人。在邦必達,在家必達。夫聞也者,色取仁而行違,居之不疑。在邦必聞,在家必聞。"

【譯文】子張詢問士人要怎樣做才可以叫"達"。孔子説:"什麼意思,你所説的'達'?"子張答道:"做諸侯國的官時一定有名望,做大夫家的官時一定有名望。"孔子説:"這叫做'聞',不叫

'達'。所謂'達',是品質正直,行爲正當,善於分析言語,察言觀色,總想著謙讓於他人。這種人,做諸侯國的官一定事事行得通,做大夫家的官也一定事事行得通。所謂'聞',是表情上裝出仁德的樣子,行爲上卻相反,卻以仁人自居而不疑。這種人,做諸侯國的官一定會博取虛名,做大夫家的官也一定會博取虛名。"

12.22 樊遲從遊於舞雩之下,曰:"敢問崇德,修慝①,辨惑。"子曰:"善哉問!先事後得,非崇德與?攻其惡,無攻人之惡,非修慝與?一朝之忿,忘其身,以及其親,非惑與?"

【譯文】樊遲陪同孔子在舞雩臺下游玩,說:"請問怎樣尊崇道德,怎樣消除別人隱藏的怨恨,怎樣辨別哪些是糊塗事?"孔子說:"問得好!先勞動,而後收穫,不是尊崇道德嗎?對於缺點錯誤,自我批評,而不批評別人,不就消除了隱藏的怨恨嗎?因爲偶然的忿怒,便失去理智,甚至連累雙親,不是糊塗嗎?"

【注釋】①修慝(tè):《論語》時代"修"的含義頗寬泛,既可修德、修好、修城、修垣,又可"修怨"(可參見《左傳·隱公四年》《哀公元年》)。此處"修慝"的"修",是"修治""清理"之意,故譯爲"消除"。慝,藏匿於心中的怨恨。

12.23 樊遲問仁。子曰:"愛人。"問知。子曰:"知人。"樊遲未達。子曰:"舉直錯諸枉,能使枉者直。"樊遲退,見子夏曰:"鄉也吾見於夫子而問知①,子曰:'舉直錯諸枉,能使枉者直。'何謂也?"

子夏曰："富哉言乎！舜有天下，選於眾，舉皋陶②，不仁者遠矣③。湯有天下④，選於眾，舉伊尹⑤，不仁者遠矣。"⑥

【譯文】樊遲問什麼是"仁"，孔子說："愛別人。"又問什麼是"智"。孔子說："善於鑑別人物。"

樊遲還沒瞭解透徹。孔子說："提拔正直的人，讓他管理邪惡的人，能夠使邪惡的人正直。"

樊遲退出，見到子夏，說："剛才我去見老師，問他什麼是'智'，他說，'提拔正直的人，讓他管理邪惡的人'，是什麼意思？"

子夏說："寓義多麼豐富的話呀！舜領有天下，在群眾中挑選，提拔了皋陶，壞人就被疏遠了。湯領有天下，在群眾中挑選，提拔了伊尹，壞人就被疏遠了。"

【注釋】①鄉：古通"嚮"。　②皋陶（Gāoyáo）：舜的臣子和接班人，早死，未及繼位。　③舜有天下……不仁者遠矣：遠，被疏遠。《左傳·宣公十六年》："羊舌職曰：'吾聞之，禹稱善人，不善人遠。'此之謂也夫！"可見此爲當時一般觀念。　④湯：商朝開國之君，名"履"，伐夏桀而得天下。　⑤伊尹：湯的輔相，著名的賢臣。　⑥楊伯峻《論語譯注》注釋此章說："'舉直'而'使枉者直'，屬於'仁'；知道誰是直人而舉他，屬於'智'，所以'舉直錯諸枉'是仁智之事，而孔子屢言之（參2.19）。"我們曾說，孔子認爲"仁""智"互爲先決條件，他說："擇不處仁，焉得知（智）？"（4.1）又說："未知（智），焉得仁？"參見5.19《考證》（一）。

12.24 子貢問友。子曰："忠告而善道之①，不可則止，毋自辱焉。"

【譯文】子貢問對待朋友的方法。孔子説:"忠心地勸告他,好好地引導他,他不聽從,也就罷了,不要自找侮辱。"

【注釋】①告:舊讀 gù,今臺灣地區字典於稟請、勸説義注ㄍㄨˋ。

12.25 曾子曰:"君子以文會友,以友輔仁。"

【譯文】曾子説:"君子用文章學問來聚會朋友,用朋友來幫助自己成就仁德。"

子路篇第十三

共三十章

13.1 子路問政。子曰:"先之勞之①。"請益。曰:"無倦②。"

【譯文】子路問執政之道。孔子説:"先給百姓做榜樣,然後役使他們。"子路請求多講一點。孔子又説:"兢兢業業地工作。"

【注釋】①先之勞之:自己率先而爲,然後役使他人。先之,自己率先而爲,做表率。勞之,勞動之,役使之。詳見本章《考證》。　②無倦:即"居之無倦"(12.15)的意思。

【考證】先之勞之:

先之,自己率先而爲,做表率。例如:"二人曰:'我,大史也,實掌其祭。不先,國不可得也。'乃先之。"(《左傳·閔公二年》)"晉爲盟主,其將先之。"(《成公三年》)"鄭群公子以僖公之死也,謀子駟。子駟先之。夏四月庚辰,辟殺子狐、子熙、子侯、子丁。"(《襄公八年》)"孔子曰:'君薨,聽於冢宰。歠粥,面深墨,即位而哭,百官有司莫敢不哀,先之也。'上有好者,下必有甚焉者矣。"(《孟子·滕文公上》)俞樾《群經平議》説:"'先之勞之'四字作一句讀,猶《陽貨》'使之聞之',不得因有兩'之'字而分爲二事也。《詩·緜蠻》'爲之載之',《孟子·滕文公下》'與之食之',句法皆與此同。先之勞之,謂先民而任其勞也。"俞説不確。俞樾所舉三例中,"爲之載之"和"與之食之"是[介詞+賓語]+[動詞+賓語]"結構,介賓結構只能修飾謂語,不能獨立;"使之聞之"是"[使令動詞+賓語]+

[行爲動詞+賓語]"形成的兼語結構,兼語結構也是一個整體,不能分開,因此這3例都"不得因有兩'之'字而分爲二事也"。而"先之勞之"是兩個[動詞+賓語]結構,這兩個謂賓結構卻是可以並列而二的;所以,"先之勞之"和俞樾所舉3例看似相同,其實有異。

然而,"先之勞之"可以並列爲二並不意味著一定並列爲二。它有可能是俞樾所説的"先民而任其勞",也有可能是"先之且勞之",即先爲民表率,再役使民衆之謂。我們取後者。因爲《論語》時代的典籍中,"先之""勞之"單獨出現均較多。"先之"之例已見上文,"勞之"之例如:"擇可勞而勞之,又誰怨?"(《論語‧堯曰》)"成王勞之而賜之盟,曰:'世世子孫,無相害也。'"(《左傳‧僖公二十六年》)"蠻夷戎狄,不式王命,淫湎毀常,王命伐之,則有獻捷,王親受而勞之,所以懲不敬,勸有功也。"(《成公二年》)"此行也,楚必亡邑——不撫民而勞之……"(《昭公二十四年》)"晉文公既定襄王於郟,王勞之以地。"(《國語‧周語中》)"穆子歸,武子勞之。"(《魯語下》)也有"勞之"和"動詞+之"並列的:"放勳曰:'勞之來之,匡之直之,輔之翼之,使自得之,又從而振德之。'"(《孟子‧滕文公上》)以上例句中有些"勞"音lào,慰勞。當然,這些"證據"的説服力依然是不夠的。姑誌於此,以待來者。(103)

13.2 仲弓爲季氏宰,問政。子曰:"先有司,赦小過,舉賢才。"

曰:"焉知賢才而舉之?"子曰:"舉爾所知;爾所不知,人其舍諸①?"

【譯文】仲弓做了季氏的總管,問孔子執政之道。孔子説:"給下級行政人員做表率,寬容人家的小過錯,選拔德才兼備的人。"

仲弓説:"怎樣去瞭解德才兼備的人從而選拔他們呢?"孔子説:"提拔你所瞭解的;你所不瞭解的,別人難道會埋没他嗎?"

【注釋】①舉爾所知；爾所不知，人其舍諸：下面這個故事可作爲孔子這段話的注腳：「昭王曰：『寡人將誰朝而可？』郭隗先生曰：『臣聞古之君人有以千金求千里馬者，三年不能得。涓人言於君曰："請求之。"君遣之。三月得千里馬，馬已死。買其首五百金，反以報君。君大怒曰："所求者生馬，安事死馬而捐五百金？"涓人對曰："死馬且買之五百金，況生馬乎？天下必以王爲能市馬，馬今至矣。"於是不能期年，千里之馬至者三。今王誠欲致士，先從隗始。隗且見事，況賢於隗者乎？豈遠千里哉？』於是昭王爲隗築宮而師之。樂毅自魏往，鄒衍自齊往，劇辛自趙往，士争湊燕。」（《戰國策·燕一》）

13.3 子路曰："衛君待子而爲政①，子將奚先？"子曰："必也正名乎②！"子路曰："有是哉，子之迂也！奚其正？"子曰："野哉，由也！君子於其所不知，蓋闕如也。名不正，則言不順；言不順，則事不成；事不成，則禮樂不興；禮樂不興，則刑罰不中；刑罰不中，則民無所錯手足③。故君子名之必可言也，言之必可行也。君子於其言，無所苟而已矣。"

【譯文】子路對孔子説："衛君等著您去處理國政，您準備先做什麼？"孔子説："如果非要分先後，那就先正名吧！"子路説："您竟然迂腐到這個地步了！正什麼名啊！"孔子説："粗野呀，這仲由！君子對於他所不懂的，大約先擱置起來。用詞不當，言語就不能表達順暢；言語表達不順暢，事業就不會成功；事業不成功，禮樂制度就不會復興；禮樂制度不復興，刑罰就不會公平允當；刑罰不公平允當，老百姓就無所適從舉止失措。所以君子給某一事物命名，一定有可以這樣説的理由；而這樣説了，也一定要能行得通。君子對於他的措詞，要做到一點也不馬虎才算完事。"

【注釋】①衞君：一般認爲指衞出公輒。　②正名：糾正名分上的用詞不當。詳見本章《考證》。　③錯：通"措"，放置。

【考證】正名：

此二字自漢以來，衆説紛紜。如皇侃《義疏》引鄭玄注云："正名謂正書字也，古者曰'名'，今世曰'字'。"我們認爲，某一詞或詞組的涵義，最可靠的辦法是，到那一時期的語言中去抽繹。《論語》成書的戰國前期，"名"作爲名詞，一般指名稱、名分、名義、名聲。況且，那一時代，對名分名稱名義名聲等極爲重視，絕不淆亂。例如："初，晉穆侯之夫人姜氏以條之役生大子，命之曰'仇'。其弟以千畝之戰生，命之曰'成師'。師服曰：'異哉，君之名子也！夫名以制義，義以出禮，禮以體政，政以正民。是以政成而民聽，易則生亂。嘉耦曰"妃"，怨耦曰"仇"，古之命也。今君命大子曰"仇"，弟曰"成師"，始兆亂矣，兄其替乎！'"(《左傳·桓公二年》)"唯器與名，不可以假人，君之所司也。名以出信，信以守器，器以藏禮，禮以行義，義以生利，利以平民，政之大節也。"(《成公二年》)"棠君尚謂其弟員曰：'爾適吳，我將歸死。吾知不逮，我能死，爾能報。聞免父之命，不可以莫之奔也；親戚爲戮，不可以莫之報也。奔死免父，孝也；度功而行，仁也；擇任而往，知也；知死不辟，勇也。父不可棄，名不可廢，爾其勉之！相從爲愈。'"(《昭公二十年》)"冬，邾黑肱以濫來奔，賤而書名，重地故也。君子曰：'名之不可不慎也如是。夫有所名，而不如其已。以地叛，雖賤，必書地，以名其人。終爲不義，弗可滅已。是故君子動則思禮，行則思義，不爲利回，不爲義疚。或求名而不得，或欲蓋而名章，懲不義也。齊豹爲衞司寇，守嗣大夫，作而不義，其書爲"盜"。邾庶其、莒牟夷、邾黑肱以土地出，求食而已，不求其名，賤而必書。此二物者，所以懲肆而去貪也。'"(《昭公三十一年》)"得時不成，反受其殃。失德滅名，流走死亡。"(《國語·越語下》)顯然，本章"正名"的"名"不可能指"名聲"，那麼，就只能是正"名稱""名分""名義"了。

何況，"正名""正名實"等常見於戰國時的典籍，所指無非是釐正"名稱""名分""名義"及名稱與存在之間的關係。如:"舉善援能,官方定物,正名育類。"(《國語・晉語四》)"公孫龍……疾名實之散亂,因資材之所長,爲'守白'之論。……欲推是辯,以正名實而化天下焉。"(《公孫龍子・跡府》)"析辭擅作名以亂正名,使民疑惑,人多辨訟,則謂之大姦。……故其民莫敢託爲奇辭以亂正名。……心合於道,說合於心,辭合於說,正名而期,質請而喻。"(《荀子・正名》)"至治之務,在於正名。名正則人主不憂勞矣,不憂勞則不傷其耳目之主。"(《呂氏春秋・審分覽》)"姑形以形,以形務名,督言正名,故曰'聖人'。"(《管子・心術上》)

　　具體到《論語》,如:"子張問士何如斯可謂之達矣。子曰:'何哉,爾所謂"達"者?'子張對曰:'在邦必聞,在家必聞。'子曰:'是"聞"也,非"達"也。夫"達"也者,質直而好義,察言而觀色,慮以下人。在邦必達,在家必達。夫"聞"也者,色取仁而行違,居之不疑。在邦必聞,在家必聞。'"(12.21)"冉子退朝。子曰:'何晏也?'對曰:'有政。'子曰:'其"事"也。如有"政",雖不吾以,吾其與聞之。'"(13.14)"君子周而不比,小人比而不周。"(2.14)"君子和而不同,小人同而不和。"(13.23)"君子泰而不驕,小人驕而不泰。"(13.26)"君子矜而不爭,群而不黨。"(15.22)

　　具體到本章,《韓詩外傳》記載:"孔子侍坐於季孫,季孫之宰通曰:'君使人假馬,其與之乎?'孔子曰:'吾聞君取於臣謂之"取",不曰"假"。'季孫悟,告宰通曰:'今以往,君有取,謂之"取",無曰"假"。'孔子曰正假馬之言,而君臣之義定矣。《論語》曰:'必也正名乎!'《詩》曰:'君子無易由言。'名正也。"(《韓詩外傳》卷五)

　　綜上,我們以爲,楊伯峻《譯注》將此處"正名"譯爲"糾正名分上的用詞不當",大致是正確的。參見13.26《考證》。(104)

13.4 樊遲請學稼。子曰:"吾不如老農。"請學爲圃。曰:"吾不如老圃。"

樊遲出。子曰:"小人哉,樊須也!上好禮,則民莫敢不敬;上好義,則民莫敢不服;上好信,則民莫敢不用情。夫如是,則四方之民襁負其子而至矣,焉用稼?"

【譯文】樊遲請求學種莊稼。孔子說:"我不如老農。"又請求學種菜蔬。孔子說:"我不如老菜農。"

樊遲退出。孔子說:"真是小人哪,這樊須!居上者愛好禮制,百姓就沒有人敢不嚴肅認真;居上者愛好道義,百姓就沒有人敢不服從;居上者愛好誠信,百姓就沒有人敢不說真話。能做到這樣,四面八方的百姓都背負著小兒女來投奔,哪裏用得著自己種莊稼呢?"

13.5 子曰:"誦《詩》三百,授之以政,不達;使於四方,不能專對①;雖多,亦奚以為②?"

【譯文】孔子說:"熟讀《詩經》三百篇,讓他處理政務,卻不能順暢通達;出使外國,又不能獨立應對;即便讀得多,又如何去做呢?"

【注釋】①專對:獨立應對。春秋戰國時代的使節,接受使命後,如何交涉應對,只能隨機應變,獨立行事,不能事事請示或在國內一切安排好,此所謂"受命不受辭"。而那時的外交酬酢和談判,多半背誦詩篇來代替語言(《左傳》裏充滿了這種記載),所以《詩經》是外交人員的必讀書。②亦奚以為:奚以,怎樣,如何。為,做。詳見本章《考證》。

【考證】亦奚以為:

楊伯峻《譯注》說:"'以',動詞,用也。'為',表疑問的語氣詞,但只跟'奚''何'諸字連用,如'何以文為''何以伐為'。"我們認為,"何以文為""何以伐為"的"為"是句末語氣詞,還是動詞(如是動詞,"文""伐"就是它的前置賓語），在未對《論語》時代的這個詞進行詳盡研究之前，不能遽定。即便它是句末語氣詞，也有一定的前提或條件。如在"何以……爲""奚以……爲"結構中，"爲"可視爲句末語氣詞；而這裏的"亦奚以爲"並不符合上述條件。何況，據我們全面調查，"奚"是介詞"以"的前置賓語。"奚以"的"以"不是動詞，因爲"奚以"之後通常接有謂詞性結構。例如："奚以之九萬里而南爲？"（《莊子·內篇·逍遙遊》）"奚以知其然也？"（同上）"偉哉造化！又將奚以汝爲，將奚以汝適？"（《大宗師》）"吾在於天地之間，猶小石小木之在大山也，方存乎見少，又奚以自多！"（《外篇·秋水》）"然則奚以爲治法而可？……奚以知天之欲人之相愛相利，而不欲人之相惡相賊也？以其兼而愛之、兼而利之也。奚以知天兼而愛之、兼而利之也？以其兼而有之、兼而食之也。"（《墨子·法儀》）"奚以明之？惡多盜，非惡多人也。"（《小取》）"奚以損之而亂！不可道而離之，奚以益之而治？"（《荀子·正名》）以彼例此，"奚以爲"也是"介賓詞組＋謂語動詞"結構，即"奚以"是個介賓結構，"爲"是謂語動詞。不能爲了說通"爲"是語氣詞，就說"以"是動詞。奚以，是"怎樣""如何"的意思。參見社科院語言所編《古代漢語虛詞詞典》。（105）

13.6 子曰："其身正，不令而行；其身不正，雖令不從。"

【譯文】孔子說："居上位者自己品行端正，不發命令，也能辦成事情；自己品行不端，就是三令五申，百姓也不服從。"

13.7 子曰："魯衛之政，兄弟也。"

【譯文】孔子說："魯衛兩國的政治，就像兄弟一樣相似。"

13.8 子謂衛公子荊①："善居室，始有，曰：'苟合矣②。'少有，曰：'苟完矣。'富有，曰：'苟美矣。'"

【譯文】孔子評價衛國的公子荊，說："他善於持家，剛有一點，便說：'幾乎夠了。'增加了一點，又說：'幾乎完美了。'較多了，便說：'幾乎豪華了。'"

【注釋】①衛公子荊：衛國的公子，吳季札曾把他列爲衛國的君子，《左傳·襄公二十九年》："適衛，說蘧瑗（Qú Yuàn）、史狗、史鰌、公子荊、公叔發、公子朝，曰：'衛多君子，未有患也。'" ②苟合：差不多合適，基本上夠了。苟，朱熹《集注》："聊且粗略之意"。詳見本章《考證》。

【考證】苟合：

差不多合適，基本上夠了。苟，朱熹《集注》說是"聊且粗略之意"，近之。用做狀語時，"苟"可譯爲"隨便""勉強""差不多""幾乎"。《左傳·宣公十二年》："吾不可以苟射故也。"《襄公二十八年》："小適大，苟舍而已，焉用壇？"《昭公二十年》："君王命臣曰：'事建如事余。'臣不佞，不能苟貳。"《孟子·告子上》："生亦我所欲，所欲有甚於生者，故不爲苟得也。"《告子下》："乃孔子則欲以微罪行，不欲爲苟去。"合，洽也，適宜也。俞樾《群經平議》說："《論語》'苟'字，如'苟有用我者''苟正其身矣'，《正義》並曰：'苟，誠也。'此'苟'字義亦當同。始有之時，木必合也，荊則曰誠合矣……《正義》不得其旨，誤以'苟且'釋之。"又說："合，猶'足'也。《孟子·梁惠王上》'是心足以王矣'，下文曰'此心之所以合於王者何也'；上言'足'，下言'合'，文異而義同。蓋'合'與'給'通。《說文·糸部》：'給，相足也。'始有之時，或時匱乏，未能給足，而荊之意已以爲足也。"這裏，俞樾解釋"苟"和"合"都錯了。

先說"苟"。當"苟"解作"誠"，也即我們通常所說的"真的"，作假設連詞用時，它一定處於一個假設複句的首句。如："苟志於仁矣，無惡也。"（《里仁》）"丘也幸。苟有過，人必知之。"（《述而》）"苟子之不欲，雖賞之不竊。"（《顏淵》）"苟有用我者，期月而已可也，三年有成。"（《子路》）"苟正其身矣，於從政乎何有？不能正其身，如正人何？"（同上）"苟患失之，無所不至矣。"(《陽貨》)而本章"苟合矣""苟完矣""苟美矣"的三處"苟"都不符合條件,不能解釋爲"誠"。

再説"合"。"是心足以王矣"是説有這種想法足夠一統天下了,而"此心之所以合於王者何也"意思是"我這種心情和王道相合,是什麽道理呢"。兩者風馬牛不相及。有的《論語》注家依據俞樾此説,有欠妥當。(106)

13.9 子適衛,冉有僕①。子曰:"庶矣哉!"冉有曰:"既庶矣,又何加焉?"曰:"富之。"曰:"既富矣,又何加焉?"曰:"教之。"②

【譯文】孔子到衛國,冉有爲他駕車。孔子説:"人口衆多呀!"冉有説:"人口已經夠多了,接著該做什麽呢?"孔子説:"讓他們富裕。"冉有説:"已經夠富了,接著該做什麽呢?"孔子説:"教育他們。"

【注釋】①僕:動詞,駕御車馬。　②既富……教之:孔子主張"先富後教",《孟子》《荀子》都秉持並發揮了這一主張。《孟子》:"樂歲終身苦,凶年不免於死亡。此惟救死而恐不贍,奚暇治禮義哉?"(《梁惠王上》)

13.10 子曰:"苟有用我者,期月而已可也①,三年有成。"

【譯文】孔子説:"如有用我主持國政的,僅僅一年就行了,三年就會大有成效。"

【注釋】①期(jī)月:期,周期。這一音義又寫作"朞"。期月,月份的一個周而復始,指一年。

13.11 子曰:"'善人爲邦百年,亦可以勝殘去殺矣。'誠哉是言也!"

【譯文】孔子説:"'善人治理國家一百年,也就能够克服殘暴消除虐殺了。'這話真是對極了!"

13.12 子曰:"如有王者,必世而後仁①。"

【譯文】孔子説:"假若有王者興起,一定需要一代人的時間才能大行仁政。"

　　【注釋】①世:三十年,又父子相傳爲一世(也是三十年左右)。從《論語》時代典籍的情況看,這裏爲後一意義的可能較大。如:"子張問十世可知也。子曰:'殷因於夏禮,所損益,可知也;周因於殷禮,所損益,可知也。其或繼周者,雖百世,可知也。'"(《爲政》)"成王勞之而賜之盟,曰:'世世子孫,無相害也。'"(《左傳·僖公二十六年》)"一日縱敵,數世之患也。"(《僖公三十三年》)"君子之澤,五世而斬。"(《孟子·離婁下》)唐代避太宗李世民諱,遇"世"字多改用"代"字,後"代"字成爲"世"的同義詞。今口語中多用"代",如"這一代年輕人"。

13.13 子曰:"苟正其身矣,於從政乎何有①? 不能正其身,如正人何?"

【譯文】孔子説:"如果端正自己,治國有何難? 不能端正自己,又如何糾正别人?"

　　【注釋】①何有:不難之辭。参見4.13注①及7.2的《考證》,以及《附錄》之《〈論語〉"何有於我"解》。

13.14 冉子退朝①。子曰:"何晏也②?"對曰:"有政。"子曰:"其事也③。如有政,雖不吾以,吾其與聞之④。"

【譯文】冉有從季氏家回來。孔子説:"爲什麽這麽晚才回呢?"答道:"處理國事。"孔子説:"那只是一般事務。如果是國事,雖然不用我了,我也能知道。"

【注釋】①朝:指季氏的私朝,不是國君之朝。冉有是季氏家臣,不能朝見國君。《毛詩正義·緇衣》引鄭玄注"冉子退朝":"朝於季氏之私朝。"又《國語·魯語下》:"公父文伯之母如季氏,康子在其朝,與之言,弗應,從之及寢門,弗應而入。康子辭於朝而入見,曰:'肥也不得聞命,無乃罪乎?'曰:'子弗聞乎?天子及諸侯合民事於外朝,合神事於內朝;自卿以下,合官職於外朝,合家事於內朝;寢門之內,婦人治其業焉。上下同之。夫外朝,子將業君之官職焉;內朝,子將庇季氏之政焉,皆非吾所敢言也。'"杜預注"康子在其朝":"自其內朝也。"注"合家事於內朝":"家,大夫也;內朝,家朝也。" ②晏:晚,遲。今長沙方言仍說遲爲"晏"。 ③政、事:軍國大事謂之"政",《左傳·成公十三年》:"國之大事,在祀與戎。"這等事就是"政";一般性的事才叫做"事"。與現代漢語不同的是,極瑣碎的小事不能叫做"事"。《左傳·文公六年》:"閏以正時,時以作事,事以厚生,生民之道於是乎在矣。" ④與聞:聽到、知道軍國大事、機密或一定級別才能聽到的東西。詳見本章《考證》。

【考證】與聞:

聽到,知道。"與聞"不是一般的聽到、知道,而是聽到、知道軍國大事、機密或一定級別才能聽到的東西。與(yù),參與。《左傳·襄公四年》:"三《夏》,天子所以享元侯也,使臣弗敢與聞。"意謂三《夏》是天子用來招待諸侯領袖的,使臣我是不敢聽到的。《昭公二十五年》:"臣與聞命矣,言若洩,臣不獲死。"意謂下臣已經知道密令了,如果洩漏,下臣我不得好死。本章所言《左傳·哀公十一年》有載,季氏以用田賦的事徵求孔子意見,並且說:"子爲國老,待子而行。"可見孔子"如有政,吾其與聞之"這話是有根據的。(107)

13.15 定公問一言而可以興邦,有諸。

孔子對曰："言不可以若是其幾也①。人之言曰：'爲君難，爲臣不易。'如知爲君之難也，不幾乎一言而興邦乎？"

曰："一言而喪邦，有諸？"

孔子對曰："言不可以若是其幾也。人之言曰：'予無樂乎爲君，唯其言而莫予違也。'如其善而莫之違也，不亦善乎？如不善而莫之違也，不幾乎一言而喪邦乎？"

【譯文】魯定公詢問，一句話能够用來興盛國家，是否有這事。

孔子答道："說話不可以像這樣地不留餘地。不過，有道是'做君主很難，做臣子也不易。'如果知道做君主的艱難，不近於一句話便興盛國家嗎？"

定公又說："一句話喪失國家，有這事嗎？"

孔子答道："說話不可以像這樣地不留餘地。不過，有道是'我並不樂於當君主，好就好在說什麽話也没人違抗我。'如果說話正確而没人違抗，不也好嗎？如果說話不正確卻没人違抗，不近於一句話便喪失國家嗎？"

【注釋】①言不可以若是其幾也：說話不能像這樣地不留餘地。若是其，如此，像這樣地。幾，近；這裏指不留餘地。詳見本章《考證》。

【考證】言不可以若是其幾也：

孔安國注："事不可以一言而成。如知此，則可近也。"現代注《論》諸家多從之，而在"若是"後點斷，如北大哲學系工農兵、毛子水（《論語今注今譯》，臺灣商務印書館1975年）、孫欽善、李零等，以及中華書局《論語正義》的點校本。這没什麽道理。"若是其"爲當時習語，其後通常接形容詞，表示"如此……""像這樣地……"，如《孟子·梁惠王上》："若是其甚與？"《梁惠王下》："若是其大乎？"《莊子·則陽》："其於人心者若是其遠也。"《荀子·仲尼》:"其事行也若是其險汙淫汰也。"《王霸》:"若是其固也。"《強國》:"損己之所不足,以重己之所有餘,若是其悖繆也。"《晏子春秋·內篇雜下》:"晏子之家,若是其貧也。寡人不知,是寡人之過也。"《吕氏春秋·季秋紀》:"賢固若是其苦邪?"《韓非子·難四》:"知之若是其明也。"《五蠹》:"上下之利若是其異也。"以上諸"若是其"都可譯爲"如此……""像這樣地……"。因此我們認爲朱熹所説"以'若是'絶句,恐不詞也"是正確的(見中華版《論語集釋》917頁。又同門邵永海君見告,渠有論"若是其"論文,結論大致與著者同,但更爲周詳而嚴整。)

與"若是其"類似的,還有"如是其""若此其""如此其""如彼其"。《孟子·離婁下》:"稷思天下有飢者,由己飢之也,是以如是其急也。"《荀子·王霸》:"物由有可樂如是其美焉者乎?"《君道》:"耳目之明,如是其狹也;人主之守司,如是其廣也;其中不可以不知也,如是其危也。"《韓非子·飾邪》:"强弱如是其明矣,而世主弗爲,國亡宜矣。"《説林下》:"我笑句踐也,爲人之如是其易也,己獨何爲密密十年難乎?""由孔子而來,至於今百有餘歲,去聖人之世,若此其未遠也,近聖人之居,若此其甚也。"(《孟子·盡心下》)"未嘗聞仕如此其急。仕如此其急也,君子之難仕,何也?"(《滕文公下》)"待先生如此其忠且敬也。"(《離婁下》)"管仲得君,如彼其專也,行乎國政,如彼其久也,功烈如彼其卑也,爾何曾比予於是?"(《公孫丑上》)

"幾"訓"近":《爾雅·釋詁》:"幾,近也。"《周易》"月幾望",《詩經》"維其幾矣"。這句話應當譯爲"説話不能像這樣地不留餘地"。下文"幾乎",訓"近於",與"言不可以若是其幾也"相呼應。"幾乎"成爲副詞,是後代語言發展所致。(108)

13.16 葉公問政。子曰:"近者説,遠者來①。"

【譯文】葉公請教執政之道。孔子説:"只有境内的人歡悦,境外的人才會來歸。"

【注釋】①近者説,遠者來:近者悦,則遠者來;只有境内的人歡悦,境外的人才會來歸。皇侃《義疏》:"言爲政之道,若能使近民歡悦,則遠人來至矣。"詳見本章《考證》。

【考證】近者説,遠者來:

這兩句話有的注家譯爲"境内的人使他高興,境外的人使他來投奔"(孫欽善《論語本解》)"境内的人使他們歡悦,遠方的人使他們來歸"(楊伯峻《論語譯注》)。如果這樣翻譯,按《論語》的句法,應作"近者説之,遠者來之"。因爲要理解爲"境内的人使他高興,境外的人使他來投奔",句中的不及物心理動詞"説"和不及物趨止動詞"來"必須是使動用法,而使動用法是要帶賓語的。如:"老者安之,朋友信之,少者懷之。"(《公冶長》)"夫如是,故遠人不服,則修文德以來之;既來之,則安之。"(《季氏》)這裏沒有賓語,也就不能這樣翻譯了。那麽如錢穆《論語新解》譯爲"近的人歡悦,遠的人來附"行嗎? 也不行,因爲這樣説似乎没頭没腦,不知所云。

其實這是一個條件複句,可譯爲"只有境内的人歡悦,境外的人才會來歸""如果境内的人歡悦,境外的人就會來歸"。《論語》文風質樸,往往不用表示假設的連詞如"若""則"等:"(若)道之以政,齊之以刑,民免而無恥。(若)道之以德,齊之以禮,有恥且格。"(《論語·爲政》)"不憤(則)不啓,不悱(則)不發。"(《述而》)"益者三友,損者三友。(若)友直,友諒,友多聞,(則)益矣。(若)友便辟,友善柔,友便佞,(則)損矣。"(《季氏》)不獨《論語》,從戰國直到漢代以後,條件複句也往往不用表假設的連詞:"子墨子曰:'公輸子之意,不過欲殺臣。(若)殺臣,宋莫能守,可攻也。'"(《墨子·公輸》)"相如曰:'王(若)必無人,臣願奉璧往使。城(若)入趙而璧留秦;城(若)不入,臣請完璧歸趙。'"(《史記·廉頗藺相如列傳》)參見《附録》之《〈論語〉"何有於我"解》。因此,我們認同皇侃《義疏》所説"言爲政之道,若能使近民歡悦,則遠人來至矣"。這也是此章目前所能見到的最早注解。朱熹也心知其意,《論語集注》云:"被其澤則説,

聞其風則來,然必近者説而後遠者來也。"錢穆也並非未知其意,觀其注文"近者悦其政澤,故遠者聞風來至"可知。(109)

13.17 子夏爲莒父宰①,問政。子曰:"無欲速,無見小利。欲速,則不達;見小利,則大事不成。"

【譯文】子夏做了莒父的縣長,請教執政之道。孔子説:"不要貪圖速度,不要貪圖小利。貪圖速度,反而達不到目的;貪圖小利,就辦不成大事。"

【注釋】①莒父:魯國之一邑,今已不能確知其所在。一説在今山東高密東南,一説在今莒縣。

13.18 葉公語孔子曰:"吾黨有直躬者①,其父攘羊,而子證之②。"孔子曰:"吾黨之直者異於是:父爲子隱,子爲父隱——直在其中矣。"

【譯文】葉公告訴孔子説:"我那裏有個名叫'躬'的正直的人,他父親偷了羊,他就去告發。"孔子説:"我們那裏正直的人和你們那的不同:父親爲兒子隱瞞,兒子爲父親隱瞞——正直就在其中。"

【注釋】①直躬:名叫"躬"的正直的人。詳見本章《考證》。　②證:告發。

【考證】直躬:

有兩説,一爲"直身而行",以喻坦白直率;此爲何晏《集解》引孔安國説。一爲《經典釋文》所載:"直躬,鄭本作'弓',云:'直人名弓。'"黄懷信《論語彙校集釋》説:"鄭説非,若'弓'爲人名,則不當有'者'字。"黄説不確。《雍也》:"有顏回者好學,不遷怒,不貳過。"(又見《先進》)"有澹臺滅明者,行不由徑,非公事,未嘗至於偃之室也。"(同上)《左傳·哀公十四年》:"有陳豹者,長而上僂,望視,事君子必得志,欲爲子臣。"《孟子·梁惠王》》:"嬖人有臧倉者沮君,君是以不果來也。"《盡心下》:"晉人有馮婦者,善搏虎,卒爲善,士則之。"以上皆"有+人名+者"之例。鄭玄説未必非,而有諸多證據。

1. "直躬"與其他人名並列者可間接説明"躬"也是人名:"比干剖心,子胥抉眼,忠之禍也;直躬證父,尾生溺死,信之患也;鮑子立乾,申子不自理,廉之害也;孔子不見母,匡子不見父,義之失也。"(《莊子·雜篇·盜跖》)"直躬其父攘羊而子證之,尾生與婦人期而死之。直而證父,信而溺死,雖有直信,孰能貴之?"(《淮南子·氾論》)高誘注:"直人躬,楚葉縣人也。'躬'蓋名,其人必素以直稱者,故稱'直躬'。"

2. "躬"作爲有生名詞,從不受形容詞修飾。我們調查了《左傳》《論語》《國語》《莊子》《管子》《晏子春秋》《荀子》《呂氏春秋》《韓非子》中總共43例"躬"(人名除外),未見一例受形容詞修飾者。鑑於43例的統計樣本似嫌偏小,我們統計了《左傳》(59例)《論語》(17例)《孟子》(50例)《國語》(68例)四部書中總共194例同爲有生名詞的"身"字,也未見1例受形容詞修飾者。而如果"躬"爲人名(專有名詞),就可爲形容詞所修飾。如:"大舜有大焉,善與人同,舍己從人。"(《孟子·公孫丑上》)

3. 本章孔子回答葉公的話也可間接證明鄭玄的"直人名弓"説。葉公説"吾黨有直躬者"云云,孔子回答説"吾黨之直者異於是","躬"字不見了。《淮南子·氾論》也是如此。先説"直躬其父攘羊而子證之",後説"直而證父"。

其實"直身而行"説與人名説也並不矛盾。《孟子·萬章上》:"或謂孔子於衛主癰疽,於齊主侍人瘠環,有諸乎?"春秋戰國時有些人的名字和他的德業、身體的特徵等相關。徐仁甫《廣古書疑義舉例》(中華書局1990年)列有"人名之上加德業""以事名人""以形名人"諸例,不妨參考。曹之升《四書摭餘説》云:"《論語》所記隱士皆以其事名之。門者謂之'晨門',杖者謂之'丈人',津者謂之'沮''溺',接孔子之輿者謂之'接輿'。""直躬"或許與之類似。(110)

13.19 樊遲問仁。子曰："居處恭，執事敬，與人忠。雖之夷狄①，不可棄也。"

【譯文】樊遲問仁。孔子說："日常起居舉止莊嚴，對待工作嚴肅認真，為人辦事一心一意。就是到夷狄那兒去，這些也是不能廢棄的。"

【注釋】①之：動詞，到。

13.20 子貢問曰："何如斯可謂之士矣？"子曰："行己有恥，使於四方，不辱君命，可謂士矣。"

曰："敢問其次。"曰："宗族稱孝焉，鄉黨稱弟焉。"

曰："敢問其次。"曰："言必信，行必果，硜硜然小人哉①！抑亦可以為次矣。"

曰："今之從政者何如？"子曰："噫！斗筲之人②，何足算也？"

【譯文】子貢問道："怎樣才可以叫做'士'？"孔子說："用羞恥之心約束自己的行為，出使各國，不辱沒君主的使命，就可以叫做'士'了。"

子貢又說："請問次一等的。"孔子說："宗族稱讚他孝順父母，鄉里稱讚他恭敬尊長。"

子貢又說："請問再次一等的。"孔子說："言語必定信實，行動必定果斷，這是固執而不會通權達變的小人哪，也可以說是再次一等的'士'了。"

子貢說："現在的執政諸公如何？"孔子說："唉！這班小肚雞腸的人，哪值得拿來排等次？"

【注釋】①硜(kēng)硜然：固執的樣子。　②斗筲(shāo)之人：斗是古代的量名，筲，古代的飯筐，能容五升。"斗筲"典籍中通常言財物的短少，如《論衡・定賢篇》："家貧無斗筲之儲。"《鹽鐵論》："百姓或無斗筲之儲。"這裏譬如度量和見識的狹小，類似的有："永奏書謝鳳曰：'永斗筲之材，質薄學朽。'"(《漢書・谷永杜鄴傳》)"陛下聖德盛茂所以符合於皇天也，豈當世庸庸斗筲之臣所能及哉！"(《漢書・外戚傳》)

13.21 子曰："不得中行而與之①，必也狂狷乎②！狂者進取，狷者有所不爲也。"

【譯文】孔子説："不能得到言行方正的人和他相交，又硬要交友的話，那總要交到狂放和狷介的人吧，狂放者敢於進取，狷介者還不至於做壞事。"

【注釋】①不得中行而與之：不能得到言行方正的人和他相交。詳見本章《考證》。　②狂狷：《孟子・盡心下》："孟子曰：'孔子不得中道而與之，必也狂狷乎！狂者進取，狷者有所不爲也。孔子豈不欲中道哉？不可必得，故思其次也。''敢問何如斯可謂狂矣？'(此萬章所問，下同。)曰：'如琴張、曾晳、牧皮者，孔子之所謂狂矣。''何以謂之狂也？'曰：'其志嘐嘐然，曰：古之人！古之人！夷考其行而不掩焉者也。狂者又不可得，欲得不屑不潔之士而與之，是獧(同"狷")也，是又其次也。'"錄以備考。請參 3.7 注①。

【考證】不得中行而與之：

1."中行"何謂？《孟子・盡心下》有一段孟子説的話："孔子'不得中道而與之，必也狂狷乎！狂者進取，狷者有所不爲也'。孔子豈不欲中道哉？不可必得，故思其次也。"可知"中道"就是"中行"的意思。綜合《孟子・盡心上》"君子引而不發，躍如也。中道而立，能者從之"、《禮記・中庸》"誠者不勉而中，不思而得，從容中道，聖人也"，我們譯"中行"爲"言行方正"。

2. "與之"何謂？朱熹《集注》說："蓋聖人本欲得中道之人而教之。"因此有人據此解釋"與之"的"與"爲"給予"義，"與之"就是"把道傳授給他們"（臺灣中學國文科課程教材《中國文化基本教材》）。而楊伯峻《譯注》翻譯"不得中行而與之"爲"得不到言行合乎中庸的人和他相交"，那麽，這句的"與"音 yù，"結交"的意思。

我們認爲楊譯是對的。首先，朱《注》只是隨文釋義，似乎並未釋"與"爲"給予"。更重要的是，如解這句的"與"爲"給予"，有兩點不可通。a. 如"與之"爲"給他們"的意思，在《論語》時代的語言中，"與之"後要麽要帶有直接賓語；要麽，直接賓語已在前文出現。前者如："子華使於齊，冉子爲其母請粟。子曰：'與之釜。'請益。曰：'與之庾。'冉子與之粟五秉。"（《雍也》）"原思爲之宰，與之粟九百。"（同上）後者如："夫子至於是邦也，必聞其政。求之與？抑與之與？"（《學而》）"孰謂微生高直？或乞醯焉，乞諸其鄰而與之。"（《公冶長》）b. 在《論語》時代的語言中，表"給予"義的"與"，其直接賓語多爲具體名詞，未見以"道"這樣的抽象名詞作直接賓語者。而且，表達教導某人，多用"教""誨"等動詞，從未見"與"某人"道"這種表達方式。所以，釋這句的"與"爲"給予"，似乎欠妥。我們認爲，這句的"與之"，和《子張》"子夏之門人問交於子張。……子夏曰：'可者與之，其不可者拒之'"的"與之"相同，都是"結交"之意，音 yù。（111）

13.22 子曰："南人有言曰：'人而無恒，不可以作巫醫①。'善夫！"

"不恒其德，或承之羞。"子曰："不占而已矣。"

【譯文】孔子說："南方人有句話說：'作爲一個人，卻没有恒心，連巫者和醫生都做不了。'說得好哇！""三天打魚，兩天曬網，總有人感到羞恥。"孔子又說："意思是叫没恒心的人不必去占卦罷了。"

【注釋】①巫醫：巫者和醫師。詳見本章《考證》（一）。

【考證】（一）巫醫：

"巫醫"不是一個詞。漢語大部分的雙音詞都是經過同義詞臨時組合階段的。因此，較早時代和較晚時代書寫形式完全相同的兩個結構，往往較早的是詞組，較晚的才是合成詞。如"地方""事情"等。兩者的區別，現代漢語可憑語感，用插入法等來鑑別；古代漢語則應考察那一時代的典籍，看這一結構的出現頻率是高是低，形式是否固定。如果是詞，出現頻率相對較高，形式相對固定；詞組則反之。《論語》《左傳》時代，"醫""巫"都出現多次，"巫醫"卻只出現在《論語》1次。正如"巫兀"（巫者和仰面朝天的畸形人）僅出現於《左傳》1次，"巫匠"（巫者和木匠）僅出現於《孟子》1次，因而是詞組一樣，這一時代的"巫醫"也是詞組，即巫者和醫師。即使漢代史書中，有時"巫醫"連言，有時又"醫巫"連言。如："天子病鼎湖甚，巫醫無所不致，不愈。游水發根乃言曰：'上郡有巫，病而鬼下之。'"（《史記·孝武本紀》）"爲置醫巫，以救疾病，以脩祭祀。"（《漢書·爰盎鼂錯傳》）可見直到那時，形式也未固定。而且，既然先説"巫醫無所不致"，又説"上郡有巫"，那麼"巫醫"也不大可能是一個詞。"以救疾病，以脩祭祀"則明明是説"醫""救疾病"，"巫""脩祭祀"了（此所謂"兩詞分承上文例"，參見楊樹達《古書疑義舉例續補》，載《古書疑義舉例五種》）。又《列子·力命》："我乎汝乎！其弗知乎！醫乎巫乎！其知之乎？"所以劉寶楠《正義》在引用《周禮》"司巫，中士二人、府一人、史一人、胥一人、徒十人"及"醫師，上士二人、下士四人、府二人、史二人、徒二十人"後説："是巫醫皆以士爲之"，可見他也是將"巫醫"看成巫者和醫師的。另外，有人認爲，名詞內部的典型成員，其功能穩定性較強；非典型成員，其功能則表現爲一定的游移性。而指人的名詞是名詞內部最穩定的典型成員，因而不容易黏合成爲一個詞（董秀芳《詞彙化——漢語雙音詞的衍生和發展》，商務印書館 2011 年，199 頁），而"巫"和"醫"正是指人名詞。（112）

（二）不恒其德，或承之羞：

這兩句話是《易經·恒卦》的爻辭。"德"本來是個中性詞,秉性、作風。《詩經·衞風·氓》:"女也不爽,士貳其行。士也罔極,二三其德。"所以鄭玄注《周易》"不恒其德"說:"惡德,無恒之德。"不恒其德,指三心二意,不能持之以恒。(113)

13.23 子曰:"君子和而不同,小人同而不和①。"

【譯文】孔子說:"君子用自己的正確意見來糾正別人的錯誤意見,將一切都做到恰到好處,卻不肯盲從附和。小人只是盲從附和,卻不肯表示自己的不同意見。"

【注釋】①和,同:"和"與"同"是春秋時代的兩個常用術語,《左傳·昭公二十年》以及《晏子春秋·內篇諫上第一》所載晏子對齊景公批評梁丘據的話,和《國語·鄭語》所載史伯的話都解說得非常詳細。"和"如同五味的調和,八音的和諧,一定要有水、火、醬、醋各種不同的材料才能調和滋味,一定要有高下、長短、疾徐各種不同的聲調才能使樂曲和諧。晏子說:"君臣亦然。君所謂可,而有否焉,臣獻其否以成其可;君所謂否,而有可焉,臣獻其可以去其否。"史伯也說:"以他平他謂之和。""同"則反之,用晏子的話說:"君所謂可,據亦曰可;君所謂否,據亦曰否;若以水濟水,誰能食之?若琴瑟之專一,誰能聽之?'同'之不可也如是。"所以,社會要和諧,必須容納各種意見,"百花齊放,百家爭鳴";只有一種聲音而"萬馬齊喑",那叫做"同",不是和諧。

13.24 子貢問曰:"鄉人皆好之,何如?"子曰:"未可也①。""鄉人皆惡之,何如?"子曰:"未可也;不如鄉人之善者好之,其不善者惡之。"

【譯文】子貢問道:"老鄉們都喜歡他,這人如何?"孔子說:"還不行。"

子貢又問："老鄉們都討厭他,這人如何?"孔子説："也不行。最好是老鄉中的好人喜歡他,老鄉中的壞人討厭他。"

【注釋】①未可也:如果衆人都喜歡他,便是所謂好好先生,孔孟稱之爲"鄉愿"。孔子説:"鄉愿,德之賊也。"(17.13) 又説:"衆好之,必察焉;衆惡之,必察焉。"(15.28) 又説:"唯仁者能好人,能惡人。"(4.3)

13.25 子曰："君子易事而難説也①。説之不以道,不説也;及其使人也,器之。小人難事而易説也。説之雖不以道,説也;及其使人也,求備焉。"

【譯文】孔子説："在君子手下工作容易,卻難取悦於他。不用正當的方法取悦他,他是不會高興的;等到他用人的時候,卻能使人各得其所。在小人手下工作很難,取悦他卻容易。用不正當的方法取悦他,他會高興的;等到他用人的時候,卻要求十全十美。"

【注釋】①易事:《荀子·不苟》:"君子易知而難狎。"《説苑·雜言》:"曾子曰:'夫子見人之一善而忘其百非,是夫子之易事也。'"

13.26 子曰："君子泰而不驕,小人驕而不泰①。"

【譯文】孔子説："君子自負,但不盛氣淩人;小人盛氣淩人,卻並不自負。"

【注釋】①泰、驕:"泰"和"驕"是同義詞,且都是貶義。"泰""驕"的共同特點是看上去自高自大,嚴厲不好接近。"泰"是矜持自負之意。"驕"則不但自大,還盛氣淩人,且顯擺自己。此章實辨明君子的缺點和小人的做派是有本質區別的。詳見本章《考證》。

【考證】泰、驕:

泰,又寫作"汏""汰"。"泰"和"驕"是同義詞,且都是貶義,所以可以組成同義詞組如"驕泰""泰侈"(侈泰)"驕侈"等,例如:"君驕泰而有烈,夫以德勝者猶懼失之,而況驕泰乎?"(《國語·晉語六》)"及桓子驕泰奢侈,貪欲無藝,略則行志,假貸居賄,宜及於難,而賴武之德,以没其身。"(《晉語八》)"驕泰奢侈,上無以親下。"(《晏子春秋·内篇諫上》)"泰侈者,因而斃之。"(《左傳·襄公三十年》)"驕傲侈泰,離度絶理,其唯無禍,福亦不至矣。"(《管子·禁藏》)"君驕侈而克敵,是天益其疾也。"(《左傳·成公十七年》)"伯有汰侈,故不免。"(《左傳·襄公三十年》)"楚王汰侈而自説其事,必合諸侯。吾往無日矣。"(《昭公元年》)"然則戴、桓也。汰侈,無禮已甚,亂所在也。"(《昭公二十年》)"今公家驕汰,而田氏慈惠,國澤是將焉歸?"(《晏子春秋·外篇上》)

然而"統言無别,析言則異","泰""驕"的共同特點是看上去自高自大,嚴厲不好接近。《禮記·檀弓上》:"汰哉叔氏,專以禮許人。"《經典釋文》:"汰,自矜大。"就是矜持自負之意。"驕"則不但顯得自大,還盛氣凌人,且顯擺自己;"驕而不泰"也就近乎"色厲内荏"了。《孟子·離婁下》:"施施從外來,驕其妻妾。"君子雖然矜持自負,但"望之儼然,即之也温,聽其言也厲"(19.9),此所謂"泰"。《唐寫本論語》鄭玄注:"泰謂威儀矜莊,驕謂慢人自貴。"所謂慢人自貴,就是做出高高在上的樣子,通過輕慢他人來顯擺自己。君子則"無衆寡,無小大,無敢慢","無敢慢"就是"即之也温"。所以孔子緊接著説:"斯不亦泰而不驕乎?"(20.2)

另外,我們發現,《論語》中所有"君子～而不～""小人～而不～"的句式,實際上都是同義詞辨析。他如:"君子周而不比,小人比而不周。"(2.14)"君子和而不同,小人同而不和。"(13.23)"君子矜而不争,群而不黨。"(15.22)"君子貞而不諒。"(15.37)本章適足以與上舉各章互證。這些材料都有利於同義詞的辨析,是訓詁學、詞彙學的好材料,但孔子的本意是卻爲了"正名"(13.3)。

爲何不將"泰"從楊伯峻《譯注》譯作"安詳舒泰"?除以上兩個原因

外,還因爲先秦文獻中除此章再外也找不到"泰"作"安詳舒泰"解的用例。可知,此章實辨明君子的缺點和小人的做派有著本質上的區別。(114)

13.27 子曰:"剛、毅、木、訥近仁①。"

【譯文】孔子說:"剛強、果決、質樸、慎言,這些品質近於仁德。"

【注釋】①毅、訥:毅,果決。參見8.7注①。訥,不隨便說話。

13.28 子路問曰:"何如斯可謂之士矣?"子曰:"切切偲偲①,怡怡如也②,可謂士矣。朋友切切偲偲,兄弟怡怡。"

【譯文】子路問道:"怎樣才可以叫做'士'呢?"孔子說:"互相批評,和睦相處,就可以叫做'士'了。朋友之間,重在互相批評;兄弟之間,重在和睦相處。"

【注釋】①切切偲(sī)偲:互相敬重切磋勉勵的樣子。　②怡怡:和順的樣子。

13.29 子曰:"善人教民七年,亦可以即戎矣①。"

【譯文】孔子說:"善人教導人民七年之久,他們也能夠走向戰場了。"

【注釋】①即戎:作戰。即,就,走向……。戎,兵戎,武器。《左傳·僖公二十七年》的一段記載可以和本章互證:"晉侯(晉文公重耳)始入而教其民,二年,欲用之。子犯曰:'民未知義,未安其居。'於是乎出定襄王(出國安定周襄王的君位),入務(回國後致力於)利民,民懷生矣,將用之。子犯曰:'民未知信,未宣其用。'於是乎伐原(原國)以示之信。民易資者不求豐焉,明徵其辭。公曰:'可矣乎?'子犯曰:'民未知禮,未生其共(恭)。'於是乎大蒐(大閱兵)以示之禮,作執秩以正其官,民聽不惑而後用之。出穀戍,釋宋圍,一戰而霸,文之教也。"文公伐原而示民信義,事見《國語・晉語四》:"文公伐原,令以三日之糧。三日而原不降,公令疏軍而去之。諜出曰:'原不過一二日矣!'軍吏以告,公曰:'得原而失信,何以使人? 夫信,民之所庇也,不可失。'乃去之,及孟門,而原請降。"

13.30 子曰:"以不教民戰①,是謂棄之。"

【譯文】孔子説:"用未經訓練的人民去作戰,這等於拋棄他們。"

　　【注釋】①不教民:不教之民。參見 15.39《考證》,及本書《附録》之《也談〈論語〉中的"人"與"民"》。

憲問篇第十四

共四十四章(朱熹《集注》把第一章自"克、伐、怨、欲"以下別爲一章,把第二十章自"曾子曰"以下別爲一章,又把第三十七章自"子曰作者"以下別爲一章,所以題爲四十七章)

14.1 憲問恥。子曰:"邦有道,穀;邦無道,穀,恥也。"

"克、伐、怨、欲不行焉,可以爲仁矣①?"子曰:"可以爲難矣,仁則吾不知也。"

【譯文】原憲問何爲恥辱。孔子說:"國家政治清明,就做官拿薪水;國家政治黑暗,還做官拿薪水,這就是恥辱。"

原憲又說:"好勝、自誇、怨恨和貪心都不曾表現過,這可以算具有仁德了嗎?"孔子說:"可以算是難能可貴了,有没有仁德,我可不知道。"

【注釋】①可以爲仁矣:這句話從形式上看應是敘述語氣,但從上下文看,實際應是疑問語氣,不過這種語氣大約只是由句調來表示的。例如豫北安陽一帶打招呼:"吃了?"回答:"吃了。"問句爲升調,表疑問;答句爲降調,表肯定。並非問句的"了"兼表疑問。13.28"何如斯可謂之士矣"的"矣"也不是兼表疑問。與此類似的情況還出現在12.21、13.20、16.1、20.2。這一段可以和"邦有道,貧且賤焉,恥也;邦無道,富且貴焉,恥也"(8.13)互相發明。

14.2 子曰："士而懷居①，不足以爲士矣。"

【譯文】孔子說："作爲一個士人，卻留戀安居，便不配做士人了。"

【注釋】①士而懷居：士，以前有譯作"讀書人"的，不太確切。參見4.9《考證》。而，王引之《經傳釋詞》說可以當"若""如"講，有人據此解釋此一"而"爲"如果"。按，王說不確。參見2.22《考證》。懷，懷揣著，老想著，留戀；居，安居。類似"懷居"的有"懷德"（《里仁》《詩經·大雅·板》《左傳·僖公十五年》《成公八年》）"懷歸"（《詩經·小雅·四牡》《小明》）。終孔子一生，長年奔波，席不暇暖，直到老年才定居下來。

14.3 子曰："邦有道，危言危行①；邦無道，危行言孫②。"

【譯文】孔子說："政治清明，言語行爲都敢冒險犯難；政治黑暗，行爲敢於冒險，言語卻謙遜謹慎。"

【注釋】①危：危險，不安。詳見本章《考證》。　②孫：同"遜"。

【考證】危：

包咸說："危，厲也。邦有道，可以厲言行也。"何晏說："孫，順也。厲行不隨俗，順言以遠害。"《後漢書·第五倫傳注》引鄭玄注："危，猶'高'也。據時高言高行者皆見危，故以爲諭也。"朱熹《集注》云："危，高峻也。孫，卑順也。尹氏曰：'君子之持身不可變也，至於言則有時而不敢盡，以避禍也。'"《廣雅·釋詁》："危，正也。"王念孫《廣雅疏證》云："危者，《論語·憲問》云：'邦有道，危言危行。'是'危'爲'正'也。"是諸家釋"危"爲"厲"，爲"高"，爲"正"。"厲"有"危險"義，包咸所謂"危，厲也"如爲"危險"義，則爲得之。《論語》《左傳》《國語》《孟子》中的"危"數十見，均爲"危險"義，包括其使動、意動用法。這一章的"危"不必例外。孔子一生之危行多矣，"遇圍於匡，困於陳蔡"（《鹽鐵論·大論》），其言則未必盡危。皇《疏》云："'諾，吾將仕矣。'此皆遜辭以遠害也。"楊伯峻《論語譯注》從王念孫釋"危"爲"正"，而後出之《孟子譯注》注"獨孤臣孽子，其操心也危，其慮患也深,故達"(《盡心上》13.18)云:"危,不安也。《論語·憲問》'危言危行'的'危'亦此義。"我們認爲,楊伯峻先生的後一説得之,"危"爲"不安""危險"義。(115)

14.4 子曰:"有德者必有言,有言者不必有德。仁者必有勇,勇者不必有仁。"

【譯文】孔子説:"有德者定有至理名言,但有名言者卻不一定有德。仁人定有大勇,但有大勇者卻不一定仁。"

14.5 南宫适問於孔子曰①:"羿善射②,奡盪舟③,俱不得其死然。禹稷躬稼而有天下。"夫子不答。

南宫适出,子曰:"君子哉若人!尚德哉若人!"

【譯文】南宫适問孔子説:"羿擅長射箭,奡擅長駕船,卻都没得到好死。禹和稷自己種地,卻都得到了天下。"孔子没有答復。

南宫适退出。孔子説:"真是個君子啊,這人!多崇尚道德呀,這人!"

【注釋】①南宫适(Kuò):孔子學生南容。　②羿(Yì):在古代傳説中有三個羿,都是射箭能手。一爲帝嚳的射師,見於《説文解字》;二爲唐堯時人,傳説當時十個太陽同時出現,羿射落了九個,見《淮南子·本經》;三爲夏代有窮國的君主,見《左傳·襄公四年》。這裏所指的和《孟子·離婁下》所載的"逢蒙學射於羿"的羿,都是夏代的羿。何晏《集解》引孔安國説:"羿,有窮國之君,篡夏后相之位。其臣寒浞殺之,因其室而生奡。奡多力,能陸地行舟,爲夏后少康所殺。此二子者,皆不得以壽終焉。"所以下文説:"俱不得其死然。"　③奡(Ào)盪舟:奡,字又作"澆"。盪舟,即"蕩舟",行舟摇盪於波濤的意思。詳見本章《考證》。

【考證】弄盪舟：

　　弄字又作"㧒"。盪舟，顧炎武《日知錄》説是"覆舟"；又説："古人以左右衝殺爲'盪'。陳其鋭卒，謂之'跳盪'；別帥謂之'盪主'。'盪舟'蓋兼此義。"現當代注家多從之。按，顧説不確。"跳盪"始見於《舊唐書》，"盪主"始見於《宋書》，均十分晚起，未足採信。經典中"盪"通常作"蕩"，搖動，動盪。《左傳·昭公二十六年》："兹不穀震盪播越，竄在荆蠻，未有攸厎。"《襄公二十六年》作"震蕩"："楚師輕窕，易震蕩也。"盪舟，即"蕩舟"，行舟摇盪於波濤之謂。《左傳·僖公三年》："齊侯與蔡姬乘舟于囿，蕩公。公懼，變色。"是其例也。他例如，《左傳·莊公四年》："楚武王荆尸，授師孑焉，以伐隨。將齊，入告夫人鄧曼曰：'余心蕩。'鄧曼歎曰：'王禄盡矣。盈而蕩，天之道也。先君其知之矣，故臨武事，將發大命，而蕩王心焉。若師徒無虧，王薨於行，國之福也。'王遂行，卒於樠木之下。"《成公十三年》："康公，我之自出，又欲闕翦我公室，傾覆我社稷，帥我螫賊，以來蕩摇我邊疆。"《襄公二十五年》："夏氏之亂，成公播蕩，又我之自入，君所知也。"《莊子·大宗師》："夫堯既已黥汝以仁義，而劓汝以是非矣，汝將何以遊夫遥蕩恣睢轉徙之塗乎？"皆"盪""蕩"爲"搖動""動盪"之例。(116)

14.6 子曰："君子而不仁者有矣夫，未有小人而仁者也。"

【譯文】孔子説："是個君子卻不仁的人是有的吧，是個小人卻仁德的人是不會有的。"

14.7 子曰："愛之，能勿勞乎①？忠焉，能勿誨乎②？"

【譯文】孔子説："愛他，能不讓他操勞嗎？爲他著想，能不啓發他嗎？"

【注釋】①能勿勞乎：《國語·魯語下》："擇瘠土而處之，勞其民而用之，故長王天下。夫民勞則思，思則善心生；逸則淫，淫則忘善，忘善則惡心生。

沃土之民不材,逸也;瘠土之民莫不嚮義,勞也。" ②忠焉:"忠"這個詞在現代漢語中只能是下級、晚輩對上級、長輩而言,或國民對國家而言,而不能相反;《論語》時代則不一定。"吾日三省吾身,爲人謀而不忠乎?"(1.4)這"人"指"他人",不一定是上級。因此,譯作"爲他著想"可能比"忠於他"更貼切一點。

14.8 子曰:"爲命①,裨諶草創之②,世叔討論之③,行人子羽修飾之④,東里子產潤色之⑤。"

【譯文】孔子説:"起草外交辭令,裨諶草擬初稿,世叔提出意見,外交官子羽加以修飾,東里子產加以潤色。"

【注釋】①爲命:起草外交辭令。《左傳·襄公三十一年》:"子產之從政也,擇能而使之。馮簡子能斷大事;子大叔美秀而文;公孫揮能知四國之爲,而辨於其大夫之族姓、班位、貴賤、能否,而又善爲辭令;裨諶能謀,謀於野則獲,謀於邑則否。鄭國將有諸侯之事,子產乃問四國之爲於子羽,且使多爲辭令,與裨諶乘以適野,使謀可否,而告馮簡子使斷之。事成,乃授子太叔使行之,以應對賓客,是以鮮有敗事。"可與《論語》此文相參校。《左傳》所講的過程和《論語》此文雖然有些出入,但主題是相同的,因此將"命"譯爲"外交辭令",不作一般的政令講。 ②裨諶(Pí Chén):鄭國大夫,見《左傳·襄公二十九年》。 ③世叔討論之:世叔,即《左傳·襄公二十四年》到《定公四年》出現的子大(tài)叔(古代,"大""太"和"世"通用),名游吉。討論,研究而後評論;意思不同於今天的"討論"。 ④行人子羽:行人,外交官。子羽,公孫揮的字。 ⑤東里子產:東里,地名,在今鄭州市,子產所居。

14.9 或問子產。子曰:"惠人也。"問子西①。曰:"彼哉!彼哉②!"問管仲。曰:"人也③。奪伯氏駢邑三百④,飯疏食,没齒無怨言。"

【譯文】有人問子產如何。孔子說:"是個寬厚的人。"又問起子西。孔子說:"那人哪,那人哪!"又問起管仲。孔子說:"算是個人物。剝奪過伯氏駢邑三百戶的采地,使伯氏只能粗茶淡飯,卻到死沒有怨言。"

【注釋】①子西:春秋時有三個子西,一是鄭國的公孫夏,生當魯襄公之世,爲子產的同宗兄弟,子產便是繼他而主持鄭國政治的。二是楚國的鬬宜申,生當魯僖公、文公之世。三是楚國的公子申,和孔子同時。因上文問及子產,此處所問的似是公孫夏。 ②彼哉彼哉:何晏《集解》引馬融說:"彼哉彼哉,言無足稱。"也就是不值一提的意思。先秦時尚無真正意義上的第三人稱代詞,所以翻譯爲"那人哪,那人哪",而不翻譯爲"他啊,他啊"。 ③人也:算是個人物。這句承上文省略,全文應爲"管仲,人也"。《孟子·離婁下》:"舜,人也;我,亦人也。舜爲法於天下,可傳於後世,我由未免爲鄉人也,是則可憂也。"《荀子·勸學》:"故學數有終,若其義則不可須臾舍也。爲之,人也;舍之,禽獸也。"《榮辱》:"乳彘觸虎,乳狗不遠遊,不忘其親也。人也,憂忘其身,內忘其親,上忘其君,則是人也而曾狗彘之不若也。"但我頗疑"人"上脫去一字,因爲先秦典籍中除非用於比較,從未見"人也"單獨出現的例子。姑存疑待考。 ④伯氏駢邑:伯氏,齊國的大夫。駢邑,地名。阮元得伯爵彝,據云乾隆五十六年出土於山東臨朐縣柳山寨。他在《積古齋鐘鼎彝器款識》裏說,柳山寨有古城的城基,即春秋的駢邑。又《水經注》說:"巨洋水自朱虛北入臨朐縣,熏冶泉水注之……其水東北流入巨洋,謂之熏冶泉。又逕臨朐縣故城東。城,古伯氏駢邑也。"阮氏即以此證之。

14.10 子曰:"貧而無怨難,富而無驕易①。"

【譯文】孔子說:"貧窮卻沒有怨恨,很難;富貴卻不驕傲,倒容易做到。"

【注釋】①貧而無怨富而無驕：《左傳·定公十三年》記載，史鰌對公叔文子説："富而不驕者鮮，吾唯子之見。"又《晏子春秋·内篇雜下》："富而不驕者，未嘗聞之。貧而不恨者，嬰是也。"可見這是當時成語。

14.11 子曰："孟公綽爲趙魏老則優①，不可以爲滕、薛大夫②。"

【譯文】孔子説："孟公綽做趙氏、魏氏的家臣，還是綽綽有餘的，卻不能夠勝任滕國、薛國的大夫。"

【注釋】①孟公綽爲趙魏老則優：孟公綽，魯國大夫，其行事《左傳·襄公二十五年》有載。《史記·仲尼弟子列傳》説他和晏嬰、子産、蘧伯玉一樣，是孔子所尊敬的人。老，大夫的家臣，也稱"室老"。優，優裕，綽綽有餘。　②滕、薛：魯國周邊的小國。滕的故城在今山東滕州市西南約10里的姜屯鎮東滕城村，薛的故城在滕州市西南約40里的官橋鎮。

14.12 子路問成人①。子曰："若臧武仲之知②，公綽之不欲，卞莊子之勇③，冉求之藝，文之以禮樂，亦可以爲成人矣。"曰④："今之成人者何必然？見利思義，見危授命，久要不忘平生之言⑤，亦可以爲成人矣。"

【譯文】子路問怎樣才算是完美的人。孔子説："像臧武仲那樣睿智，像孟公綽那樣淡泊，像卞莊子那樣勇敢，像冉求那樣多才，再用禮樂來提高修養，也可以説是完美的人了。"又説："如今完美的人何必如此？見到利益能夠想起是否合於道義，遇到危險能夠付出生命，長期艱難困頓都不忘記年少時許下的諾言，也可以算是完美的人了。"

【注釋】①成人:完美的人。例如:"故人之能曲直以赴禮者,謂之成人。"(《左傳·昭公二十五年》)"趙文子冠……見韓獻子,獻子曰:'戒之,此謂成人。成人在始與善,始與善,善進善,不善蔑由至矣。'"(《國語·晉語六》)"君子知夫不全不粹之不足以爲美也,故誦數以貫之,思索以通之,爲其人以處之,除其害者以持養之,使目非是無欲見也,使耳非是無欲聞也,使口非是無欲言也,使心非是無欲慮也。及至其致好之也,目好之五色,耳好之五聲,口好之五味,心利之有天下。是故權利不能傾也,群衆不能移也,天下不能蕩也。生乎由是,死乎由是,夫是之謂德操。德操然後能定,能定然後能應,能定能應,夫是之謂成人。"(《荀子·勸學》)②臧武仲:魯大夫臧孫紇。他很有智慧,逃到齊國之後,能預見齊莊公被殺而故意激怒莊公,使後者取消給他授田。見《左傳·襄公二十三年》。③卞莊子:魯國的勇士。事見《荀子·大略》和《韓詩外傳》卷十。④曰:這一"曰"後的話也是孔子說的。見俞樾《古書疑義舉例·一人之辭而加'曰'字例》(載《古書疑義舉例五種》),又見17.1注③、17.24注②、18.3《考證》。 ⑤久要不忘平生之言:要,"約"的借字,約,窮困。平生,何晏《集解》引孔安國說"平生,猶少時。"詳見本章《考證》。

【考證】久要不忘平生之言:

要,"約"的借字,"約",窮困。說見楊樹達《積微居小學述林全編·〈論語〉"久要不忘平生之言"解》。按,該文舉《里仁》"不仁者不可以久處約"爲證,今補一例:"狐姬,伯行之子也,實生重耳。成而儁才,離違而得所,久約而無釁。"(《國語·晉語四》)此謂重耳久處困窮而無瑕釁也。不但"約"的貧困義可借"要"字,約束義亦可。《左傳·隱公三年》:"明恕而行,要之以禮,雖無有質,誰能間之?"《僖公十五年》:"且晉人慼憂以重我,天地以要我,不圖晉憂,重其怒也;我食吾言,背天地矣。"《僖公二十八年》:"王子虎盟諸侯于王庭,要言曰:'皆獎王室,無相害也。'"皆其證。

平生,何晏《集解》引孔安國說"平生,猶少時",皇侃《義疏》從之。周秦典籍中"平生"僅此一見,而晚出的《史記》《漢書》中"平生"多見,且均爲"平

日"之意。朱熹《集注》："平生,平日也。"韓國語"平生"意爲一生、一輩子。存疑待考,姑暫從孔説。(117)

14.13 子問公叔文子於公明賈曰①:"信乎,夫子不言,不笑,不取乎?"

公明賈對曰:"以告者過也②。夫子時然後言,人不厭其言;樂然後笑,人不厭其笑;義然後取,人不厭其取。"

子曰:"其然? 豈其然乎?"

【譯文】孔子向公明賈問到公叔文子,説:"他老人家不言語,不笑,不取,是真的嗎?"

公明賈答道:"是由於傳話的人説錯了。他老人家到應説話的時候才説話,別人不厭惡他的話;高興了才笑,別人不厭惡他的笑;應該取才取,別人不厭惡他的取。"

孔子説:"如此的嗎? 難道真是如此的嗎?"

【注釋】①子問公叔文子於公明賈:公叔文子,即衛國大夫公孫拔,《禮記·檀弓》載有他的行事。公明賈(Jiǎ),衛人,姓公明,名賈。 ②以告者過也:這是由於傳話者的錯誤所致。詳見本章《考證》。

【考證】以告者過也:

這是一個判斷句(上古判斷句如:陳勝者,陽城人也。現代漢語判斷句如:陳勝是陽城人),判斷句的主語没有説出來。上古漢語判斷句常有這樣的情形,如:"子曰:'非吾徒也。'"(《論語·先進》)"子貢曰:'夫子自道也。'"(《憲問》)"子曰:'隱者也。'"(《微子》)"對曰:'翳桑之餓人也。'"(《左傳·宣公二年》)以,介詞,表原因。可譯爲"因爲""由於"。介詞"以"常表原因,如:"君子不以言舉人,不以人廢言。"(《衛靈公》)上古漢語也常採用判斷句的形式解釋原因,如:"桓公九合諸侯,不以兵車,管仲之力也。"(《憲問》)參見王力主編《古代漢語》(一)第三單元的通論部分,以及許世瑛《論語二十篇句法研究》相關部分。有些注本説這一"以"讀作"此",不確。用本字能很好解釋清楚的,不要讀作借字;用常見義能很好解釋清楚的,不要用僻義解釋。(118)

14.14 子曰:"臧武仲以防求爲後於魯①,雖曰不要君②,吾不信也。"

【譯文】孔子説:"臧武仲用防城請求立其子弟爲魯國卿大夫,即便有人説他没有要挾魯君,我也不相信。"

【注釋】①臧武仲以防求爲後於魯:事見《左傳·襄公二十三年》。防,臧武仲的封邑,在今山東費縣東60里的方城鎮華城村,離齊國邊境很近。②要(yāo):要挾。

14.15 子曰:"晉文公譎而不正,齊桓公正而不譎①。"

【譯文】孔子説:"晉文公好欺詐而不正派,齊桓公正派而不好欺詐。"

【注釋】①晉文公……正而不譎(jué):晉文公名重耳,齊桓公名小白,他們是春秋五霸中最有名聲的。譎,欺騙,弄權使詐。

14.16 子路曰:"桓公殺公子糾,召忽死之,管仲不死①。"曰②:"未仁乎?"子曰:"桓公九合諸侯③,不以兵車,管仲之力也。如其仁,如其仁④。"

【譯文】子路説:"齊桓公殺了公子糾,召忽因此自殺,管仲卻没去死。"又説:"管仲還没有達到'仁'的境界吧?"孔子説:"齊桓公多次召集諸侯盟會,卻未動干戈,這都是管仲的力量。[他這樣做,]符合仁德呀,符合仁德!"

【注釋】①管仲不死:齊桓公和公子糾都是齊襄公的弟弟。齊襄公無道,兩人怕被牽連,公子小白(桓公)由鮑叔牙侍奉逃往莒國,桓公的哥哥公子糾由管仲和召忽侍奉逃往魯國。襄公被殺,小白先入齊國,立爲君,興兵伐魯,逼魯國殺公子糾,召忽自殺以殉,管仲卻做了桓公的宰相。事見莊公八年和九年《左傳》。　②曰:這一"曰"字後的話也是子路説的。説詳俞樾《古書疑義舉例》(《古書疑義舉例五種》)卷二之"一人之辭而加曰字例"以及17.1注③。　③九合:齊桓公糾合諸侯共計11次,因此"九"字是虛數,表示多次罷了。　④如其仁:合於"仁",符合"仁"。詳見本章《考證》。

【考證】如其仁:

何晏《集解》引孔安國説:"誰如管仲之仁?"王引之《經傳釋詞》説:"如,猶'乃'也。《詩·常武》:'王奮厥武,如震如怒。'言乃震乃怒也。《大戴記·少閒篇》曰:'臣之言未盡,請盡臣之言,君如財之。'言請俟臣之言盡,君乃裁之也。《論語·憲問》曰:'桓公九合諸侯,不以兵車,管仲之力也。如其仁,如其仁。'言管仲不用民力而天下安,乃其仁,乃其仁也。孔傳曰:'誰如管仲之仁?'加'誰'字以解之,於文義未安。"孔傳並未加字解經,如果"如其仁"是疑問句,翻譯時確實可以加一"誰"字,以便理解。但"如其仁"是否疑問句未有確證,故不從。王引之説也不正確。先看《詩經·常武》:

1. 王引之釋"如震如怒"爲"乃震乃怒";但《詩經》中"如~如~"句式常見,除"如震如怒"外,還有25個,都是"像~那樣,像~那樣"的意思。如:"有匪君子,如切如磋,如琢如磨,……有匪君子,如金如錫,如圭如璧。"(《衛風·淇奧》)"如山如阜,如岡如陵,如川之方至,以莫不增。……如月之恒,如日之升。如南山之壽,不騫不崩。"(《小雅·天保》)"天之牖民,如壎如篪,如璋如圭,如取如攜。"(《大雅·板》)"文王曰咨,咨女殷商。如蜩如螗,如沸如羹。"(《大雅·蕩》)《板》先是"如壎如簋,如璋如圭","如"之後是體詞,緊接著"如取如攜","如"之後又是類似"如震如怒"的謂詞。總不至於到"如取如攜"便讀作"乃取乃攜"吧?"如沸如羹"也是如此。特別是《常武》:"如雷如霆,徐方震驚。王奮厥武,如震如怒。……王旅嘽嘽,如飛如翰,如江如漢。如山之苞;如川之流,綿綿翼翼。"先有"如雷如霆,徐方震驚",後有"如飛如翰,如江如漢。如山之苞,如川之流",諸"如"字都解作"如同……一樣",僅僅"如震如怒"讀作"乃震乃怒",是説不過去的;也不符合王引之自己在《經傳釋詞・自序》中寫下的至理名言"揆之本文而協,驗之他卷而通"。

2."乃震乃怒"的"乃"如同"帝德廣運,乃聖乃神,乃武乃文"(《尚書・大禹謨》)的"乃"一樣,是助詞或連詞,而後面的"乃其仁,乃其仁""君乃財之"的"乃"又是做狀語的副詞;一句話,此"乃"非彼"乃",這裏無形中偷換了概念。

再看《大戴禮記・少閒》的"臣之言未盡,請盡臣之言,君如財之"。俞樾《古書疑義舉例》和楊樹達《古書疑義舉例續補》中都有"倒句例",這一例實際上是一典型的"倒句例";至少,作"倒句例"講比讀"如"爲"乃"要好得多。此句意謂,我的話還没講完,您如果要作裁斷,請先讓我把話講完。請參上述兩書。排除掉以上極不可靠的兩例,剩下"如其仁,如其仁",單文孤證,當然也不可靠。所以,我們也不從王説。

"如其"和"如"一樣,除了表示"如果""假設"(見中國社科院語言所古漢語室編《古漢語虛詞詞典》)之外,還可譯爲"合於""符合"。兩者的分野,在表假設的"如其"後接謂詞性成分,而我們這兒所説的"如其"後接的是體詞性成分。"如"本來具有"如同""像……一樣"的意義。如:"必哭泣葬埋之,如其子。"(《國語・越語上》)"人君唯毋聽兼愛之説,則視天下之民如其民,視國如吾國。"(《管子・立政九敗解》)當"如""如其"用得較爲廣泛,特別是可以帶抽象名詞做賓語時,就虛化出"合於""符合"的意義。前者如"如志":"唯所納之,無不如志。"(《左傳・僖公十五年》,沈玉成《左傳譯文》譯後句爲"没有不如意的",也即"没有不合於心意的"。)

"觀瞻曰：'如志。'"(《哀公十八年》,沈譯："符合你的意願。")後者如："方六七十,如五六十,求也爲之,比及三年,可使足民。如其禮樂,以俟君子。"(《論語·先進》)意謂要合於禮樂,還要等能幹的君子。(《爲政》)又如："非其道,則一簞食不可受於人；如其道,則舜受堯之天下,不以爲泰。"(《孟子·滕文公下》)"如其道"意謂"合於道""符合道"。"春王正月,公即位。繼弒君不言即位,此其言即位何？如其意也。"(《公羊傳·桓公元年》)"如其意"意謂符合意願。"凡諸侯之卿大夫士爲國客,則如其介之禮以待之。"(《周禮·秋官·大行人》)後句言用符合介紹之禮以接待之。"是故大小不踰等,貴賤如其倫,義之正也。"(《春秋繁露·精華》)"貴賤如其倫"意謂售價符合品質等次。"五行之隨,各如其序；五行之官,各致其能。"(《五行之義》)"各如其序"意謂都符合順序。因此,我們認爲,"如其仁,如其仁"意謂"合於仁,合於仁"或"符合仁,符合仁"。(119)

14.17 子貢曰："管仲非仁者與？桓公殺公子糾,不能死,又相之。"子曰："管仲相桓公,霸諸侯,一匡天下,民到于今受其賜。微管仲①,吾其被髮左衽矣②。豈若匹夫匹婦之爲諒也③,自經於溝瀆而莫之知也④？"

【譯文】子貢說："管仲怕不是仁人吧？桓公殺了公子糾,他不但沒有以身殉難,還去輔佐他。"孔子說："管仲輔佐桓公,讓他稱霸諸侯,使普天之下都得到匡正,人民到今天還受到他的恩賜。假如沒有管仲,我們都會披散著頭髮,衣襟向左邊開著[,淪落爲夷狄]了。他難道要像普通男女的守信那樣,在水溝裏自殺,沒人知道嗎？"

【注釋】①微:假如沒有；只用於和既成事實相反的假設句之首。　②被:通"披"。　③豈若匹夫匹婦之爲諒:直譯爲"難道像匹夫匹婦的守信"。諒,誠實,守信。《論語譯注》16.4 注①説:"'諒'和'信'有時意思相同,這裏便如此。有時意思有別。如《憲問》'豈若匹夫匹婦之爲諒也'的'諒'只是'小信'的意思。"這裏説"諒"有"小信"義,恐非;因爲這裏説得明明白白是"匹夫匹婦之爲諒"。另外,《衛靈公》:"君子貞而不諒",何晏《集解》引孔安國説:"貞,正也;諒,信也。"皇侃《義疏》:"貞,正也;諒,信也。君子權變無常,若爲事苟合道,得理之正,君子爲之,不必存於小信。"我們理解,君子臨大節必不苟,卻不必事事守信,可以通權達變。　④自經於溝瀆而莫之知:自經,自縊。溝瀆,河溝。莫之知,没人知道這些。詳見本章《考證》。按,孔子並未明確許管仲以"仁"。上章言管仲助桓公"九合諸侯,不以兵車"合於仁德,此章則言"民到于今受其賜,微管仲,吾其被髮左衽矣",當然也合於仁德;然管仲其仁者歟? 則未之言也。

【考證】自經於溝瀆而莫之知:

　　自經,自縊。溝瀆,河溝。王夫之《四書稗疏》認爲"溝瀆"是地名,就是《左傳》的"句瀆"、《史記》的"笙瀆",不確。"溝瀆"是普通名詞而非專有名詞,例如:"坎爲水,爲溝瀆,爲隱伏,爲矯輮,爲弓輪。"(《周易·説卦》)"雍氏掌溝瀆澮池之禁。凡害於國稼者,春令爲阱擭溝瀆之利於民者;秋令塞阱杜擭。"(《周禮·秋官·雍氏》)"夫周,高山、廣川、大藪也,故能生是良材,而幽王蕩以爲魁陵、糞土、溝瀆,其有梭乎?"(《國語·周語下》)"諸距阜、山林、溝瀆、丘陵、阡陌、郭門若閭術,可要塞及爲微職。"(《墨子·雜守》)"決水潦,通溝瀆,修障防,安水藏,使時水雖過度,無害于五穀,歲雖凶旱,有所粉穫,司空之事也。"(《管子·立政》)此句何晏《集解》、皇侃《義疏》都認爲指的是召忽。(120)

14.18 公叔文子之臣大夫僎與文子同升諸公①。子聞之,曰:"可以爲'文'矣②。"

【譯文】公叔文子的家臣大夫僎，和文子一道升爲國家的大臣。孔子聽説了這事，便説：" [公叔文子]足以謚爲'文'了。"

【注釋】①諸："之於"的合音。　②據《禮記·檀弓》，公叔文子實謚爲"貞惠文子"。鄭玄《禮記注》説："不言'貞惠'者？'文'足以兼之。"按，孔子聽説這事時，文子已經死了，所以才談到他的謚號。

14.19　子言衛靈公之無道也，康子曰："夫如是，奚而不喪①？"孔子曰："仲叔圉治賓客②，祝鮀治宗廟，王孫賈治軍旅。夫如是，奚其喪？"

【譯文】孔子言及衛靈公的荒淫無道，康子説："既然如此，爲什麽卻不敗亡？"孔子説："他有仲叔圉接待賓客，祝鮀管理祭祀，王孫賈統率軍隊，既如此，爲什麽會敗亡？"

【注釋】①奚而：奚，爲何，爲什麽。而，連詞。詳見本章《考證》。　②仲叔圉：即孔文子。

【考證】奚而：

孔安國解釋"奚而不喪"爲："何爲當亡乎？"俞樾《羣經平議·論語平議》云："'奚而'猶'奚爲'也。言奚爲不喪也。《襄十四年·左傳》'射爲禮乎'，《太平御覽·工藝部》引作'射而禮乎'；《孟子·滕文公上》'方里而井'，《論語顏淵篇正義》引作'方里爲井'，並其證也。"俞説諸家多從之，如孫欽善《論語本解》云："'奚爲'即'何爲'，亦即'爲何'。"其實不確。"奚"可譯爲"爲何"，與"而"無關。《論語》中"奚"11見，除此例外，10例中有6例可譯爲"爲何"："子奚不爲政？……奚其爲爲政？"(《爲政》)"女奚不曰，其爲人也，發憤忘食，樂以忘憂，不知老之將至云爾。"(《述而》)"由之瑟，奚爲於丘之門？"(《先進》)"有是哉，子之迂也！奚其正？"(《子路》)"夫如是，奚其喪？"(《憲問》)《左傳》中也不乏其例："費曰：'我奚御哉！'袒而示之背，信之。"(《莊公八年》)"國，皆其國也。奚獨賂焉?"(《襄公三十年》)至於"而",在此仍爲連詞,用以加強反詰語氣,類似"人而無信"(2.22)"人而不仁"(3.3)"管氏而知禮"(3.22)"士而懷居"(14.2)的"而"。(121)

14.20 子曰:"其言之不怍①,則爲之也難。"

【譯文】孔子説:"如果那人大言不慚,實踐他説的就難了。"

【注釋】①怍(zuò):慚愧。

14.21 陳成子弑簡公①。孔子沐浴而朝,告於哀公曰:"陳恒弑其君,請討之②。"公曰:"告夫三子③!"

孔子曰④:"以吾從大夫之後,不敢不告也。君曰'告夫三子'者!"

之三子告,不可。孔子曰:"以吾從大夫之後,不敢不告也。"

【譯文】陳恒殺齊簡公。孔子齋戒沐浴後朝見魯哀公,報告説:"陳恒殺了他的君主,請您出兵討伐他。"哀公説:"報告那三位先生吧!"

孔子[退出以後,]説:"因爲我曾忝列大夫,不敢不來報告,君主竟然説'報告那三位先生吧'!"

又到三位大臣那兒報告,不同意出兵。孔子説:"因爲我曾忝列大夫,不敢不報告。"

【注釋】①陳成子弑簡公:陳成子,就是陳恒(田恒),齊相。簡公,齊簡公,姓姜名壬。簡公四年(前481),陳恒殺簡公,立平公,從此陳氏專權於齊。前386年,陳恒四世孫田和放逐齊康公於海上,自立爲君。從此姜齊變爲田齊。　②請討之:《左傳·哀公十四年》載,孔子對魯哀公説:"陳恒弑其君,民之不與(贊同)者半。以魯之衆加齊之半,可克也。" ③三子:指季孫、仲孫、孟孫三位權臣。 ④孔子曰:這是孔子退朝後的話,《左傳·哀公十四年》:"孔子辭。退而告人曰:'吾以從大夫之後也,故不敢不言。'"

14.22 子路問事君。子曰:"勿欺也,而犯之。"

【譯文】子路問怎樣服侍君主。孔子説:"不要欺騙他,卻可以頂撞他。"

14.23 子曰:"君子上達,小人下達①。"

【譯文】孔子説:"君子不斷充實完善自己,小人則墮落沉淪。"

【注釋】①上達下達:古今衆説紛紜,今暫從《淮南子·主術》之説:"士處卑隱,欲上達,必先反諸己。上達有道,名譽不起,而不能上達矣;取譽有道,不信於友,不能得譽;信於友有道,事親不説,不信於友;説親有道,修身不誠,不能事親矣;誠身有道,心不專一,不能專誠。"

14.24 子曰:"古之學者爲己,今之學者爲人①。"

【譯文】孔子説:"古代學者的目的在修養充實自己,以便貫徹實行;當今學者的目的卻是説給别人聽,以便顯擺自己。"

【注釋】①爲己爲人:何晏《集解》引孔安國説:"爲己,履而行之;爲人,徒能言之。"譯文還綜合採納了《荀子·勸學》《北堂書鈔》所引《新序》和《後漢書·桓榮傳論》(見楊樹達《論語疏證》,上海古籍出版社 2007 年)的解釋。

14.25 蘧伯玉使人於孔子①。孔子與之坐而問焉②,曰:

"夫子何爲?"對曰:"夫子欲寡其過而未能也③。"

使者出。子曰:"使乎!使乎!"

【譯文】蘧伯玉派一位使者訪問孔子。孔子和他一道坐下,然後問道:"他老人家如今在幹什麼?"使者答道:"他老人家想減少過錯卻還沒能完全做到。"

使者出去後。孔子說:"好一位使者!好一位使者!"

【注釋】①蘧(Qú)伯玉:衛國的大夫,名瑗(Yuàn)。孔子在衛國時,曾經住在他家。其事蹟見《左傳·襄公十四年》和《二十六年》。　②孔子與之坐:孔子和他一道坐下。詳見本章《考證》。　③寡其過:《莊子·則陽》說:"蘧伯玉行年六十而六十化,未嘗不始於是之,而卒詘之以非也;或未知今之所謂是之非五十九非也。"《淮南子·原道》也說:"蘧伯玉年五十而知四十九年非。"於此可見蘧伯玉勇於改過不斷追求完善。而使者之言恰到好處,所以孔子連聲稱贊。

【考證】孔子與之坐:

這句話有歧義。此句古人未予解釋。現代注家的翻譯,一為"孔子給他座位"(楊伯峻《譯注》),"與"是動詞;一為"孔子和他一道坐下"(錢穆《新解》、潘重規《今注》、許世瑛《論語二十篇句法研究》),"與"是介詞。《論語》的時代,"與之+謂語動詞"和"與之+名詞"都很常見。前者是"和他一道……",後者是"給他……"。前者例如:"公與之乘,戰于長勺。"(《左傳·莊公十年》)後者如:"文王將死,與之璧。"(《僖公七年》)但從《論語》時代"坐"的使用情況看,"介詞說"應該是對的。

1.從"與……坐"的例子看,"坐"是謂語動詞,不是意為"座位"的名詞。《左傳·昭公二十三年》:"晉人使與邾大夫坐。叔孫曰:'列國之卿,當小國之君,固周制也。邾又夷也。寡君之命介子服回在,請使當之,不敢廢周制故也。'乃不果坐。""不果"作狀語,修飾謂語動詞;而且這一謂語動詞通常是呼應前文出現過的同一動詞或意義類似的動詞。如:"城鄫,役人病。有夜登丘而呼曰：'齊有亂。'不果城而還。"(《左傳·僖公十六年》)"公將往，夢襄公祖。梓慎曰：'君不果行。'"(《昭公七年》)"齊侯將享公，孔丘謂梁丘據曰：'……夫享，所以昭德也。不昭，不如其已也。'乃不果享。"(《定公十年》)"樂正子見孟子曰：'克告於君，君爲來見也。嬖人有臧倉者沮君，君是以不果來也。'"(《孟子·梁惠王下》)然則，這一例的"不果坐"的"坐"，呼應的是"晉人使與邾大夫坐"的"坐"；那麽，"晉人使與邾大夫坐"的"坐"是謂語動詞，而非表示"座位"的名詞。另外，《左傳·昭公二十八年》的"既食，使坐"，也可證明"使與邾大夫坐"的"坐"是謂語動詞。

2. 先秦文獻中，"坐"是個使用頻率很高的詞，且一般都用爲動詞，例多不舉；我們見到"坐"爲名詞，義爲"座位"的最早一例爲《韓非子·外儲說左上》的"鄭人有欲買履者，先自度其足而置之其坐"。因此本章的"與之坐"，不大可能是意爲"座位"的名詞。(122)

14.26 子曰："不在其位，不謀其政①。"曾子曰："君子思不出其位。"

【譯文】孔子說："不處在那個職位，便不爲它的政務操心。"曾子說："君子所考慮的不超出自己的職位。"

【注釋】①參見8.14。

14.27 子曰："君子恥其言而過其行①。"

【譯文】孔子說："君子以爲可恥的是，說的超過做的。"

【注釋】①而：連詞，用以連接兩個謂詞性結構。有時它連接的一端是名詞或代詞，這一名詞和代詞也是帶有謂語性質的。《詞詮》解這一"而""與'之'字用同"，楊伯峻《譯注》並說皇侃所據本、日本足利本這一"而"字都作"之"。"而"的用法和"之"並不相同，而皇侃所據本、日本足利本這一"而"字都作"之",是版本的問題,兩者並非一碼事。參見2.22《考證》以及14.2注①。

14.28 子曰:"君子道者三,我無能焉:仁者不憂,知者不惑,勇者不懼。"①子貢曰:"夫子自道也。"

【譯文】孔子說:"君子之道有三,我都也沒做到:仁者常樂天,智者不疑惑,勇者大無畏。"子貢說:"這正是他老人家的自我描述。"

【注釋】①參見9.29。

14.29 子貢方人①。子曰:"賜也賢乎哉?夫我則不暇。"

【譯文】子貢譏評別人。孔子對他說:"你就夠好了嗎?我卻沒有這閒工夫。"

【注釋】①方人:譏評他人。詳見本章《考證》。

【考證】方人:

何晏《集解》引孔安國說:"比方人也。"《經典釋文》:"鄭本作'謗',謂言人之過惡。"敦煌唐寫本鄭玄注《憲問》只剩下第一章的一半,但鄭本很值得參考則毋庸置疑。古無輕唇音,"方"與"謗"音同。"謗"帶人物賓語常見,如:"未信,則以爲謗己也。"(《論語·子張》)"鄭子產作丘賦,國人謗之。"(《左傳·昭公四年》)"進胙者莫不謗令尹。"(《昭公二十七年》)"厲王虐,國人謗王。"(《國語·周語上》)"左史倚相廷見申公子亹,子亹不出,左史謗之,舉伯以告。子亹怒而出,曰:'女無亦謂我老耄而舍我,而又謗我!'"(《楚語上》)相反,"方"的比擬義則書證較少,且未見帶人物賓語者;在《論語》《孟子》《左傳》《國語》四部古籍中未見"方"用爲比擬義者,故我們取鄭說。(123)

14.30 子曰:"不患人之不己知,患其不能也。"

【譯文】孔子説:"不愁別人不瞭解自己,愁的是自己能力不足。"

14.31 子曰:"不逆詐,不億不信,抑亦先覺者,是賢乎!"

【譯文】孔子説:"不先入爲主懷疑別人是在欺詐,也不臆測別人不信實,〔而一旦欺詐和不信實的事發生,〕卻能及早發覺,這樣的人該是賢者吧!"

14.32 微生畝謂孔子曰①:"丘何爲是栖栖者與②？無乃爲佞乎?"孔子曰:"非敢爲佞也,疾固也。"

【譯文】微生畝對孔子説:"孔丘你爲什麽這樣忙碌不安呢？難道是要逞口舌之快嗎?"孔子説:"不敢逞口舌,只是討厭那些頑固不化的人。"

【注釋】①微生畝:姓"微生",名"畝"。　②何爲是栖栖者:是,指示代詞,這樣,如此。栖栖:忙碌不安貌。唐玄宗《經鄒魯祭孔子而嘆之》詩:"夫子何爲者,栖栖一代中。"

14.33 子曰:"驥不稱其力①,稱其德也。"

【譯文】孔子説:"千里馬,不稱揚牠的力氣,而稱揚牠的品質。"

【注釋】①驥不稱其力:驥,千里馬。稱,稱揚。

14.34 或曰:"以德報怨①,何如?"子曰:"何以報德？以直報怨,以德報德。"

【譯文】有人對孔子説:"拿恩德回報怨恨,如何?"孔子説:"那拿什麼回報恩德呢？該拿正直回報怨恨，拿恩德回報恩德。"

【注釋】①以德報怨：《老子》六十三章："報怨以德。"可見當時有此說法。

14.35 子曰："莫我知也夫！"子貢曰："何爲其莫知子也？"子曰："不怨天，不尤人，下學而上達①。知我者其天乎！"

【譯文】孔子說："沒人瞭解我呀！"子貢說："爲什麼沒人瞭解您呢？"孔子說："不怨恨天，不責備人，學習些日常的技能，卻充實完善自己到很高的境界。瞭解我的，大概只有老天吧！"

【注釋】①下學而上達：這句話古今衆說紛紜。以下注解只備參考。上達，見14.23注①。下學，即《子罕》所謂"吾少也賤，故多能鄙事"，學射、學御之類。

14.36 公伯寮愬子路於季孫①。子服景伯以告②，曰："夫子固有惑志，於公伯寮，吾力猶能肆諸市朝③。"

子曰："道之將行也與，命也；道之將廢也與，命也。公伯寮其如命何！"

【譯文】公伯寮向季孫毀謗子路。子服景伯告訴孔子，並且說："他老人家固然有些糊塗想法，但對於公伯寮，我的力量還足以將他的屍首示衆街頭。"

孔子說："大道將實現嗎，這是命運；大道將廢棄嗎，也是命運。公伯寮能把命運怎麼樣！"

【注釋】①公伯寮愬(sù)子路於季孫：公伯寮，《史記·仲尼弟子列傳》作"公伯繚"，並云"字子周"。愬，誹謗。　②子服景伯：魯大夫，名何。　③夫子固有惑志……肆諸市朝：他老人家固然有糊塗想法，但對於公伯寮，我的力量還能把他的屍首在街頭示衆。惑志，糊塗的想法。肆，陳屍示衆;諸,之於;市朝,集市和朝廷。詳見本章《考證》。

【考證】夫子固有惑志……肆諸市朝：

這一段斷句有歧異。何晏《集解》在"固有惑志"後出注,曰："孔曰：'季孫信讒,恚子路。'"可見《集解》是在"固有惑志"後斷句。而朱熹《四書集注》在"肆諸市朝"後才出注,並言"夫子,指季孫,言其有疑於寮之言也"。後人依據"其有疑於寮之言",則多斷句爲"夫子固有惑志於公伯寮"。當今較好且較有影響的注本中,楊伯峻《論語譯注》、錢穆《論語新解》、潘重規《論語今注》、李澤厚《論語今讀》、杜道生《論語新注新譯》等都以"夫子固有惑志於公伯寮"連讀而不斷開。楊伯峻先生譯爲："他老人家已經被公伯寮所迷惑了。"在"固有惑志"後斷句的只有孫欽善《論語本解》和李零《喪家狗——我讀論語》。另外,分析《論語》句法的名著《論語二十篇句法研究》(許世瑛,臺灣開明書店 1973 年)也是此十字連讀。我們贊成斷開之説,理由如下：

1.《史記·仲尼弟子列傳》引子服景伯的話爲"夫子固有惑志,繚也,吾力猶能肆諸市朝"。不但在"固有惑志"後點斷,而且可以明顯看出,"繚也"正是"於公伯寮"的改寫。以下幾點是語言内部的證據,更具説服力。

2. "有志""有……志"的結構,一般其後都不接"於"字介賓結構。一般來説,動詞謂語後接"於"字介賓結構在《論語》時代是很常見的。如："以逞寡君之志,若何？……匹夫逞志於君而無討,敢不自討乎？"(《左傳·僖公三十三年》)前句爲"逞寡君之志",不帶"於"字介賓結構;後句爲"逞志於君",帶有"於"字介賓結構。又如："若欲得志於魯,請止行父而殺之。"(《左傳·成公十六年》)"爾死,我必得志。"(《哀公十一年》)前一例接"於"字介賓結構而後一例無之。我們統計,《左傳》中"得志"共計出現 25 次,其中 12 次後接"於"字介賓結構,5 次後接"焉"字,如"苟得志焉,無恤其他",而"焉"是"於之"的合音;只有 8 次後面無"於"字介賓結構。但是,"有……志""有志"後接"於"字介賓結構卻極爲罕見。我們在《左傳》《國語》《孟子》中共找到 25 例含有"有……志""有志"的句子,只有《國語·吳語》的1例後接"於"字介賓結構:"孤將有大志於齊,吾將許越成,而無拂吾慮。"另有一例後接"焉"字:"右師視速而言疾,有異志焉。"(《左傳·成公十五年》)其餘23例都不接"於"字介賓結構,也不接"焉"字。如"我以銳師宵加於鄖,鄖有虞心而恃其城,莫有鬭志。"(《左傳·桓公十一年》)"子有四方之志,其聞之者吾殺之矣。"(《僖公二十三年》)"群臣不信,諸侯皆有貳志。"(《宣公十七年》)"晉師可擊也,師老而勞,且有歸志,必大克之。"(《襄公九年》)"諸侯有異志矣!"(《襄公十六年》)"崔子將有大志。"(《襄公二十五年》)"令尹似君矣!將有他志。"(《襄公三十一年》)"楚瓦不仁,其臣莫有死志,先伐之,其卒必奔。"(《定公四年》)"夫出晝,而王不予追也,予然後浩然有歸志。"(《孟子·公孫丑下》)"於崇,吾得見王,退而有去志。"(同上)"故聞伯夷之風者,頑夫廉,懦夫有立志。"(《萬章下》《盡心下》)"君其何德之布以懷柔之,使無有遠志?"(《國語·周語中》)"古也有志:'克己復禮,仁也。'"(《左傳·昭公十二年》)"宣王有志,而後效官。"(《昭公二十六年》)25例之外,另有兩例"無……志"的例子,也不接"於"字介賓結構:"絳無貳志,事君不辟難,有罪不逃刑。"(《左傳·襄公三年》)"子家弗聽,亦無悛志。"(《襄公二十八年》)綜上,應以在"夫子固有惑志"後點斷爲宜。

3. 根據上引各例句歸納,"志"的意思爲"想法"。"惑志"即"迷亂的想法""糊塗的想法"。有的古漢語詞典"志"有"志向"義而無"想法"義,恐怕不妥。其實,"想法"是涵蓋"志向"的。用"義素分析法"分析可知,志向=[想法]+[大的]+[堅定],即"大的、堅定的想法"。上引各例中,"大志"可以解釋爲"大的志向",但貳志、歸志、異志、他志、死志、去志等詞組中的"志"很難理解爲"志向",而理解爲"想法",則窒礙頓消。以上各詞組分別爲"另外的想法""回家的想法""不同的想法""其他的想法""必死的想法""離開的想法"。即使"大志"理解爲"大的想法",也差不離。王力先生等所編《古漢語常用字字典》中"志"的第一個義項爲"心意",近之。

4. "諸"爲"之於"二字的合音字,而代詞"之"一般不指代謂語後的

"於"字介賓結構的賓語。在6.27《考證》中,我們指出,代詞"之"指代前面出現過的成分時,一般指代主語、謂語動詞的賓語,或整個句子所指的事物;我們未見"之"指代介詞的賓語,至少在《論語》一書出現的幾百例代詞"之"中,未見此種用法。一般認爲,介賓結構的賓語在句中不是表述的重點,不是强調的對象。這與我們未見"之"指代介詞賓語,應該不會是偶然的巧合。而如果讀爲"夫子固有惑志於公伯寮,吾力猶能肆諸(之於)市朝","之"指代的又是"公伯寮"而非"夫子",那就正好是指代介詞賓語了。這與我們的考察是不相符的。正因爲後句的"之"一般不指代處於非强調對象位置上的介詞賓語,所以,從語感上看,"之"更像指代"夫子",但子服景伯顯然不會將"夫子""肆諸市朝"。而將"於公伯寮"斷開置於後句,則完全不同了。何樂士先生在《左傳虛詞研究》(商務印書館2004年)一書中得出結論,"於"字結構前置,"大都出現在表示强調的句子中"。如:"狄之廣莫,於晉爲都。晉之啓土,不亦宜乎?"(《左傳·莊公二十八年》)"於文,皿蟲爲蠱。"(《昭公元年》)"許於鄭,仇敵也。"(《昭公十八年》)"晉人曰:'於姬姓,我爲伯。'"(《哀公十三年》)正由於"表示强調",所以"於"字結構可以單獨爲一句。"於公伯寮,吾力猶能肆諸市朝"正是這樣的句子。正因爲此,太史公才能將它改寫爲"繚也,吾力犹能肆諸市朝"。

5. 如果讀爲"夫子固有惑志於公伯寮",從語法結構和詞義上分析,也得不出"他老人家已經被公伯寮所迷惑了"的意思。如果要得出"夫子已經被公伯寮所迷惑了"的意思,介詞"於"在此句只能用以引進施事者(行爲的發出者),同時也是被動句的標誌。但是,一方面,介詞"於"表被動一般都緊接動詞,"於"和謂語動詞之間沒有賓語。我們常見到"勞心者治人,勞力者治於人;治於人者食人,治人者食於人"(《孟子·滕文公上》)之類"於"字緊接謂語動詞的句子,罕見"勞力者治……於人""治人者食……於人"之類句子;另一方面,若要引進施事者,充當謂語者必須是與主語、賓語可以建立廣義施受關係的行爲動詞、關係動詞、狀態動詞,"有"

卻是存在動詞。張猛在《左傳謂語動詞研究》(語文出版社2004年)中説：
"行爲動詞……通常主語是施事，賓語是受事。……表示動作的施事的成分如果要出現在行爲動詞的後面，必須通過介詞'于(於)'引進。……關係動詞在語義功能和結構形式上都與行爲動詞相似。"而"夫子固有惑志於公伯寮"的"有"是存在動詞。在存在動詞做謂語的句子中，表示擁有者或存在者的成分通常處於主語的位置上，表示所擁有者或供其存在者的成分通常處於賓語或補語的位置上。也就是説，存在動詞與主語賓語之間並非廣義的施受關係，自然也就不可能通過介詞"於"引進施事成分於動詞之後。我們通過對《左傳》中1206個存在動詞"有"的全面考察，情形也確實如此。至此，可以明確地説，"夫子固有惑志於公伯寮"絶不能譯爲"他老人家已經被公伯寮所迷惑了"。

6. 有鑑於此，"夫子固有惑志於公伯寮"的"於"誠如許世瑛在《論語二十篇句法研究》中所分析的，只能"相當於白話的'對於'"。於是，"夫子固有惑志於公伯寮，吾力猶能肆諸市朝"譯爲現代漢語就是"他老人家固然對於公伯寮有糊塗想法，但我的力量還能把他的屍首在街頭示衆"。後句的"他"，如前文所説，在語感上，無論原文或譯文，都是"夫子"而非"公伯寮"。但顯然，子服景伯是不可能説出這種話的。要想表達"夫子固然已經被公伯寮所迷惑了"或類似意思，一般會寫成"夫子固惑於公伯寮"，如："今謂君惑於我，必亂國。"(《國語·晉語一》)"名正分明，則民不惑於道。"(《管子·君臣上》)"'見侮不辱''聖人不愛己''殺盜非殺人也'，此惑於用名以亂名者也。"(《荀子·正名》)"丈人智惑於似其子者，而殺其真子。夫惑於似士者而失於真士，此黎丘丈人之智也。"(《吕氏春秋·慎行論》)因爲"惑"屬於狀態動詞，自然可以通過介詞"於"引進施事。

以上六點，足够證明在"固有惑志"後點斷是正確的；"於公伯寮"則接於下句。(124)

14.37 子曰:"賢者辟世①,其次辟地,其次辟色,其次辟言。"

　　子曰:"作者七人矣。"

【譯文】孔子說:"賢者逃避渾濁的世界,隱居山林,其次則離開那烏煙瘴氣的地方,再次的躲避人家的臉色,再次的迴避惡言。"

　　孔子又說:"這樣做的已經有七位了。"

【注釋】①辟:同"避"。

14.38 子路宿於石門①。晨門曰:"奚自?"子路曰:"自孔氏。"曰:"是知其不可而爲之者與?"

【譯文】子路在石門外住了一宿,[第二天清早進城,]管城門的說:"打哪兒來?"子路說:"從孔家來。"管城門的說:"就是那位知道做不到卻硬要去做的人嗎?"

【注釋】①石門:魯國都城曲阜的城門之一。

14.39 子擊磬於衛,有荷蕢而過孔氏之門者,曰:"有心哉,擊磬乎!"既而曰:"鄙哉,硜硜乎!莫己知也,斯己而已矣。'深則厲,淺則揭①。'"

　　子曰:"果哉!末之難矣。"

【譯文】孔子在衛國時,有天正敲著磬,一個挑著草筐的漢子路過門前說:"這磬敲得意味深長啊!"一會又說:"磬聲硜硜的,是想不開呀,沒人瞭解自己,就堅守住自己好了。'水深,只好穿著衣裳走過去;水淺,不妨撩起裙角走過去。'"

　　孔子說:"好堅決!沒有什麼可以說服他了。"

【注釋】①深厲淺揭(qì)：這是《詩經·邶風·匏有苦葉》的詩句，這裏是比喻當時的社會以及表明引《詩》者對待社會黑暗的態度。《詩經》鄭玄注："以衣涉水爲'厲'，謂由帶以上也。揭，褰衣也。遭時制宜，如遇水深則厲，淺則揭矣。"

14.40 子張曰："《書》云，高宗'諒陰①，三年不言'。何謂也？"子曰："何必高宗，古之人皆然。君薨，百官總己以聽於冢宰三年。"

【譯文】子張說："《尚書》說，殷高宗'住在凶廬，三年不說話'。什麼意思？"孔子說："不僅僅高宗，古人都是這樣。君主死了，繼承的君主三年不問政事，各部門的官員聽命於宰相。"

【注釋】①諒陰：居喪時所住的房子，又叫"凶廬"。《尚書·無逸》："其在高宗……作其即位，乃或亮陰，三年不言。"直到近代，一些民族在死了人之後，其家屬都有一段時間不說話；如需表達什麼，則用手勢。參見法國列維·布留爾《原始思維》(商務印書館1981年) 第4章第4節。

14.41 子曰："上好禮，則民易使也。"

【譯文】孔子說："居上位者喜好依禮行事，老百姓就易於使喚。"

14.42 子路問君子。子曰："修己以敬。"

曰："如斯而已乎？"曰："修己以安人①。"曰："如斯而已乎？"曰："修己以安百姓。修己以安百姓，堯舜其猶病諸！"

【譯文】子路問怎樣做君子。孔子說："通過修養自己，來嚴肅認真對待一切。"

子路説："這樣就行了嗎？"孔子説："修養自己來安定別人。"

子路説："這樣就行了嗎？"孔子説："修養自己來安定衆人。修養自己來安定衆人，堯舜還爲此大傷腦筋呢！"

【注釋】①人：別人，他人。見 2.14《考證》及本書《附錄》之《也談〈論語〉中的"人"與"民"》。

14.43 原壤夷俟①。子曰："幼而不孫弟②，長而無述焉③，老而不死，是爲賊。"以杖叩其脛。

【譯文】原壤兩腿張開平坐在地上，等著孔子。孔子説："小時候不懂禮貌，長大了毫無建樹，命倒是老長，這就叫害人精。"用拐杖敲他小腿。

【注釋】①原壤夷俟：原壤，孔子的老朋友。《禮記·檀弓下》記載了他的故事：他母親死了，孔子幫他治喪，他卻站在棺材上唱起歌來，孔子也只好裝做没聽見。跟孔子一道來的人説，他都這樣了，您還不該和他斷絶關係嗎？孔子説："丘聞之，親者毋失其爲親也，故者毋失其爲故也"——"我聽説，親人終歸是親人，老友終歸是老友哇。"夷，箕踞，叉開兩腿坐地上；俟，等待。　　②孫弟：同"遜悌"。　　③無述：乏善可陳。述，傳述、稱述。《大戴禮記·曾子立事》云："少稱不弟焉，恥也；壯稱無德焉，辱也；老稱無禮焉，罪也。"與此章大意相同。

14.44 闕黨童子將命①。或問之曰："益者與②？"子曰："吾見其居於位也③。見其與先生並行也④。非求益者也，欲速成者也。"

【譯文】闕黨的一個少年來給孔子帶口信。有人問孔子説："是個好孩子嗎？孔子説："我看見他坐座位上，又看見他與長輩併肩而行。不是個肯求上進的人哪，是個急於求成的人。"

【注釋】①闕黨童子：闕黨，顧炎武《日知録》："《史記·魯世家》'煬公築茅闕門'，蓋闕門之下，其里即名'闕里'，夫子之宅在焉。亦謂之'闕黨'。"《荀子·儒效》説孔子"居於闕黨"。《水經注》："洙、泗二水，交於魯城東北十七里。闕里背洙面泗，南北一百二十步，東西六十步。"今曲阜市城内有闕里街，不知是建於闕里故地否。童子，古代八歲到十九歲（古代算虛歲，即今之七到十八周歲），未行冠禮的都叫做"童子"。　②益者與：《季氏》："益者三友，損者三友。友直，友諒，友多聞，益矣。友便辟，友善柔，友便佞，損矣。"益者三友，有益的朋友有三種。然則，"益者與"直譯當爲"這小孩是對人有益的嗎"，我們因此意譯爲"好孩子"。下文"求益者"是"追求上進的人"。　③居於位：《禮記·玉藻》："童子無事則立主人之北，南面（面朝南）。"可見"居於位"是不合禮節的。　④與先生並行：《禮記·曲禮上》："五年以長，則肩隨之。"（"五年以長"，年長五歲以上；"肩隨"，併行而稍後）而童子的年齡與"先生"相差甚多，依禮當然不能併行。

衛靈公篇第十五

共四十二章(朱熹《集注》把第一、第二兩章併爲一章,所以説"凡四十一章")

15.1 衛靈公問陳於孔子①。孔子對曰:"俎豆之事②,則嘗聞之矣;軍旅之事,未之學也。"明日遂行③。

【譯文】衛靈公向孔子請教陣法。孔子回答:"禮儀的事情,我曾經聽到過;軍隊的事情,從没學過它。"第二天便離開衛國。

【注釋】①陳:即今之"陣"字。 ②俎豆之事:俎和豆都是古代盛肉食的器皿,行禮時用它,因之借以表示禮儀之事。這種用法和《泰伯》的"籩豆之事"相同。 ③明日遂行:《左傳·哀公十一年》:"孔文子之將攻大叔也,訪於仲尼。仲尼曰:'胡簋之事,則嘗學之矣;甲兵之事,未之聞也。'退,命駕而行。"可以和本章互參。

15.2 在陳絶糧,從者病,莫能興。子路愠見曰:"君子亦有窮乎?"子曰:"君子固窮①,小人窮,斯濫矣②。"

【譯文】孔子一行在陳國斷糧了,跟隨的人都難受極了,没人能站得起來。子路很不高興地來見孔子,説:"君子也有困頓得一籌莫展的時候嗎?"孔子説:"君子固然有困頓的時候,而小人一困頓,就無所不爲了。"

【注釋】①固窮:固然有窮愁潦倒的時候。詳見本章《考證》(一)。 ②小人窮，斯濫矣：小人一旦窮愁潦倒，就無所不爲了。詳見本章《考證》(二)。

【考證】(一)固窮：

何晏《集解》說："君子固亦有窮時，但不如小人窮則濫溢爲非。"朱熹《集注》同意何說，卻又說："程子曰：'固窮者，固守其窮。'亦通。"在《朱子語類》中，他則不同意程頤之說了，主張應理解爲"君子固是有窮時，但不如小人窮則濫矣"。在《論語》時代，"固"做謂語時多表示"(使)鞏固"，未見"固守"用例，也不帶"窮"這類表示抽象意義的賓語；但做副詞表"固然"者則極爲常見，如《子罕》："固天縱之將聖，又多能也。"所以，我們認爲何晏說及朱熹之前說是正確的。(125)

(二)小人窮，斯濫矣：

以前這句多六字連讀，其實"窮"後應有一讀。類似的句子有《里仁》："觀過，斯知仁矣。""事君數，斯辱矣；朋友數，斯疏矣。"《公冶長》："再，斯可矣。"《述而》："得見君子者，斯可矣。""得見有恆者，斯可矣。""仁遠乎哉？我欲仁，斯仁至矣。"《泰伯》："動容貌，斯遠暴慢矣；正顔色，斯近信矣；出辭氣，斯遠鄙倍矣。"《鄉黨》："鄉人飲酒，杖者出，斯出矣。"這些句子中間都有一讀，這一句也該如此。(126)

15.3 子曰："賜也，女以予爲多學而識之者與①？"對曰："然，非與？"曰："非也，予一以貫之②。"

【譯文】孔子說："賜，你以爲我是博學強記的人嗎？"子貢答道："對呀，不是嗎？"孔子說："不是的，我有個觀念貫穿始終。"

【注釋】①識(zhì)：記。現代漢語有"標識"一詞，又寫作"標志"，其中"識"(志)這一語素，也是"記"的意思；"標識"不能讀作 biāoshí。 ②一以貫之：又見《里仁》(4.15)。"一以貫之"者，"夫子之道，忠恕而已矣。"

15.4 子曰：“由！知德者鮮矣。”

【譯文】孔子對子路説：“由，瞭解‘德’的人可太少啦。”

15.5 子曰：“無爲而治者，其舜也與①？夫何爲哉？恭己正南面而已矣。”

【譯文】孔子説：“不必勞苦奔波而令天下大治的人，大概只有舜吧？他幹了什麽呢？莊重地坐在朝堂之上罷了。”

【注釋】①無爲而治：《大戴禮記·主言》："昔者舜左禹而右皋陶，不下席而天下治。"《新序·雜事三》："故王者勞於求人，佚於得賢。舜舉衆賢在位，垂衣裳恭己無爲而天下治。"總之，"所任得其人，故優游而自逸也。"（《三國志·吴書·樓玄傳》）。

15.6 子張問行。子曰：“言忠信，行篤敬，雖蠻貊之邦，行矣。言不忠信，行不篤敬，雖州里，行乎哉？立則見其參於前也①，在輿則見其倚於衡也，夫然後行。”子張書諸紳。

【譯文】子張問怎樣才能行得通。孔子説："言語忠誠老實，行爲忠厚嚴肅，即使到蠻貊的國度，也行得通。言語不忠誠老實，行爲不忠厚嚴肅，即使在本鄉本土，能行得通嗎？站立時，看見‘忠誠老實忠厚嚴肅’幾個字在面前晃著；在車裏，看見它刻在前面的橫木上；那樣才能到處行得通。"子張把這些話寫在大帶上。

【注釋】①參於前：彷彿看見"言忠信，行篤敬"兩句話在自己前邊與自己並列而三。詳見本章《考證》。

【考證】參於前：

　　這一句頗有爭議。何晏《集解》引包咸説："參然在目前。"皇侃《義疏》："參，猶‘森’也。"也就是説，"參然"讀作"森然"。從《經典釋文》所記載這一"參"爲"所金反"的反切來看,《釋文》也是將"參"讀作"森"的。但"參然",最早只見於漢代文獻(《春秋繁露》),"森然"更是到晉代才出現(《三國志》)。所以,將本章的"參"讀作"sēn"缺乏文獻證據。而且,與後句"倚於衡"對照看,"參"在句中也是用做動詞性謂語,而非如"森然"那樣的形容詞性謂語。王引之《經義述聞》說:"'參'字可訓爲'直'"(即"值"),可是書證也極少。除引了《墨子·經說》上"參,直也"外,只有《論語》本章以及《呂氏春秋·有始》的"夏至日行近道,乃參於上",加上《淮南子·說山》的"越人學遠射,參天而發"。即使"參"產生了"正值"義,也是僻義,經典中罕見;而且,即使這一僻義《呂氏春秋》時才產生,上距《論語》成書年代也還差幾百年。俞樾《群經平議》認爲,"參"當讀爲"厽",即"積累"的"累"的本字。他認爲《玉篇》所說"厽,《尚書》以爲'參'字"錯了,本來就應該讀作"厽"(累)。進而推測《論語》此章的"參"也應讀作"厽"。這一說法完全是推測,沒有任何書證,可不予置評。

我們注意到,本章的"參",在句中做謂語,據我們考察,《論語》成書及稍後的時期,做謂語的幾乎只有讀爲 sān 的數詞"參"。如:"民參其力,二入於公,而衣食其一。"(《左傳·昭公三年》)"恤民爲德,正直爲正,正曲爲直,參和爲仁。"(《襄公七年》)杜預注:"德、正、直三者備乃爲仁。""志以發言,言以出信,信以立志,參以定之。信亡,何以及三?"(《襄公二十七年》)沈玉成譯"參以定之"爲"這三件事互相關聯"。"恭王遊於涇上,密康公從,有三女奔之。其母曰:'必致之於王。夫獸三爲群,人三爲眾,女三爲粲。王田不取群,公行下眾,王御不參一族。'"(《國語·周語上》)"不參一族"謂不在同一家族中取三人也。類似的還有"昔者,聖王之治天下也,參其國而伍其鄙"(《齊語》),"夫人事必將與天地相參,然後乃可以成功"(《越語下》)。數詞"參"經常和介詞"於""乎"一道組成介賓結構。如:"有無棄之言者。必參於天地也。"(《管子·形勢》)"聖人參於天地。"(《宙合》)"法天合德,象法無親,參於日月,伍於四時。"(《版法》)"言己之光美,擬於舜、禹,參於天地。"(《荀子·不苟》)"習俗移志,安久移質,並一而不二,則通於神明,參於天地矣。"(《儒效》)"古之仁人有天下者……貴爲天子,富有天下,名參乎天地,至今不廢。"(《墨子·非攻下》)王念孫解説"參於日月,伍於四時":"參於日月,與日月而三也;伍於四時,與四時而五也。"(《讀書雜志·管子第一》)我們以爲,王念孫此説至確。"立則見其參於前也",是説站著就彷彿看見"言忠信,行篤敬"兩句話在自己前邊與自己並列而三;數詞"參"在這裏做謂語。(127)

15.7 子曰:"直哉史魚①!邦有道,如矢;邦無道,如矢。君子哉蘧伯玉②!邦有道,則仕;邦無道,則可卷而懷之。"

【譯文】孔子説:"剛直啊,史魚!國家政治清明,他直如箭矢;政治昏亂,也直如箭矢。君子啊,蘧伯玉!國家政治清明,他就從政;政治昏亂,也能收其鋒芒。"

【注釋】①史魚:衛國的大夫史鰌,字子魚。《韓詩外傳》卷七:"昔者衛大夫史魚病且(將)死,謂其子曰:'我數言蘧伯玉之賢,而不能進;彌子瑕不肖,而不能退。爲人臣生不能進賢而退不肖,死不當治喪(於)正堂,殯我於室足矣。'衛君問其故。子以父言聞君。君造然(面容悲戚地)召蘧伯玉而貴之,而退彌子瑕。徙殯於正堂,成禮而後去。生以身諫,死以尸諫,可謂直矣。" ②蘧伯玉:見14.25注①、注③。

15.8 子曰:"可與言而不與之言,失人;不可與言而與之言,失言①。知者不失人,亦不失言。"

【譯文】孔子説:"能够跟他説,卻不跟他説,這會錯失人才;不能够跟他説,卻去跟他説,這是説錯了話。聰明人既不錯失人才,也不説錯話。"

【注釋】①失言:説錯話。詳見本章《考證》。

【考證】失言:

說錯話。《國語·晉語二》:"申生甚好信而强,又失言於衆矣,雖欲有退,衆將責焉。"《晏子春秋·外篇下》:"仲尼曰:'吾聞晏子事三君而順焉,吾疑其爲人。'晏子聞之,曰:'……嬰聞之,以一心事三君者,所以順焉;以三心事一君者,不順焉。……'仲尼聞之曰:'……今丘失言於夫子,夫子譏之,是吾師也。'"《慎子逸文》:"昔者,天子手能衣,而宰夫設服;足能行,而相者導進;口能言,而行人稱辭。故無失言失禮也。"《戰國策·魏四》:"縮高聞之曰:'信陵君爲人悍而自用也。此辭反,必爲國禍。吾已全己無爲人臣之義矣,豈可使吾君有魏患也。'乃之使者之舍,刎頸而死。信陵君聞縮高死,素服縞素辟舍,使使者謝安陵君曰:'無忌,小人也,困於思慮,失言於君,敢再拜釋罪。'"有些注本翻譯"失言"爲"浪費言語"(《論語譯注》)"漏失秘密的話"(《論語本解》),恐不妥。(128)

15.9 子曰:"志士仁人,無求生以害仁,有殺身以成仁。"

【譯文】孔子說:"志士仁人,沒有貪生怕死而損害仁德的,只有犧牲自己來成全仁德的。"

15.10 子貢問爲仁。子曰:"工欲善其事,必先利其器。居是邦也,事其大夫之賢者,友其士之仁者。"

【譯文】子貢問怎樣實踐仁德。孔子說:"工匠要把活幹好,定要先保養好他的工具。住在某個國家,就要侍奉該國大夫中的賢人,結交該國士人中的仁人。"

15.11 顏淵問爲邦。子曰:"行夏之時①,乘殷之輅②,服周之冕③,樂則《韶》《舞》④。放鄭聲⑤,遠佞人。鄭聲淫,佞人殆。"

【譯文】顏淵問怎樣治理國家。孔子說:"用夏朝的曆法,坐殷朝的車子,戴周朝的禮帽,音樂欣賞《韶》和《武》。放棄鄭國的樂曲,遠離小人。鄭國的樂曲放縱,小人危險。"

【注釋】①行夏之時:古史記載,夏朝用的自然曆,以舊曆正月爲每年的第一月,春、夏、秋、冬合乎自然現象,便於農業生産。我國至今仍在使用的農曆,就是夏曆。 ②乘殷之輅:輅,也寫作"路",商代的車子,即所謂"大路""木路",比周代的車子自然樸質些。《左傳·桓公二年》:"大輅、越席(草蓆),昭其儉也。" ③服周之冕:周代的禮帽較以前的爲華美,孔子主張禮服須華美,故贊美禹"致美乎黻冕"(8.21)。 ④《韶》《舞》:俞樾《群經平議》卷卅一在列舉了許多"舞""武"相通的書證後得出結論,認爲這一章的"舞"就是《八佾》"子謂《韶》:'盡美矣,又盡善也',謂《武》:'盡美矣,未盡善也'"(3.25)的"武"。但《左傳·襄公二十九年》明載:"見舞《韶箾》者,曰:'德至矣哉!大矣!如天之無不幬也,如地之無不載也,雖甚盛德,其蔑以加於此矣。觀止矣!若有他樂,吾不敢請已!'"則言"樂則韶舞"並非無出處。直到1973年定州漢墓竹簡出土,此章正作"樂則韶武",則俞説不無根據。《韶》,即上文的《韶箾》,舜時的音樂,"箾"通"簫"。《武》,周武王時的音樂。 ⑤鄭聲:鄭國樂曲,又叫"鄭音"。《禮記·樂記》:"鄭音好濫淫志。"當時被視爲靡靡之音。

15.12 子曰:"人無遠慮,必有近憂。"

【譯文】孔子說:"一個人,若沒有長遠打算,憂患必定近在眼前。"

15.13 子曰:"已矣乎!吾未見好德如好色者也①。"

【譯文】孔子說:"完了吧!我從没見過像喜歡美貌一般地喜歡美

德的人呢。"

【注釋】①好色:見9.18《考證》。據《史記‧孔子世家》,孔子"居衛月餘,靈公與夫人(南子)同車,宦者雍渠參乘出,使孔子爲次乘,招搖市過之。"孔子因而有此感嘆。

15.14 子曰:"臧文仲其竊位者與①!知柳下惠之賢而不與立也②。"

【譯文】孔子説:"臧文仲大概是個尸位素餐的人,明知柳下惠賢良,卻不與他同朝共事。"

【注釋】①臧文仲:魯國大夫臧孫辰。 ②知柳下惠之賢而不與立:柳下惠,魯國賢者,本名展獲,字禽,又叫展季。"柳下"可能是其所居,因以爲號。不與立,不與他做盟友,也即不與之並立於朝。詳見本章《考證》。

【考證】知柳下惠之賢而不與立:

柳下惠,魯國賢者,本名展獲,字禽,又叫展季。"柳下"可能是其所居,因以爲號;據《列女傳》,"惠"是由他的妻子在他死後倡議給他的私謚(不由國家授予的謚號)。其妻的誄詞最後四句爲:"嗚呼哀哉,魂神泄兮,夫子之謚,宜爲'惠'兮。"與立,皇侃《義疏》:"與立,謂與之並立於朝。"大致得之。《左傳‧昭公元年》:"國於天地,有與立焉。不數世淫,弗能斃也。"杜預注:"言輔助之者多。"《哀公八年》:"魯雖無與立,必有與斃。"杜預注:"緩時若無能自立,急則人人知懼,皆將死戰。""立"與"斃"(仆倒)是反義詞,"與立"大約相當於同盟、盟友,"與斃"則是共患難者。本章的"與立"做謂語,"不與立",不與他做盟友,也即不與之並立於朝。《子罕》:"可與共學,未可與適道;可與適道,未可與立;可與立,未可與權。"(9.30)這裏的"與立"大約也是成爲盟友或摯友的意思。《昭公二十五年》:"天禄不再,天若胙君,不過周公,以魯足矣。失魯,而以千社爲臣,誰與之立?""誰與之立"謂誰還與您爲友。

俞樾《群經平議》卷卅一說這一"立"同"位"（杜預注"誰與之立"，也說"'立'與'位'古文同"），但周秦典籍中却未見一例"與位"，可見其說缺乏證據。按，俞說常缺乏書證。于省吾先生說："曲園之聰明材智不亞於高郵父子，而功力及謹嚴二者頗有未逮，在有清應列爲二等考據家。"（見拙編《積微居友朋書札》，湖南教育出版社 1986 年）顧頡剛先生說："孫人和先生告我：'有一日本學者於古廟香爐底得一殘舊寫本《淮南子·兵略訓》，按，其文與今本不同。以王念孫《讀書雜志》之校語覈之，則十得六七。以俞樾《諸子平議》所說按之，則無一合者。因之，知俞不如王。'予按王氏《雜志》，竭一生之力所成，年八十餘始刊出，蓋不知其幾經修改；其中有援據古本而改者，亦有將各種旁證集合攏來，憑其懸解而改者。一字之下，不知其費若干腦力勞動，故能冥契古人。……若俞氏者，早歲治王氏父子之學，方向固準，而四十之年即已成書，及屆耄耋，迄未再改……"（《顧頡剛學術文化隨筆·王段俞三家著作之高下》，中國青年出版社 1998 年）今按，俞樾《群經平議》《諸子平議》固遠不能與高郵王氏《讀書雜志》《經義述聞》相比，其《古書疑義舉例》篇幅雖小而精彩紛呈，實不可小覷也。但支偉成在其《清代樸學大師列傳》中說，"《群經平議》，則繼《經義述聞》而作，小有未逮；《諸子平議》，乃幾與《讀書雜志》抗衡"，却是不大靠譜的。(129)

15.15 子曰："躬自厚而薄責於人①，則遠怨矣。"

【譯文】孔子說："多責備自己，少責備別人，怨恨就離得遠遠的了。"

【注釋】①躬自厚：即"躬自厚責"，"責"字探下文"薄責"之"責"而省略。"躬"和"自"都是自己的意思，合在一起做"厚（責）"的賓語。《詩經·衛風·氓》"靜言思之，躬自悼矣"的"躬自"，用法與此相同。

15.16 子曰："不曰'如之何①，如之何'者，吾末如之何也

已矣。"

【譯文】孔子說:"不常問'怎麼辦,怎麼辦'的人,我拿這種人也不知道怎麼辦了。"

【注釋】①如之何:《論語》中的"如之何",多爲向人請教之語。如:"季康子問使民敬忠以勸,如之何?"(《爲政》)"定公問君使臣,臣事君,如之何?"(《八佾》)"閔子騫曰:'仍舊貫,如之何?何必改作?'"(《先進》)"哀公問於有若曰:'年饑,用不足,如之何?'"(《顏淵》)

15.17 子曰:"羣居終日,言不及義,好行小慧,難矣哉!"

【譯文】孔子說:"整天混在一塊,說的又毫不涉及道義,只喜歡賣弄小聰明,這種人難有所成啊!"

15.18 子曰:"君子義以爲質,禮以行之,孫以出之①,信以成之。君子哉!"

【譯文】孔子說:"君子以義爲本質,依禮行事,言語謙虛,靠誠信取得成功。這才是君子啊!"

【注釋】①君子……孫以出之:何晏《集解》引鄭玄說:"義以爲質,謂操行;孫以出之,謂言語。"

15.19 子曰:"君子病無能焉,不病人之不己知也。"

【譯文】孔子說:"君子只爲自己無能而痛苦,不爲他人不瞭解自己而痛苦。"

15.20 子曰:"君子疾没世而名不稱焉①。"

【譯文】孔子說:"君子痛恨的是,到死名字都不被人家稱述。"

【注釋】①"君子疾"句:"疾"與"病",一般字典詞典多解釋爲"病"重於"疾"。在與《論語》同一時期的《左傳》中兩詞都是高頻詞,"疾"多用爲名詞,"病"多用爲動詞。當"疾"也用爲動詞時,不帶賓語,表示"有病";帶賓語時,則表示"痛恨""厭惡",進而表示"憂慮",如本章。"病"用爲動詞一般帶賓語,是"爲……感到痛苦""爲……感到難受"的意思。總之,兩者都用爲動詞表示身體有問題時,"疾"表示身體有了疾病,"病"則表示身體感到痛苦,感到很不舒服。參見15.2。沒(mò),"殁"的古字。

15.21 子曰:"君子求諸己,小人求諸人。"
【譯文】孔子説:"君子嚴格要求自己,小人苛刻要求別人。"

15.22 子曰:"君子矜而不争,羣而不黨。"
【譯文】孔子説:"君子保持尊嚴,而不争奪;合羣,但不結黨。"

15.23 子曰:"君子不以言舉人,不以人廢言。"
【譯文】孔子説:"君子不因爲別人話説得好就提拔他,也不因爲他是壞人而廢棄他的好話。"

15.24 子貢問曰:"有一言而可以終身行之者乎?"子曰:"其恕乎①!己所不欲,勿施於人。"
【譯文】子貢問道:"有一個字可以終身奉行的嗎?"孔子説:"大約是'恕'吧!自己不想要的東西,不要强加給別人。"

【注釋】①恕:《雍也》:"夫仁者,己欲立而立人,己欲達而達人。"這只有仁者才能做到,而"己所不欲,勿施於人",誰都不難做到。這就是"恕"。

15.25 子曰:"吾之於人也,誰毀誰譽?如有所譽者,其有所試矣。斯民也,三代之所以直道而行也①!"

【譯文】孔子説:"我對於別人,詆毀了誰?稱贊了誰?如果對誰有稱贊,一定是有所考驗的。這些[經過考驗的]人哪,夏商周三代就依靠他們直道而行!"

【注釋】①所以:"所"是代詞,作介詞"以"的賓語,但放在"以"的前面。這裏的"所"指代"斯民"。

15.26 子曰:"吾猶及史之闕文也,有馬者借人乘之。今亡矣夫①!"

【譯文】孔子説:"我還能够看到史書中有存疑以待後人的地方,如同有馬自己不會調教而先借給別人使用一樣。今天恐怕没人這樣做了吧!"

【注釋】①吾猶及……今亡矣夫:何晏《集解》引包咸説:"古之良史於書字有疑,則闕之以待知者也;有馬不能調良,則借人乘習之。孔子自謂及見其人如此,至今無有矣。""吾猶及史之闕文也,有馬者借人乘之"可以理解爲"吾猶及史之闕文也,史之闕文,如有馬者借人乘之"。參見楊樹達《古書疑義舉例續補·省句例》(載《古書疑義舉例五種》,中華書局1956年)及8.17《考證》。

15.27 子曰:"巧言亂德。小不忍①,則亂大謀。"

【譯文】孔子説:"花言巧語足以敗壞道德。小小的不忍心,足以敗壞大謀略。"

【注釋】①小不忍:這句話不能如常人所理解的,以及其他《論語》注本所注釋的那樣,爲"小小的不忍耐"。詳見本章《考證》。

【考證】小不忍:

朱熹《集注》說:"小不忍,如婦人之仁、匹夫之勇皆是。"他的《四書或問》說:"婦人之仁,不能忍其愛也;匹夫之勇,不能忍其暴也。"蔡清《四書蒙引》、錢穆《論語新解》等俱從之。這是不對的。一個多義詞在一定語境中,除了運用雙關的修辭方法或可另當別論外,只可能以一個意義出現,不可能幾個意義同時出現。具體到這一章的"忍",它的"忍心"義和"忍耐"義也只能出現一項,不可能同時出現。

根據我們所做的窮盡性調查,從《論語》時代直到漢初,當"忍"不帶賓語且受否定副詞"不"修飾時,通常表示"忍心"的意義,絕少例外。如:"寡君不忍,使群臣請於大國,無令輿師淹於君地。"(《左傳·成公二年》)"觀從謂子干曰:'不殺棄疾,雖得國,猶受禍也。'子干曰:'余不忍也。'子玉曰:'人將忍子,吾不忍俟也。'乃行。"(《昭公十三年》)"臣固知王之不忍也。"(《孟子·梁惠王上》)"人皆有所不忍,達之於其所忍,仁也。"(《盡心下》)"與人之兄居而殺其弟,與人之父居而殺其子,吾不忍也。"(《莊子·雜篇·讓王》)"吾秉君以殺大子,吾不忍。"(《國語·晉語二》)"吾須之不能,去之不忍。"(《吳語》)有鑑於此,這一章的"小不忍",其意義當為"小小的仁慈"。

漢代人也確實是這樣理解的。《毛詩·鄭風序》:"《將仲子》,刺莊公也。不勝其母,以害其弟。弟叔失道而公弗制,祭仲諫而公弗聽,小不忍以致大亂焉。"《史記·梁孝王世家》:"袁盎等入見太后:'太后言欲立梁王,梁王即終,欲誰立?'太后曰:'吾復立帝子。'袁盎等以宋宣公不立正,生禍,禍亂後五世不絕,小不忍害大義狀報太后。太后乃解說,即使梁王歸就國。"《漢書·外戚傳》:"夫小不忍亂大謀,恩之所不能已者,義之所割也。"以上3處"小不忍"都出自《論語》這一章,也都是"小小的仁慈"的意思。參見3.1的《考證》。(130)

15.28 子曰:"眾惡之,必察焉[①];眾好之,必察焉。"

【譯文】孔子説:"大家厭惡他,一定要去考察;大家喜愛他,也一定要去考察。"

【注釋】①衆惡之……必察焉:下面這段話可以作爲這一章的注脚:"子貢問曰:'鄉人皆好之,何如?'子曰:'未可也。''鄉人皆惡之,何如?'子曰:'未可也。不如鄉人之善者好之,其不善者惡之。'"(13.24)

15.29 子曰:"人能弘道,非道弘人①。"

【譯文】孔子説:"人能將道發揚光大,道卻不一定使人偉大光榮。"

【注釋】①在人與道的關係上,人是第一位的,道是第二位的;即,人是主動的,道是被動的。任何好的主義、主張,缺乏人的主觀能動性,在運用中缺乏人根據此時此地實際情况而做的靈活變通,也是不能貫徹的。岳飛説:"陣而後戰,兵法之常。運用之妙,存乎一心。"就是這個意思。

15.30 子曰:"過而不改,是謂過矣。"

【譯文】孔子説:"有錯而不改,這又是個錯。"

15.31 子曰:"吾嘗終日不食,終夜不寢,以思,無益,不如學也。"

【譯文】孔子説:"我曾經整天不吃,整晚不睡,用來思考,没用;不如去學習。"

15.32 子曰:"君子謀道不謀食。耕也,餒在其中矣;學也,禄在其中矣。君子憂道不憂貧。"

【譯文】孔子説:"君子謀求仁道,不謀求衣食。耕種,也免不了飢餓;學習仁道,也能得到俸禄。君子憂慮仁道不推行,不憂慮衣食無著。"

15.33 子曰:"知及之①,仁不能守之;雖得之,必失之。知及之,仁能守之。不莊以涖之,則民不敬。知及之,仁能守之,莊以涖之,動之不以禮,未善也。"

【譯文】孔子說:"聰明才智足以得到它,但仁德不足以保持它;即使得到,必定失去。聰明才智足以得到它,仁德足以保持它,不態度嚴肅地對待它,百姓也不會嚴肅認真。聰明才智足以得到它,仁德足以保持它,也能態度嚴肅地對待它,假如不用禮去帶動它,也不算盡善盡美。"

【注釋】①知及之:楊樹達《高等國文法》將"之"歸入"指示代名詞"(指示代詞),表"泛稱"。郭錫良先生認爲"之"不是近指代詞和遠指代詞,而是"泛指代詞"。他說:"'之'所指代的事物,可以近在目前,也可以遠在天邊,甚至是上下文中沒有具體交代的。"關於"上下文中沒有具體交代的",他舉《老子》第十三章爲例:"得之若驚,失之若驚,是謂寵辱若驚。"並說該例的"之""只是泛指某些東西"。(《見《漢語第三人稱代詞的起源和發展》,《漢語史論集》,商務印書館 2005 年)本章的諸"之"與此類似。

15.34 子曰:"君子不可小知而可大受也,小人不可大受而可小知也①。"

【譯文】孔子說:"君子往往在小事上不甚了了,卻能夠接受重大考驗;小人經不起重大考驗,卻往往在小事上精明得很。"

【注釋】①君子……小知也:何晏《集解》引王肅說:"君子之道深遠,不可以小了知而可大受。小人之道淺近,可以小了知而不可大受。"

15.35 子曰：“民之於仁也，甚於水火①。水火，吾見蹈而死者矣，未見蹈仁而死者也。”

【譯文】孔子説：“百姓害怕‘仁’，超過害怕水火。水火，我看見進去便死了的，卻從没見過實踐仁德而死的。”

【注釋】①甚於水火：超過（害怕）水和火。詳見本章《考證》。

【考證】甚於水火：

這句話有歧義。何晏《集解》引馬融説：“水火與仁皆民所仰而生者，仁最爲甚。”楊伯峻《論語譯注》從之，注釋説：“《孟子·盡心上》説‘民非水火不生活’，譯文摘取此意。”並譯爲：“百姓需要仁德，更急於需要水火。”錢穆《論語新解》譯作：“人生有賴於仁，尤甚其有賴於水火。”但皇侃《義疏》引王弼説：“民之遠於仁，甚於遠水火也。”孫欽善《論語本解》從之，譯之爲“老百姓對於仁的畏懼，超過對水火的畏懼”。我們傾向於後一種解釋。理由如下：

1.《論語》時代，“甚”作爲動詞，是“過分”“嚴重”（《王力古漢語字典》）的意思。該詞用做謂語時，通常用於描述一些不好的、惡劣的事物。例如：“甚矣吾衰也！”（《論語·述而》）“紂之不善，不如是之甚也。”（《子張》）“官之失德，寵賂章也。郜鼎在廟，章孰甚焉？”（《左傳·桓公二年》）“高伯其爲戮乎？復惡已甚矣。”（《桓公十七年》）“君子以齊人殺哀姜也爲已甚矣。”（《僖公元年》）“晉不可啓，寇不可翫，一之謂甚，其可再乎？”（《僖公五年》）“若能爲旱，焚之滋甚。”（《僖公二十一年》）“禍其在此乎！君欲已甚，其何以堪之？”（同上）“子若不許，仇我必甚。”（《成公二年》）“若不能敗，爲辱已甚，不如遷也。”（《成公六年》）“欒黶汰虐已甚。”（《襄公十四年》）“楚子使醫視之，復曰：‘瘠則甚矣。’”（《襄公二十一年》）“尤而效之，其又甚焉！”（同上）“獲諸侯，其虐滋甚，民弗堪也。”（《昭公元年》）“大叔謂叔向曰：‘楚王汰侈已甚，子其戒之。’叔向曰：‘汰侈已甚，身之災也。’”（《昭公五年》）“貪淫甚矣，獨非罪乎？”（《昭公十六年》）“若聽樂而震,觀美而眩,患莫甚焉。"(《國語·周語下》)"怠偷甚矣,非死逮之,必有大咎。"(《晉語八》)例外是有的,但不多見。如:"天之愛民甚矣。"(《左傳·襄公十四年》)在那一時期,當"甚"後接"於"字介賓結構,用於比較時,一般用於比較兩個較爲不好的事物中哪一個更爲不好。例如:"楚師大敗,王夷師熸,子反死之。鄭叛吳興,楚失諸侯……聲子曰:'今又有甚於此。椒舉娶於申公子牟,子牟得戾而亡……'"(《左傳·襄公二十六年》)"防民之口,甚於防川。川壅而潰,傷人必多,民亦如之。"(《國語·周語上》)"子常爲政,而無禮不顧甚於成、靈。"(《楚語下》)"民之憔悴於虐政,未有甚於此時者也。"(《孟子·公孫丑上》)也有例外,但少見。如"生亦我所欲,所欲有甚於生者,故不爲苟得也。"(《孟子·告子上》)"民之於仁也,甚於水火",句式略同上舉"民之憔悴於虐政,未有甚於此時者也"。

2.《論語》時代的典籍中,"水火"通常代表可怕的、容易傷害人的事物。例如:"衆怒如水火焉,不可爲謀。"(《左傳·昭公十三年》)"水火之所犯,猶不可救,而況天乎?"(《國語·周語下》)"天下之百姓,皆以水火、毒藥相虧害。"(《墨子·尚同上》)"又與今人之賤人,執其兵刃、毒藥、水火,以交相虧賊。"(《兼愛下》)"以萬乘之國伐萬乘之國,簞食壺漿以迎王師,豈有他哉?避水火也。"(《孟子·梁惠王下》)"今燕虐其民,王往而征之,民以爲將拯己於水火之中也,簞食壺漿以迎王師。"(同上)"救民於水火之中,取其殘而已矣。"(《滕文公下》)"水火"沒有貶義的雖遠較含有貶義的爲少,但並不鮮見。除楊伯峻先生所舉《孟子·盡心下》"民非水火不生活"之外,又如《左傳·昭公二十年》:"和如羹焉,水火醯醢鹽梅以烹魚肉,燀之以薪。"但若是"甚於水火",我們便傾向於認爲其義爲"比水火更爲可怕"了。聯繫下文"水火,吾見蹈而死者矣",更能顯現"水火"在此表現威脅人身安全的事物。然則,孔子之哀嘆"民之於仁也,甚於水火",與哀嘆"已矣乎!吾未見好德如好色者也"(15.13)如出一轍。(131)

15.36 子曰:"當仁,不讓於師。"

【譯文】孔子說:"仁德當前,義無反顧;即便是老師,也不謙讓。"

【考證】當仁,不讓於師:

當(dāng),面對。師,師長,老師。錢穆說:"舊解皆訓'師'爲'師長'義。……今按,師之與我,雖並世而有先後,當我學成德立之時,而師或不在。疑此'師'字當訓'衆'。蓋仁行善舉,衆皆當任,人各相讓,則誰歟任此?故遇衆所當行之事,在己尤當率先不復讓。當仁不讓,即是見義勇爲也。"並譯爲"若遇行仁之事,在己即當率先向前,莫讓給衆人爲之。"這種從情理入手而後推翻舊說的做法,一般皆不可成立。即以此"師"字訓"衆"而論,大約出自《左傳·哀公五年》"師乎師乎,何黨之乎"杜預注:"師,衆也。"杜注單文孤證,難以說明"師"確有"衆"義;而且,杜注"師"爲"衆",可能是因爲《左傳》頻見"師衆",也可見"衆師","衆"亦可訓"師",同爲師旅之義。如《襄公三年》:"臣聞師衆以順爲武,軍事有死無犯爲敬。"(又見《國語·晉語七》)《哀公七年》:"衆師晝掠。"杜預之初衷,乃是爲了注明"師"在此處爲"師衆"義而非"師長"或其他義。如將"師"理解爲"衆人",既曲解了杜注,又偷換了概念。《左傳》中"師"共出現1370次,除"師乎師乎"之外,其餘1368例,未見可釋爲"衆人"之意者。由此可見釋"師"爲"衆人"之不可據。故本章之"師",當依傳統解釋爲師長之"師"。西哲亞里士多德云:"吾愛吾師,吾尤愛真理。"本章與之有異曲同工之妙。(132)

15.37 子曰:"君子貞而不諒①。"

【譯文】孔子說:"君子追求真理一往無前,卻不必在小事上處處守信。"

【注釋】①貞而不諒:孔安國說:"貞,正也;諒,信也。君子之人正其道耳,言不必小信也。"皇侃《義疏》云:"貞,正也;諒,信也。君子權變無常,若爲事苟合道,得理之正,君子爲之,不必存於小信,自經於溝瀆也。""微管仲,吾其被髮左衽矣。豈若匹夫匹婦之爲諒也,自經於溝瀆而莫之知也。"(《憲問》)可以做這一章的注脚。譯文從之。參見14.17注③。

15.38 子曰:"事君,敬其事而後其食。"
【譯文】孔子說:"對待君上,認真工作,把拿俸祿的事放在後面。"

15.39 子曰:"有教無類①。"
【譯文】孔子說:"人人我都教育,沒有[貧富、地域等等]區別。"

【注釋】①有教無類:句式同"有備無患",指教育學生一視同仁,而不(依據貧富、地域等)加以區分。詳見本章《考證》。

【考證】有教無類:

趙紀彬《論語新探》中有《"有教無類"解》一文,影響很大,必須加以討論。何晏《集解》引馬融說:"言人所在見教,無有種類。"見教,即被教。馬說意爲所有人都被教育,不分種類。但趙文說:"自東漢至今,解者有馬融、程頤、朱熹、王船山、馮登府、劉寶楠、劉恭冕、章太炎、梁啓超和今人馮友蘭先生等十二人。就中除王船山而外,均以此章爲孔丘自述教育宗旨,義即不分尊卑貴賤,不問出身,超階級地教育一切人。今按:此種訓解,純係望文生義,揆之《論語》全書,毫無根據。"又說:"總而言之,《論語》'有教無類'的'教'字,乃是奴隸主貴族對於所域之民施行的教化,發布的教令,以及軍事技能的强制性教練。但是,不論政治經濟上的教化、教令,或軍事戰陣上的技能教練,全爲上施下效的强制性措施,目的在於將奴隸主貴族所需要的精神繩索强加於民,迫之必從,而與在'人'的内部進行'誨知'的教育,有嚴格的階級界限,不容混同。"

"教""誨"二詞究有何不同,《王力古漢語字典》說:"兩個詞都有'教導'義,但有細微差别。'教'帶强制性,'誨'重在啓發、誘導。"我們以爲這一解説是比較正確的。教,教育,教導,傳授。既是名詞,又是動詞;做名詞或動詞,在詞義上並没有什麽區别。由此可見趙説之不確,相關書證見2.20《考證》(二)。

爲了證明"有教無類""乃是奴隸主貴族對於所域之民施行的教化,發布的教令,以及軍事技能的强制性教練",趙先生爲之説曰,"有"通"域"。實際上,"有……無……"是《論語》時代的語言中的常見句式,我們至今常説的"有備無患"即屬這一句式。其中的"有"當然是"有無"的"有"。如:"凡天災,有幣無牲。"(《左傳·莊公二十五年》——沈玉成《左傳譯文》譯爲:"祭祀時只能用玉帛而不用犧牲")"必報德,有死無二。"(《僖公十五年》——沈譯:"有必死之志而無二心")"受命以出,有死無霣(yǔn,廢棄),又可賂乎?"(《宣公十五年》——沈譯:"寧可一死而不能廢棄命令")"臣聞師衆以順爲武,軍事有死無犯爲敬。"(《襄公三年》,又見《國語·晉語七》——沈譯:"在軍隊裏做事寧死不犯軍紀叫做'敬'")"《書》曰:'居安思危。'思則有備,有備無患,敢以此規。"(《襄公十一年》——沈譯:"有了防備就没有禍患")"德,國家之基也。有基無壞,無亦是務乎!"(《襄公二十四年》——沈譯:"有基礎才不至於毁壞")"三者,禮之大節也。有禮無敗。"(《襄公二十六年》——沈譯:"有禮儀就没有敗壞")"有不用命,則有常刑無赦。"(《哀公三年》——沈譯:"有不賣力氣的,就按規定處罰,不加赦免")"不奪民時,不蔑民功。有優無匱,有逸無罷(疲)。"(《國語·周語中》)"必事秦,有死無他。"(《晉語三》)以上各例足證"有教無類"之"有"絶不通"域"。

因此,"自行束脩以上,吾未嘗無誨焉"(《述而》),便是"有教無類",即不分類别,人人我都教育。参見《附録》之《也談〈論語〉中的"人"與"民"》以及2.14《考證》和2.20《考證》(二)。(133)

15.40 子曰:"道不同,不相爲謀。"

【譯文】孔子説:"主張不同,不共同商議。"

15.41 子曰:"辭達而已矣。"

【譯文】孔子説:"言辭,足以表達想説的就够了。"

15.42 師冕見①,及階,子曰:"階也。"及席,子曰:"席也。"皆坐,子告之曰:"某在斯,某在斯。"

　　師冕出。子張問曰:"與師言之道與?"子曰:"然;固相師之道也②。"

【譯文】師冕來見孔子,走到階梯邊,孔子便説:"這是階梯呀。"走到坐席旁,孔子説:"這是坐席呀。"都坐定了,孔子告訴他説:"某人在這裏,某人在這裏。"

　　　師冕告辭出來。子張問道:"這是和盲人説話的方式嗎?"

　　孔子説:"對的;這本來是幫助盲人的方式。"

【注釋】①師冕:師,樂師;冕,樂師名。上古樂官一般由盲人充當。

　②相(xiàng):幫助。

季氏篇第十六

共十四章

16.1 季氏將伐顓臾①。冉有、季路見於孔子曰："季氏將有事於顓臾②。"

孔子曰："求！無乃爾是過與③？夫顓臾，昔者先王以爲東蒙主④，且在邦域之中矣，是社稷之臣也⑤。何以伐爲⑥？"

冉有曰："夫子欲之，吾二臣者皆不欲也。"

孔子曰："求！周任有言曰⑦：'陳力就列，不能者止。'危而不持，顛而不扶，則將焉用彼相矣？且爾言過矣，虎兕出於柙，龜玉毀於櫝中，是誰之過與？"

冉有曰："今夫顓臾，固而近於費⑧，今不取，後世必爲子孫憂。"

孔子曰："求！君子疾夫舍曰欲之而必爲之辭⑨。丘也聞有國有家者⑩，不患寡而患不均，不患貧而患不安⑪。蓋均無貧，和無寡，安無傾。夫如是，故遠人不服⑫，則修文德以來之。既來之，則安之。今由與求也，相夫子，遠人不服，而不能來也；邦分崩離析，而不能守也；而謀動干戈於邦內。吾恐季孫之憂,不在顓臾,而在蕭牆之內也⑬。"

【譯文】季氏將要攻打顓臾。冉有、子路兩人謁見孔子,說:"季氏將要對顓臾下手了。"

孔子說:"冉求,難道不該責備你嗎?那顓臾,先王授權他主持東蒙山的祭祀,而且它就在國境之中,這正像和魯國安危與共的重臣,爲什麼要去攻打它呢?"

冉有說:"季孫他老人家要這樣幹,我們兩個臣子都是不願意的。"孔子說:"冉求!周任說過這樣的話:'掂量掂量自己的能力,覺得行,就幹;不行的話,就放手。'好比瞎子遇到危險,不去攙扶他;摔倒了,不去扶起他,又何必用那助手呢?況且你的話大錯特錯——老虎犀牛逃出囚籠,龜殼美玉毀壞在盒子裏,這是誰的過錯?"

冉有說:"當今那顓臾,城牆既堅牢,而且離費很近,如今不去拿下,後世定然遺禍子孫。"

孔子說:"冉求!君子就討厭那種不說自己貪得無厭卻一定找些說辭的做派。我聽說過:有國家或有封地的人,不必擔心衣食太少,只須擔心不平均;不必擔心貧困,只須擔心不安定。因爲如果平均了,就沒有所謂貧窮;社會和諧,就不會缺衣少食;和平安定,社稷就不會傾危。這些都做到了,遠方的人還不歸服,再修明文教禮樂來招致他們。招來了他們,就要使他們安心。如今仲由和冉求兩人輔佐季孫他老人家,遠方之人不歸服,卻不能招致;國家土崩瓦解,卻不能保全;反而想在國境之內大動干戈。我怕的是,季孫憂慮的不是顓臾,卻是宮裏那人哪。"

【注釋】①顓臾：魯國的附庸國，都城故址在今山東省平邑縣城東。　②有事：《左傳·成公十三年》："國之大事，在祀與戎。"這裏"有事"指用兵。　③爾是過：責備你。過，責備。代詞"是"幫助把賓語"爾"放在動詞的前邊。　④東蒙：即蒙山，在今山東臨沂市境內。　⑤社稷之臣：某國安危所倚重的重臣。詳見本章《考證》（一）。　⑥何以伐爲："伐"是動詞"爲"的前置賓語。爲，做；這句話直譯就是爲什麼要做討伐（顓臾）這件事。參見12.8注②。　⑦周任：上古史官名。　⑧費（Bì）：魯國季氏采邑，在今山東費縣西北約20里。　⑨舍：同"捨"。　⑩有國有家者：即"有國者"和"有家者"，指國君和卿大夫。詳見本章《考證》（二）。　⑪不患寡而患不均，不患貧而患不安：不擔心寡少而擔心不平均，不擔心貧窮而擔心紛亂不安。詳見本章《考證》（三）。　⑫故：這一"故"類似句首助詞"夫"，無實義，可以不譯。　⑬蕭牆之內：蕭牆，魯君所用的屏風。鄭玄說，人臣至此屏風，便會肅然起敬，所以叫做蕭牆（"蕭"從"肅"得聲）。"蕭牆之內"指魯君。當時季孫把持魯國政治，和魯君矛盾很大，他怕顓臾憑藉地利幫助魯君，於是要攻打顓臾以消除隱患。

【考證】（一）社稷之臣：

某國安危所倚重的重臣。《左傳·成公十六年》："夫二人者，魯國社稷之臣也。若朝亡之，魯必夕亡。"《晏子春秋·內篇雜上》："晏子侍于景公，朝寒，公曰：'請進暖食。'晏子對曰：'嬰非君奉饌之臣也，敢辭。'公曰：'請進服裘。'對曰：'嬰非君茵席之臣也，敢辭。'公曰：'然夫子之于寡人何爲者也？'對曰：'嬰，社稷之臣也。'公曰：'何謂社稷之臣？'對曰：'夫社稷之臣，能立社稷，別上下之義，使當其理；制百官之序，使得其宜；作爲辭令，可分布于四方。'自是之後，君不以禮不見晏子。"《荀子·臣道》："諫、爭、輔、拂之人，社稷之臣也，國君之寶也，明君所尊厚也，而暗主惑君以爲己賊也。"《禮記·檀弓下》："衛有大史曰柳莊，寢疾。公曰：'若疾革，雖當祭必告。'公再拜稽首請於尸曰：'有臣柳莊也者，非寡人之臣，社稷之臣

也,聞之死,請往.'"(134)

(二)有國有家者:

王引之《經傳釋詞》卷三説:"有,語助也。一字不成詞,則加'有'字以配之。若虞、夏、殷、周皆國名,則曰有虞、有夏、有殷、有周是也。推之他類,亦多有此。故邦曰有邦,家曰有家,室曰有室,廟曰有廟,居曰有居,方曰有方,夏曰有夏,濟曰有濟……"按,王説是對的,但此章之"有國有家者"並不在此之列。"有國有家者"即"有國者""有家者",指國君和卿大夫。典籍中多見"有國者",均指領有邦國者,即國君。例如,《管子·形勢》:"言而不可復者,君不言也。行而不可再者,君不行也。凡言而不可復,行而不可再者,有國者之大禁也。"——"有國者",即前文之"君"。《任法》:"國法,法不一,則有國者不祥。"《小問》:"桓公曰:'寡人睹其善也,何爲其寡也?'管仲對曰:'夫寡非有國者之患也。'"——"有國者"指國君。《吕氏春秋·審應覽》:"惠王謂惠子曰:古之有國者,必賢者也。"《戰國策·秦三》:"臣竊爲王恐,恐萬世之後有國者非王之子孫也。"《禮記·大學》:"《詩》云:'樂只君子,民之父母。'民之所好好之,民之所惡惡之,此之謂民之父母。《詩》云:'節彼南山,維石巖巖。赫赫師尹,民具爾瞻。'有國者不可以不慎。"——"有國者"指"民之父母"。(135)

(三)不患寡而患不均,不患貧而患不安:

目前各《論語》注本都認爲這兩句當作"不患貧而患不均,不患寡而患不安",説本俞樾《群經平議》。《群經平議》第三十一卷云:"樾謹按,'寡''貧'二字傳寫互易。此本作'不患貧而患不均,不患寡而患不安'。'貧'以財言,'不均'亦以財言;財宜平均,不均則不如無財矣,故不患貧而患不均也。'寡'以人言,'不安'亦以人言;人宜乎安,不安則不如無人矣,故不患寡而患不安矣。下文云'均無貧',此承上句言。又言'和無寡,安無傾',此承下句言。觀'均無貧'之一語,可知此文之誤易矣。《春秋繁露·度制篇》引孔子曰'不患貧而患不均',可據以訂正。"俞樾的意思是,"貧"和"均"是從財富著眼,下文"均無貧"可以爲證;"寡"和"安"是從人民著眼,下文"和無寡"可以爲證。又引《春秋繁露·度制篇》之異文爲證,似乎鐵證如山,實則没有多少説服力。德清俞氏之不如高郵王氏甚遠,在於其論證多缺乏書證(指《群經平議》《諸子平議》而言)。即以所謂"'寡'以人言""'不均'以財言"而論證之,當時語言中,"寡"謂寡少,並非限於"以人言";"不均"謂不平均,不公平,並非限於"以財言"。例如:"多聞闕疑,慎言其餘,則寡尤;多見闕殆,慎行其餘,則寡悔。言寡尤,行寡悔,禄在其中矣。"(《論語·爲政》)"以能問於不能,以多問於寡。"(《泰伯》)"夫子欲寡其過而未能也。"(《憲問》)"夫子之牆數仞,不得其門而入,不見宗廟之美,百官之富。得其門者或寡矣。"(《子張》)"君子無衆寡,無小大,無敢慢,斯不亦泰而不驕乎?"(《堯曰》)"絞小而輕,輕則寡謀,請無扞采樵者以誘之。"(《左傳·桓公十二年》)"崇明祀,保小寡,周禮也。"(《僖公二十一年》)"彼衆我寡,及其未既濟也請擊之。"(《僖公二十二年》)"輕則寡謀,無禮則脱。"(《僖公三十三年》)"華元曰:'去之,夫其口衆我寡。'"(《宣公二年》)"《詩》曰:'文王既勤止。'文王猶勤,況寡德乎?"(《宣公十一年》)"無有衆寡,其上一也。"(《襄公二十四年》)"鄢氏、費氏自以爲王,專禍楚國,弱寡王室,蒙王與令尹以自利也。"(《昭公二十七年》)以上諸例,足證《論語》時代的語言中,"寡"的詞義爲"少",且並不局限於形容"人少"。所以《王力古漢語字典》對它的解釋是:"少,與'多'相對。"

以下是"均"的例證("均"字或作"鈞"):"故明神降之,觀其政德而均布福焉。"(《國語·周語上》)"忠所以分也……忠分則均……分均無怨。"(同上)"昔我先王之有天下也,規方千里以爲甸服……其餘以均分公侯伯子男。"(《周語中》)"布德於民而平均其政事。"(《魯語上》)"陵、阜、陸、墐、井、田、疇均,則民不憾。"(《齊語》)"乃均其禄。"(《晉語八》)"食土不均,地之不修,内有辱於國,是子也。"(《吴語》)"經界不正,井地不鈞,穀禄不平,是故暴君汙吏必慢其經界。"(《孟子·滕文公上》)"分財不敢不均。"(《墨子·尚同中》)"輕重而髮絶,不均也。"(《經説下》)"然而民聽不鈞,是以書多也。"(《貴義》)從以上例證看,"均"並非"以財言"。所以《禮記·雜記下》云:"衆寡均而倍焉,君子恥之。"鄭玄注:"衆寡均,謂俱有役事,人數等也。倍焉,彼功倍己也。""衆寡均",恰恰能説明"不患寡而患不均"是不成問題的。俞文又引《春秋繁露·度制篇》之"孔子曰:'不患貧而患不均。'故有所積重,則有所空虚矣",説"可據以訂正"。但同樣成書於西漢的《鹽鐵論·本議》云:"孔子曰:'有國有家者,不患寡而患不均,不患貧而患不安。'"又《漢書·食貨志》云:"不患寡而患不均,不患貧而患不安;蓋均亡貧,和亡寡,安亡傾。"不獨如此,定州漢墓竹簡《論語》此章"不患寡而患不均"雖然只剩下一個"均"字,但"不患貧而患不安"卻完整保留了下來。綜上,俞樾的説法明顯證據不足,不足以服人。"不患寡而患不均,不患貧而患不安"意謂不擔心寡少而擔心不平均,不擔心貧窮而擔心紛亂不安。至於所謂"下文云'均無貧',此承上句言。又言'和無寡,安無傾',此承下句言"云云,以俞氏自己的話可以回答:"古人行文不避疏略。"(《古書疑義舉例》)又杜道生《論語新注新譯》(中華書局2011年)云,"貧"與"均"押韻,"寡"與"安"押韻。其實,"寡"爲魚部字,"安"爲元部字,兩字是不押韻的。後句既不押韻,前句也不必押韻。可知以押韻證成俞説,並不成功。(136)

16.2 孔子曰①:"天下有道,則禮樂征伐自天子出;天下無道,則禮樂征伐自諸侯出。自諸侯出,蓋十世希不失矣;自大夫出,五世希不失矣;陪臣執國命,三世希不失矣②。天下有道,則政不在大夫;天下有道,則庶人不議。"

【譯文】孔子説:"天下太平,制禮作樂和出兵等都由天子決定;天下昏亂,制禮作樂和出兵等便由諸侯決定。由諸侯決定,大約傳到十代,很少還能延續;由大夫決定,傳到五代,很少還能延續;如果大夫的家臣把持國柄,傳到三代,很少還能延續。天下太平,國政不會操持於大夫之手;天下太平,老百姓就不會議論紛紛。"

【注釋】①孔子曰:《論語》中,凡孔子說的話前一般都有"子曰"二字,獨本篇都是"孔子曰"。　②孔子這一段話反映了歷史的真實。如,齊國自桓公稱霸,從孝公至簡公共十世,簡公爲陳恒所殺,孔子親身見之;晉自文公稱霸,從襄公至頃公共九世,其間六卿專權,也爲孔子所親見。魯國自季友專政,歷文子、武子、平子、桓子而爲陽虎所執,孔子更是親身感受。至於魯國季氏的家臣南蒯、公山弗擾、陽虎輩,都未能傳世,當身而敗。

16.3 孔子曰:"祿之去公室五世矣①,政逮於大夫四世矣②,故夫三桓之子孫微矣③。"

【譯文】孔子說:"國家政權離開了魯君,[從魯君來說,]已經五代了;政權到了大夫之手,[從季氏來說,]已經四代了,所以桓公的三房子孫現在也衰微了。"

【注釋】①祿:指祿位、權位,這裏指魯國國家政權。《史記·淮陰侯列傳》:"秦失其鹿,天下共逐之,於是高材疾足者先得焉。"《漢書·蒯通傳》:"秦失其鹿,天下共逐之,高材者先得。"楊樹達《中國修辭學·重版更名"漢文文言修辭學"序言》云:"'秦失其鹿'即'秦失其祿',正謂秦失其祿位耳。以文用'鹿'字,故下文用'逐'字承之也。"今世常見之"逐鹿中原",即得之於此。　②五世四世:毛奇齡《論語稽求篇》說,從魯君大權旁落到孔子說這段話時,經歷了宣公、成公、襄公、昭公、定公五代;從季氏最初把持魯國朝政到此時,也經歷了文子、武子、平子、桓子四代。　③三桓:魯國的三卿——仲孫(孟孫)、叔孫、季孫都出於魯桓公,故稱"三桓"。

16.4 孔子曰:"益者三友,損者三友。友直,友諒①,友多聞,益矣。友便辟,友善柔,友便佞,損矣。"

【譯文】孔子説:"有益的朋友三種,有害的朋友三種。和正直的人交友,和信實的人交友,和見聞廣博的人交友,便有益了。和諂媚奉承的人交友,和當面恭維背後毁謗的人交友,和誇誇其談的人交友,便有害了。"

【注釋】①諒:誠實,守信。参見14.17注③,以及15.37注①。

16.5 孔子曰:"益者三樂,損者三樂。樂節禮樂,樂道人之善,樂多賢友,益矣。樂驕樂,樂佚遊,樂晏樂,損矣。"

【譯文】孔子説:"有益的快樂有三種,有害的快樂有三種:得到禮樂的調節,樂在其中;揄揚他人的優點,樂在其中;有許多善良能幹的朋友,樂在其中;這都是有益的。以顯擺身份爲快樂,以整天閒逛爲快樂,以吃喝玩樂爲快樂,這都是有害的。"

16.6 孔子曰:"侍於君子有三愆:言未及之而言謂之躁,言及之而不言謂之隱,未見顔色而言謂之瞽。"

【譯文】孔子説:"陪同君子容易有三種過失:還不該他説卻説了,叫做急躁;該他説了卻不説,叫做隱瞞;不察言觀色張口就説,叫做瞎了眼。"

16.7 孔子曰:"君子有三戒:少之時,血氣未定,戒之在色①;及其壯也,血氣方剛,戒之在鬭;及其老也②,血氣既衰,戒之在得③。"

【譯文】孔子說:"君子有三件事要戒備:年輕時,身體心理尚未健全,要戒備迷戀女色;到了壯年,氣血正旺盛,要戒備爭強好勝;等到年老了,血氣已經衰弱,要戒備貪得無厭。"

【注釋】①少之時,血氣未定,戒之在色:皇侃《義疏》云:"爾時血氣猶自薄少,不可過慾;過慾則爲自損,故戒之也。" ②少、壯、老:古時這三個詞的含義與現在有別。依皇侃《義疏》的説法,三十歲以前爲"少",過了三十歲即"壯",五十歲以後爲"老"。 ③得:何晏《集解》引孔安國說:"得,貪得。"

16.8 孔子曰:"君子有三畏:畏天命,畏大人①,畏聖人之言。小人不知天命而不畏也,狎大人,侮聖人之言。"

【譯文】孔子說:"君子敬畏三件事:敬畏天命,敬畏大人物,敬畏聖人的話。小人不懂得天命,因而不知敬畏;對待大人物舉止輕佻,輕侮聖人的話。"

【注釋】①大人:在高位的人,即今之所謂"大人物"。按,孟子在對待大人物上與孔子有別。《孟子·滕文公上》說:"世子疑吾言乎?夫道一而已矣。成覸謂齊景公曰:'彼,丈夫也;我,丈夫也;吾何畏彼哉?'顏淵曰:'舜,何人也?予,何人也?有爲者亦若是。'"《盡心下》更說:"說大人,則藐之,勿視其巍巍然。堂高數仞,榱題數尺,我得志弗爲也。食前方丈,侍妾數百人,我得志弗爲也。般樂飲酒,驅騁田獵,後車千乘,我得志弗爲也。在彼者皆我所不爲也,在我者皆古之制也,吾何畏彼哉?"

16.9 孔子曰:"生而知之者上也;學而知之者次也;困而學之,又其次也;困而不學,民斯爲下矣。"

【譯文】孔子說:"天生聰明智慧的,是上等;學習後聰明智慧的,是第二等;困境中再去學的,又降低一等;遇見困難都不學,芸芸衆生才淪爲這最下等的呀。"

16.10 孔子曰:"君子有九思:視思明,聽思聰,色思温,貌思恭,言思忠,事思敬,疑思問,忿思難,見得思義。"

【譯文】孔子説:"君子有九處用心思:看要注意看清楚;聽要注意聽明白;臉色要注意温和;容貌要注意端莊;言語要注意忠實;工作要注意認真;有疑要注意請教;生氣要注意後患;有利可圖,要注意該不該我得。"

16.11 孔子曰:"見善如不及,見不善如探湯。吾見其人矣,吾聞其語矣。隱居以求其志,行義以達其道。吾聞其語矣,未見其人也。"

【譯文】孔子説:"看見善良,就如同趕不上趨似的急切追求;遇見邪惡,就好比手要挨到沸水般趕緊避開。我見過這樣的人,我聽過這樣的話。避世隱居以求初衷的保全,依義而行以求主張的貫徹。我聽過這樣的話,卻没見過這樣的人。"

16.12 齊景公有馬千駟①,死之日,民無德而稱焉②。伯夷叔齊餓于首陽之下③,民到于今稱之。其斯之謂與④?

【譯文】齊景公有馬四千匹,死了以後,老百姓没有誰稱頌他。伯夷叔齊飢腸轆轆於首陽山下,大家到現在還稱頌他們。那就是這個意思吧!

【注釋】①千駟(sì):古代戰車一般用四匹馬拉,所以一駟就是四匹馬,也即"一乘"。《左傳・哀公八年》："鮑牧又謂群公子曰：'使女有馬千乘乎？'"鮑牧以此"千乘"也即"千駟"來誘惑群公子奪位。　②民無德而稱：德，通"得"。民無得而稱，即"民無稱"，百姓沒有稱頌他的。參見8.1《考證》。　③首陽：山名，現在何地，古今衆說紛紜。今河南、河北、山東、山西、陝西、甘肅均有首陽山，伯夷叔齊隱居之地究爲何處，已經難以確知。　④其斯之謂與：朱熹《答江德功書》云："此章文勢或有斷續，或有闕文，或非一章，皆不可考。"先秦古籍中，"斯之謂""此之謂""是之謂"後加一語氣詞如"也""與""乎"時，其前面必有一直接引語，且直接引語前一般都有"《詩》云""《書》曰"或"……曰"等。因此，朱說是有道理的。

16.13 陳亢問於伯魚曰①："子亦有異聞乎？"對曰："未也。嘗獨立，鯉趨而過庭。曰：'學詩乎？'對曰：'未也。''不學詩，無以言。'鯉退而學詩。他日，又獨立，鯉趨而過庭。曰：'學禮乎？'對曰：'未也。''不學禮，無以立。'鯉退而學禮。聞斯二者。"

陳亢退而喜曰："問一得三，聞詩，聞禮，又聞君子之遠其子也。"

【譯文】陳亢問伯魚說："您在老師那兒，也有與衆不同的聞見嗎？"答道："沒有。他曾經獨自站在庭中，我恭敬地走過。他問我：'學詩沒有？'我說：'還沒呢。'他便說：'不學詩，沒法說話。'我退下後就開始學詩。過了幾天，他又獨自站在庭中，我又恭敬地走過。他問：'學禮沒有？'我說：'還沒呢。'他說：'不學禮，沒法立足社會。'我退下後就開始學禮。就只聽到這兩件。"

陳亢回去後高興地說："我問一而瞭解了三：瞭解了詩，瞭解了禮,又瞭解君子是如何不偏愛兒子的。"

【注釋】①陳亢問於伯魚曰:陳亢,即陳子禽。伯魚,孔子兒子孔鯉的字。

16.14 邦君之妻,君稱之曰夫人,夫人自稱曰小童;邦人稱之曰君夫人,稱諸異邦曰寡小君;異邦人稱之亦曰君夫人①。

【譯文】國君的妻子,國君稱她爲"夫人",夫人自稱爲"小童";國人稱她爲"君夫人",對外國人則稱她爲"寡小君";外國人稱她也爲"君夫人"。

【注釋】①這章大約也是孔子所言,但遺落了"孔子曰"三字。梁任公疑心這是後人見竹簡有空白處,任意附記的。《論語集釋》作者程樹德指出,書寫論語的竹簡不過八寸,短者每章一簡,長者一章數簡,當無多大空白能書寫這四十多字。而且這一章既見於《古論》,又見於《魯論》,決非後人所攙入。

【考證】夫人:

"夫"字《論語》時代爲遠指代詞,如:"有慟乎?非夫人之爲慟而誰爲?"(《論語·先進》)"夫人不言,言必有中。"(同上)"子路使子羔爲費宰。子曰:'賊夫人之子。'"(同上)"不可。微夫人力不及此。"(《左傳·僖公三十年》)"民死亡者,非其父兄,即其子弟,夫人愁痛,不知所庇。"(《襄公八年》)"君淹恤在外十二年矣,而無憂色,亦無寬言,猶夫人也。"(《襄公二十六年》)"夫人朝夕退而游焉,以議執政之善否。"(《襄公三十一年》)"夫人之所欲也,又何不敢?"(《昭公元年》)"喪夫人之力,棄德曠宗,以及其身,不亦害乎?"(《昭公十年》)"君惠顧先君之好,施及亡人,將使歸糞除宗祧以事君,則不能見夫人。已所能見夫人者,有如河!"(《昭公三十一年》)"群臣請相夫人以償馬,必如之。"(《定公三年》)以上十餘例"夫人"均爲"那人""那些人"之意,疑意爲"邦君之妻"的"夫人"最初也是"那人"之意。董秀芳《詞彙化——漢語雙音詞的衍生和發展》(商務印書館 2011 年)認爲"先秦漢語中還未有由指示性定語與中心語黏合成的定中式雙音詞"(153 頁),如果"夫人"最終能證明屬於"指示性定語與中心語黏合成的定中式雙音詞",在語言學史上還是有意義的。姑存疑待考。(137)

陽貨篇第十七

共二十六章(《漢石經》同。何晏《集解》把第二、第三兩章以及第九、第十兩章各併爲一章,所以只二十四章)

17.1 陽貨欲見孔子①,孔子不見,歸孔子豚②。

孔子時其亡也,而往拜之。

遇諸塗。

謂孔子曰:"來!予與爾言。"曰③:"懷其寶而迷其邦,可謂仁乎?"曰:"不可。——好從事而亟失時④,可謂知乎?"曰:"不可。——日月逝矣⑤,歲不我與。"

孔子曰:"諾,吾將仕矣⑥。"

【譯文】陽貨想要孔子來拜見他,孔子不去,他便送孔子一隻[蒸熟了的]小豬。

孔子打聽到他不在家的時候,去拜謝。

兩人在路上相遇。

對孔子説:"過來,我和你談談!"又説:"懷著一身本領,卻聽任國事糜爛,可以叫做'仁'嗎?"接著又説:"不可以;——投身事業,卻屢屢錯失良機,可以叫做'智'嗎?"又接著説:"不可以;——太陽月亮升起又落下,歲月可不饒人哪!"

孔子這才説:"好吧,我打算做官了。"

【注釋】①陽貨欲見(xiàn)孔子:陽貨,即陽虎,季氏的家臣。季氏幾代以來把持魯國的政治,陽貨這時正又把持季氏的權柄,炙手可熱。最後因企圖削除三桓而未成,逃往晉國。見,"現"的古字。見孔子,使孔子出現;這裏的意思是讓孔子出現於陽貨家中。　②歸孔子豚:歸,通"饋",贈送。《孟子·滕文公下》説明了此事:"陽貨欲見孔子而惡無禮。大夫有賜於士,不得受於其家,則往拜其門。陽貨矙孔子之亡也,而饋孔子蒸豚。孔子亦矙其亡也,而往拜之。"就是,陽貨爲了讓孔子拜見他,便趁孔子不在家時,送一個蒸熟了的小猪去,好讓孔子登門答謝。孔子也就趁陽貨不在家時才去。　③曰:自此以下的三個"曰"字,都是陽貨的自爲問答。説本毛奇齡《論語稽求篇》引明人郝敬之説。俞樾《古書疑義舉例》卷二有"一人之辭而加曰字例",對此更有詳細引證。王引之《經傳釋詞》卷二也説:"有一人之言而自爲問答者,則加'曰'字以別之。"並引本章爲例。　④亟(qì):屢屢。　⑤日月逝矣:太陽月亮升起又落下。詳見本章《考證》。　⑥吾將仕矣:孔子於陽虎當權之時,並未仕於陽虎,可知爲不勝其煩,虚爲應付罷了。

【考證】日月逝矣:

太陽月亮升起又落下。1.《論語》時代的典籍中,"日月"一般都指太陽月亮,極少例外。如:"君子之過也,如日月之食焉。"(《論語·子張》)"仲尼,日月也,無得而踰焉。人雖自絶,其何傷於日月乎?"(同上)"夫其敗也,如日月之食焉,何損於明?"(《左傳·宣公十二年》)"民奉其君,愛之如父母,仰之如日月,敬之如神明,畏之如雷霆。"(《襄公十四年》)"日月星辰之神,則雪霜風雨之不時,於是乎禜之。"(《昭公元年》)"日月之會是謂辰。"(《昭公七年》)"日月之行也,分,同道也;至,相過也。"(《昭公二十一年》)"日月厎於天廟,土乃脈發。"(《國語·周語上》)"日月之所照,舟車之所及,雨露之所漸,粒食之所養,得此莫不勸譽。"(《墨子·尚賢下》)"古之君子,其過也,如日月之食,民皆見之,及其更也,民皆仰之。"(《孟子·公孫丑下》)"日月有明,容光必照焉。"(《盡心上》)

2. 太陽月亮的升起落下,循環往復,代表時間的消逝。如:"日月之行,則有冬有夏。"(《尚書·洪範》)"日往則月來,月往則日來,日月相推而明生焉。寒往則暑來,暑往則寒來,寒暑相推而歲成焉。"(《周易·繫辭下》)"故作大事,必順天時,爲朝夕必放於日月,爲高必因丘陵,爲下必因川澤。"(《禮記·禮器》,"爲朝夕必放於日月"者,記載朝夕之時必模仿日月之行也。)

3. "逝"的主語或逝去的多爲具體事物或人物,未見表示時間這類抽象概念的名詞。如:"君子可逝也,不可陷也。"(《論語·雍也》)"子在川上曰:'逝者如斯夫,不舍晝夜。'"(《子罕》)"是故谿陝者速涸,逝淺者速竭。"(《墨子·親士》)"(魚)少則洋洋焉,攸然而逝。"(《孟子·萬章上》)"君不聽臣,臣將逝矣。"(《晏子春秋·内篇諫下》)由於以上三點原因,我們不將本章的"日月"視爲時間詞,而理解爲太陽月亮。參見 6.7 注②。(138)

17.2 子曰:"性相近也,習相遠也。"

【譯义】孔子説:"人性本相近,習染使各自相距漸遠。"

17.3 子曰:"唯上知與下愚不移。"

【譯文】孔子説:"只有上等的智者和下等的愚人是没法改變的。"

17.4 子之武城,聞弦歌之聲。夫子莞爾而笑,曰:"割雞焉用牛刀?"

子游對曰:"昔者偃也聞諸夫子曰:'君子學道則愛人,小人學道則易使也。'"

子曰:"二三子!偃之言是也。前言戲之耳。"

【譯文】孔子到武城，聽到彈琴唱歌的聲音。孔子微笑著説："殺雞，何必用宰牛的刀？"

子游回答説："以前我聽老師説過，君子學了道理，就會愛護他人；百姓學了道理，就聽從指揮。"

孔子説："同學們，言偃這話是對的。剛才那句話不過和他開玩笑罷了。"

17.5 公山弗擾以費畔①，召，子欲往。子路不説，曰："末之也已②，何必公山氏之之也③？"

子曰："夫召我者，而豈徒哉④？如有用我者，吾其爲東周乎⑤？"

【譯文】公山弗擾盤踞費邑要造反，叫孔子去，孔子準備去。子路很不高興，説道："没地方可去就不去了，爲什麽一定要去公山氏那裏呢？"

孔子説："那個叫我去的人，難道是白白召我嗎？如果有人用我，我大概會使周文王武王之道在東方復興吧！"

【注釋】①公山弗擾：即《左傳》之公山不狃(niǔ)，季氏家臣。《左傳·定公十二年》："仲由爲季氏宰，將墮三都，於是叔孫氏墮郈。季氏將墮費，公山不狃、叔孫輒帥費人以襲魯。"就是説的這一史實。 ②末之也已：句式同9.11"末由也已"；末之，没有（地方可）去；之，去。"也已"爲複合語氣詞。武億《經讀考異》讀作"末之也，已"，不可據。 ③何必公山氏之之也：可以理解爲"何必之公山氏也"。第一個"之"字爲用來複指"公山氏"的代詞，第二個"之"字是動詞，去的意思。 ④而豈徒哉："徒"後省略動賓結構"召我"。 ⑤如有用我者，吾其爲東周乎：如果有人用我，我這兒大概會成爲東方之"周"吧。意謂將使周文王武王之道在東方復興。詳見本章《考證》。

【考證】如有用我者,吾其爲東周乎:

這兩句話有兩解。第一解爲何晏《集解》:"興周道於東方,故曰'東周'。"皇侃《義疏》、邢昺《疏》、朱熹《集注》皆從之。邢《疏》云:"如有用我道者,我則興周道於東方,其使魯爲周乎!"第二解爲戴望《論語戴氏注》、劉寳楠《論語正義》所云。戴氏曰:"如有用我者,當繼文武之治,豈猶爲東周乎?"劉氏曰:"夫子作《春秋》,據魯新周……新以西周,不得不紐東周,故此文亦言不爲東周也。"據前說,是用疑問語氣表示肯定,當直譯爲"我這兒大約就是東方之周吧?"據後說,則是用反問表示否定,應直譯爲"我難道只是復興一個東周嗎?"我們贊同前說。因爲先秦"其爲……乎"句式都是用疑問語氣表示肯定,表示"該會是……吧"。例如:"高伯其爲戮乎?復惡已甚矣。"(《左傳·桓公十七年》)——沈玉成譯:"高伯恐怕要被誅戮的吧。""人謂叔向曰:'子離於罪,其爲不知乎?'"(《襄公二十一年》)——沈譯:"您得了罪過,恐怕是不聰明吧?""其御曰:'殿而在列,其爲無勇乎?'"(《定公十二年》)——沈譯:"殿後而待在隊列裏,恐怕是缺乏勇氣吧!""越十年生聚,而十年教訓,二十年之外,吳其爲沼乎!"(《哀公元年》)——沈譯:"二十年以後,吳國的宮殿恐怕要成爲池沼了。""從者曰:'君不命吾子,吾子請之,其爲選事乎?'"(《國語·魯語上》)"晏子對曰:'此季世也,吾弗知齊其爲田氏乎?'"(《晏子春秋·內篇問下》)試比較:"晏子曰:'此季世也,吾弗知齊其爲陳氏矣!'"(《左傳·昭公三年》)這一對比尤其能說明問題。我們一貫主張,對於較早的注解,沒有語言上的堅强證據,是不能輕易推翻的;從情理而非從語言出發推翻古注尤其不可靠;採納晚近的新說時尤其要慎重。(139)

17.6 子張問仁於孔子。孔子曰:"能行五者於天下爲仁矣。"

"請問之。"曰:"恭,寬,信,敏,惠。恭則不侮,寬則得衆,信則人任焉,敏則有功,惠則足以使人。"

【譯文】子張向孔子問仁。孔子説:"能够貫徹以下五者於天下,就是仁了。"

子張説:"請問是什麽。"孔子説:"莊重,寬厚,誠實,勤敏,慈惠。莊重就不致遭受侮辱,寬厚就會深得人心,誠實就會得到別人任用,勤敏工作效率就高,貢獻就大,慈惠就足以讓人爲你出力。"

17.7 佛肸召[①],子欲往。子路曰:"昔者由也聞諸夫子曰:'親於其身爲不善者,君子不入也。'佛肸以中牟畔[②],子之往也,如之何?"

子曰:"然,有是言也。不曰堅乎,磨而不磷[③];不曰白乎,涅而不緇[④]。吾豈匏瓜也哉[⑤]?焉能繫而不食?"

【譯文】佛肸叫孔子去,孔子打算去。子路説:"從前我聽老師説過,'親自做壞事的人那裏,君子是不去他那兒的。'如今佛肸盤踞中牟謀反,您卻要去,如何解釋?"

孔子説:"對,我説過這話。都説那堅硬的東西呀,磨也磨不薄;都説那潔白的東西呀,染也染不黑。我難道是個匏瓜,只能够掛在那裏而不給人吃嗎?"

【注釋】①佛(Bì)肸:晉國趙簡子攻打范中行,佛肸是范中行的家臣,任中牟宰(縣長),此時據中牟以抗拒趙簡子。 ②中牟:春秋時晉邑,故址在今日河北邢臺和邯鄲之間,跟今河南中牟無關。 ③磷(lìn):薄。 ④涅(niè)而不緇(zī):涅,染黑。緇,黑色。 ⑤匏(páo)瓜:即瓠

(hù),古有甘、苦兩種,苦的不能吃,又稱"葫蘆"。可以繫於腰,用以泅渡。《莊子·逍遥遊》:"今子有五石之瓠,何不慮以爲大樽,而浮乎江湖?"

17.8 子曰:"由也!女聞六言六蔽矣乎?"對曰:"未也。"

"居!吾語女。好仁不好學,其蔽也愚;好知不好學,其蔽也蕩;好信不好學,其蔽也賊;好直不好學,其蔽也絞①;好勇不好學,其蔽也亂;好剛不好學,其蔽也狂②。"

【譯文】孔子説:"仲由,你聽説過[仁、智、信、直、勇、剛]六字真言容易産生的六種弊病嗎?"

子路回答:"没有。"

孔子説:"坐下!我告訴你。愛仁德,不愛學問,其弊病是愚戇;愛智慧,不愛學問,其弊病是心志不專一;愛信實,不愛學問,其弊病是傷害他人;愛直率,不愛學問,其弊病是急躁;愛勇敢,不愛學問,其弊病是搗亂闖禍;愛剛强,不愛學問,其弊病是易與人衝突。"

【注釋】①絞:《泰伯》第二章:"直而無禮則絞。"《經典釋文》引鄭玄説:"絞,急也。"　②好仁不好學……其蔽也狂:何晏《集解》引孔安國説:"仁者愛物,不知所以裁之,則愚也;蕩,無所適守也;賊,父子不知相爲隱之輩也;狂,妄抵觸人也。"

17.9 子曰:"小子何莫學夫詩①?詩,可以興②,可以觀,可以群,可以怨③。邇之事父④,遠之事君;多識於鳥獸草木之名。"

【譯文】孔子説:"學生們爲什麼没人學那詩歌?讀詩,可以用它借景物以抒情,可以用它觀察民風世俗,可以用它相互切磋,可以用它抨擊時政。近呢,靠它事奉父母;遠呢,靠它服事君上;還可多多記住鳥獸草木的名稱。"

【注釋】①小子何莫學夫詩:莫,否定性無指代詞,這裏應理解爲"沒有人"或"沒有誰"。參見6.17注②。　②可以:可,可以;以,介詞,憑,用;賓語常省略,這裏省略的賓語是"詩"。　③興、觀、群、怨:何晏《集解》引孔安國説:"興,引譬連類。"引鄭玄説:"觀風俗之盛衰。"引孔安國説:"群居相切磋。怨,刺上政。"　④邇(ěr):近。

17.10 子謂伯魚曰:"女爲《周南》《召南》矣乎？人而不爲《周南》《召南》,其猶正牆面而立也與①?"

【譯文】孔子對伯魚説:"你學《周南》《召南》了嗎？作爲一個人都不學《周南》《召南》,就好比正對著牆壁而站著吧!"

【注釋】①正牆面而立:句式略同《衛靈公》第四章之"正南面",面,謂語,"正""牆"都是狀語。正牆面,恰好面對著牆壁。朱熹《集注》云:"言即其至近之地,而一物無所見,一步不可行。"

17.11 子曰:"禮云禮云,玉帛云乎哉？樂云樂云,鐘鼓云乎哉？"

【譯文】孔子説:"所謂禮呀,僅僅是指玉帛嗎？所謂樂呀,僅僅是指鐘鼓嗎？"

17.12 子曰:"色厲而内荏,譬諸小人,其猶穿窬之盜也與①?"

【譯文】孔子説:"外表威嚴,内心怯懦,用壞人打比方,怕是像個挖洞跳牆的小偷吧!"

【注釋】①譬諸小人,其猶穿窬之盜也與:《禮記·表記》:"子曰:'君子不以色親人。情疏而貌親,在小人則穿窬之盜也與?'"窬,通"踰",越過。

17.13 子曰:"鄉愿①,德之賊也。"

【譯文】孔子說:"不講原則是非的好好先生是道德的破壞者。"

【注釋】①鄉愿:《孟子》作"原"。《孟子·盡心下》描述"鄉愿"說:"閹然媚於世也者,是鄉原也。""非之無舉也,刺之無刺也。同乎流俗,合乎污世。居之似忠信,行之似廉潔。衆皆悦之,自以爲是,而不可與入堯舜之道,故曰'德之賊'也。"

17.14 子曰:"道聽而塗説,德之棄也。"

【譯文】孔子說:"在路上聽到傳言馬上就傳播,等於拋棄了道德。"

17.15 子曰:"鄙夫可與事君也與哉①?其未得之也,患得之。既得之,患失之。苟患失之,無所不至矣。"

【譯文】孔子說:"鄉巴佬,難道能跟他一道侍奉君主嗎?當他沒得到的時候,會爲是否得而焦慮;已經得到,又害怕會失去。假如總擔心失去,就什麽事都做得出來了。"

【注釋】①可與事君:可與他一道侍奉君主。與,介詞,賓語"之"未出現。詳見本章《考證》(一)。

【考證】(一)可與事君:

王引之《經傳釋詞》謂"可與"即"可以",誤。與,介詞,其賓語"之"未出現。介詞"與"後的賓語常常不出現,特別是當介詞"與"的賓語在前文出現過時。如:"天方授楚,未可與爭。"(《左傳·宣公十五年》)"晉未可與爭。"(《成公三年》)"今我逃楚,楚必驕,驕則可與戰矣。"(《襄公十年》)"宜晉之伯也!有叔向以佐其卿,楚無以當之,不可與爭。"(《襄公二十七年》）"晉、楚唯天所相，不可與爭。"（《昭公四年》）"起予者商也，始可與言《詩》已矣。"（《論語·八佾》）"可與共學，未可與適道；可與適道，未可與立；可與立，未可與權。"（《子罕》）"可與言而不與之言，失人；不可與言而與之言，失言。"（《衛靈公》）"鳥獸不可與同群，吾非斯人之徒與而誰與？"（《微子》）"不仁者可與言哉？安其危而利其菑，樂其所以亡者。不仁而可與言，則何亡國敗家之有？"（《孟子·離婁上》）"自暴者不可與有言也，自棄者不可與有爲也。"（同上）"居之似忠信，行之似廉絜，衆皆悅之，自以爲是，而不可與入堯、舜之道，故曰'德之賊'也。"（《盡心下》）。"晉未可與爭""鳥獸不可與同群""自暴者不可與有言也，自棄者不可與有爲也"句式同"鄙夫可與事君也與哉"。"晉未可與爭"意爲"晉國未可與之爭"，而非"晉國不可以爭"；"自暴者不可與有言"意爲"自暴者不可與之有言"，而非"自暴者不可以有言"。"鄙夫可與事君也與哉"與之類似，意爲"鄙夫可與之共事君也與哉"。王氏之失在未能貫徹其所言"揆之本文而協，驗之他卷而通"（《經傳釋詞·自序》）。（140）

（二）患得之：

古今諸多學者認爲"患得之"上脫去一"不"字。其證據一爲王符《潛夫論·愛日》之："孔子病夫未之得也，患不得之，既得之，患失之者。"並云據此可見東漢時的本子有"不"字。其二爲《荀子·子道》之："孔子曰，……小人者，其未得也，則憂不得；既已得之，又恐失之。"（《説苑·雜言》同）因此認爲："雖是述意，'得'上也有'不'字。宋人沈作喆《寓簡》云：'（蘇）東坡解云，"患得之"當作"患不得之"'，可見宋人所見的本子已脫此'不'字。"（楊伯峻《論語譯注》，孫欽善《論語本解》説同）按，《孔子家語》卷五："小人則不然，其未得也，患弗得之；既得之，又恐失之。"看來，似乎脫去"不"字，已成鐵案。所以，現行許多《論語》注本，此處都徑行補上"不"字。作"其未得之也，患不得之。既得之，患失之。"我們以爲，在以下問題未得以妥善解決之前，脫去"不"字之説，尚難以成爲定論。

1. 迄至戰國晚期，文獻中未見"不得之"。當"得"爲"獲得""取得"義時，"得之"的否定形式都是"不得"（或"弗得"），而且往往和"得之"對言。如《左傳·襄公二十八年》："求崔杼之尸，將戮之，不得。叔孫穆子曰：'必得之。武王有亂臣十人，崔杼其有乎？不十人，不足以葬。'既，崔氏之臣曰：'與我其拱璧，吾獻其柩。'於是得之。"《孟子·公孫丑下》："不得，不可以爲悦；無財，不可以爲悦。得之爲有財，古之人皆用之，吾何爲獨不然？"《萬章上》："孔子進以禮，退以義，得之不得曰'有命'。"《告子上》第十章："一簞食，一豆羹，得之則生，弗得則死。"同篇第十五章："心之官則思，思則得之，不思則不得也。"《戰國策·西周》："今秦攻周而得之，則衆必多傷矣，……秦若攻周而不得，前有勝魏之勞，後有攻周之敗，又必不攻魏。"不單動詞"得"如此，還有一些動詞，當賓語"之"不被強調時，其否定形式中"之"都不出現。如："知之爲知之，不知爲不知，是知也。"（《論語·爲政》）"君子易事而難説也。説之不以道，不説也。"（《子路》）"不取，必有天殃。取之，何如？"（《孟子·梁惠王下》）也即，存在一些要麽是"V之"，要麽是"不V"，而一般不以"不V之"形式出現的動詞。綜上，既然"不得之"不可能出現在《論語》成書時代的典籍中，説"患得之"句中脱去"不"，恐怕很難成立。那怎麽解釋《孔子家語》《潛夫論》中的"不得之"呢？武漢大學古籍所于亭教授在詳盡考察了玄應《一切經音義》的諸多藏本後得出結論説："曾經存在著一個相當長的寫本時期，'作者'並不號稱他擁有全然的著作權，而書籍文本總是在讀者/抄寫者手中不斷地改變形貌，每個人都有意無意地參與了'創作'。"（《玄應〈一切經音義〉研究》，中國社會科學出版社2009年）我們注意到，"不得之"始見於較晚之《荀子》《韓非子》和《戰國策》："女庸安知吾不得之桑落之下！"（《荀子·宥坐》）"周主曰：'吾知吏之不事事也。求簪三日不得之，吾令人求之，不移日而得之。'"（《韓非子·內儲説上》）"武安君爲三公，君能爲之下乎？雖欲無爲之下，固不得之矣。"（《戰國策·秦三》）既然從戰國末期後，原來整齊劃一的"得之""不得"發生了變化而出現了若干"不得之"，那麼以後的"創作者"依據他自己時代的語言表達習慣改寫《論語》此章也就不足爲奇了。何況,《荀子》《潛夫論》並非照錄《論語》此章呢!

2. 連詞"既"兩邊的成分具有一致性。既然後句爲"既得之",前句就不可能是"患不得之",而只能是"患得之"。換言之,如果前句爲"患不得之",後句也必須爲"既不得之"。連詞"既"是由表示"已經"義的副詞發展而來的,它仍然保留副詞"既"的詞義特徵;因此,當"既"兩邊出現相同成分時,只能兩邊同爲肯定,不能出現一邊否定一邊肯定的情形,如"……患不得之,既得之……"。我們調查了《論語》時代四部古籍中 348 例"既",其中《論語》13 例(本章"既得之"的"既"不在內),《左傳》203 例,《國語》103 例,《孟子》29 例,未見例外。如:"苟利於民,孤之利也。天生民而樹之君,以利之也。民既利矣,孤必與焉。"(《左傳·文公十三年》)"子家還,及笙,壇帷,復命於介。既復命,袒、括髮,即位哭,三踊而出。"(《宣公十八年》)"冬,葬曹宣公。既葬,子臧將亡,國人皆將從之。"(《成公十三年》)"是故啓蟄而郊,郊而後耕。今既耕而卜郊,宜其不從也。"(《襄公七年》)"子固欲毁中軍,既毁之矣,故告。"(《昭公五年》)"公曰:'夫子將食。'既食,又奏。"(《哀公十四年》)"子曰:'庶矣哉!'冉有曰:'既庶矣,又何加焉?'曰:'富之。'曰:'既富矣,又何加焉?'曰:'教之。'"(《論語·子路》)"夫如是,故遠人不服,則修文德以來之;既來之,則安之。"(《季氏》)"子犯曰:'天命也,君其饗之……'既饗,楚子問於公子曰……"(《國語·晉語四》)以上例句足以證明"既"兩邊的成分具有一致性。當然,這一規律也有極少數的例外,如《禮記·雜記下》:"君子有三患:未之聞,患弗得聞也;既聞之,患弗得學也;既學之,患弗能行也。"但《禮記》的這一篇不能保證是先秦時期的作品。

3. 將本章與《老子》十三章"何謂寵辱若驚?……得之若驚,失之若驚,是謂寵辱若驚"相比較,可知"患得患失"與"得之若驚,失之若驚"意義是相通的;這至少説明當時語言中是有著類似説法的;也即這種表達在當時語言中並無不通。

有鑑於以上各點，我們認爲，至少不能確定"患得之"中一定脱去了"不"字。因此，譯文只得就字面譯出，讀者諒之。

上文提到，存在一些要麽是"V之"，要麽是"不V"，而一般不以"不V之"形式出現的動詞，包括得、知、取等；2.17 的《考證》言及，二十世紀三十年代，丁聲樹先生發表《釋否定詞"弗""不"》一文，指出"'弗'字只用在省去賓語的外動詞（及物動詞）之上（前）"，"内動詞（不及物動詞）及帶有賓語的外動詞之上只用'不'字，不用'弗'字。結論是，弗，略與"不之"相當。其第一個例句爲《禮記·學記》之"雖有嘉肴，弗食，不知其旨也；雖有至道，弗學，不知其善也"。如此，就存在兩種可能。一是，那些"不V"本來就是"弗V"，"知之爲知之，不知爲不知"定州竹簡本《論語》中就是"智之爲智之，弗智爲弗智"，"得""取"等動詞前的"不"也有可能早先是"弗"。二是，如果能夠證明許多"不V"並非由"弗V"變化而來，那麽，作爲得出"弗"略等於"不之"的證據的"弗V"也就"吾道不孤"了。我們總不能説"不V"的"不"也略等於"不之"吧？我們這裏無意也無充分證據對否定副詞"弗""不"研究的正反方作左右袒，只想指出，既然至少在戰國早期以前的文獻中，存在一些要麽是"V之"，要麽是"不V"，而一般不以"不V之"形式出現的動詞（尚有待準確統計），那麽，否定副詞"弗""不"的研究恐怕是應該考慮這一因素的。參見著者爲于亭教授所作書評《真力彌滿，萬象在旁——〈玄應《一切經音義》研究〉讀後》，《武漢大學學報》（人文科學版）2012 年 2 期。（141）

17.16 子曰："古者民有三疾，今也或是之亡也。古之狂也肆，今之狂也蕩；古之矜也廉①，今之矜也忿戾；古之愚也直，今之愚也詐而已矣。"

【譯文】孔子説："古代的人民有三種毛病，現在呢，或許連這些都没有了。古代的狂人才華横溢而不知斂其光芒，現在的狂人只是放蕩無羈;古代矜持的人凜然不可冒犯,現在矜持的人卻一味惱羞成怒,蠻不講理;古代的愚人直來直去,現在的愚人只是要耍小聰明罷了。"

【注釋】①廉:本義爲稜角,引申爲人的行爲方正有威。

17.17 子曰:"巧言令色,鮮矣仁。"①

【注釋】①本章在《學而》(1.3)出現過。

17.18 子曰:"惡紫之奪朱也①,惡鄭聲之亂雅樂也②,惡利口之覆邦家者③。"

【譯文】孔子說:"憎惡紫色顛覆紅色;憎惡鄭聲侵擾雅樂;憎惡伶牙俐齒顛覆國家。"

【注釋】①紫之奪朱:紅色是正色,而春秋時,一些諸侯喜歡著紫色衣,並有取代紅色成爲正色的趨勢。 ②鄭聲、雅樂:鄭聲,見15.11注⑤。雅樂,《左傳・襄公二十九年》記吳公子季札觀樂:"使工爲之歌《周南》《召南》,曰:'美哉!始基之矣,猶未也。然勤而不怨矣。'爲之歌《邶》《鄘》《衛》,曰:'美哉,淵乎!憂而不困者也。吾聞衛康叔、武公之德如是,是其《衛風》乎?'爲之歌《王》,曰:'美哉!思而不懼,其周之東乎?'爲之歌《鄭》,曰:'美哉!其細已甚,民弗堪也,是其先亡乎!'爲之歌《齊》,曰:'美哉!泱泱乎!大風也哉!表東海者,其大公乎!國未可量也。'爲之歌《豳》,曰:'美哉!蕩乎!樂而不淫,其周公之東乎?'爲之歌《秦》,曰:'此之謂夏聲。夫能夏則大,大之至也,其周之舊乎?'爲之歌《魏》,曰:'美哉!渢渢乎!大而婉,險而易行,以德輔此,則明主也。'爲之歌《唐》,曰:'思深哉!其有陶唐氏之遺民乎?不然,何憂之遠也?非令德之後,誰能若是?'爲之歌《陳》,曰:'國無主,其能久乎?'"其中除

《鄭》,大約都是雅樂。　③惡利口之覆邦家者:孔子説:"是故惡夫佞者。"(11.25)"放鄭聲,遠佞人。鄭聲淫,佞人殆。"(15.11)邦家,這一詞組只見於《詩經》《左傳》《論語》等經書,不知是否其他先秦古籍中的該詞組因避漢高祖劉邦之諱而改爲"國家"。

17.19 子曰:"予欲無言。"子貢曰:"子如不言,則小子何述焉?"子曰:"天何言哉?四時行焉,百物生焉,天何言哉?"

【譯文】孔子説:"我想不説話了。"子貢説:"先生假如不説話,那學生們傳述什麽呢?"孔子説:"天説了什麽呢?四季在那兒運行,萬物在那兒生長,天説了什麽呢?"

17.20 孺悲欲見孔子①,孔子辭以疾②。將命者出户③,取瑟而歌,使之聞之④。

【譯文】孺悲想見孔子,孔子以有病推辭。傳命的人剛出房門,孔子便取下瑟邊彈邊唱,故意使他聽到。

【注釋】①孺悲:魯國人。《禮記・雜記》:"恤由之喪,哀公使孺悲之孔子(到孔子那兒)學士喪禮,《士喪禮》於是乎書。"從本章看,哀公之使孺悲學士喪禮於孔子,大約是有意爲之。　②辭以疾:《孟子・告子下》:"教亦多術矣。予不屑之教誨也者,是亦教誨之而已矣。"孔子之所爲,是否如此呢?　③將命者:傳達口信的人。　④使之聞之:使將命者聽到彈瑟聲。詳見本章《考證》。

【考證】使之聞之:

這句的解釋有分歧。何晏《集解》云:"孔子不見,故辭以疾。爲其將命者不知己,故歌令將命者悟,所以令孺悲思也。"如此,則"使之"的"之"指"將命者"。但楊伯峻《譯注》譯爲"故意使孺悲聽到",則是理解這一

"之"指孺悲。根據當時典籍中"使之"使用的情況看,該"之"往往指稱前面較爲接近的句子中的主語或賓語,如:"三月癸未,晉悼夫人食輿人之城杞者。絳縣人或年長矣,無子,而往與於食。有與疑年,使之年。"(《左傳‧襄公三十年》)——這一例中,"使之年"的"之"指"絳縣人或年長"者。"且天之生物也,使之一本,而夷子二本故也。"(《孟子‧滕文公上》)——這例中"使之一本"的"之"指"物"。"子謂薛居州,善士也,使之居於王所。"(《滕文公下》)——這例中,"之"指"薛居州"。"太子殆哉!君賜之奇,奇生怪,怪生無常,無常不立。使之出征,先以觀之,故告之以離心,而示之以堅忍之權,則必惡其心而害其身矣。"(《國語‧晉語一》)——這例中各"之"均指"太子"。"句踐曰:'苟得聞子大夫之言,何後之有?'執其手而與之謀。遂使之行成於吳。"(《越語上》)——這例中"使之行成於吳"的"之"指"子大夫"。"彼其上將薄其德,民將盡其力,又使之望而不得食,乃可以致天地之殛。"(《越語下》)——這例中"使之望而不得食"的"之"指"民"。"大聖之治天下也,搖蕩民心,使之成教易俗。"(《莊子‧外篇‧天地》)——這例中"使之成教易俗"的"之"亦指"民"。以此例彼,則"使之聞之"的第一個"之"當指"將命者",而"聞之"的"之"指歌聲。(142)

17.21 宰我問:"三年之喪,期已久矣。君子三年不爲禮,禮必壞;三年不爲樂,樂必崩。舊穀既没,新穀既升,鑽燧改火①,期可已矣②。"

子曰:"食夫稻③,衣夫錦,於女安乎?"曰:"安。""女安,則爲之!夫君子之居喪,食旨不甘,聞樂不樂,居處不安,故不爲也。今女安,則爲之!"

宰我出,子曰:"予之不仁也!子生三年,然後免於父母之懷。夫三年之喪，天下之通喪也，予也有三年之愛於其父母乎！"

【譯文】宰我問："父母死了，守孝三年，也似乎太久了。君子三年不習禮儀，禮儀一定會毀壞；三年不奏音樂，音樂一定會崩塌。陳穀已經吃光，新穀又已成熟；打火的燧木都輪換了一回，一周年也就够了。"

孔子説："吃著那白米飯，穿著那花緞衣，你就心安嗎？"

宰我説："心安。""你心安，你就那樣做吧！君子的守孝，吃美味不覺得甘甜，聽音樂不覺得快樂，日常起居不覺得舒適，所以才不那樣做。如今你既然心安理得，就那樣做好了！"

宰我退出去了。孔子説："宰予真不仁哪！兒女生下三個年頭，才能脱離父母的懷抱。那三年的喪期，是天下通行的。宰予呀有没有從他父母那兒得到三年懷抱的呵護呢？"

【注釋】①鑽燧改火：古代用的是鑽木取火的方法，被鑽的木，四季不同。何晏《集解》引馬融説："《周書·月令》有更火之文。春取榆柳之火，夏取棗杏之火，季夏取桑柘之火，秋取柞楢之火，冬取槐檀之火。一年之中，鑽火各異木，故曰'改火'也。"　②期已久矣……期可已矣：第1個"期"應爲"其"，語氣副詞；第2個"期"讀作 jī，一周年。詳見本章《考證》。　③稻：古代北方以稷（小米）爲主要糧食，水稻和粱（精細的小米）是珍品，一般人是吃不上的。

【考證】期已久矣……期可已矣：

《論語》時代，約定的一定時段都叫"期"（jī），是名詞。《左傳·僖公二十三年》："期，期而不至，無赦。"第1個"期"讀作 qī，動詞；第2個"期"讀爲 jī，名詞。意思爲，規定期限，踰期不歸的，不赦免。"期可已矣"的"期"便讀爲 jī，一周年。這句話意爲"一周年就可以了"。但"期已久矣"

的"期"的解讀有歧義。一是如字讀作 qī,如楊伯峻《論語譯注》、孫欽善《論語本解》於此字未注,翻譯"期已久矣"都是"爲期太久了"。但《經典釋文》在"期已久矣"下注云:"音基。下同。一本作'其'。"後一説劉寶楠《論語正義》從之,而且,河北定州竹簡本《論語》也作"其已久矣";另外,《史記·仲尼弟子列傳》引述這段作"三年之喪,不已久乎","期"字不見了,而它如果是實詞一般是要譯出的。可見這一説是信而有徵的。"其已久矣"的"其"在此作語氣副詞,《論語》中"其"字作語氣副詞較爲常見:"樂其可知也。"(3.23)"堯、舜其猶病諸!"(6.30、14.42)"人而不爲《周南》《召南》,其猶正牆面而立也與?"(17.10)反之,如果作"期",不管是如字讀作 qī,還是讀爲 jī,都不能文從字順。先説讀作 qī 的"期"。它做名詞,表示"一定的時間""日期""期限"時,都不做主語,而是常做賓語,位於謂語動詞之後。如"慢令致期,謂之賊。"(《論語·堯曰》)"公聞其期,曰:'可矣!'"(《左傳·隱公元年》)"梁嬴孕,過期。"(《僖公十七年》)換言之,"期"讀作 qī 時,是不能做主語譯作"爲期"的。再説讀作 jī 的"期"。當"期"讀爲 jī,用做名詞時處於主語位置時,一般表示一周年。例如下文"鑽燧改火,期可已矣"以及上引《左傳·僖公二十三年》之"期而不至,無赦",又如:"期戍,公問不至。"(《左傳·莊公八年》)顯然,理解爲"三年的喪期,一周年已經太久了",不辭甚矣。(143)

17.22 子曰:"飽食終日,無所用心,難矣哉!不有博弈者乎[①]?爲之,猶賢乎已[②]。"

【譯文】孔子説:"整天吃飽了飯,什麼心也不操,難以成器呀!不是有擲采對弈的棋局嗎?玩玩也比歇著强。"

【注釋】①博弈:博,古代的一種棋局,黑白各六子,靠擲骰子來決定走棋。弈,圍棋。　②猶賢乎已:句法與意義和《孟子·盡心上》的"猶愈於已",《管子·大匡》的"尚賢於已"略同。當時典籍中未見"乎已"這樣的複合語氣詞組。已,停止,不幹。

17.23 子路曰:"君子尚勇乎①?"子曰:"君子義以爲上,君子有勇而無義爲亂,小人有勇而無義爲盜。"

【譯文】子路問:"君子崇尚勇敢嗎?"孔子説:"君子認爲義最高尚,君子若只有勇而無義,就會犯上作亂;小人若只有勇而無義,就會成爲盜賊。"

【注釋】①尚:通"上",只不過是意動用法,"以……爲上"的意思。

17.24 子貢曰:"君子亦有惡乎?"子曰:"有惡:惡稱人之惡者,惡居下流而訕上者①,惡勇而無禮者,惡果敢而窒者。"

曰②:"賜也亦有惡乎?""惡徼以爲知者③,惡不孫以爲勇者,惡訐以爲直者。"

【譯文】子貢説:"君子也討厭什麼嗎?"孔子説:"有討厭的:討厭專講別人壞話的人,討厭在下位卻毀謗上級的人,討厭勇敢卻無禮的人,討厭敢作敢爲卻頑固不通的人。"

孔子又説:"賜,你也討厭什麼嗎?"子貢説:"我討厭抄襲別人來顯擺聰明的人,討厭不懂謙虛卻自以爲勇敢的人,討厭揭人陰私卻自以爲直率的人。"

【注釋】①下流:晚唐以前的各版本無此"流"字。　②這一"曰"後的話也是孔子説的。參見14.12注④、17.1注③。　③徼(jiāo):抄襲。

17.25 子曰:"唯女子與小人爲難養也,近之則不孫①,遠之則怨。"

【譯文】孔子説："只有女子和小人是難得打交道的,親近他們,便會無禮;疏遠他們,又會怨恨。"

【注釋】①孫(xùn):"遜"的古字。

【考證】女子:

有人解這一章的"女子"爲"你的兒子""您這位先生",可是除此章的"女子"之外,持此解者未能提供先秦古籍中還有哪些"女子"也可解作"兒子""先生"的書證,可證其説之不能成立。王力《漢語史稿》説《詩經·小雅·斯干》"乃生男子……乃生女子","其中的'男子''女子'實在等於説'男兒子''女兒子'",有人便據此説這一章的"女子"指女孩子;但《小雅》的時代較早,《論語》未必如此。《論語》《左傳》時代,女子都是指女性。以《左傳》爲例,"女子"既指老年的哀姜(《僖公元年》),又指剛出生"赤而毛"的女嬰(《襄公二十六年》),還指年輕的季羋(《定公四年》)和中年的辟司徒之妻(《成公二年》),其實就是女性的意思,可不必今譯。

試對解"女子"爲"您這位先生"之説稍加分析(吳正中、于淮仁《"唯女子與小人爲難養也"正解——爲孔子正名之一》,載《中國哲學史》1999年4期,第35—45頁),該文讀"唯"爲"堆",進而讀作"對";解"女子"爲"您這位先生";讀"與"爲"歟"。那麽,"唯女子與"就解作"對!您(這位)先生(説的是對的)啊"。如果從"分佈"角度稍加考察,就會發現此説之謬。除了上文所説《論語》《左傳》時代,"女子"都指"女性"之外,"唯……與……V"(V指謂詞性結構)乃一常見結構,都是"只有……和……V"的意思。例如:"用之則行,舍之則藏,惟我與爾有是夫!"(《述而》)"唯上知與下愚不移。"(《陽貨》)"唯西廣、東宫與若敖之六卒實從之。"(《左傳·僖公二十八年》)"唯器與名不可以假人。"(《成公二年》)"唯據與我和夫!"(《昭公二十年》,與,介詞)"唯青陽與蒼林氏同於黄帝,故皆爲姬姓。"(《國語·晉語四》)"是師也,唯子玉欲之,與王心違,故唯東宫與西廣寔來。"(《楚語上》)此之謂"審句例""審詞氣",乃高郵王念孫引之父子解讀古書精湛絕倫之不二法門。參見楊樹達《訓詁學小史》,載《積微居小學述林全編》(上海古籍出版社 2007 年)。(144)

17.26 子曰:"年四十而見惡焉,其終也已①。"

【譯文】孔子説:"都已經四十歲了還被討厭,這人一輩子也就到頭了。"

  【注釋】①其終也已:"也已"是複合語氣詞組,和"斯害也已"(2.16)"末之也已"(17.5)的"也已"相同。

微子篇第十八

共十一章

18.1 微子去之①,箕子爲之奴②,比干諫而死③。孔子曰:"殷有三仁焉。"

【譯文】微子離開了他,箕子做了他的奴隸,比干強諫而被殺。孔子説:"殷商有三位仁人。"

【注釋】①微子:名啓,紂王的同母兄,當他出生時,其母親尚爲帝乙之妾,後立爲妻,生紂。故帝乙死後,紂得嗣立。 ②箕子爲之奴:箕子,紂王的叔父。紂王無道,諫而不聽,便披髮佯狂,降爲奴隸。 ③比干諫而死:比干也是紂的叔父,力諫紂王,紂王説,我聽説聖人的心有七個孔,剖其心而死。

18.2 柳下惠爲士師,三黜。人曰:"子未可以去乎?"曰:"直道而事人,焉往而不三黜?枉道而事人,何必去父母之邦?"

【譯文】柳下惠做法官,多次被撤職。有人對他説:"您不可以離開嗎?"他説:"正直地工作,到哪裏不多次被撤職?不正直地工作,用得著離開祖國嗎?"

18.3 齊景公待孔子曰:"若季氏,則吾不能;以季孟之間待之。"曰："吾老矣，不能用也。"①孔子行。

【譯文】齊景公講到對待孔子的打算時說："用魯君對待季氏的規格對待孔子，那我做不到；我要用次於季氏而高於孟氏的待遇來對待他。"不久，又說道："我老了，沒有什麽作爲了。"孔子離開了齊國。

【注釋】①吾老矣，不能用也：這話是齊景公說的，而非孔子說的。意爲"我老了，我沒有什麽作爲了。"詳見本章《考證》。

【考證】曰："吾老矣，不能用也。"：

這兩句話有歧義。首先，是齊景公說的，還是孔子說的，有不同解釋。其次，如果是齊景公說的，是景公說自己"不能用"，還是說不能用孔子，也有不同解釋。

先來論證這兩句話到底是誰說的。何晏《集解》說："以聖道難成，故云'吾老，不能用'。"可見，何晏認爲這兩句話是孔子說的。孫欽善《論語本解》從之，說："孔子不滿齊景公給他的待遇，托辭年老而不接受。"並譯爲："孔子說：'我已經老了，不能做什麽了。'"但《史記·孔子世家》記載："異日，景公止孔子曰：'奉子以季氏，吾不能。'以季孟之間待之。齊大夫欲害孔子，孔子聞之。景公曰：'吾老矣，弗能用也。'孔子遂行，反乎魯。"楊伯峻《論語譯注》從之，其譯文爲："齊景公……說……不久，又說道：'我老了，沒有什麽作爲了。'"我們認爲《史記·孔子世家》所記載的是可靠的，"吾老矣，不能用也"確實是齊景公所說。理由如下：

1. 如果這話是孔子所說，根據《論語》文例，作爲主語的"子"或"孔子"必須在"曰"前出現。此處沒有出現，所以，"吾老矣，不能用也"只能是前文出現的主語"齊景公"說的。《論語》的每一章，孔子所說的第 1 段話（直接引語，即用引號標出的），一般前面都有"子曰"，或"孔子曰"，例太多，不舉；後者多集中在《季氏》。也有若干章，在孔子所說的第 1 段話之前，"子"和"曰"之間還有其他文字（這些文字中一般不能有其他做主語的人物,如下舉例外的9.12、11.10中的子路、從者),甚至可以斷作2句或3句的。如:"子聞之曰"(9.6)"子聞之,謂門弟子曰"(9.2)"子在川上曰"(9.17),最長的是"子在齊聞《韶》,三月不知肉味,曰"(7.14)。也有作"夫子曰""夫子⋯⋯曰"的。如"夫子矢之曰"(6.28)"夫子莞爾而笑曰"(17.4)"昔者由也聞諸夫子曰"(17.7)。甚至還有沒有"曰"字的:"閔子侍側,誾誾如也;子路,行行如也;冉有、子貢,侃侃如也。子樂。'若由也,不得其死然。'"(11.13)當對話者是國君或季康子這樣的權臣時,孔子的答話前多爲"孔子對曰"(孔子回答季康子時,有時不用"對曰",如2.20、6.8;有時用"對曰",如11.7、12.18、12.19、12.20。這是白愛虎先生告訴我的。)如:"哀公問弟子孰爲好學?孔子對曰:'有顏回者好學,不遷怒,不貳過。'"(6.3)"季康子問弟子孰爲好學?孔子對曰:'有顏回者好學,不幸短命死矣,今也則亡。'"(11.7)"齊景公問政於孔子。孔子對曰:'君君、臣臣、父父、子子。'"(12.11)只有3處例外:"冉有曰:'夫子爲衛君乎?'子貢曰:'諾,吾將問之。'入,曰:'伯夷、叔齊何人也?'曰:'古之賢人也。'"(7.15)"子疾病,子路使門人爲臣。病閒,曰:'久矣哉,由之行詐也!⋯⋯'"(9.12)"顏淵死,子哭之慟。從者曰:'子慟矣!'曰:'有慟乎?非夫人之爲慟而誰爲?'"(11.10)但這3處例外中,"夫子""子"都在前文中作爲主語出現過,且根據前文都可以準確判斷"曰"未出現的主語是誰。本章則不同。"孔子"既未作爲主語出現,根據前後文也難以判斷"吾老矣,不能用也"是誰說的。

2. "吾老矣,不能用也"的下文"孔子行"也說明這句話不是孔子說的,否則,依《論語》文例,"孔子"不必出現。《微子》第四章:"齊人歸女樂,季桓子受之,三日不朝,孔子行。"第五章:"楚狂接輿歌而過孔子曰:'鳳兮鳳兮,何德之衰?往者不可諫,來者猶可追。已而,已而!今之從政者殆而!'孔子下,欲與之言。"這兩章"孔子行""孔子下"前緊接著的文字的主語都是他人,當動作的發出者改變時,主語"孔子"便出現了。本章似乎也不能例外;即,本章"孔子行"前面的說話者並非孔子,而是他人。

3. 與此相關，本章"曰"之前沒有出現的主語若是孔子，依當時文法，應當不是"孔子行"，而是"遂行"或"乃行"。這也説明，前文"曰"的沒有出現的主語，不應該是孔子。也即，當説話者和緊接著的下文中"行"的主語是同一個人時，"行"的主語一般不出現；而當"行"的主語出現時，這一主語和前文的説話人一般不是同一人。以《論語》《左傳》爲例："衛靈公問陳於孔子。孔子對曰：'俎豆之事，則嘗聞之矣；軍旅之事，未之學也。'明日遂行。"（《論語·衛靈公》）"（蘧伯玉）對曰：'君制其國，臣敢奸之？雖奸之，庸如愈乎？'遂行，從近關出。"（《左傳·襄公十四年》）"伯玉曰：'瑗不得聞君之出，敢聞其入？'遂行，從近關出。"（《襄公二十六年》）"（大叔文子）對曰：'臣知罪矣！臣不佞不能負羈縲以從扞牧圉，臣之罪一也。有出者，有居者。臣不能貳，通外内之言以事君，臣之罪二也。有二罪，敢忘其死？'乃行，從近關出。"（同上）"（石惡）且曰：'受命矣。'乃行。"（《襄公二十七年》）"杜洩曰：'卿喪自朝，魯禮也。吾子爲國政，未改禮，而又遷之。群臣懼死，不敢自也。'既葬而行。"（《昭公五年》）"子干曰：'余不忍也。'子玉曰：'人將忍子，吾不忍俟也。'乃行。"（《昭公十三年》）"公曰：'余不忍也。'與臧孫如墓謀，遂行。"（《昭公二十五年》）"公子：'事未可知，反，與壬也處。'戒之，遂行。"（《哀公六年》）"仲尼曰：'胡簋之事，則嘗學之矣；甲兵之事，未之聞也。'退，命駕而行。"（《哀公十一年》）以上各例中的説話者和"行"的主語都是同一人，"行"都沒有主語。以下各例中的説話者和"行"的主語都不是同一人，"行"都有主語："鄧曼歎曰：'王禄盡矣。……'王遂行，卒於樠木之下。"（《左傳·莊公四年》）"婦人曰：'鳥獸猶不失儷，子將若何？'曰：'吾不能死亡。'婦人遂行。"（《成公十一年》）"榮成伯曰：'遠圖者，忠也。'公遂行。"（《襄公二十八年》）"仲幾對曰：'君若以社稷之故……臣不忍其死，君命祇辱。'宋公遂行。"（《昭公二十五年》）

只有出現下列兩種情況之一的，上述規律才會打破。1. 包含"行"的句子和前面的引語之間還有其他句子；2. "行"這一行爲已經在上文中交代過,並非直接出現。例如:"(宮之奇)對曰:'臣聞之,鬼神非人實親,惟德是依。……若晉取虞而明德以薦馨香,神其吐之乎?'弗聽,許晉使。宮之奇以其族行。"(《左傳·僖公五年》)這一例說話者和"以其族行"的主語都是宮之奇,但對話和"宮之奇以其族行"之間還有"弗聽,許晉使",而後者未出現的主語卻是虢公;也即"宮之奇以其族行"並非"緊接著"前面的直接引語。又如:"使士會。士會辭曰:'晉人,虎狼也,若背其言,臣死,妻子爲戮,無益於君,不可悔也。'秦伯曰:'若背其言,所不歸爾帑者,有如河。'乃行。"(《文公十三年》)這一例"乃行"的主語不是秦伯而是士會,爲何"士會"卻沒有出現在"乃行"前呢?這是因爲上文已經交代"使士會"了。下面的諸例與之類似:"楚子使申舟聘于齊……申舟以孟諸之役惡宋,曰:'鄭昭宋聾,晉使不害,我則必死。'王曰:'殺女,我伐之。'見犀而行。"(《宣公十四年》)這一例"見犀而行"的主語是申舟,卻沒有出現,是因爲上文已經交代"楚子使申舟聘于齊"。"公謂樂祁曰:'唯寡人説子之言,子必往。'陳寅曰:'子立後而行,吾室亦不亡,唯君亦以我爲知難而行也。'見溷而行。"(《定公六年》)這一例"見溷而行"的主語"樂祁"也未出現,也是因爲上文已經交代了"子必往"。"子服景伯謂子貢曰:'……今吳不行禮於衛,而藩其君舍以難之,子盍見大宰?'乃請束錦以行。語及衛故,大宰嚭曰……"(《哀公十二年》)這一例"乃請束錦以行"的主語"子貢"沒有出現,是因爲上文已經交代"子盍見大宰",下文也交代了"大宰嚭曰"。

以此例彼,本章中既然動詞"行"的主語是"孔子",那麼上文"曰"未出現的主語應當不是孔子,而是齊景公。

再來論證"吾老矣,不能用也"是景公説自己不能用,還是説不能用孔子。我們以爲前一説是可信的。當時語言中,如果是景公説不能用孔子,則"用"之後要帶賓語。反之,如果"用"之後未帶賓語,則"用"的受事(即"用"的是誰)都指"用"前面的受事主語(主語是動作的承受者,如"飯吃了"的"飯",以及下面例句中的"犁牛之子""民""師"等),或前一句子出現的某人或某些人。當"用"的是"人"時，這一規律是適用的。例如："子謂顏淵曰：'用之則行，舍之則藏，唯我與爾有是夫！'"(《論語·述而》)"苟有用我者，期月而已可也，三年有成。"(《子路》)"危而不持，顛而不扶，則將焉用彼相矣？"(《季氏》)"如有用我者，吾其爲東周乎！"(《陽貨》)以上4例都是"用"後帶賓語的。以下各例則是"用"後不帶賓語的："犂牛之子騂且角。雖欲勿用，山川其舍諸？"(《雍也》)"夫民讓事樂和，愛親哀喪而後可用也。"(《左傳·莊公二十七年》)"師老矣，若出於東方而遇敵，懼不可用也。"(《僖公四年》)"晉侯登有莘之虛以觀師，曰：'少長有禮，其可用也。'"(《僖公二十八年》)"嬰之衆不足用也，知無能謀也。"(《襄公二十八年》)"有子家羈，弗能用也。"(《昭公五年》)"夏四月己丑，孔丘卒。公誄之曰：'旻天不弔，不憖遺一老。……嗚呼哀哉！尼父。無自律。'子贛曰：'……生不能用，死而誄之，非禮也。'"(《哀公十六年》)以上諸例中，第1例"勿用"，指的是上文出現的"犂牛之子"；第2例指"民""可用"；第3例指"師""不可用"；第4例指"師""可用"；第5例指"嬰之衆""不足用"；第6例指"子家羈""弗能用"；第7例指"孔丘""生不能用"。"用"的對象都是上文出現的某人或某些人。以此例彼，"吾老矣，不能用也"當然也是指"吾""不能用也"。由此可知楊伯峻《論語譯注》的譯文是準確的。

順便説一下。當"用"的賓語爲"之"時，後者經常是指上文出現過的人或物。如："先進於禮樂，野人也；後進於禮樂，君子也。如用之，則吾從先進。"(《論語·先進》)"君若以力，楚國方城以爲城，漢水以爲池，雖衆，無所用之。"(《左傳·僖公四年》)前一例"之"指君子、野人，後一例指"衆"。

俞樾《古書疑義舉例》卷二有"一人之辭而加'曰'字例"，開篇即舉《論語·陽貨》第一章爲例："'來！予與爾言。'曰：'懷其寶而迷其邦，可謂仁乎？'曰：'不可。——好從事而亟失時，可謂知乎？'曰：'不可。——日月逝矣，歲不我與。'"以上4段話都是陽貨一人説的。在舉了《憲問》第十二章"子曰：'若臧武仲之知，公綽之不欲，卞莊子之勇，冉求之藝，文之以禮樂，亦可以爲成人矣。'曰：'今之成人者何必然？見利思義，見危授命，久要不忘平生之言，亦可以爲成人矣'"爲例之後，又以本章"吾老矣，不能用也"爲例，然後説："皆加'曰'字，以別更端之語也。"今補充同篇一例："子曰：'有惡：惡稱人之惡者，惡居下流而訕上者，惡勇而無禮者，惡果敢而窒者。'曰：'賜也，亦有惡乎？'"（17.24）"一人之辭而加'曰'字例"，限於篇幅，俞書所舉僅有8例，實則古書中俯拾即是。因此，本章之第2個"曰"字，它未出現的主語是"齊景公"，是不成問題的。

楊樹達先生在《漢書窺管·自序》中談到，《漢書·金日磾傳》："賞爲奉車，建駙馬都尉。"王念孫據荀悦《漢紀》和類書，於"奉車"下校增"都尉"二字。楊先生指出王念孫不知依《漢書》體例，此爲探下省略。舉《儒林傳》《王莽傳》及《三國志·魏書·董卓傳》之類似文字爲證。《儒林傳》云："上於是出龔等補吏，龔爲弘農，歆河内，鳳九江太守。""弘農""河内"下各省"太守"二字。《王莽傳》云："又置師友祭酒及侍中諫議六經祭酒各一人，凡九祭酒。琅琊左咸爲講《春秋》，潁川滿昌爲講《詩》，長安國由爲講《易》，平陽唐昌爲講《書》，沛郡陳咸爲講《禮》，崔發爲講《樂》祭酒。"講《春秋》、講《詩》、講《易》、講《書》、講《禮》下各當有"祭酒"二字，因下"講《樂》祭酒"字而省。這就是楊樹達先生所説"審句例"中的"一書之文字，必有一書之句例"（《訓詁學小史》，《積微居小學述林全編》）。高郵王氏之解《詩經》"終風且暴"、《老子》"夫佳兵者"，便是審一書之句例的典範。我們這裏所做的，也未嘗不可視爲審《論語》"一書之句例"的嘗試。

（145）

18.4 齊人歸女樂①，季桓子受之②，三日不朝，孔子行。

【譯文】齊國送歌姬舞女給魯國，季桓子接受了，三天不問政事，孔子便離開了魯國。

【注釋】①齊人歸女樂:歸,通"饋",贈送。《季氏》:"歸孔子豚。" ②季桓子:季孫斯,魯國定公以至哀公初年時的執政上卿。

18.5 楚狂接輿歌而過孔子曰①:"鳳兮鳳兮！何德之衰②？往者不可諫,來者猶可追。已而,已而！今之從政者殆而！"

孔子下,欲與之言。趨而辟之,不得與之言。

【譯文】楚國的狂人接輿一邊走過孔子車旁,一邊唱著歌:"鳳凰啊鳳凰,你的德行已經衰微。過去的勸止不了,未來的還能追回。罷手吧,罷手吧！如今的執政者岌岌可危！"

孔子下車,想和他談談。他卻趕快避開,最終也沒能說上話。

【注釋】①接輿:曹之升《四書摭餘說》:"論語所記隱士皆以其事名之。門者謂之'晨門',杖者謂之'丈人',津者謂之'沮''溺',接孔子之輿者謂之'接輿',非名亦非字也。" ②何德之衰:何晏《集解》引孔安國說:"比孔子於鳳鳥——鳳鳥待聖君乃現——非(非議)孔子周行求合,故曰'衰'。"

18.6 長沮、桀溺耦而耕①,孔子過之,使子路問津焉。長沮曰:"夫執輿者爲誰②？"子路曰:"爲孔丘。"

曰:"是魯孔丘與③？"

曰:"是也。"曰:"是知津矣。"問於桀溺。桀溺曰:"子爲誰？"曰:"爲仲由。"曰:"是魯孔丘之徒與？"對曰:"然。"

曰:"滔滔者天下皆是也,而誰以易之④？且而與其從辟人之士也⑤,豈若從辟世之士哉?"耰而不輟⑥。

子路行以告⑦。夫子憮然曰⑧:"鳥獸不可與同群,吾非斯人之徒與而誰與?天下有道,丘不與易也。"

【譯文】長沮、桀溺兩人一道耕田,孔子打那兒路過,叫子路去打聽渡口。長沮問子路:"那位駕車的是誰?"子路說:"是孔丘。"他又說:"是魯國的孔丘嗎?"子路說:"是的。"長沮說:"他麼,應該是知道渡口的。"

去問桀溺。

桀溺說:"先生是誰?"子路說:"我是仲由。"桀溺說:"您是魯國孔丘的門徒嗎?"答道:"正是。"

桀溺說:"洪水猛獸天下到處都是,你們跟誰去改革它呢?況且,你與其跟隨逃避壞人的人,還不如跟隨逃避社會的人呢!"說完,仍舊不停地幹農活。

子路回來轉告孔子。孔子失望地說:"既然不能夠和鳥獸合群共處,如果不和人類相處,又和誰相處呢?如果天下太平,我就不會跟其他人一道來從事改革了。"

【注釋】①長沮、桀溺耦而耕:"長沮""桀溺"不是真姓名。參見18.5注①。耦耕是古代耕田的一種方法,即兩人併肩鏟土。　②執輿:就是執轡(拉馬的繮繩)。本來是由子路執轡的,因子路已下車,故孔子代爲駕御。　③是魯孔丘與:這句和下文"是魯孔丘之徒與"的"是"都是代詞,"是魯孔丘與"大約等於"此魯孔丘與",但是代詞"是"和"此"還是有區別的。現代漢語的聯繫動詞"是"(例如"我是張三"的"是")是由古漢語的代詞"是"演變而來的,但《論語》時代,尚沒有鐵證表明這一演變已經完成。　④誰以易之:憑誰之力可以改變呢。以,介詞,表憑藉。諸家注此"以"爲"與",不可據。　⑤而:通"爾"。辟:"避"的古字。　⑥耰(yōu)：播種之後，以土覆之。　⑦子路行以告：下一章也有這句話。阮元《十三經注疏校勘記》說："漢石經無'行'字……《史記·孔子世家》亦無'行'字，因《丈人章》而誤衍也。皇侃《疏》已有'行'字。"按，定州漢簡《論語》亦無"行"字而作"子路以告"，可知該字是漢代以後誤衍。　⑧憮(wǔ)然：悵惘失意貌。

18.7 子路從而後，遇丈人，以杖荷蓧①。子路問曰："子見夫子乎？"丈人曰："四體不勤，五穀不分②，孰爲夫子③？"植其杖而芸。

　　子路拱而立。止子路宿，殺雞爲黍而食之④，見其二子焉。明日，子路行以告。子曰："隱者也！"使子路反見之。至，則行矣。子路曰："不仕無義。長幼之節，不可廢也；君臣之義，如之何其廢之？欲潔其身，而亂大倫。君子之仕也，行其義也。道之不行，已知之矣。"

【譯文】子路跟隨著孔子，卻掉隊了。碰到個老頭，用拐杖挑著除草的工具。

　　子路問："您看見我老師嗎？"老頭說："〔有一幫人打這路過，〕四肢不勞動，五穀不認識，其中誰是你老師呢？"說完，插上拐杖，鋤起草來。

　　子路拱著手恭敬地站著。老頭便留子路住下，殺雞、做黃米飯給子路吃，讓兩個兒子出來相見。第二天，子路追上孔子，報告了這事。孔子說："好一位隱士！"叫子路原路返回去見他。子路到那，他卻出門了。子路於是說："不做官是有虧道義的。長幼間的關係，既然不能廢棄，君臣間的關係，又如何能廢棄呢？本想潔身自好，卻淆亂了君臣這一最大倫常關係。君子出來做官,只是爲了行其大義。至於大道的行不通,其實早就知道了。"

【注釋】①蓧(diào):古代除田中草所用的工具。《説文》作"莜"。

②四體不勤,五穀不分:這兩句宋代以來有人主張是丈人説自己,更多人主張説是丈人責子路。譯文從後説。其餘詳見本章《考證》(一)。

③孰爲夫子:意謂在一幫經過此地的四體不勤五穀不分的人中,誰是你的老師呢。詳見本章《考證》(二)。　　④殺雞爲黍而食(sì)之:黍,黍子,也叫黄米,即黏性的小米。它比當時的主要食糧稷(不黏的小米)的産量低,收穫量小,口感也較好,因此較爲珍貴。食之,給子路吃。"食"此處爲使動用法,給……吃。

【考證】(一)四體不勤,五穀不分:

這兩句宋代以來有人主張是丈人説自己,更多人主張説是丈人責子路。譯文從後説。又,俞樾《群經平議》説:"'分'當讀爲'糞',聲近而誤也,……兩'不'字並語詞。不勤,勤也;不分,分也。……丈人蓋自言惟四體是勤五穀是糞而已,焉知爾所謂夫子? 若誼以不勤不分責子路,則不情矣。"以"不情"作爲立論的根據,是没有多大説服力的。"四體不勤,五穀不分"這樣的句子先秦典籍中常見,如:"事則不與,禄則不分。"(《墨子·尚賢中》)"朝廷不肅,貴賤不明,長幼不分,度量不審……而求百姓之尊主政令,不可得也。"(《管子·權脩》)"群徒比周之説勝,則賢不肖不分。"(《立政》)"景公問于晏子曰:'爲政何患?'晏子對曰:'患善惡之不分。'"(《晏子春秋·内篇問上》)"有詘而無信,則貴賤不分。"(《荀子·天論》)"無隆正,則是非不分而辨訟不決。"(《正論》)可是"不糞"只見於《荀子·彊國》:"堂上不糞,則郊草不瞻曠芸。"而且此句的"不"是否定副詞而非"語詞"。另外,"不分"還有歧義。何晏《集解》引包咸説:"不勤勞四體,不分植五穀,誰爲夫子而索之邪?"《經典釋文》:"包云如字,鄭扶問反,云'猶理'。"也就是説,鄭玄讀"分"爲 fēn,解釋爲"理"。除了這一例之外,在《論語》《左傳》《國語》《孟子》四部古籍中,未見一例可釋爲"理"讀作 fēn 的"分"。一般中型古漢語字典詞典中,也未收這一義項。王力先生説:"從語言的社會性來看,語言的詞彙所表達的,應該都是經常的意義,而不是偏僻的意義。一句話中用了僻詞僻義,就在一定程度上妨礙了思想的交流,妨礙了交際;如果僻詞僻義用得多了,就變成不可懂的語言,失掉語言的作用了。……假定一個詞有十個意義(嚴格説起來不會那麼多),在同一時代和同一語言區域中,只有少數意義是常用的意義,其他就都是僻義,其中有些僻義還是不大可信的。我們在注釋一句古文的時候,除非有了絕對可靠的證據,否則寧可依照常義,不可依照僻義。依照僻義,曲解的危險性是很大的。"(《訓詁學上的一些問題》,《王力語言學論文集》)顯然,鄭玄的解釋是個僻義,故而不從。(146)

(二)孰爲夫子:

意謂在一幫經過此地的四體不勤五穀不分的人中,誰是你的老師呢。《論語》同時代典籍中的類似例證如:"弟子孰爲好學?"(《論語·雍也》《先進》)"東方之士,孰爲愈?"(《國語·晉語九》)"天下之害,孰爲大?"(《墨子·兼愛下》)"爲義,孰爲大務?"(《耕柱》)"事,孰爲大?事親爲大。守,孰爲大?守身爲大。"(《孟子·離婁上》)(147)

18.8 逸民①:伯夷、叔齊、虞仲、夷逸、朱張、柳下惠、少連②。子曰:"不降其志,不辱其身,伯夷、叔齊與!"謂③:"柳下惠、少連,降志辱身矣,言中倫,行中慮,其斯而已矣。"謂③:"虞仲、夷逸,隱居放言,身中清,廢中權。我則異於是,無可無不可。"

【譯文】古今隱逸不仕的賢人有伯夷、叔齊、虞仲、夷逸、朱張、柳下惠、少連。孔子説:"不降低自己的志向,不辱没自己的身份,這就是伯夷、叔齊!"又評論説:"柳下惠、少連降低了自己的志向,辱没了自己的身份,可是言語合乎道理,行爲經過思慮,也就不過如此罷了。"又評論説:"虞仲、夷逸隱居避世,放肆直言。持身謹守清廉,棄官出於權變。我則不同於他們,没有什麽可以,也没有什麽不可以。"

【注釋】①逸民:隱逸之民。詳見本章《考證》。　②虞仲、夷逸、朱張、少連:四人言行已不可考。　③謂:説,用於評論人物。

【考證】逸民:

何晏《集解》:"逸民者,節行超逸也。"皇侃《義疏》:"逸民者,謂民中節行超逸不拘於世者也。"我們不取此説,因爲終先秦之世,未見"逸"表"超逸"者。"逸"有"安逸"義,似乎與"超逸"義近,但多含貶義。如:"不穀即位,於今五年,師徒不出,人其以不穀爲自逸,而忘先君之業矣。"(《左傳・襄公十八年》)"夫三軍之所尋,將蠻、夷、戎、狄之驕逸不虔,於是乎致武。"(《國語・周語中》)"齊桓、晉文,皆非嗣也,還軫諸侯,不敢淫逸,心類德音,以德有國。"(《楚語上》)《論語》時代"逸"最爲常見的義位是"逃逸",進而引申出"隱逸"義。而伯夷、叔齊、柳下惠諸人均隱逸不仕者。上文的長沮、桀溺就是所謂"逸民"。黄式三《論語後案》説當釋爲"佚民",引《説文》"佚,佚民也"爲説。按,逸、佚本常通用:"以佚道使民,雖勞不怨。"(《孟子・盡心上》)"夫大塊載我以形,勞我以生,佚我以老,息我以死。"(《莊子・大宗師》)故不必捨近求遠。(148)

18.9 大師摯適齊①,亞飯干適楚,三飯繚適蔡,四飯缺適秦②,鼓方叔入於河,播鼗武入於漢,少師陽、擊磬襄入於海③。

【譯文】太師摯逃到了齊國,二飯樂師干逃到了楚國,三飯樂師繚逃到了蔡國,四飯樂師缺逃到了秦國,打鼓的方叔入居黄河之濱,摇小鼓的武入居漢水之涯,少師陽和擊磬的襄入居海邊。

【注釋】①大師摯:《泰伯》有"師摯之始",不知是否此人。　②亞飯:古代天子、諸侯用飯時須奏樂,所以樂官有"亞飯""三飯""四飯"的名目。

③河、漢、海:指河上、漢上、海上。參見6.9《考證》。

18.10 周公謂魯公曰①:"君子不施其親②,不使大臣怨乎不以③。故舊無大故④,則不棄也。無求備於一人!"

【譯文】周公對魯公説道:"君子不怠慢他的親族,不讓大臣抱怨不被聽用。老臣故人没有不忠不孝,就不抛棄他。不要求全責備於某一個人!"

【注釋】①周公、魯公:周公,周公旦,孔子心目中的聖人。魯公,周公之子伯禽,後封於魯,故稱魯公。 ②施:同"弛",有些本子即作"弛"。《禮記·坊記》:"君子弛其親之過,而敬其美。"鄭玄注:"弛,猶棄忘也。""弛"的核心意義爲鬆弛,由此引申出鬆懈、減弱、延緩、怠慢等意義。③怨乎不以:何晏《集解》引孔安國説:"以,用也;怨不見(被)聽用也。"④大故:孔安國説:"大故,謂惡逆之事也。"主要指不忠不孝。詳見本章《考證》。

【考證】大故:

孔安國説:"大故,謂惡逆之事也。"《晉書·刑法志》:"陵上僭貴謂之惡逆。"《晉書·列傳第二十三》:"欲盡忠孝之節,無有惡逆之心。"可知,"陵上"主要是不忠不孝。《漢書·師丹傳》:"前高昌侯宏首建尊號之議,而爲丹所劾奏,免爲庶人。時天下衰麤,委政於丹。丹不深惟褒廣尊親之義而妄稱説,抑貶尊號,虧損孝道,不忠莫大焉。陛下聖仁,昭然定尊號,宏以忠孝復封高昌侯。丹惡逆暴著,雖蒙赦令,不宜有爵邑,請免爲庶人。"《杜周傳》:"時高昌侯董宏亦言宜尊帝母定陶王丁后爲帝太后。大司空師丹等劾宏誤朝不道,坐免爲庶人,業復上書訟宏。"可見,師丹是由於"抑貶尊號,虧損孝道"而陷"惡逆"指控,也就是所謂"陵上"。(149)

18.11 周有八士:伯達、伯适、仲突、仲忽、叔夜、叔夏、季

隨、季騧①。

【譯文】周朝有八位賢士：伯達、伯适、仲突、仲忽、叔夜、叔夏、季隨、季騧。

【注釋】①伯達等八人：何晏《集解》引包咸說："周時四乳生八子，皆爲顯士，故記之耳。"朱熹《集注》云："或曰成王時人，或曰宣王時人，蓋一母四乳而生八子也，然不可考矣。"今人多謂此爲無稽之談。著者幼時，有杜阿姨者，河北人也，適崔姓老紅軍，育有七子女。其身四乳，哺乳時多人親見，著者其一也。故包說未必子虛。或謂此八人兩兩成對，依伯、仲、叔、季排列，而且各自押韻，乃是四對雙生子。僅備一說。

子張篇第十九

共二十五章

19.1 子張曰:"士見危致命,見得思義,祭思敬,喪思哀,其可已矣。"

【譯文】子張說:"士人見到危險能够豁出生命,在利益面前考慮是否該得,祭祀時想到要嚴肅恭敬,居喪時想到要悲痛哀傷,那也就可以了。"

19.2 子張曰:"執德不弘①,信道不篤,焉能爲有?焉能爲亡②?"

【譯文】子張說:"對於道德,行爲不堅决,信仰不堅定;[這種人,]有他不多,没他不少。"

【注釋】①弘:大。用以表程度。有人説這裏應該用"强"而不該用"大"來表程度,這是用現代漢語的語言表達習慣去解釋古漢語,恐不確;但翻譯爲"强"是可以的。 ②焉能爲有,焉能爲亡:何晏《論語集解》引孔安國説:"言無所輕重。"亡,無。

19.3 子夏之門人問交於子張。子張曰:"子夏云何?"對曰:"子夏曰:'可者與之,其不可者拒之。'"子張曰:"異乎吾所聞：君子尊賢而容衆，嘉善而矜不能。我之大賢與，於人何所不容？我之不賢與，人將拒我，如之何其拒人也？"

【譯文】子夏的學生問子張如何交朋友。子張説："子夏怎麽説的？"答道："子夏説，能夠交就交他，不能夠交就拒絕他。"子張説："跟我聽到的有所不同：君子尊賢，也包容大衆；嘉勉好人，也可憐無能者。我是大好人嗎，什麽人我容不下呢？我是壞人嗎，別人會拒絕我，我還怎樣去拒絕別人呢？"

19.4 子夏曰："雖小道，必有可觀者焉；致遠恐泥，是以君子不爲也。"

【譯文】子夏説："即使是小技藝，也定有值得一看的地方；只怕它耽誤遠大事業，所以君子不去從事。"

19.5 子夏曰："日知其所亡，月無忘其所能，可謂好學也已矣。"

【譯文】子夏説："每天瞭解所不知的，每月複習已經會的，可以稱之爲好學了。"

19.6 子夏曰："博學而篤志[1]，切問而近思，仁在其中矣。"

【譯文】子夏説："廣泛地學習，堅守自己的志向；懇切地發問，多考慮眼前的問題，仁德就在其中。"

【注釋】[1]篤志：篤於其志，堅守自己的志向。詳見本章《考證》。

【考證】篤志：

孔安國曰:"博學而篤志,廣學而厚識之也。"皇侃《義疏》:"博,廣也;篤,厚也;志,識也;言人當廣學經典而深厚識録之不忘也。"劉寶楠《正義》從之。然則"博學篤志"乃"博聞强記"之意。我們以爲,"篤志"是"篤於其志"之意。《荀子·修身》:"好法而行,士也;篤志而體,君子也;齊明而不竭,聖人也。"王念孫《讀書雜志》云:"篤志而體,謂固其志而履道。"《左傳·昭公十三年》言重耳:"亡十九年,守志彌篤。""守志篤"即"篤志",也即"篤於其志"。"篤"意爲厚實堅固,先秦及漢初時多特指思想品德方面誠而厚重,心意不改變。其時文獻明確反映這一點。而同時期文獻,我們却未見"篤""識"(記)連文者。《論語·泰伯》:"君子篤於親,則民興於仁。"同上:"篤信好學,守死善道。"《衛靈公》:"言忠信,行篤敬,雖蠻貊之邦,行矣。言不忠信,行不篤敬,雖州里,行乎哉?"《子張》:"執德不弘,信道不篤,焉能爲有,焉能爲亡?"《左傳·文公十八年》:"昔高陽氏有才子八人……明允篤誠,天下之民謂之八愷。"《成公十三年》:"是故君子勤禮,小人盡力,勤禮莫如致敬,盡力莫如敦篤。敬在養神,篤在守業。"《襄公二十二年》:"君人執信,臣人執共,忠信篤敬,上下同之,天之道也。"《公羊傳·宣公十二年》:"是以君子篤於禮而薄於利,要其人而不要其土。"《禮記·禮運》:"以正君臣,以篤父子,以睦兄弟,以和夫婦,以設制度……父子篤,兄弟睦,夫婦和,家之肥也。"《中庸》:"博學之,審問之,慎思之,明辨之,篤行之。……有弗行,行之弗篤,弗措也……君子篤恭而天下平。"《儒行》:"儒有博學而不窮,篤行而不倦,幽居而不淫,上通而不困。"要之,"篤志"爲"篤於其志",也即"堅守志向",似無疑義。朱熹《集注》:"從事於此,則心不外馳,而所存自熟,故曰'仁在其中矣'。"近之。

或以爲"博學""切問""近思"都是狀中結構(狀語修飾謂語動詞),"篤志"也不能例外。而釋"篤志"爲"篤識",恰恰就是狀中結構;而釋爲"篤於其志"就不是狀中結構了。這倒不一定,以"博學"爲例:"博學不可使議世,勞思不可以補民,絫壽不能盡其學。"(《墨子·非儒下》)其中"絫壽"肯定不是狀中結構。"多知而無親,博學而無方,好多而無定者,君子不與。"(《荀子·大略》)其中"多知(智)"也不是狀中結構。"君子博學、深謀、脩身、端行以俟其時。"(《宥坐》)其中"脩身"也肯定不是狀中結構。因此,"篤志"不必一定是狀中結構。近人姚永概説:"古人屬辭,意偶而辭不必偶,往往有一字而偶二三字者。王氏每以句法參差不齊爲疑,據類書以改古本。不知類書多唐以後人作,其時排偶之文,務尚工整。故其援引,隨乎更乙,使之比和。況古人引書,但取大義,文句之多寡,字體之同異,絕不計焉。從王氏之説,是反以今律古,失之遠矣。"(《書〈經義述聞〉〈讀書雜志〉後》,見《慎宜軒文》卷二,1926年活字本)姚氏於此是要指出高郵王氏往往據類書以改古本的錯誤,但他同時也告訴了我們,先秦古書並非都是"務尚工整"的。這大約也可理解爲俞樾《古書疑義舉例》所説的"古人行文不嫌疏略"吧。(150)

19.7 子夏曰:"百工居肆以成其事,君子學以致其道。"

【譯文】子夏説:"工匠待在作坊完成工作,君子則靠學習獲知真理。"

19.8 子夏曰:"小人之過也必文①。"

【譯文】子夏説:"小人對於錯誤必加掩飾。"

【注釋】①文(wèn):文飾。

19.9 子夏曰:"君子有三變:望之儼然,即之也温,聽其言也厲。"

【譯文】子夏説:"君子有三變:遠望著覺得莊嚴;靠攏了覺得温暖;聽他的話,卻覺得嚴厲。"

19.10 子夏曰："君子信而後勞其民①；未信，則以爲厲己也。信而後諫②；未信，則以爲謗己也。"

【譯文】子夏說："君子得到信任後才勞役人民；得不到信任，會以爲你在折磨他們。也必須得到信任後才勸告父母或君上；得不到信任，會以爲你在毀謗他。"

【注釋】①信：不能解釋作"信仰"，因爲《論語》成書的時代，"信"尚未引申出這一意義。　②諫："諫"的對象必須是天子、諸侯、周公、太子等位高權重者，或父母祖父母等長輩。

19.11 子夏曰："大德不踰閑①，小德出入可也。"

【譯文】子夏說："人在重大節操上不能踰越界限，小節上稍微放鬆一點是可以的。"

【注釋】①閑：孔安國說："閑，猶法也。小德不能不踰法，故曰出入可也。"孫欽善《論語本解》："閑，限，引申爲法度。"楊伯峻先生今譯"大德不踰閑"爲"人的重大節操不能踰越界限"。按，"閑"的本義是木柵欄，引申爲捍禦、防備、限制等，說它有"法度"義，周秦典籍中僅此一見，未免爲孤證，故從楊伯峻先生。

19.12 子游曰："子夏之門人小子①，當洒掃應對進退②，則可矣，抑末也。本之則無，如之何③？"

子夏聞之，曰："噫！言游過矣！君子之道，孰先傳焉？孰後倦焉④？譬諸草木⑤，區以別矣。君子之道，焉可誣也？有始有卒者，其惟聖人乎！"

【譯文】子游說："子夏的學生，叫他們做做打掃、對答客人、迎來送往的工作，那是可以的；不過那都只是細微末節，學術的根基是没有的,怎麼辦呢?"

　　子夏聽了這話,便説:"唉!言游錯了!君子的學術,哪一項先傳授,哪一項後傳授,以使學習者能不厭倦呢?拿草木來打比方,是要分門別類而後由淺入深的。君子的學術,怎麼可以歪曲?傳授學問能够善始善終的,大概只有聖人吧!"

【注釋】①門人小子:門人即小子,都是學生的意思。詳見本章《考證》。　②應對:指應對賓客。《左傳·襄公三十一年》:"乃授子大叔使行之,以應對賓客。"　③本之則無,如之何:友人中有獻疑者曰,此七字當作一句讀,言子夏之門人於根本之道則無如之何也。按,"無如之何"是漢代人的表達法,從未見諸先秦典籍。"如之何"則常見,是"怎麼樣"的意思;"不能(拿他)怎麼樣",《論語》用"末如之何"來表示。所以漢代陸賈《新語·辨惑》説:"無如之何者,吾末如之何也已矣。"這段話用孔子説的"末如之何"來解釋"無如之何";同時也是對應《衛靈公》的"不曰'如之何,如之何'者,吾末如之何也已矣"。無、末音近。　④孰先傳焉孰後倦焉:何晏《集解》引包咸説:"言先傳業者必先厭倦,故我門人先教以小事,後將教以大道也。"如此,則是"互文見義"的修辭手法,即"孰先傳先倦焉?孰後傳後倦焉?"譯文用此。　⑤譬諸草木:把它比作草木。諸,"之於"二字的合音。

【考證】門人小子:

　　此四字古來連讀。清代武億《經讀考異》認爲當在"門人"後點斷,清人潘維城《論語古注集箋》云:"'小子'即'門人',經文複出,無謂矣。"程樹德《論語集釋》云:"此小子即門人也。古人無此累墜重複文法。"他們都主張在"小子"後點斷,而作"子夏之門人,小子當洒掃應對進退"。按,古人有此文法,且並非"累墜重複",而是一種修辭手法,可加強表達效果。如:"志士仁人,無求生以害仁,有殺身以成仁。"(《衛靈公》)"凶年饑歲,君之民老弱轉乎溝壑,壯者散而之四方者,幾千人矣。"(《孟子·梁惠王下》,又《公孫丑下》)"爾爲爾,我爲我,雖袒裼裸裎於我側,爾焉能浼我哉?"(《公孫丑上》,又《萬章下》)"夫爲弟子後生,其師,必脩其言,法其行,力不足,知弗及而後已。"(《墨子·非儒下》)古書中,"志士仁人""凶年饑歲""袒裼裸裎""弟子後生"都是所謂"經文複出"。如趙岐注"言往者遭凶年之阨,民困如是"云云,並未言及"饑歲",可知"饑歲"即"凶年";焦循《正義》考證"裸裎"大致同"袒裼";孫詒讓《墨子閒詁》云:"後生亦弟子也。"均可證。類似例證又如:"夫堯既已黥汝以仁義,而劓汝以是非矣,汝將何以遊夫遥蕩恣睢轉徙之塗乎?"(《莊子·大宗師》)"遥蕩恣睢轉徙之塗"也並非什麼"經文複出"或"累墜重複"。明清小説中常見的"如此這般",也可視爲這一形式。我們並不覺得"累墜重複",恰恰相反,它加强了表達效果。(151)

19.13 子夏曰:"仕而優則學①,學而優則仕。"

【譯文】子夏説:"做官有餘力便學習,學習有餘力便做官。"

【注釋】①優:豐,多,充裕。"優"的"優秀"義是由"充裕"義引申而來的,但《論語》成書的時代,這一引申義尚未産生。著者表兄楚澤涵先生回憶楊伯峻先生:"'批林批孔'期間,我去看他,論及時政,他對有些人利用政治風浪鼓譟和改變學術觀點,頗不以爲然。對用《論語》上的一句話'學而優則仕'批判'讀書做官論'則嗤之以鼻。他説《論語·子張》中的原話是'仕而優則學,學而優則仕',包括兩方面的意思:'做官了,有餘力便去學習;學習了,有餘力便去做官。'"(《新文學史料》2012年4期)

19.14 子游曰:"喪致乎哀而止。"

【譯文】子游説:"居喪,能達到悲哀的程度也就够了。"

19.15 子游曰:"吾友張也爲難能也,然而未仁。"
【譯文】子游說:"我的朋友子張是難能可貴的了,然而還沒有達到'仁'的境界。"

19.16 曾子曰:"堂堂乎張也①,難與並爲仁矣。"
【譯文】曾子說:"子張真夠得上威儀堂堂了,別人難以跟他一同進入仁德呀。"
【注釋】①堂堂:很盛大,很雄壯,很有威儀的樣子。詳見本章《考證》。
【考證】堂堂:

　　疊音形容詞。據《晏子春秋・外篇上》之"景公置酒於泰山之上,酒酣……曰'寡人將去此堂堂國而死乎'",《孫子・軍爭》之"無邀正正之旗,勿擊堂堂之陣,此治變者也",《越絕書》之"去此邦堂堂,被山帶河,其民重移",《韓非子・外儲說右上》之"景公與晏子遊於少海,登柏寢之臺而還望其國,曰'美哉!泱泱乎,堂堂乎!後世將孰有此'",可知"堂堂"爲盛大貌。覈之《荀子・非十二子篇》之"弟佗其冠,神禫其辭,禹行而舜趨,是子張氏之賤儒也",可知何晏引鄭玄所說"言子張容儀盛,而於仁道薄也",得其實矣。曾子的學問重在"正心誠意",而子張則重在言語形貌,所以子游也批評子張"然而未仁"。(152)

19.17 曾子曰:"吾聞諸夫子:人未有自致者也,必也親喪乎!"
【譯文】曾子說:"我聽老師說過,人一般不會讓感情任意宣洩,實在沒忍住的情形,一定發生在父母死亡的時候吧!"

19.18 曾子曰:"吾聞諸夫子:孟莊子之孝也①,其他可能也；其不改父之臣與父之政，是難能也。"

【譯文】曾子說："我聽老師說過：孟莊子的孝，别的都容易做到；而留用父親的老臣與不改父親的舊政，卻是難以做到的。"

【注釋】①孟莊子：魯大夫孟獻子仲孫蔑之子，名速。其父死於魯襄公十九年，本人死於襄公二十三年。參見"三年無改於父之道可謂孝矣"（1.11）。

19.19 孟氏使陽膚爲士師①，問於曾子。曾子曰："上失其道，民散久矣②。如得其情③，則哀矜而勿喜！"

【譯文】孟氏任命陽膚爲法官，陽膚向曾子求教。曾子說："在上位的人胡作非爲，百姓早就流離失所了。你如果能夠審出罪犯的真實情形，便應該抱著同情的態度，千萬別以此爲樂！"

【注釋】①陽膚：曾子弟子。　②民散：與"民處""民聚"意義相反，指人民流離失所。詳見本章《考證》。　③情：實情，真實情形。

【考證】民散：

主要有三種解釋。1.馬融曰："民之離散，爲輕漂犯法，乃上之所爲，非民之過，當哀矜之，勿自喜能得其情也。"其實馬融是說，萬民離散，（生活無著，）乃爲輕漂犯法之事。爲，猶今之"做"。按，馬說是也。散，分散，此句指離散，流離失所，先秦文獻中此義最爲常見，不宜另作他解。如："凶年饑歲，子之民老羸轉於溝壑，壯者散而之四方者，幾千人矣。"（《孟子·梁惠王上》及《公孫丑下》，後者"羸"作"弱"）"或謂之實，或謂之榮；行流散徙，不主常聲。"（《莊子·外篇·天運》）"龍，合而成體，散而成章，乘雲氣而養乎陰陽。"（同上）"天地者，萬物之父母也，合則成體，散則成始。"（《外篇·達生》）"人之生，氣之聚也；聚則爲生，散則爲死。"（《外篇·知北遊》）"吾知道之可以貴，可以賤，可以約，可以散，此吾所以知道之數也。"（同上）而且，他處不乏"民散"爲"人民離散"之例："百姓不安其居則輕民處而重民散。輕民處,重民散,則地不辟。"(《管子·七法》)"是故財聚則民散,財散則民聚。"(《禮記·大學》)"野荒民散則削之。"(《周禮·夏官·大司馬》)

2. 劉寶楠《正義》解釋馬說:"'離散'謂民心畔離,違經犯道,故以'輕漂'形之。"楊伯峻《論語譯注》據此譯"民散"爲"百姓離心離德"。按,離散,即分離、分散,先秦兩漢文獻中常見,不可釋爲"離心離德"也。如:"父母凍餓,兄弟妻子離散。"(《孟子·梁惠王上》)"父子不相見,兄弟妻子離散。"(《梁惠王下》)"景公問晏子曰:'古者離散其民,而隕失其國者,其常行何如?'"(《晏子春秋·內篇問上》)"君之內隸,臣之父兄,若有離散,在于野鄙,此臣之罪也。"(《內篇雜下》)"是故天鬼罰之,使身死而爲刑戮,子孫離散,室家喪滅,絕無後嗣。"(《墨子·尚賢中》)"天以爲不從其所愛而惡之,不從其所利而賊之,於是加其罰焉,使之父子離散,國家滅亡……"(《天志下》)"未接刃而桀走,逐之至大沙。身體離散,爲天下戮。"(《呂氏春秋·慎大覽》)"是故親疏皆危,外内咸怨,離散逋逃,人有走心。"(《漢書·爰盎鼂錯傳》)"十一篇,皆以解剝《玄》體,離散其文,章句尚不存焉。"(《揚雄傳》)"乃者貳師敗,軍士死略離散,悲痛常在朕心。"(《西域傳》)"離散"既爲分離、分散,漢代大儒馬融以"民之離散"解釋"民散",當然是說"人民流離失所"。劉寶楠曲解了馬說。

3. 黃家岱《嬹藝軒雜著·論語多齊魯方言述》云:"散訓犯法,與上下文義方接。揚氏《方言》:'虔散,殺也。東齊曰散,青徐淮楚之間曰虔。'虔散爲賊殺義。曰'民散久矣',用齊語也。"此說經上述論證,可知不足取。

(153)

19.20 子貢曰:"紂之不善①,不如是之甚也。是以君子惡居下流,天下之惡皆歸焉②。"

【譯文】子貢說:"紂的不好,不像傳說的那麼嚴重。所以君子憎恨處於下游,一處下游,天下的壞處通通都匯集到他那去了。"

【注釋】①紂:商紂王,殷末暴君。 ②君子惡居下流天下之惡皆歸焉:這句可以理解爲:"是以君子惡居下流,居下流,則天下之惡皆歸焉。"可參見楊樹達《古書疑義舉例續補·省句例》(《古書疑義舉例五種》)及《中國修辭學》(上海古籍出版社2007年)第十八章。下流,污水之所匯集也。惡居下流,類似今之所謂"成王敗寇""歷史是成功者寫的"之類;惡居下流,即須力争上游。

19.21 子貢曰:"君子之過也,如日月之食焉:過也,人皆見之;更也,人皆仰之①。"

【譯文】子貢説:"君子的過失好比日食月食:犯錯的時候,人們都能看見;改正的時候,人們都很敬仰。"

【注釋】①仰:敬仰。《左傳·襄公十四年》:"民奉其君,愛之如父母,仰之如日月,敬之如神明,畏之如雷霆。"《國語·晉語四》:"重耳之仰君也,若黍苗之仰陰雨也。"《孟子·公孫丑上》:"信能行此五者,則鄰國之民仰之若父母矣。"

19.22 衛公孫朝問於子貢曰①:"仲尼焉學?"子貢曰:"文武之道,未墜於地,在人。賢者識其大者,不賢者識其小者。莫不有文武之道焉。夫子焉不學? 而亦何常師之有?"

【譯文】衛國的公孫朝問子貢説:"仲尼的學問來自哪裏?"子貢説:"文王武王志業,並没有墜落於地,而是散在人間。賢人認識了它的大方向,一般人只認識些細微末節。哪裏會没有文武之道呢? 我的老師何處不學,他哪有什麼固定的老師呢?"

【注釋】①衛公孫朝:清代翟灝《四書考異》:"春秋時魯有成大夫公孫朝,見《昭二十六年》傳;楚有武城尹公孫朝,見《哀十七年》傳;鄭子產有弟曰公孫朝,見《列子》。記者故系'衛'以別之。"按,這是古人的修辭通例。有兩人或兩人以上同名或字者,或以地名國名,或以生理特徵等以相區別。如《左傳》有"鄭子罕",見《成公十年》至《襄公七年》傳;又有"宋司城(即司空)子罕",見《襄公二年》至《二十九年》傳。又如《漢書·杜周傳》:"(杜)欽字子夏……茂陵杜鄴與欽同姓字,俱以材能稱京師,故衣冠謂欽爲'盲杜子夏'以相別。"

19.23 叔孫武叔語大夫於朝曰①:"子貢賢於仲尼。"

子服景伯以告子貢。

子貢曰:"譬之宮牆②,賜之牆也及肩,窺見室家之好。夫子之牆數仞③,不得其門而入,不見宗廟之美,百官之富。得其門者或寡矣。夫子之云,不亦宜乎!"

【譯文】叔孫武叔在朝堂之上對衆官員說:"子貢比仲尼還要強些。"

子服景伯便把這話告訴了子貢。

子貢說:"把這事兒比做圍牆吧:我家的圍牆只能齊肩,誰都能一望而知房屋的美好。我老師的圍牆高達數丈,找不到大門進去,就看不到那宗廟的雄偉,百官的富贍。能夠找到大門的人或許不多吧,那麼,武叔他老人家說這話,不是很自然嗎?"

【注釋】①叔孫武叔:魯大夫,名州仇。 ②宮牆:先秦時,一般人的房屋也叫做"宮",後來才成爲帝王居所的專名。《戰國策·秦一》:"(蘇秦)將說楚王,路過洛陽。父母聞之,清宮除道,張樂設飲,郊迎三十里。"宮牆,也就是如今住宅的圍牆。《管子·八觀》:"入州里,觀習俗……食谷水,巷鑿井,場圃接,樹木茂,宮牆毀壞,門户不閉,外内交通,則男女之别,毋自正矣。" ③仞:七尺曰仞,而周代一尺約合今23釐米,一仞約今之161釐米。

【考證】百官:

俞樾及楊樹達先生謂"官"字的本義是房舍,其後才引申爲官職之義,説見《群經平議》卷三、《積微居小學金石論叢》卷一。但《小學金石論叢》卷一未引《論語》此例;而楊樹達《論語疏證》(上海古籍出版社2007年)亦未提及。經典中"百官"所在多有,均指衆官吏。如《左傳·桓公二年》:"君人者將昭德塞違,以臨照百官,猶懼或失之。……今滅德立違,而寘其賂器於大廟,以明示百官,百官象之,其又何誅焉?"《桓公十七年》:"日御不失日,以授百官于朝。"《襄公三十一年》:"隸人牧圉,各瞻其事;百官之屬,各展其物。"《論語》另一處"百官"也指衆官吏:"君薨,百官總己以聽於冢宰三年。"(14.40)總之,先秦典籍中某些"官"字或指房舍而言,但"百官"爲一詞或一固定詞組,有其固定的意義,不能謂指房舍而言也。(154)

19.24 叔孫武叔毀仲尼。子貢曰:"無以爲也①!仲尼不可毀也。他人之賢者,丘陵也,猶可踰也;仲尼,日月也,無得而踰焉。人雖欲自絶,其何傷於日月乎?多見其不知量也②。"

【譯文】叔孫武叔毀謗仲尼。子貢説:"不能這樣做,仲尼是毀謗不了的。別人的賢能,是山邱,還可以踰越;仲尼是太陽和月亮,絕不可踰越。某人即使要自絕於太陽月亮,能傷到太陽月亮一根毫毛嗎?這顯得他確實是不知輕重。"

【注釋】①無以爲:没有這樣做的理由,不能這樣做。詳見本章《考證》(一)。 ②多見其不知量也:形容詞"多"做狀語,由表示數量多進而表程度高。不知量,皇侃《義疏》"不知聖人之度量";大約是當時習語,類似寧波話、上海話的"拎不清",長沙話的"搞坨數不清"。詳見本章《考證》(二)。

【考證】(一)無以爲:

没有這樣做的理由,不能這樣做。無以,慣用詞組,由動詞"無"和介詞"以"組成,介詞"以"的最顯著特徵之一爲常常省略賓語,這一點在《論語》中體現得尤爲突出。如:"事君盡禮,人以爲諂也。"(《八佾》)"明日,子路行,以告。"(《微子》)"舜亦以命禹。"(《堯曰》)參見郭錫良《介詞"以"的起源和發展》(原載《中國語文》1998年6期,收入《漢語史論集》,商務印書館2005年)。因此,"無以"中"以"的賓語一般不出現。"無以"一般用在動詞謂語前,偶爾用在形容詞謂語前。直譯爲"没有用來……的……",意譯爲"不能……",如:"不學詩,無以言。"(《論語·季氏》)"爾貢包茅不入,王祭不共,無以縮酒,寡人是徵。"(《左傳·僖公四年》)"宜晉之伯也!有叔向以佐其卿,楚無以當之,不可與争。"(《襄公二十七年》)"晉師必至,吾無以待之,不如與之。"(《昭公七年》)"故推恩足以保四海,不推恩無以保妻子。"(《孟子·梁惠王上》)"吾有卿之名,而無其實,無以從二三子,吾是以憂。"(《國語·晉語八》)"天無以清,將恐裂;地無以寧,將恐發;神無以靈,將恐歇;谷無以盈,將恐竭;萬物無以生,將恐滅;侯王無以貴高,將恐蹶。"(《老子》三十九章)"瞽者無以與乎文章之觀,聾者無以與乎鐘鼓之聲。"(《莊子·逍遥遊》)"無以縮酒"可譯爲"没有用來縮酒的東西""不能縮酒";"楚無以當之"可譯爲"楚國没有用來抵抗它的力量""不能抵抗它";"不推恩無以保妻子"可譯爲"不推恩就没有用來保全老婆孩子的資本""不推恩就不能保全老婆孩子"。餘類推。因此,"無以爲也"就是"没有這樣做的理由""不能這樣做"。最近幾十年來,許多注家都説這句的"以"意爲"此"。王引之《經傳釋詞》是説過:"已,此也。"王氏之説是否正確姑置不論,但他分明是説的"已",所引例句當然也與"無以爲"絶不相近。雖"無以爲"用"此"解釋勉强可以講通,但那麽多"無以……"卻絶講不通;先秦典籍中,"無此+謂語動詞"也絶無其例,可見此説之無據。王引之認爲解釋古代詞語必須"揆之本文而協,驗之他卷而通"(《經傳釋詞·自序》),楊樹達先生認爲讀古書必須"審句例"(《積微居小學述林全編·訓詁學小史》),都是解釋古書詞語所應當遵循的。(155)

(二) 多見其不知量:

多,王引之《經傳釋詞》卷九説通"祇",並引《小雅·我行其野》"成不以富,亦祇以異"《毛傳》訓"祇,適也"爲説(按:典籍中祇、衹、祇常通作)。此後,劉寶楠《論語正義》解此句爲"適足自見其不知量也"。以後各種字典詞典以及《論語》的注本都從之,已經完全成爲定論。其實,此説是不大可靠的。"多"與大、小、深、淺、良等形容詞一樣,常用做狀語;形容詞"多"作狀語由表示數量多進而表程度高,其詞義的引申是完整的一貫的。當主語、賓語爲可數的個體時,"多"表示"大多""很多",如:"大夫多笑之,唯晏子信之。"(《左傳·昭公二年》)"諸侯多謀伐寡人者。"(《孟子·梁惠王下》)當"多"修飾的成分比較抽象時,它便表示頻度的經常和程度的高、深,如:"多行不義必自斃,子姑待之。"(《左傳·隱公元年》)"爾不可使多蓄憾。"(《文公十四年》)"多行無禮,弗能在矣!"(《文公十五年》)"多見其不知量"的"多"與上舉數例的"多",無論詞性詞義其實都一樣。這一"多"與《陽貨》之"多識於鳥獸草木之名"、《周易·大畜》之"君子以多識前言往行,以畜其德"的"多"一樣,都是作狀語修飾可帶謂詞性賓語的感知心理動詞的。

王引之爲證明"祇""多"相通,引《左傳·襄公二十九年》"祇見疏也"爲説,説這句的"祇"字"晉宋杜本皆作'多'"。此不可據,清代學者陳樹華就曾指出杜預常妄改古書。王引之所舉例句有四:《左傳·襄公十四年》:"吾令適過,悔之何及,多遺秦禽。"《公羊傳·昭公二十五年》:"季氏得民衆久矣,君無多辱焉。"《左傳·定公十五年》:"存亡有命,事楚何爲?多取費焉。"《左傳·哀公八年》:"不足以害吳,而多殺國士,不如已也。"對第一例"多遺秦禽",王氏未舉書證,徑直説:"言若不班師,則適爲秦所禽獲而已。"其實杜預注"恐多爲秦所禽獲"大致是對的。第二例"君無多辱焉",王氏舉《左傳·昭公二十九年》"君祇辱焉"爲證。第三例"多取費焉",王氏舉《左傳·昭公十三年》"祇取辱焉"、《二十六年》"祇取誣焉"、《定公四年》"祇取勤焉"、《哀公十四年》"祇取死焉"爲證。其實這種論證是没有多大説服力的。《左傳·昭公二十年》:"水懦弱,民狎而翫之,則多死焉。"《昭公二十五年》:"政自之出久矣,隱民多取食焉。"以上兩例與"多取費焉"相近,是否其中"多"也通"祇"呢? 第四例"多殺國士",説"多"通"祇"就更没道理了。沈玉成《左傳譯文》譯爲:"反而讓許多國内的突出的人物送了命。"沈譯是對的。類似的有《成公七年》:"爾以讒慝貪惏事君,而多殺不辜。余必使爾罷於奔命以死。"沈譯"多殺不辜"爲"殺了許多無辜的人"——前文"及共王即位,子重、子反殺巫臣之族子閻、子蕩及清尹弗忌及襄老之子黑要,而分其室",此即所謂"以讒慝貪惏事君,而多殺不辜",可證;《襄公二十一年》:"子爲善,誰敢不勉? 多殺何爲?"沈譯"多殺何爲"爲"多殺人幹什麽"。

不知量,皇侃《義疏》解爲"不知聖人之度量"。《管子·乘馬》:"貨盡而後知不足,是不知量也;事已而後知貨之有餘,是不知節也。不知量,不知節,不可謂之有道。"不知量,大約是當時習語,類似寧波話、上海話的"拎不清",長沙話的"搞坨數不清"。(156)

19.25

陳子禽謂子貢曰:"子爲恭也,仲尼豈賢於子乎?"子貢曰:"君子一言以爲知,一言以爲不知,言不可不慎也。夫子之不可及也,猶天之不可階而升也。夫子之得邦家者①,所謂立之斯立,道之斯行,綏之斯來,動之斯和。其生也榮,其死也哀②,如之何其可及也?"

【譯文】陳子禽對子貢説:"您是恭敬謙虚罷了,仲尼難道比您還强嗎?"子貢説:"君子一句話顯出智慧,也一句話顯出無知,所以説話不能不謹慎。他老人家的遥不可及，好比不可以踏著臺階上青天。他老人家若能君臨一方，有所樹立必能卓然而立，有所引導必能聞風而行，有所安撫必能扶老攜幼而至，有所役使必能協力同心而爲；活著時萬民擁戴，逝去了四海悲哀，又如何能趕得上呢？"

【注釋】①邦家：我們視爲固定詞組，所以不拆開來解釋爲"得到國而爲諸侯，或得到采邑而爲卿大夫"。　②其生也榮，其死也哀：皇侃《義疏》云："孔子生時，則物皆賴之得性，尊崇於孔子，是其生也榮也。孔子之死，則四海遏密，如喪考妣，是其死也哀也。"譯文本此。

堯曰篇第二十

共三章

20.1 堯曰:"咨!爾舜!天之曆數在爾躬,允執其中。四海困窮,天祿永終。"舜亦以命禹①。

【譯文】堯説:"嘖!你這舜哪!上天的大命已經輪到你身上了,切實掌持那正確航程吧!如果天下陷入困頓,天賜的祿位也會永遠終止。"舜也將這話傳給了禹。

【注釋】①這一章文字前後不連貫,或許有所脱落。今分爲六節,以便閲讀。

曰:"予小子履敢用玄牡①,敢昭告于皇皇后帝:有罪不敢赦,帝臣不蔽,簡在帝心②。朕躬有罪,無以萬方③;萬方有罪,罪在朕躬。"

【譯文】[湯]説:"我後生晚輩履謹用黑色牡牛作犧牲,斗膽明白無誤地禀告光明偉大的天帝:有罪的人[我]不敢擅自去赦免他,諸臣子[的好處]我也不隱瞞掩蓋,您心裏應該是清楚明白的。我本人若有罪,就不要牽連天下萬方;天下萬方若有罪,都歸我一人來承擔。"

【注釋】①予小子履敢用玄牡:"予小子"和下文的"予一人"都是上古帝王

自稱之詞。《禮記・曲禮》："天子未除喪,曰予小子。""君天下,曰天子。朝諸侯,分職授政任功,曰予一人。"從《尚書》和甲骨金文的情況看,似可從;譯文從之。通過《史記・殷本記》知道湯名"天乙",甲骨卜辭作"大乙",相傳湯又名"履"。《呂氏春秋・季秋紀》："昔者湯克夏而正天下。天大旱,五年不收,湯乃以身禱於桑林,曰:'余一人有罪,無及萬夫。萬夫有罪,在余一人。無以一人之不敏,使上帝鬼神傷民之命。'"用玄牡,當"用"後以"牲"或牲畜名爲賓語時,都是用之以祭祀的意思。偶爾也有用人的,蓋遠古遺風也;但已爲當世風氣所不容。《左傳・僖公十九年》："宋公使邾文公用鄫子于次睢之社,欲以屬東夷。司馬子魚曰:'古者六畜不相爲用,小事不用大牲,而況敢用人乎？祭祀以爲人也。民,神之主也。用人,其誰饗之？'"　②帝臣不蔽簡在帝心:帝臣,天子之臣。不蔽,不蔽其善。簡,檢閱,明白。此句謂衆臣之善我也不隱瞞掩蓋,您心裏是清楚明白的。詳見本節《考證》。　③萬方:應即《詩經》《尚書》中常出現的"萬邦"。甲骨文中周邊各部落都叫"方",如鬼方、土方;方,應即後世的"邦"。《詩經・大雅・大明》："厥德不回,以受方國。"方國,應即《詩經》《周禮》中的"邦國"。邦,幫紐東部;方,幫紐陽部;東、陽旁轉。

【考證】帝臣不蔽,簡在帝心:

何晏注："言桀居帝臣之位,罪過不可隱蔽,以其簡在天心故。"是以當今諸家注《論語》多在"有罪不敢赦"後標以句號。按,何說實誤。"以其簡在天心故",邢昺《疏》："鄭玄云:'簡閱在天心,言天簡閱其善惡也。'"今按鄭玄注"言天簡閱其善惡也",包含上面兩句——"有罪不敢赦,帝臣不蔽",而非專指"帝臣不蔽"一句。上句言不敢赦罪,下句言不蔽其善,於是才"簡在帝心",所謂善惡瞭然於胸。《墨子・兼愛下》："惟予小子履,敢用玄牡,告於上天后曰:'今天大旱,即當朕身履,未知得罪于上下。有善不敢蔽,有罪不敢赦,簡在帝心。萬方有罪,即當朕身。朕身有罪,無及萬方。'"其證一。《古文尚書・湯誥》："爾有善,朕弗敢蔽;

罪當朕躬,弗敢自赦,惟簡在上帝之心。其爾萬方有罪,在予一人;予一人有罪,無以爾萬方。"其證二。何晏注"帝臣不蔽":"言桀居帝臣之位,罪過不可隱蔽。"但《今文尚書·皋陶謨》:"萬邦黎獻,共惟帝臣,惟帝時舉。"王肅注:"獻,賢也。萬國衆賢共爲帝臣,帝舉是而用之。"《逸周書·太子晉解》:"下學以起,尚登帝臣,乃參天子。""尚"同"上",顯然,"帝臣"是天子之臣,而不是身爲"天子"的桀。其證三。將證三與證一證二參互比較,尤可知"帝臣"不是桀而是天子之臣。

經籍中言"不蔽"者,多爲不蔽其善、其賢、其能。如:"公兩賜之曰:'以晏子不奪人之功,以占瞽者不蔽人之能。'"(《晏子春秋·内篇雜下》)"論功勞,行賞罰,不敢蔽賢有私。"(《管子·地圖》)"舜有告善之旌,而主不蔽也。"(《桓公問》)"勢在郎中,不敢蔽善飾非。"(《韓非子·有度》)"江乙爲魏王使荆,謂荆王曰:'臣入王之境内,聞王之國俗曰:'君子不蔽人之美,不言人之惡。'誠有之乎?'"(《韓非子·七術》)言不蔽惡者則甚爲罕見:"禮不踰節,義不自進,廉不蔽惡,恥不從枉。故不踰節則上位安,不自進則民無巧詐,不蔽惡則行自全,不從枉則邪事不生。"(《管子·牧民》)其證四。

簡,檢閱,明白。綜上,我們在"有罪不敢赦"之後標上逗號,今譯也與諸家稍有不同。(157)

周有大賚,善人是富。"雖有周親,不如仁人。百姓有過,在予一人①。"

【譯文】周朝大舉封賞天下,要使善人都富起來。"我雖然多有至親,卻不如多有仁人。百姓如果有過錯,責任由我來擔承。"

【注釋】①雖有周親……在予一人:《墨子·兼愛中》:"昔者武王將事泰山隧。《傳》曰:'泰山,有道曾孫周王有事。大事既獲,仁人尚作,以祇商夏蠻夷醜貊。雖有周親,不若仁人。萬方有罪,維予一人。'此言武王之事,吾今行兼矣。"劉寶楠《論語正義》引宋翔鳳說:"'周親'四語,蓋封諸侯之辭也。武王封太公於齊,在泰山之陰,故將事泰山,而稱'仁人尚',爲封太公之辭也。"宋翔鳳的意思是,這四句是周武王封姜太公於齊之辭。周親,《尚書正義》引孔安國說:"周,至也。言紂至親雖多,不如周家之多仁人。"

謹權量,審法度①,修廢官,四方之政行焉。興滅國,繼絕世,舉逸民,天下之民歸心焉。

【譯文】謹慎對待度量衡,詳細審定法令制度,修復棄置的職官,全國的政令就暢通了。復興滅絕的國家,承續斷絕的後代,提拔隱逸的人才,天下的百姓就都會心悦誠服了。

【注釋】①謹權量,審法度:權,秤錘。量,是容量。法度,法令制度。詳見本節《考證》。

【考證】審法度:

法度,法令制度。《左傳·昭公二十九年》:"夫晉國將守唐叔之所受法度,以經緯其民,卿大夫以序守之。"《管子·中匡》:"昔三王者,既弑其君,今言仁義,則必以三王爲法度,不識其故何也?"《明法》:"以法治國則舉錯而已。是故有法度之制者,不可巧以詐僞;有權衡之稱者,不可欺以輕重;有尋丈之數者,不可差以長短。"《荀子·性惡》:"古者聖王以人之性惡,以爲偏險而不正,悖亂而不治,是以爲之起禮義,制法度,以矯飾人之情性而正之,以擾化人之情性而導之也。……故聖人化性而起僞,僞起而生禮義,禮義生而制法度。然則禮義法度者,是聖人之所生也。"以上均可證"法度"乃指法律制度而言。清初閻若璩《四書釋地又續》說:"一部《十三經》,除《大禹謨》晚出,《公羊傳》漢始著竹帛外,'法度'二字僅二見:一見《盤庚上》,一見《論語》末。"又引《史記·秦始皇本紀》"秦王初并天下……一法度衡石丈尺",因而得出"法度"乃指長度單位而言的結論。

按,閻說不確。如上所引,均可證"法度"所指爲"法律制度";而《秦始皇本紀》晚出,且"一法度衡石丈尺"之"法度"乃用爲動詞,不足以得出其結論。(158)

所重:民、食、喪、祭。
【譯文】所重視的:人民、糧食、喪禮、祭祀。

寬則得衆,信則民任焉①,敏則有功,公則說。
【譯文】寬厚則大衆擁護,勤敏則事業成功,公平則人人高興。
【注釋】①信則民任焉:漢石經、定州漢墓竹簡本均無此五字,天文本《校勘記》云:"皇本、唐本、津藩本、正平本均無此句。"大約是因《陽貨》"信則人任焉"而誤增的。

20.2 子張問於孔子曰:"何如斯可以從政矣?"子曰:"尊五美,屏四惡①,斯可以從政矣。"

子張曰:"何謂五美?"子曰:"君子惠而不費,勞而不怨,欲而不貪,泰而不驕,威而不猛。"

子張曰:"何謂惠而不費?"子曰:"因民之所利而利之,斯不亦惠而不費乎?擇可勞而勞之,又誰怨②?欲仁而得仁,又焉貪?君子無衆寡,無小大,無敢慢,斯不亦泰而不驕乎?君子正其衣冠,尊其瞻視,儼然人望而畏之,斯不亦威而不猛乎?"

子張曰:"何謂四惡?"子曰:"不教而殺謂之虐;不戒視成謂之暴;慢令致期謂之賊;猶之與人也③,出納之吝謂之有司④。"

【譯文】子張問孔子説:"怎樣才可以處理政事呢?"孔子説:"崇尚五美,摒除四惡,就可以處理政事了。"

子張説:"什麽叫'五美'?"孔子説:"君子施惠於人,自己卻没破費;役使百姓,百姓卻不怨恨;希望獲得,卻又不是貪婪;矜持自負,卻不盛氣凌人;威儀堂堂,卻不兇猛嚇人。"

子張説:"您説的'惠而不費'等等,是什麽?"

孔子説:"順應大衆的利益而使他們得利,這不是施惠於人自己卻没破費嗎?選擇可以役使的時機去役使百姓,又能怨恨誰呢?追求仁德又得到了仁德,還貪求什麽呢?無論人多人少,無論勢力大小,都不怠慢他們,這不就是雖然矜持自負卻不盛氣凌人嗎?君子衣冠整齊,目不斜視,莊嚴地使人望之頓生敬畏之心,這不是威嚴卻不兇猛嗎?"

子張説:"什麽叫'四惡'?"孔子説:"不教育便殺戮叫做'虐';不申誡只看成績叫做'暴';起先懈怠,突然限期叫做'賊';以給人財物作比方,出手吝嗇,就等於把當政者降格爲經管人員了。"

【注釋】①屏(bǐng):摒除。　②誰怨:怨誰。上古漢語疑問代詞做賓語時,通常置於謂語動詞的前面。詳見本章《考證》(一)。　③猶之與人:猶之,好像,好比。與人,給別人東西。詳見本章《考證》(二)。　④出納之吝謂之有司:出納,是偏義複合詞組,其中只有"出"的意義。有司,管事的小官吏。

【考證】(一) 又誰怨:

上古漢語疑問代詞做賓語時,通常置於謂語動詞的前面。那麽這裏的"誰怨"意爲"怨誰"。類似的有《左傳·成公三年》:"臣實不才,又誰敢怨?"《昭公元年》:"叔出季處,有自來矣,吾又誰怨?"《國語·晉語七》:"二三子爲令之不從,故求元君而訪焉。孤之不元,廢也,其誰怨?"《史記·吳太伯世家》:"吾敢誰怨乎?"這幾例"誰怨"都是"怨誰"的意思,本章自不例外。下文"又焉貪",《述而》"又何怨",《左傳·宣公十五年》《成公十六年》的"又何求",《昭公元年》《七年》的"又何疑焉"都與之類似。因爲注《論語》諸家如楊伯峻、錢穆、孫欽善等先生今譯時都將這一"誰"當成主語,譯爲"又有誰來怨恨呢""又誰來怨你呢",故特爲申言之,以引起注意。

　　諸家之釋,大約本自皇侃《義疏》:"擇其可應勞役者而勞役之,則民各服其勞而不敢怨也。"自漢代起,以前前置的賓語逐漸轉爲後置,這一時期"誰怨"的"誰"就逐漸成爲主語了。如《戰國策·西周》:"王曰:'周君怨寡人乎?'對曰:'不怨且誰怨王?臣爲王有患也。'"

　　也許有人問"誰"用爲主語更爲常見,安知這一章的"誰"不是主語?實際上做主語和做賓語的"誰"是能够鑑别的。以這一章的"又誰怨"爲例,副詞"又"通常都緊接謂語動詞,通常都位於主語後面。除去"莒紀公生大子僕,又生季佗"(《文公十八年》)、"吾驟歌北風,又歌南風"(《襄公十八年》)這樣的"又"前明顯承前省略了主語的句子不算外,《左傳》中"又"位於主語後的有74例,而無1例位於主語之前者(《論語》中"又"字句都没有主語,無從考察)。如:"大叔又收貳以爲己邑,至于廩延。"(《隱公元年》)"將亡,神又降之,觀其惡也。"(《莊公三十二年》)"君老矣,吾又不樂。"(《僖公四年》)"尤而效之,罪又甚焉。"(《僖公二十四年》)比較特殊的1例是《襄公二十五年》的"夏氏之亂,成公播蕩,又我之自人,君所知也"。但"我之自人",並非典型的敘述句主語。《左傳·僖公二十四年》:"鄭伯怨惠王之入而不與厲公爵也,又怨襄王之與衛、滑也,故不聽王命而執二子。"前句言"鄭伯怨惠王……",後句言"又怨襄王……",也可爲證。有鑑於此,"又誰怨"的"誰"應當不是主語,而是前置的賓語。

　　與"又誰怨"類似的還有《左傳·昭公四年》:"若適淫虐,楚將棄之,吾又誰與爭？"意謂楚國國君如果荒淫暴虐，楚國自己就會拋棄他，我們又和誰爭奪呢？

與"又"類似的副詞還有"將"，也是通常只位於主語之後。據此也可以斷定出現於"將"之前的"誰"爲主語，而出現於之後的"誰"爲前置賓語："誰將當日食？"（《昭公七年》）"美哉室，其誰將有此乎！"（《晏子春秋·外篇上第七》）"佻之謂甚矣，而壹用之，將誰福哉？"（《昭公十年》）"君討臣，誰敢讎之？君命，天也，若死天命，將誰讎？"（《定公四年》）。

其實鑑定主語"誰"和賓語"誰"還有多種方法。如在敘述句中做主語的"誰"通常是：1. 句中另有賓語。以上引《左傳·定公四年》爲例，前面的"誰敢讎之"因爲有賓語"之"，即知"誰"是主語。2. 或是"誰"之後謂語動詞前有能願動詞"能"、否定副詞"不""非"等。如："以此衆戰，誰能禦之？"（《僖公四年》）"且行千里，其誰不知？"（《僖公三十二年》）"主齊盟者，誰能辯焉？"（《昭公元年》）3. 謂語動詞爲不及物動詞。如："人誰不死？吾死莫矣。"（《定公十四年》）"其餘，君之所及也，誰敢不至？"（《昭公四年》）除了前文所説副詞"又""將"通常位於主語之後這一鑑別方法外，在敘述句中做賓語的"誰"則通常是：1."誰"之外另有主語。如："狐裘尨茸，一國三公，吾誰適從？"（《僖公五年》）"秦伯謂郤芮曰：'公子誰恃？'"（《僖公九年》）2. 除"誰"外既無主語也無賓語，謂語動詞又是及物的，這種情況下"誰"一般都是賓語。如："盍亦求之，以死誰懟？"（《僖公二十四年》）(159)

(二)猶之與人：

王引之《經傳釋詞》云："猶，猶'均'也。……猶之與人，均之與人也。"此說《詞詮》未予採納。按"猶之"先秦典籍中出現者，可釋爲"好像""仍然"。前者如："人見其跂，猶之魁然。"（《莊子·雜篇·庚桑楚》）"以我爲天子，猶之可也。"（《讓王》）後者如："舊國舊都，望之暢然；雖使丘陵草木之緡，入之者十九，猶之暢然。"（《則陽》）"曰形勢器械未具，猶之不治也。……能治其民矣，而不明于爲兵之數，猶之不可。……能强其兵，而不明于勝敵國之理,猶之不勝也。……兵必勝敵國矣,而不明正天下之分,猶之不可。"(《管子·七法》)這一章的"猶之"意爲"好像""好比",譯文從之。(160)

20.3 孔子曰:"不知命,無以爲君子也;不知禮①,無以立也;不知言②,無以知人也③。"

【譯文】孔子說:"不懂命運,不可能成爲君子;不懂得禮,不可能立足社會;說話不得體,沒辦法瞭解別人。"

【注釋】①知禮:懂得"禮",包括禮意、禮儀、禮制、禮法等,並非僅僅嫻熟於禮儀。詳見本章《考證》(一)。 ②知言:說話得體。詳見本章《考證》(二)。 ③知人:識人。詳見本章《考證》(二)。

【考證】(一)知禮:

《論語》中"禮"的含義很複雜,包括禮意、禮儀、禮制、禮法等,《左傳·昭公五年》所載一事足以證明:"公如晉,自郊勞至于贈賄,無失禮。晉侯謂女叔齊曰:'魯侯不亦善於禮乎?'對曰:'魯侯焉知禮?'公曰:'何爲?自郊勞至于贈賄,禮無違者,何故不知?'對曰:'是儀也,不可謂禮。禮所以守其國,行其政令,無失其民者也。今政令在家,不能取也。有子家羈,弗能用也。奸大國之盟,陵虐小國。利人之難,不知其私。公室四分,民食於他。思莫在公,不圖其終。爲國君,難將及身,不恤其所。禮之本末將於此乎在,而屑屑焉習儀以亟。言善於禮,不亦遠乎?'君子謂叔侯於是乎知禮。"這一段是說僅僅嫻熟於禮儀不能叫做"知禮"。(161)

(二)知言、知人:

"知言"在先秦典籍出現若干次,已有成詞傾向,應當做整體理解。《左傳·襄公十四年》:"秦伯問於士鞅曰:'晉大夫其誰先亡?'對曰:'其欒氏乎!'秦伯曰:'以其汏乎?'對曰:'然。欒黶汏虐已甚,猶可以免。其在盈乎!'秦伯曰:'何故?'對曰:'武子之德在民,如周人之思召公焉,愛其甘棠,況其子乎? 欒饜死,盈之善未能及人,武子所施没矣,而饜之怨實章,將於是乎在。'秦伯以爲知言,爲之請於晉而復之。"《孟子·公孫丑上》:"'敢問夫子惡乎長?'曰:'我知言,我善養吾浩然之氣。'""知言",就是今所謂"説話得體"。知人,也有成詞傾向,略相當於現今所謂"識人"或"瞭解別人"。《左傳·隱公三年》:"宋宣公可謂知人矣。立穆公,其子饗之,命以義夫。《商頌》曰:'殷受命咸宜,百禄是荷。'其是之謂乎!"《文公三年》:"子桑之忠也,其知人也,能舉善也。"《老子》三十三章:"知人者智,自知者明。"均其例。(162)

附　錄

《大中華文庫·論語》前言

一

按傳統的說法，中華文明已有五千年歷史，但在當今中國，以及海外華人社區，無論是社會精英所掌握的有文字記載的所謂"大傳統"，抑或是一般市民和農夫的生活所代表的所謂"小傳統"，簡言之，每個中國人的一舉手一投足所凸顯出的中國氣派，無不可以從兩千四百年前"軸心時代"的一部經典——《論語》中找到根源。

"軸心時代"是德國哲學家卡爾·雅斯貝斯（Karl Jaspers）提出的理論。他指出，在經歷了史前和遠古文明時代之後，在公元前五百年左右，世界範圍內出現了一些極不平常的事件：

在中國，孔子和老子非常活躍，中國所有的哲學流派，包括墨子、莊子、列子和諸子百家，都出現了。像中國一樣，印度出現了《奧義書》和佛陀，探究了從懷疑主義、唯物主義、詭辯派和虛無主義的全部範圍的哲學可能性。伊朗的瑣羅亞斯德传授一种挑战性的观点,认为人世生活就是一场善与恶的斗争。在巴勒斯坦,从以利亚经由以赛亚和耶利米到以赛亚第二,先知们纷纷涌现。希腊贤哲如云,其中有荷马、哲学家巴门尼德、赫拉克利特和柏拉图,许多悲剧作者,以及修昔底德和阿基米德。在这数世纪内,这些名字所包含的一切,几乎同时在中国、印度和西方这三个互不知晓的地区发展起来。①

雅斯贝斯将这一时期称作世界历史的"轴心":

> 直至今日,人类一直靠轴心期所产生、思考和创造的一切而生存。每一次新的飞跃都回顾这一时期,并被它重燃火焰。自那以后,情况就是这样。轴心期潜力的苏醒和对轴心期潜力的回忆,或曰复兴,总是提供了精神动力。对这一开端的复归是中国、印度和西方不断发生的事情。②

按照帕森斯(Talcatt Parsons)的说法,在这一光辉灿烂的时期,在希腊、巴比伦、印度和中国四大文明发源地都经历了"哲学的突破",即对人所处的宇宙的本源有了较为理性的认识,对人类所处的位置及"人之所以为人"有了新的理解。

在中国,离开了孔子和《论语》,"哲学的突破"这一命题就无从谈起。我们说,中国哲学是伦理型的,哲学体系的核心是伦理道德学说。如果说西方各种文化形态重在求真,中国的各种文化形态便是强调求善。旧时代从硕学鸿儒到武术教师,教徒弟的第一课便是如何做人,如何讲"德"。他们让学生或徒弟背诵的座右铭

---

① 雅斯贝斯:《历史的起源与目标》,魏楚雄、俞新天译,华夏出版社1989年,第8页。
② 《历史的起源与目标》,第14页。

或警句，多出自《論語》。

中國的傳統道德資源，經過幾十年的棄若敝屣之後，在某些通都大邑簡直成了稀罕物，講求道德者往往被看作是傻瓜，以致有人驚呼當今是一個物慾橫流、銅臭熏天的世界。但在若干"民智未開"的窮鄉僻壤，我們古代典籍中蘊含的道德觀念卻依然留存。村夫農婦，或許他們一字不識，其言語行爲中卻處處體現著"仁、義、禮、智、信、忠、孝、温、良、恭、儉、讓"等爲人處世之道，並以此言傳身教，他們的下一輩因耳濡目染而默化潛移。"文革"回憶錄中經常有這樣的描寫——被整肅得遍體鱗傷的人們遭貶下鄉，卻受到親人般的呵護——就是這種現實的反映。這類所謂"禮失求諸野"的現象説明了傳統道德觀念確實歷久不滅，深入人心；同時也促使我們再也不能"拋卻自家無盡藏，沿門持鉢效貧兒"（王陽明詩）了。我們需要重讀《論語》，它是中國人的人生教科書。

《論語》究竟講的是什麼呢？

《論語》的核心思想，歷來有兩種看法，其一是"仁"，其一是"禮"。

歷來研究《論語》的人多認爲《論語》主要是講"仁"的，認爲《論語》重在講"禮"的主要有王源、戴震、陳澧、王先謙及現代的柳詒徵、李大釗、陳獨秀、侯外廬、蔡尚思、趙紀彬等。

楊伯峻先生認爲《論語》的核心是"仁"。他做了一個統計：《左傳》中"禮"字出現了462次，"仁"字只出現了33次；而《論語》中"禮"字出現75次（《論語詞典》統計"禮"字出現了74次，見《論語譯注》311頁），"仁"字出現了109次（《論語譯注·試論孔子》16頁）。

我們認爲，《論語》的核心思想確實是"仁"。

《論語》中的"仁"一詞不能一概而論。從大的方面説,它指在天下範圍内行仁政;從小的方面説,它指"愛人",指忠恕,指做人的根本——孝悌。要做一個真正的"仁人"很難,但每個人隨時隨地都可一點一滴地行善——踐履仁德。

一、"仁"是人之所以區别於禽獸的本質所在,人活著就要踐履仁德;同時,"仁"也是人生追求的最高境界與目標。志士仁人,一方面時時與"仁"同在,"不違仁",一方面以在天下實行仁德爲己任。

孔子説,"仁者人也"(《禮記·中庸》)"富與貴,是人之所欲也。不以其道得之,不處也。貧與賤,是人之所惡也。不以其道得之,不去也。君子去仁,惡乎成名?君子無終食之間違仁,造次必於是,顛沛必於是"(《里仁》)。孔子最得意的弟子顔回"其心三月不違仁",孔子便稱贊他"賢"(《雍也》)。"仁"是畢生爲之奮鬥的目標:"士不可以不弘毅,任重而道遠。仁以爲己任,不亦重乎?死而後已,不亦遠乎?"(《泰伯》)爲了成全仁德,不惜獻出生命:"志士仁人,無求生以害仁,有殺身以成仁。"(《衛靈公》)"仁"既是最高境界與目標,義、忠、恕、孝、悌都是廣義的"仁"的子項。

二、"仁"是實踐"天下爲公"這一最高目標的重要步驟。

在《禮記·禮運》中,記載了孔子關於"天下大同"的設想:

> 大道之行也,天下爲公。選賢與能,講信脩睦。故人不獨親其親,不獨子其子,使老有所終,壯有所用,幼有所長,矜寡孤獨廢疾者皆有所養,男有分,女有歸。貨惡其棄於地也,不必藏於己;力惡其不出於身也,不必爲己。是故謀閉而不興,盜竊亂賊而不作,故外户而不閉,是謂大同。

我認爲,這一設想就是所謂"博施於民而能濟衆"。《雍也》:"子貢曰:'如有博施於民而能濟衆,何如? 可謂仁乎?'子曰:'何事於仁! 必也聖乎! 堯舜其猶病諸!'"能做到"博施於民而能濟衆",已不止是"仁",而可以稱爲"聖"了。這一點,堯舜也未必做到了呢? 這可以看出,"聖"包含了"仁","仁"與"聖"是一致的。

孔子認爲子路、冉有、公西華、令尹子文、陳文子都沒有達到"仁"的境界,即使顏淵也僅僅只是"不違仁"(《雍也》),卻許管仲以仁:

> 子貢曰:"管仲非仁者與? 桓公殺公子糾,不能死,又相之。"子曰:"管仲相桓公,霸諸侯,一匡天下,民到于今受其賜。微管仲,吾其被髮左衽矣。"(《憲問》)

> 子路曰:"桓公殺公子糾,召忽死之,管仲不死。"曰:"未仁乎?"子曰:"桓公九合諸侯,不以兵車,管仲之力也。如其仁,如其仁。"(《憲問》)

在孔子看來,儘管管仲既不知儉,又不知禮(《八佾》),但因爲幫助齊桓公使天下有一個較長期安定的局面,從而有助於人民休養生息,那麼他就是仁者。①

三、"仁"是從日常事物中一點一滴地積累起來的。"仁"是愛人。踐履仁德的方法是推己及人,由近及遠。

孔子不輕易許人以"仁","仁"是否就高不可攀呢? 不是! 成仁入聖,一般人難以企及;但要踐履仁德,卻隨時可以從身邊的小事做起。"爲仁由己。"(《顏淵》)"仁遠乎哉? 我欲仁,斯仁至

---

① 參見楊伯峻的《試論孔子》,中華書局1980年《論語譯注》,第17頁。

矣。"(《述而》)"仁者,其言也訒。"(《顔淵》)"仁者先難而後獲。"(《雍也》)"剛毅木訥近仁。"(《子路》)"巧言令色,鮮矣仁。"(《學而》)"子張問仁於孔子,孔子曰:'能行五者於天下,爲仁矣。''請問之。'曰:'恭、寬、信、敏、惠。恭則不侮,寬則得衆,信則人任焉,敏則有功,惠則足以使人。'"(《陽貨》)當然,"仁"不是瑣碎的道德規範,而是"一以貫之"(《里仁》)的。具體説來,"仁"即是"愛人"(《顔淵》):"厩焚,子退朝,曰:'傷人乎?'不問馬。"(《鄉黨》)"仁"的本源是孝悌:"君子務本,本立而道生。孝悌也者,其爲仁之本與!"(《學而》)爲什麽説"孝悌"是"仁"的本源呢?因爲行仁的方法,其實就是將對親人的愛加以推廣擴充,所謂由近及遠,由己及人。"君子篤於親,而民興於仁。"(《泰伯》)從消極的方面説,自己(及家人)不喜歡的,不施加於他人,這就是忠恕。"夫子之道,忠恕而已矣。"(《里仁》)"己所不欲,勿施於人。"(《顔淵》《衛靈公》)從積極的方面説,就是自己(及家人)要站得住,也要讓他人站得住;自己(及家人)要行得通,也要讓他人行得通。"夫仁者,己欲立而立人,己欲達而達人。能近取譬,可謂仁之方也已。"(《雍也》)這就是孟子所謂"親親而仁民,仁民而愛物"(《盡心上》)、"老吾老以及人之老,幼吾幼以及人之幼"(《梁惠王上》),亦即宋代張載所謂"民吾胞也,物吾與也"。這種將親情之愛推廣到極限的"博愛",把人類精神提揚到了"天人合一"的境界。這種精神不但可以用以療治當今物慾横流的人類社會,同樣,可以拯救因人類過度索取而面臨滅頂之災的地球家園。

四、就"仁"與"禮"的關係來看,"仁"是本,"禮"是末;"仁"是裏,"禮"是表;"仁"是内容,"禮"是形式;"仁"是終極目標,"禮"是保證這一目標得以實現的一種約束,是規範與制度。

據楊伯峻《論語詞典》統計,《論語》中"禮"一詞共出現74次,其意思爲"禮意、禮儀、禮制、禮法"。我們以爲,禮儀、禮制、禮法都是爲"天下歸仁"這一目標服務的。

子夏問曰:"'巧笑倩兮,美目盼兮,素以爲絢兮。'何謂也?"子曰:"繪事後素。"曰:"禮後乎?"子曰:"起予者商也!始可與言《詩》已矣。"(《八佾》)

"禮後"指"禮"在"仁義"之後。儘管孔子也曾借用孟僖子的話説"不學禮,無以立"(《季氏》),但他更表明"人而不仁,如禮何?人而不仁,如樂何?"(《八佾》)不學禮儀禮節,人沒法在社會上立足,但只知禮節而不知"仁",便是虛有其表的僞君子了。君子習禮的目的,是爲了在天下實現仁德。"克己復禮爲仁,一日克己復禮,天下歸仁焉"(《顔淵》)。這是説只有克制自己,恢復禮制,普天之下才可一統於仁。孔子説的"復禮",並不就是把"周禮"照搬回來,而是有所"損益"(《爲政》)。比如,從西周以迄春秋,還時有以活人殉葬的事例,這自然是符合當時的禮制的。以賢良聞名的秦穆公就曾以"三良"殉葬,孔子去古未遠,當不會一無所知。但他甚至對以陶俑殉葬都深惡痛絶:"仲尼曰:'始作俑者,其無後乎!'爲其象人而用之也。"(《孟子·梁惠王上》)"仁者愛人",凡是不人道的行爲,即使符合"禮制",孔子也要憤怒地加以譴責。又比如,他説:"麻冕,禮也;今也純,儉,吾從衆。"(《子罕》)對麻冕可以變通,改用所費較少的絲料。這是因爲孔子更看重"禮"的實質:"禮云禮云,玉帛云乎哉?樂云樂云,鐘鼓云乎哉?"(《陽貨》)孔子認可的"禮"的實質是什麼呢?如前所述,就是仁義。孔子教導學生,始終以"仁"爲終極目標,至於文學與禮儀，則是第二位的："弟子，入則孝，出則悌，謹而信，汎愛衆，而親仁。行有餘力，則以學文。"（《學而》）"君子博學於文，約之以禮，亦可以無畔矣夫。"（《雍也》）顏淵也説："夫子循循然善誘人，博我以文，約我以禮，欲罷不能……"（《子罕》）"孝悌"是仁之本；仁者愛人，便要"汎愛衆"；求仁者，自然要親近仁人。如此修養自己以後，才去學文，才"約之以禮"。《論語》中"禮"之爲用，除了"約"外，還有"節""齊""文"等："禮之用，和爲貴。先王之道，斯爲美。小大由之，有所不行。知和而和，不以禮節之，亦不可行也。"（《學而》）"道之以政，齊之以刑，民免而無恥；道之以德，齊之以禮，有恥且格。"（《爲政》）"若臧武仲之知，公綽之不欲，卞莊子之勇，冉求之藝，文之以禮樂，亦可以爲成人矣。"（《憲問》）可見，"禮"始終是用之以約束、節制、整頓、文飾的，其終極目標始終是"仁"。"孟懿子問孝。子曰：'無違。'……子曰：'生，事之以禮；死，葬之以禮，祭之以禮。'"（《爲政》）"慎終追遠，民德歸厚矣。"（《學而》）"葬之以禮，祭之以禮"即是"慎終追遠"，其目的是"民德歸厚"，此即"君子篤於親，則民興於仁"（《泰伯》）。

綜上，《論語》的核心思想是"仁"，"禮"是從屬並服務於"仁"的。

二

班固的《漢書·藝文志》説："《論語》者，孔子應答弟子、時人及弟子相與言而接聞於夫子之語也。當時弟子各有所記。夫子既卒，門人相與輯而論篹，故謂之《論語》。"《文選·辯命論》李善注引《傅子》也説："昔仲尼既殁，仲弓之徒追論夫子之言，謂之《論語》。"由此可知:"論語"的"論"是"論纂"的意思,"論語"的"語"是語言的意思。"論語"就是把"接聞於夫子之語""論纂"起來的意思。《論語》是記載孔子及其若干學生言語行事的一部書。"論語"的名字是當時就有的,不是後來別人給的。

《論語》又是若干斷片的篇章集合體。這些篇章的排列不一定有什麽道理;就是前後兩章間,也不一定有什麽關連。而且這些斷片的篇章絕不是一個人的手筆。《論語》一書,篇幅不大,卻出現了不少重複的章節。如"巧言令色,鮮矣仁"一章,先見於《學而》,又重出於《陽貨》。又有基本上是重複只是詳略不同的。如"君子不重"章,《學而》比《子罕》多出 11 個字。還有意思相同,文字卻有異的,如《里仁》説:"不患莫己知,求爲可知也。"《憲問》又説:"不患人之不己知,患其不能也。"《衛靈公》又説:"君子病無能焉,不病人之不己知也。"如果加上《學而》的"人不知而不慍,不亦君子乎",便是重複四次。這種現象只有下面這個推論合理:孔子的言論,當時弟子各有記載,後來才匯集成書。所以,《論語》絶不能看作某一個人的著作。《論語》的作者有孔子的學生。《子罕》:"牢曰:'子云:吾不試,故藝。'""牢"是人名,相傳他姓琴,字子開,又字子張。這裏不稱姓氏只稱名,這種記述方式和《論語》的一般體例不相吻合。因此,便可以作這樣的推論,這一章是琴牢本人的記載,編輯《論語》的人,"直取其所記而載之耳"(日本學者安井息軒《論語集説》中語)。又,《憲問》説:"憲問恥。子曰:'邦有道,穀;邦無道,穀,恥也。'""憲"是原憲,字子思。顯然,這也是原憲自己的筆墨。

《論語》的篇章不但出自孔子的不同學生之手,而且還出自他的不同的再傳弟子之手。這裏面不少是曾參的學生的記載。如

《泰伯》説:"曾子有疾,召門弟子曰:'啓予足!啓予手!《詩》云:"戰戰兢兢,如臨深淵,如履薄冰。"而今而後,吾知免夫!小子!'"這一章不能不説是曾參的門弟子的記載。又如《子張》:"子夏之門人問交於子張。子張曰:'子夏云何?'對曰:'子夏曰:"可者與之,其不可者拒之。"'子張曰:'異乎吾所聞:君子尊賢而容衆。嘉善而矜不能。我之大賢與,於人何所不容?我之不賢與,人將拒我,如之何其拒人也?'"這一段又像子張或子夏的學生的記載。又如《先進》中説:"子曰:'孝哉閔子騫!人不間於其父母昆弟之言。'""閔子侍側,誾誾如也;子路,行行如也;冉有、子貢,侃侃如也。子樂。"孔子稱學生從來直呼其名,獨獨這裏對閔損稱字,不能不啓人疑竇,我們認爲這一章是閔損的學生追記的,因而有這一不經意的失實。至於《閔子侍側》一章,不但閔子騫稱"子",而且列在子路、冉有、子貢三人之前,這是難以理解的。以年齡而論,子路最長;以仕宦而論,閔子更趕不上這三人。他憑什麼能在這一段記載上居於首位而且得到"子"的尊稱呢?合理的推論是,這也是閔子騫的學生把平日聞於老師之言追記下來而成的。

　　《論語》一書有孔子弟子的筆墨,也有孔子再傳弟子的筆墨,那麼,著作年代便有先有後了。這點,在詞義的運用上也適當地反映了出來。譬如"夫子"一詞,在較早的年代一般指第三者,相當於"他老人家";直到戰國,才普遍用爲指稱對話者,相當於"你老人家"。《論語》的一般用法都是相當於"他老人家"的,孔子學生當面稱孔子爲"子",背後才稱"夫子",別人對孔子也是背後才稱"夫子"。只是在《陽貨》中有兩處例外,言偃對孔子説,"昔者偃也聞諸夫子";子路對孔子也説,"昔者由也聞諸夫子",都是當面稱"夫子",開戰國時運用"夫子"一詞的詞義之端。《論語》著筆有先有後，其間相距或者不止於三五十年，由此可以窺見一斑。

《論語》一書的最後編定者，應是曾參的學生。第一，《論語》不但對曾參無一處不稱"子"，而且記載他的言行較孔子其他弟子爲多。《論語》中單獨記載曾參言行的，共有十三章。第二，在孔子弟子中，不但曾參最年輕，而且有一章記載著曾參將死之前對孟敬子的一段話。孟敬子是魯大夫孟武伯的兒子仲孫捷的謚號。假定曾參死在魯元公元年（前436），則孟敬子之死更在其後，那麽，這一事的記述者一定是在孟敬子死後才著筆的。孟敬子的年歲我們已難考定，但《檀弓》記載著當魯悼公死時，孟敬子對答季昭子的一番話，可見當曾子年近七十之時，孟敬子已是魯國執政大臣之一了。則這一段記載之爲曾子弟子所記，毫無可疑。《論語》所叙的人物和事蹟，再沒有比這更晚的，那麽，《論語》的編定者就是這些曾參的學生。因此，我們説《論語》的著筆當開始於春秋末期，而編輯成書則在戰國初期。

《論語》傳到漢朝，有三種不同的本子：（1）《魯論語》20篇；（2）《齊論語》22篇，其中20篇的章句很多和《魯論語》相同，但是多出《問王》和《知道》兩篇；（3）《古文論語》21篇，也没有《問王》和《知道》兩篇，但是把《堯曰篇》的"子張問"另分爲一篇，於是有了兩個《子張篇》。篇次也和《齊論》《魯論》不一樣，文字不同的計四百多字。《魯論》和《齊論》最初各有師傳，到西漢末年，安昌侯張禹先學習了《魯論》，後來又講習《齊論》，於是把兩個本子融合爲一，但是篇目以《魯論》爲根據，號爲《張侯論》。張禹是漢成帝的師傅，其時極爲尊貴，所以他的這一個本子便爲當時一般儒生所尊奉，後漢靈帝時所刻的《熹平石經》就是用的《張侯論》。《古文論語》是在漢景帝時由魯恭王劉餘在孔子舊宅壁中發現的，當時並没有傳授。直到東漢末年,大學者鄭玄以《張侯論》爲依據,參照《齊論》《古論》,作了《論語注》。在殘存的鄭玄《論語注》中我們還可以略略窺見《魯》《齊》《古》三種《論語》本子的異同。今天,我們所用的《論語》本子,基本上就是《張侯論》。

《論語》自漢代以來,便有不少人注解它。《論語》和《孝經》是漢朝初學者必讀之書,一定要先讀這兩部書,才進而學習"五經"。"五經"就是今天的《詩經》、《尚書》(除去僞古文)、《易經》、《儀禮》和《春秋》。看來,《論語》是漢人啓蒙書的一種。漢朝人所注釋的《論語》,基本上全部亡佚,今日所殘存的,以鄭玄(127—200,《後漢書》有傳)注爲較多,因爲敦煌和日本發現了一些唐寫本殘卷,估計十存其五;其他各家,在何晏(190—249)《論語集解》以後,就多半只存於《論語集解》中。現在《十三經注疏》中的《論語注疏》就是用何晏《集解》和宋人邢昺(932—1010,《宋史》有傳)的《疏》。至於何晏、邢昺前後還有不少專注《論語》的書,可以參看清人朱彝尊(1629—1709,《清史稿》有傳)的《經義考》、紀昀(1724—1805)等人的《四庫全書總目提要》以及唐代陸德明(550?—630?)的《經典釋文序錄》和吳承仕的《疏證》。

《論語譯注》的作者楊伯峻先生是一位語言學家和文獻學家。他對語言學(尤其是語法學)和文獻學兩門學問都有精深研究。《論語譯注》是在國內外產生過重大影響的著作,已成爲世界上許多大學的文科教材或重要參考書。該書旁搜遠紹,博采古今學人的研究成果,間下己意,於注釋中儘量將歷史知識、地理沿革、名物制度、古代民俗以及古代哲學思想考證交代清楚;作爲語言學家,他尤其注意字音詞義、語法修辭規律的介紹,並時常對這方面的疑難問題進行論證。惟其如此,故能突破前修,獨樹一幟。如"好之者不如樂之者"(《雍也》)的"樂"字,舊時從《經典釋文》的所謂"叶音"讀"五教切"或"義效切",釋爲"愛好",這無疑是錯誤的。對此,楊先生在解放前即發表過《破音略考》一文於《國文月刊》,予以辯正。在《論語譯注》中,他仍認爲應讀 lè,爲意動用法。此句便譯爲"喜愛它的人又不如以它爲樂的人"。《論語譯注》的譯文明白曉暢,並能保持原文的語錄體風格。書末附有《論語詞典》,尤便讀者。

著名的古文字學家張政烺先生贊譽《論語譯注》和《孟子譯注》爲同類著作的典範,四十年來,一版再版,歷久不衰。正由於這樣,我們才將它選入《大中華文庫》。

關於《論語》的書,真是汗牛充棟,舉不勝舉。讀者如果認爲看了《論語譯注》還有進一步研究的必要,可以再看下列幾種書:

(1)《論語注疏》——即何晏《集解》、邢昺《疏》,在《十三經注疏》中,除武英殿本外,其他各本多沿襲阮元南昌刻本,因它有《校勘記》,可以參考。

(2)《論語集注》——宋代朱熹(1130—1200)從《禮記》中抽出《大學》和《中庸》,合《論語》《孟子》爲《四書》,自己用很大功力作《集注》。從明朝至清末,科舉考試,題目都從《四書》中出;所做文章的義理,也不能違背朱熹的見解,這叫做"代聖人立言",影響很大。另外朱熹對於《論語》,不但講"義理",也注意訓詁,故這書無妨參看。

(3)劉寶楠(1791—1855)《論語正義》——清代儒生多不滿意唐、宋人的注疏,所以陳奐(1786—1863)作《毛詩傳疏》,焦循(1763—1820)作《孟子正義》。劉寶楠便依焦循作《孟子正義》之法,作《論語正義》。後因病而停筆,由他的兒子劉恭冕(1821—

1880)繼續寫定。所以這書實爲劉寶楠父子共著。徵引廣博,折中大體恰當。只因學問日益進展,昔日的好書,今天便可以指出不少缺點,但參考價值仍然不小。

(4)程樹德(1877—1944)《論語集釋》,徵引書籍達680種,雖仍有疏略可商之處,因其廣徵博引,故可參考。

(5)楊樹達(1885—1956)《論語疏證》。這書把三國以前所有徵引《論語》或者和《論語》的有關資料都依《論語》原文疏列,時出己意,加案語,值得參考。①

三

《論語》流傳至國外,有一個由近及遠,先東亞,後歐美的過程。

自漢武帝採納董仲舒的建議,"罷黜百家,表章《六經》"之後,孔子和《論語》逐漸獲得了至高無上的地位。隨著中國文化向周邊國家擴散,《論語》也先後傳至越南、朝鮮和日本。

公元前111年(漢武帝元鼎六年),南越國滅亡,越南北方從此成爲中國的一部分,達一千餘年,獲得獨尊地位的儒術,包括《論語》等經典,也隨之傳入越南。

公元374年,朝鮮半島上的百濟開始設立"博士"一職。此職專掌儒家經典的傳授。而早在漢代,《論語》就已傳入朝鮮。640年(唐貞觀十四年),半島上的高句麗、新羅、百濟三國遣世子和貴

---

① 這一部分除介紹《論語譯注》及其作者那一部分之外,都是楊伯峻《論語譯注·導言》的縮寫。

族子弟至唐，入國子監研習《論語》等儒家經典。

公元285年，百濟博士王仁渡海，將《論語》帶到日本。公元513年、516年、554年，百濟又三次遣"五經博士"赴日本傳授儒家學說。768年（唐大曆三年），天皇依唐朝國子監的規定，詔稱孔子爲"文宣王"。此前，日本依唐律稱孔子爲"先聖文宣父"。

《論語》之譯爲西方語言是在16世紀末。艾儒略（J. Aleni）在《大西利先生行述》一文中介紹義大利人利瑪竇（Matteo Ricci, 1552—1610）"曾將中國《四書》譯爲西文，寄回本國，國人讀而悅之，知中國古書，能識真源……皆利子之力也"。所謂"西文"，這裏指拉丁文。1591年（明萬曆十九年）利瑪竇著手翻譯《四書》，1594年完成，但不幸未能出版而散佚了。

清初，曾在中國傳教的義大利耶穌會士殷鐸澤（Prosper Intercetta, 1625—1696）和葡萄牙耶穌會士郭納爵（Ignatius da Casta, 1599—1666）用拉丁文合譯了《論語》。該譯本於1687年由比利時耶穌會士柏應理（Philippus Couplet, 1624—1692）出版於巴黎，是爲《論語》首次在歐洲刊行。書名爲《中國哲學家孔子》（*Confucius, Sinarum Philosophus*），中文標題爲《西文四書解》，另收有《大學》和《中庸》。出版之後，反響強烈。1688、1691年，《中國哲學家孔子》分別在法英兩國出版了法文、英文的節譯本。廣大民衆於是有了接觸孔子思想的機會，這引起了整個西歐對中國的贊揚。到18世紀，談到整個世界，人們總是説"從中國到秘魯"。

1711年，布拉格大學刊印了比利時傳教士衛方濟（Franciscus Noël, 1651—1729）用拉丁文譯的《四書》。衛氏1687年來華，15年後回歐洲。

第九屆駐北京東正教傳道團修士大司祭雅金夫・比丘林（H.

Я. Бичурин,1777—1853）和俄羅斯科學院院士王西里（В. Л. Василъев,1818—1900）分別於1821年之後和1840—1850年間將《論語》譯爲俄文出版。列夫·托爾斯泰讀《論語》時,寫信給契訶夫説:"我在讀儒家著作,這是第二天了。難以想象,它們達到了不同尋常的精神高度。""我正沉湎於中國的智慧之中,極想告訴您和大家這些書籍給我帶來的精神上的教益。"他承認,在他成年以後,在東方哲學家中,孔子、孟子對他影響"很大"。

包括《論語》在内的《四書》傳到美國是在18世紀末或19世紀初,有英、法、拉丁等譯本。美國超驗主義代表人物愛默生（R. W. Emerson,1803—1882）和梭羅（H. D. Thoreau,1817—1862）對這些經典都愛不釋手,詩人維切爾·林賽（V. Lindsay,1879—1931）則以引吭高歌來表達他對孔子的熱愛:願我們是孔子時代的學士,眼望著古老的中國傾倒如山……

此外,18世紀初至19世紀中葉,《論語》還出版了瑞典語、德語、羅馬尼亞語的譯本。

今天,《論語》已譯成幾十種文字,它的總印數僅次於《聖經》,而高於其他任何一部暢銷書。隨著以《論語》爲主的儒家經典的傳播,儒學已成爲世界人文科學的熱點。1994年孔子2545周年誕辰之際,國際儒學聯合會在北京成立了。新加坡内閣資政李光耀任名譽理事長,韓國成均館館長崔德根任理事長。洙泗之水"盈科而後進"的涓涓細流,終於汹涌澎湃地"放乎四海"。

上世紀至本世紀將《論語》譯爲英文的還有英國傳教士馬歇曼（J. Marshman,1768—1837）、柯大衛（David Collie）以及漢學家翟理思（翟林奈 L. Giles,1875—1958）等人,質量較高的則有理雅各、韋利（亞瑟·威利）及劉殿爵三人的譯本。

理雅各(James Legge,1815—1897),蘇格蘭人,1839 年由倫敦教會派往馬六甲布道,任該會所辦英華書院(香港中文大學前身)院長,1843 年隨書院遷往香港。1848 年起,在其他教士及華人黄勝等幫助下,開始翻譯中國典籍。1861 年到 1886 年出版《中國經典》28 卷,内容是四書(包括《論語》)五經及老莊著作,共 14 種。有鑑於此,牛津大學聘請他爲首席漢學教授。

韋利(Arthur David Waley,1889—1996)曾長期任不列顛博物館東方部館員,負責研究整理敦煌文物,同時在倫敦大學東方研究學院授課。他早在劍橋大學皇家學院讀書時,受名教授迪金森與摩爾影響,便仰慕中國古代文明,決心研究中國文化,並刻苦自修中文。他關於中國文化的譯著,除《論語》外,多達七八種。

劉殿爵(D. C. Lau,1921—2010),廣東番禺人,生於香港,畢業於香港大學。1949 年在蘇格蘭格拉斯哥大學修完哲學碩士學位課程,隨後執教於倫敦大學。1970 年升爲中文系講座教授,1978 年返港,歷任中文大學講座教授、文學院院長、中國語文研究中心主任。譯作有《論語》等七種。

以上三位學者都對《論語》作過深入研究,不僅是翻譯而已;譯文質量也均屬上乘。理氏所譯爲 19 世紀書面語體英文,喜用複句,措詞古雅,對於年輕讀者,未免有些難懂;劉譯出版於 1979 年,用口語語體,喜用單句,通俗易懂,但風格上與原文不免有所出入。韋利所譯在時間和風格上都介於二者之間:文字比較簡練,接近原文風格,甚至在表達方式上也力争逼肖原文。基於此,《大中華文庫》選用了韋利的譯本。韋利譯本中的引言、注釋以及名詞解釋極有學術價值,也在附録中予以保留。和理、劉所譯一樣,韋譯本也有若干值得商榷之處,有些我們已經注意到了,出版時當儘可能地予以改正。①

（原載《大中華文庫·論語》英文版，湖南人民出版社、外文出版社1999年；後來由外研社相繼出版的法文版、德文版、俄文版、西班牙文版、日文版都採納了這篇《前言》，只是根據各語種實際對文章結尾部分進行了改寫）

---

① 這一部分參考了十餘部著作和打印稿。其中重點參考了馬祖毅、任榮珍著《漢籍外譯史》（湖北教育出版社1997年）和劉重德教授所撰《〈論語〉韋利英譯本審讀意見》（打印件）。

"嚴夷夏大防"抑或"重君臣大義"?
——《論語》"夷狄之有君,不如諸夏之亡"解

【內容提要】《論語·八佾篇》的"夷狄之有君,不如諸夏之亡也",歷來有兩種解釋:一爲,文化落後國家雖然有個君主,還不如中國沒有君主;一爲,夷狄還有賢明之君,不像中原諸國卻沒有。解決這種疑難從句法結構入手,是正確的辦法。先秦與此相關的句子,有三種結構:前兩種是,"NP+不如+NP"結構和它的變式"(VP+)不如+VP"結構,前者如:知之者不如好之者,好之者不如樂之者。後者如:吾嘗終日不食,終夜不寢,以思,無益,不如學也。第三種是,"NP+不如+NP+之+VP"結構,如:紂之不善,不如是之甚也。我們認爲,"夷狄之有君,不如諸夏之亡也"是特殊的"NP+不如+NP"結構,它與"NP+不如+NP+之+VP"結構似同而實異:"夷狄之有君"對應的是整個"諸夏之亡(君)",而"紂之不善"對應的是"是";即,前者對應的包括"之+VP"(之亡)而後者不包括它(之甚)。先秦兩漢典籍中存在的諸如"星之昭昭,不如月之曀曀"一類句子也能證成此說。

【關鍵詞】夷狄之有君　諸夏之亡　句法結構　句型

一

《論語·八佾篇》第五章"夷狄之有君,不如諸夏之亡也",歷

來有兩種解釋。楊伯峻先生在《論語譯注》中將這句話譯爲:"文化落後國家雖然有個君主,還不如中國沒有君主哩。"他在注釋中又寫道:"楊遇夫先生《論語疏證》説,夷狄有君指楚莊王、吴王闔廬等。君是賢明之君。句意是夷狄還有賢明之君,不像中原諸國卻没有。説亦可通。"①當是漢魏時人對這一章的解讀尚無疑義,最早的何晏《集解》於此並無解説。但這兩種解釋的意義如此截然相反,因此不可不辨。古來代表性各家持這兩種説法的,略録之如下:

惠琳《論語説》云:"有君無禮,不如有禮無君。刺時季氏有君無禮也。"邢昺疏:"此章言中國禮義之盛而夷狄無也。……言夷狄雖有君長而無禮義,中國雖偶無君,若周召共和之年,而禮義不廢,故曰'夷狄之有君,不如諸夏之亡也。'"②朱熹引程顥説:"夷狄且有君長,不如諸夏之僭亂,反無上下之分也。"③劉寶楠《正義》謂:"此篇專言禮樂之事,吴、楚雖迭主盟中夏,然暴彊踰制,未能一秉周禮,故不如諸夏之亡君,其政俗猶爲近古也。"④楊樹達先生曰:"有君謂有賢君也……《春秋》之義,夷狄進於中國,則中國之;中國而爲夷狄,則夷狄之。蓋孔子於夷夏之界,不以血統種族及地理與其他條件爲準,而以行爲爲準。其生在二千數百年以前,恍若豫知數千年後有希特勒、東條英機等敗類持其民族優越論以禍天下而豫爲之防者,此等見解何等卓越!此等智慧何等深遠!

---

① 楊伯峻:《論語譯注》,中華書局1980年,第24頁。
② 程樹德:《論語集釋》,中華書局1990年,第148頁。
③ (宋)朱熹:《四書章句集注》,中華書局1983年,第62頁。
④ (清)劉寶楠:《論語正義》,中華書局1990年,第84頁。

《中華人民共和國憲法》有"反對大民族主義"之語,乃真能體現孔子此等偉大之精神者也。而釋《論語》者,乃或謂夷狄雖有君,不如諸夏之亡君,以褊狹之見,讀孔子之書,謬矣。"①潘重規説:"中國爲禮儀之邦,雖然有時偶無君主,而禮義不廢;夷狄雖有君主,而無禮義。孔子注重禮義教化,而嚴夷夏之防,所以説,夷狄雖有君主,還比不上中國没有君主。"②

綜上,惠琳、邢昺、劉寶楠、潘重規持諸夏優勝説,而朱熹、程顥、楊樹達先生持夷狄優勝説。錢穆對以上兩説做了總結與分析,他説:

> 本章有兩解。一説,夷狄亦有君,不像諸夏競於僭簒,並君而無之。另一説,夷狄縱有君,不如諸夏之無君。蓋孔子所重在禮;禮者,人群社會相交相處所共遵。若依前一説,君臣尤是禮中大節;苟無君,其他更何足論!孔子專據無君一節而謂諸夏不如夷狄。依後説,君臣亦僅禮中之一端,社會可以無君,終不可以無禮。孔子撇開無君一節,謂夷狄終不如諸夏。晉之南渡,北方五胡逞亂;其時學者門第鼎盛,蔑視王室,可謂有無君之意,但必嚴夷夏之防以自保,故多主後説。宋承晚唐五代藩鎮割據之積弊,非唱尊王之義,則一統局面難保,而夷狄之侵淩可虞,故多主前説。清儒根據孔子《春秋》,於此兩説作持平之采擇,而亦主後説。今就《論語》原文論,依後説,上句之字,可仍用常用義釋之;依前説,則此"之"字,近"尚"

---

① 楊樹達:《論語疏證》,上海古籍出版社 2007 年,第 67 頁。
② 潘重規:《論語今注》,里仁書局 2000 年,第 41 頁。

字義,此種用法頗少見,今仍采後說。①

據上文可知,諸家都是從義理著手進行分析,而錢説正反映了僅僅用此方法有時無所適從的困境。他於是改從訓詁著手進行最終判決。但他所謂"則此'之'字,近'尚'字義,此種用法頗少見"云云,卻明顯是千慮之失;因爲"夷狄之有君"之譯爲"夷狄尚且有君",不受有無"之"字的影響;換言之,此句譯爲白話後,"尚且"只是恰巧與原句的"之"處於同一位置而已。

我們認爲,解決詞句釋讀這類語言問題,其主要途徑應是探尋語言內部規律,其他方法只能是輔助手段,這是不言而喻的。一是由於,正如解決計算問題要用數學方法而非化學方法,解決詞語句子問題也要用語言方法。二是由於,如同幾何學代數學一樣,語言内部系統性規律性較强,這種規律性較强之體現在語法學上尤爲明顯。有鑑於此,本文擬結合語法來解決這一釋讀難題。具體地說,就是從句法結構入手解決問題。

二

由於語言是不斷變化的,所以我們先要截取一個共時平面,而與《論語》時間相近且篇幅較大的典籍就是《左傳》,我們先考察《論語》和《左傳》的含有"不如"的句子。

在《論語》中,我們共找到12例"不如"。而在《左傳》中,我們找到89例"不如",二書"不如"一共101例。除去《左傳》中的兩例——《僖公十五年》的"無不如志"(沈玉成譯:"沒有不如意

---

① 錢穆:《論語新解》,三聯書店2002年,第56—57頁。

的")和《哀公十一年》的"誰不如"(沈譯:"誰不該逃跑")外①,尚餘 99 例;這 99 例依據"不如"前後的句子成分可分爲三種類型:

第一種類型:"NP + 不如 + NP"結構,共 25 例②;其中《論語》7 例,《左傳》18 例。例如:

  嗚呼!曾謂泰山不如林放乎?

  知之者不如好之者,好之者不如樂之者。

  樊遲請學稼。子曰:"吾不如老農。"請學爲圃。曰:"吾不如老圃。"③

  臣之壯也,猶不如人,今老矣,無能爲也已。

  君弱,群臣不如先大夫,師衆而後可。

  不如新田,土厚水深,居之不疾,有汾、澮以流其惡,且民從教,十世之利也。

  子在君側,敗者壹大。我不如子,子以君免,我請止。

  子重於是役也,所獲不如所亡。

  臣不如韓起。韓起願上趙武,君其聽之!

  季孫之愛我,疾疢也。孟孫之惡我,藥石也。美疢不如惡石。夫石猶生我,疢之美,其毒滋多。

  仲尼曰:"守道不如守官,君子韙之。"

  我不如顏羽,而賢於邴洩。④

---

① 沈玉成:《左傳譯文》,中華書局 1981 年,第 88、569 頁。
② NP 表示體詞性(名詞性)結構。
③ 楊伯峻:《論語譯注》,中華書局 1980 年,第 24、61、135 頁。
④ 楊伯峻:《春秋左傳注》,中華書局 1990 年,第 479、807、828、888、926、999、1081、1418、1660 頁。

第二種類型："不如 + VP"結構①，共 68 例；其中《論語》2 例，《左傳》66 例。如：

> 未可也，不如鄉人之善者好之，其不善者惡之。
> 吾嘗終日不食，終夜不寢，以思，無益，不如學也。②
> 姜氏何厭之有？不如早爲之所，無使滋蔓！蔓，難圖也。
> 死而不孝，不如逃之。
> 筮短龜長，不如從長。
> 我能往，寇亦能往。不如伐庸。
> 賊民之主，不忠。棄君之命，不信。有一於此，不如死也。
> 今既遇矣，不如戰也。
> 豈不遽止，然猶防川，大決所犯，傷人必多，吾不克救也。不如小決使道。不如吾聞而藥之也。
> 王貪而無信，唯蔡於感。今幣重而言甘，誘我也，不如無往。
> 吳用木也，我用革也，不可久也。不如速戰。
> 然則死也！再敗楚師，不如死。棄盟逃讎，亦不如死。死一也，其死讎乎！③

以上兩種類型的句子，共 93 例。這兩種句型，一直傳承到現代漢語。例如：

> 張曉波不如王大平，大平比較有親和力。

---

① VP 表示謂詞性結構。
② 楊伯峻：《論語譯注》，中華書局 1980 年，第 142、168 頁。
③ 楊伯峻：《春秋左傳注》，中華書局 1990 年，第 12、271、295、618、658、787、1192、1323、1543、1634 頁。

吃了中飯，不如好好睡個午覺，再去逛逛街。

由上引第一種句型不難看出，這種句型表示第一個 NP（前項）不如第二個 NP（後項）好、適宜、妥當、有利、賢能、多，以及"土厚水深，居之不疾……"等等，總之都是褒義的，而這褒義的詞語都是隱而不彰不言而喻的。第二種句型也和第一種句型一樣，有一個用於比較的前項（不同的是 NP 換成 VP 了），這一前項或隱或顯。如：

未可也，不如鄉人之善者好之，其不善者惡之。
吾嘗終日不食，終夜不寢，以思，無益，不如學也。①

上引第一句前項未出現，而第二句出現了，所以這一句型實際上應表示爲"（VP＋）不如＋VP"，括號中的成分可出現可不出現。這種句型表面上看同第一種句型一樣，也是表示前項不如後項好、適宜、妥當、有利、賢能、多，等等；但實際上表示一種委婉的提議。②顯而易見，第二種句型是由第一種句型發展而來的。如前所述，這兩種句型一直延續到現代漢語；因而許多人一看"夷狄之有君，不如諸夏之亡也"，憑著語感（實際上是現代漢語的語感）就將其理解爲"文化落後國家雖然有個君主，還不如中國沒有君主哩"③。

三

第三種類型："NP＋不如＋NP＋之＋VP"結構，除去"夷狄之有君，不如諸夏之亡也"未定外，共 5 例；其中《論語》2 例，《左傳》3 例：

---

① 楊伯峻：《論語譯注》，中華書局 1980 年，第 142、168 頁。
② 表委婉提議之説爲楊柳岸的同學潘國東考察的結果。
③ 楊伯峻：《論語譯注》，中華書局 1980 年，第 24 頁。

子曰:"十室之邑,必有忠信如丘者焉,不如丘之好學也。"(楊譯:"……祇是趕不上我的喜歡學問罷了"。)

紂之不善,不如是之甚也。(楊譯:"商紂的壞,不像現在傳説的這麼厲害。")①

子犯曰:"吾不如衰之文也。請使衰從。"(沈譯:"我不如趙衰那樣的有文采"。)

吾不如大國之數奔也。(沈譯:"我們可不像大國的人屢屢逃跑[很有經驗]。")

梁山崩,晉侯以傳召伯宗。伯宗辟重,曰:"辟傳!"重人曰:"待我,不如捷之速也。"(沈譯:"與其等我,不如走捷徑要快一點"。)②

爲了顯示考察的客觀性,我們同時引用楊伯峻及沈玉成兩位先生的譯文。

"不如丘之好學也"直譯實際上是"不像我孔丘那樣好學罷了"。總之,以上五段"NP+不如+NP+之+VP"結構句子直譯均可譯爲"不像 NP 那樣 VP"。與前面兩種句型不同,這一句型的VP 是明明白白説出來的,而不是隱而不彰不言而喻的;同時也非都是褒義的,也可以是貶義的和中性的。

如果僅此五句,似乎不足以説明問題。我們不妨上引下聯,看看這一句型何時産生何時式微吧:

---

① 楊伯峻:《論語譯注》,中華書局 1980 年,第 53、203 頁。
② 楊伯峻:《春秋左傳注》,中華書局 1990 年,第 410、741、822 頁;沈玉成:《左傳譯文》,中華書局 1981 年,第 103、189、215 頁。

鮮民之生,不如死之久矣。(《詩經·小雅·蓼莪》)①

孟子曰:"仁言不如仁聲之入人深也,善政不如善教之得民也。(《孟子·盡心上》)②

藏罟不如寘里革於側之不忘也。(《國語·魯語上》)③

夫蜀,西辟之國也,而戎狄之長也,而有桀、紂之亂;以秦攻之,譬如使豺狼逐群羊也。……周自知失九鼎,韓自知亡三川,則必將二國并力合謀,以因于齊、趙,而求解乎楚、魏。以鼎與楚,以地與魏,王不能禁。此臣所謂"危",不如伐蜀之完也。(《戰國策·秦策一》,又見《史記·張儀列傳》)④

則天下愛齊而憎秦;伐趙不如伐宋之利。(《戰國策·齊策四》,又見《史記·田敬仲完世家》)⑤

雖有巧目利手,不如拙規矩之正方圜也。(《管子·法法》)⑥

吾嘗跂而望矣,不如登高之博見也。(《荀子·勸學》)

不利而利之,不如利而後利之之利也;不愛而用之,不如愛而後用之之功也;利而後利之,不如利而不利者之利也;愛而後用之,不如愛而不用者之功也。(《荀子·富國》)⑦

―――――――――――

① 程俊英:《詩經譯注》,上海古籍出版社1985年,第405頁。或見(清)阮元校刻:《十三經注疏》,中華書局1980年,第459頁。
② 楊伯峻:《孟子譯注》,中華書局1960年,第306頁。
③ 徐元誥:《國語集解》,中華書局2002年,第170至171頁。
④ (西漢)劉向:《戰國策》,上海古籍出版社1985年,第117至118頁。又見(西漢)司馬遷:《史記》,中華書局1959年,第2283頁。
⑤ (西漢)劉向:《戰國策》,上海古籍出版社1985年,第424頁。又見(西漢)司馬遷:《史記》,中華書局1959年,第1898頁。
⑥ 黎翔鳳:《管子校注》,中華書局2004年,第308頁。
⑦ (清)王先謙:《荀子集解》,中華書局1988年,第4、192頁。

無正重法而畏上,雖然,不如公子食我之得民也。(《韓非子·説林上》)①

量秦之兵不如三晉之彊也。(《史記·六國年表》)

今吳不如有過之強,而句踐大於少康。今不因此而滅之,又將寬之,不亦難乎!(《史記·吳太伯世家》)

唐對曰:"尚不如廉頗、李牧之爲將也。"(《史記·張釋之馮唐列傳》)

其得漢繒絮,以馳草棘中,衣袴皆裂敝,以示不如旃裘之完善也。得漢食物皆去之,以示不如湩酪之便美也。(《史記·匈奴列傳》)

子曰:"我欲載之空言,不如見之於行事之深切著明也。"(《史記·太史公自序》)②

可見,這一句型至少延續到《史記》時代;到了這個時代,這一句型發生了變化。例如:

太常諸生行禮不如魯善。(《史記·封禪書》)

旦巧能,多材多藝,能事鬼神。乃王發不如旦多材多藝,不能事鬼神。(《史記·魯周公世家》)

平曰:"今兵不如楚精,而將不能及,而舉兵攻之,是趣之戰也,竊爲陛下危之。"(《史記·陳丞相世家》)

夫蜀,西僻之國也,而戎翟之長也,有桀紂之亂。以秦攻之,譬如使豺狼逐群羊。……周自知失九鼎,韓自知亡三川,將二國并力合謀,以因乎齊、趙而求解乎楚、魏,以鼎與楚,以

---

① (清)王先慎:《韓非子集解》,中華書局1988年,第178頁。
② 《史記》,中華書局1959年,第685、1469、2577、2899、3297頁。

地與魏,王弗能止也。此臣之所謂危也。不如伐蜀完。(《史記‧張儀列傳》)①

這種句型和"NP+不如+NP+之+VP"結構相比,少了NP與VP之間的"之"字。我們何以知道這兩種句型之間有承繼或演變關係呢?看看最後一例《張儀列傳》和上引《戰國策‧秦策一》一段就知道了。後者有"之"而前者無之,其他文字完全相同。這一形式也見於漢代其他書:

臣誠知不如徐公美。(《戰國策‧齊策一》)②

並且一直延續到現代漢語:

張玲玲不如王曉娟漂亮。

但脫落了"之"的"NP+不如+NP+之+VP"句型中的VP似乎只局限於形容詞。正由於"NP+不如+NP+之+VP"句型後來逐漸脫落了"之"且其中VP局限於形容詞,絕大多數讀古書的人對此一句型不像對前兩種句型那樣熟悉;所以,主張"夷狄之有君,不如諸夏之亡也"按第三種句型理解——即"夷狄還有賢明之君,不像中原諸國卻沒有"——的學者較少。

四

"夷狄之有君,不如諸夏之亡也"與上引第三種句型到底是否同一句型?我們認爲,二者看上去相同,卻有著實質上的區別。以

---

① 《史記》,中華書局1959年,第1397、1516、2056、2283頁。
② (西漢)劉向:《戰國策》,上海古籍出版社1985年,第326頁。

上引《論語》的兩句爲例:"忠信如丘者"與"不如"後的"丘"相比較;"紂之不善"與"不如"後的代詞"是"相比較。餘仿此。即,"不如"前後所對等的成分是不包括"之+VP"的。而"夷狄之有君,不如諸夏之亡也"卻並非如此。"夷狄之有君"與"諸夏之亡(君)"正好是截然相反的:"夷狄"對應"諸夏","有君"對應"亡(君)";因而"夷狄之有君"對應的是整個"諸夏之亡(君)"而非"諸夏"。換言之,與"不如"前的成分對應的,既包括"不如"後的NP,也包括"之+VP";即,"夷狄之有君"與"諸夏之亡(君)"各自成爲一個特殊的NP。自古以來對這句話之所以有兩種解讀,其深層原因實出於此。我們的這一説解能否成爲現實,還取決於能否在時代相同相近的古書中找出一定量的這種特殊的"NP+不如+NP"結構的句子。如果能,那麽我們就得承認"夷狄之有君,不如諸夏之亡也"的第一種解讀(即"文化落後國家雖然有個君主,還不如中國没有君主哩")是正確的。我們在先秦古籍中找到了以下句子:

> 子墨子謂公輸子曰:"子之爲鵲也,不如匠之爲車轄——須臾劉三寸之木,而任五十石之重。(《墨子·魯問》)①
>
> 仲尼聞之曰:"星之昭昭,不如月之瞳瞳;小事之成,不若大事之廢;君子之非,賢于小人之是也;其晏子之謂歟。"(《晏子春秋·内篇諫下》)②
>
> 吾嘗終日而思矣,不如須臾之所學也;吾嘗跂而望矣,不如登高之博見也。(《荀子·勸學》)

---

① (清)孫詒讓:《墨子閒詁》,中華書局 1986 年,第 481 頁。
② 吳則虞:《晏子春秋集釋》,中華書局 1982 年,第 156 頁。

雖有戈矛之刺，不如恭儉之利也。(《荀子·榮辱》)①

猛虎之猶豫，不若蜂蠆之致螫；騏驥之跼躅，不如駑馬之安步；孟賁之狐疑，不如庸夫之必至也；雖有舜禹之智，吟而不言，不如瘖聾之指麾也。(《史記·淮陰侯列傳》)

論秦之德義不如魯衛之暴戾者，量秦之兵不如三晉之彊也，然卒并天下，非必險固便形埶利也，蓋若天所助焉。(《六國年表》)②

九五，東鄰殺牛，不如西鄰之禴祭，實受其福。(《周易·既濟》)③

第一句"匠之爲車轄"相當於一個NP，"須臾劉三寸之木，而任五十石之重"略相當於一個VP。第二句"月之曈曈"與"不如"前的"星之昭昭"一樣，相當於一個NP，據下文"小事之成，不若大事之廢；君子之非，賢于小人之是也"尤其可以明顯看出這一點。有趣的是，爲《論衡·問孔》引用的"夷狄之有君，不如諸夏之亡也"卻是"夷狄之有君，不若諸夏之亡"④，除沒有了語氣詞"也"外，"不如"也換成了"不若"。這不啻爲"夷狄之有君"句與"星之昭昭"句屬同一類型又提供了一個旁證。第三句的前一部分"吾嘗終日而思矣，不如須臾之所學也"是第四種類型，但其前一分句"吾嘗終日而思矣"卻是一個VP；而其後一部分"吾嘗跂而望矣，不如登高之博見也"則屬於第三種類型。由此句似乎可見三、四兩類型有混同的趨勢。第四句"雖有戈矛之刺，不如恭儉之利也"

---

① (清)王先謙：《荀子集解》，中華書局1988年，第4、53頁。
② 《史記》，中華書局1959年，第2625、685頁。
③ (清)阮元校刻：《十三經注疏》，中華書局1980年，第72頁。
④ 黄暉：《論衡校釋》，中華書局1990年，第416頁。

則具體體現了這一混同——有些難以分清它到底屬於第三還是第四種類型了。它表明當時人心目中它們的區別實已模糊。見於《史記》的第五例以及見於《易經》的第七例是典型的第四種類型。

由上文可知，關於"夷狄之有君，不如諸夏之亡也"兩種解讀之焦點與實質，在於是否將"之＋VP"納入"不如"後的 NP 之內。經過我們的考察，認爲是應該將其納入的，所以我們認爲，"夷狄之有君，不如諸夏之亡也"終歸屬於"NP＋不如＋NP"結構的句子，其意義正如楊伯峻先生所譯："文化落後國家雖然有個君主，還不如中國沒有君主哩"。至此，這場"嚴夷夏大防"抑或"重君臣大義"之爭似乎可以告一段落了。

（這是著者兒子，武漢大學哲學博士楊柳岸在著者指導下撰寫的論文，原載《中國哲學史》2009 年第 4 期）

《論語》"何有於我"解
——兼論所謂"不難之詞"

《論語·述而》:"默而識之,學而不厭,誨人不倦,何有於我哉?"《子罕》:"出則事公卿,入則事父兄,喪事不敢不勉,不爲酒困,何有於我哉?"這兩處"何有於我哉"歷來至少有四種解釋。

第一種純從字面解釋。朱熹《四書集注》主張此説,而楊伯峻《論語譯注》從之。《集注》云:

> 何有於我,言何者能有於我也。三者已非聖人之極至,而猶不敢當,則謙而又謙之辭也。

關於"出則事公卿"章,《集注》云:

> 説見第七篇,然此則其事愈卑而意愈切矣。①

楊伯峻先生則今譯"默而識之"章云:

> [把所見所聞的]默默地記在心裏,努力學習而不厭棄,教導別人而不疲倦,這些事情我做到了哪些呢?

"出則事公卿"章的今譯與此相彷彿,②但他在"默而識之"章的注釋中又介紹了第二種解釋;從介紹中可以看出,他對這兩種解

---

① (宋)朱熹:《四書章句集注》,中華書局1983年,第92、113頁。
② 楊伯峻:《論語譯注》,中華書局1980年,第66、92頁。

释并未分轩轾。

第二種解釋就是影響最大的"不難之詞"說。黃式三《論語後案》及劉寶楠《論語正義》都主張這兩章的"何有"是"不難之詞"①。楊伯峻先生撰《釋"何有"》一文,又傾向於此解。他說:

> 因此這個"何有"(作者按,即"何有於我哉"的"何有")與其解釋爲"有什麽",不如解釋爲"有什麽困難呢"。②

錢穆《論語新解》也從此說。③

第三種解釋是鄭玄注:"人無有是行於我,我獨有之也。"劉寶楠認爲鄭玄此解當以"行"字絕句,而第一個"我"是衍字;然則當爲"人無有是行,於我獨有之也。"劉寶楠認爲所謂"於我獨有之"與其所主張的"何有"爲"不難之詞"殊途同歸。④

第四種解釋最早的爲皇侃《義疏》引李充說:

> 言人若有此三行者,復何有貴於我乎?斯勸學敦誨誘之辭也。

皇《疏》解"出則事公卿"章云:"人若能如此,則何復須我,故云'何有於我哉'也。緣人不能,故有我應世耳。"⑤陳天祥《四書辨疑》、江聲《論語俟質》、梁章鉅《論語集注旁證》、宦懋庸《論語稽》均主此說。陳天祥云:

---

① 分别見:劉寶楠:《論語正義》,中華書局1990年,第254頁;程樹德:《論語集釋》,中華書局1990年,第438頁。
② 楊伯峻:《楊伯峻治學論稿》,岳麓書社1992年,第7—11頁。
③ 錢穆:《論語新解》,三聯書店2002年,第167、236—237頁。
④ 分别見:程樹德:《論語集釋》,中華書局1990年,第437頁;劉寶楠:《論語正義》,中華書局1990年,第254頁。
⑤ 程樹德:《論語集釋》,中華書局1990年,第437、609頁。

伊川曰:"何有於我哉,勉學者當如是也。"

江聲云:

> 蓋謂此三者夫人能之,何足云有於我哉。

梁章鉅引翁覃溪說云:

> 因時人推尊夫子,以爲道德高深,不可窺測,故夫子自言我之爲人不過如是,有何道德於我哉。

宦懋庸云:

> 夫子言我生平不過默而識之,學而不厭,誨人不倦耳,此外亦何有於我哉。①

臺灣潘重規先生撰《論語今注》一書,對上述兩章,即採此說:

> 何有於我哉,是說除上述三樁事是我能做到的以外,在我還有什麼呢?

> 何有於我哉,是說除上述四樁事是我能做到以外,在我還有什麼呢?②

程樹德的《論語集釋》,於"默而識之"章,則說:"宦氏之說本於袁枚,與翁覃溪說同,比較合理";於"出則事公卿"章,又以劉逢禄說爲勝:"此章之義本不可解。袁枚云:'何有於我,言我只有此而他無所有也。'意極紆曲。劉氏以'無我'釋之,似尚不失聖人立言之旨"。按,劉逢禄《論語述何》言:"何有於我哉,言無我也,人

---

① 程樹德:《論語集釋》,中華書局1990年,第437—438頁。
② 潘重規:《論語今注》,里仁書局2000年,第128、187頁。

皆有之。"①如劉説的"無"作"不論""不僅僅"解,則同於上述第四種解釋。

第四種解釋主張的人雖然衆多,但在現代,影響似乎並不大。例如,安作璋《論語辭典》"何有"條,就只列有前三解②(楊伯峻《論語詞典》只有一説,即"不難之詞"③)。所以如此,固然與此説看上去似乎"意極紆曲"有關,但也與該説内部看上去似乎並不相同有關:乍看似乎是程頤一説,皇《疏》、江聲、梁章鉅一説,宦懋庸、潘重規又一説,三者看上去並不相同。何以將它們歸爲一説,下文將要闡明。

上述四種解釋的共同特點,是從義理上也即情理上推導論證,即追求所謂"聖人立言之旨"。如梁章鉅《論語旁證》説:"朱子謂'何者能有於我',乃用劉原父説,其義亦可通。惟夫子以不厭不倦自居,與門弟子之言屢矣,至是又忽辭而不居;且'喪事不敢不勉',乃承當之辭,亦非可遜謝也,殊不可解耳。"④我們認爲,詞句等語言問題的解決,語言本體上的論證是主要的;情理上的推導只能是極爲次要的,不能以之作爲主要證據,更不能作爲唯一證據。我們的論證如下:

我們認爲,劉寶楠的"不難之詞"説是有一定道理的,但其不能涵蓋《論語》中的全部"何有"。我們承認,《雍也篇》《子路篇》的"於從政乎何有"與《孟子》的兩處"何有"一樣,確實是"不難之詞":

---

① 程樹德:《論語集釋》,中華書局1990年,第438、609—610頁。
② 安作璋:《論語辭典》,上海古籍出版社2004年,第164頁。
③ 楊伯峻:《論語譯注》,中華書局1980年,第240頁。
④ 程樹德:《論語集釋》,中華書局1990年,第438頁。

季康子問仲由可使從政也與。子曰:"由也果,於從政乎何有?"曰:"賜也可使從政也與?"曰:"賜也達,於從政乎何有?"曰:"求也可使從政也與?"曰:"求也藝,於從政乎何有?"(《論語·雍也》)

　　苟正其身矣,於從政乎何有?(《論語·子路》)

　　王曰:"寡人有疾,寡人好貨。"對曰:"……王如好貨,與百姓同之,於王何有?"王曰:"寡人有疾,寡人好色。"對曰:"……王如好色,與百姓同之,於王何有?"(《孟子·梁惠王上》)

　　任人有問屋廬子曰:"禮與食孰重?"……屋廬子不能對。……孟子曰:"於答是也何有?"(《孟子·告子下》)

以上幾處表示"不難"的句子,其句型結構的共同特點是"於+Vp(Np)+何有",它與"何有於我哉"這種"何有+於+Np(Vp)"結構看上去似乎並無二致,只是介賓結構置於"何有"的或前或後而已;但通過對《論語》同時代典籍的考察,我們發現二者所表示的意義其實並不相同:

　　雖及胡耇,獲則取之,何有於二毛?(《左傳·僖公二十二年》)

　　吉若獲戾,子將行之,何有於諸游?(《左傳·昭公元年》)

　　將奪其國,何有於妻,唯秦所命從也。(《國語·晉語四》)

　　君若不鑑而長之,君實有國而不愛,臣何有於死,死在司敗矣!惟君圖之!(《國語·楚語下》)

今君掩王東海,以淫名聞於天子,君有短垣,而自踰之,況蠻、荊則何有於周室?(《國語·吳語》)

人情非不愛其子也,於子之不愛,將何有於公?公喜宦而妒,豎刁自刑而爲公治内。人情非不愛其身也,於身之不愛,將何有於公?(《管子·小稱篇》)

"何有於二毛"即"哪裏還有什麽二毛(可言)""二毛算個什麽",沈玉成譯:"雖然是老頭子,俘虜了就抓回來,管什麽頭髮花白不花白。"二毛,雙鬢斑白,代表老人;"何有於諸游"即"諸游算個什麽",沈玉成譯:"吉如果得罪,您也要執行懲罰,何必把游氏諸人放在心上。""何有於妻"即"老婆算個什麽";"何有於死"即"死算什麽";"蠻、荊則何有於周室"即"在蠻、荊心目中,周室又算個什麽";"於子之不愛,將何有於公""於身之不愛,將何有於公"即"他連自己兒子都不愛,主公您又算個什麽""他連自己身體都不愛,主公您又算個什麽"。可見,"何有+於+Np(Vp)"結構的意義是"Np(Vp)算個什麽"。這一結構及其意義在後世文言文中也保留了下來,如楊樹達先生在其增訂本《中國修辭學·自序》中說:"文字之不保,何有於修辭!"①即,漢字都保存不了了,修辭又算個什麽!哪裏還有什麽修辭可言!這一結構還有個變式,即"Np(Vp)+於+何有",如:

入而能民,土於何有。(《左傳·僖公九年》)

魏犨、顛頡怒曰:"勞之不圖,報於何有!"(《左傳·僖公二十八年》)

---

① 楊樹達:《中國修辭學》,湖南教育出版社2008年《湖湘文庫》,第2頁。

群臣若急,君於何有?(《左傳·襄公二十三年》)

若得其人,四方以爲主,而國於何有?(《左傳·哀公二十六年》)

祭養尸,饗養上賓,鼈於何有?而使夫人怒也!(《國語·魯語下》)

"土於何有"即"何有於土",亦即"土地算個什麽";"若得其人,四方以爲主,而國於何有"意爲"如果得到這樣的人,天下都將把他作爲主人,國家又算個什麽",意即取得國家不在話下。餘仿此。這一變式與表示"不難"的"於+Vp(Np)+何有"結構在形式上的區别是介詞"於"位置不同。《左傳·昭公十九年》:"諺所謂'室於怒,市於色'者,楚之謂矣。""室於怒,市於色"即"怒於室,色於市"的變式,與"土於何有"之類可以互證。

綜上,我們認爲,"何有於我哉",義爲"我又算個什麽",孔子是説他人若能"默而識之,學而不厭,誨人不倦",那我還有什麽了不起呢? 也即皇侃《義疏》所言"人若有此三行者,復何有貴於我乎",也即《論語稽》所言"夫子言我生平不過默而識之,學而不厭,誨人不倦耳,此外亦何有於我哉"。我們之所以認爲皇、江、梁之説與宦、潘之説以及陳天祥之説實爲一説,原因就在於此。由此,我們同時認爲,上述第四種解釋,才符合孔子原意。然則,《論語》這兩章是没有假設標記的假設複句。《論語》文風質樸,往往不用表示假設的連詞如"若""則"等:"(若)道之以政,齊之以刑,民免而無恥。(若)道之以德,齊之以禮,有恥且格。"(《論語·爲政》)"不憤(則)不啓,不悱(則)不發。"(《述而》)"益者三友,損者三友。(若)友直,友諒,友多聞,(則)益矣。(若)友便辟,友善柔,友便佞,(則)損矣。"(《季氏》)

爲什麽"於+Vp(Np)+何有"結構是"不難之詞",而"何有+於+Np(Vp)"結構卻表示"Np(Vp)算個什麽"呢?它們僅僅只是介賓結構置於"何有"的或前或後而已嗎?我們認爲,"何有+於+Np(Vp)"結構開始是一種表示否定的反問,表示"哪有什麽Np(Vp)"。如"何有於二毛"表示:心裏哪裏有什麽雙鬢斑白的敵人就要放過他的念頭。這種表達一旦使用頻率較高而成爲習語,就固化爲"Np(Vp)算個什麽"。"於+Vp(Np)+何有"結構開始表示"對於Vp(Np)有什麽",也是表示否定的反問,即表示對於Vp(Np)没有什麽;這一表達後來固化爲所謂"不難之詞"。

不難看出,"何有+於+Np(Vp)"結構最初表示"哪有什麽Np(Vp)",是"何有"在意義上直接作用於Np(Vp);只是由於"何有"不能直接帶賓語,由介詞"於"將兩者結合起來而已。① "於+Vp(Np)+何有"結構就不同了。據何樂士先生的研究,"於"字結構前置,"大都出現在表示强調的句子中"。如:

狄之廣莫,於晉爲都。晉之啓土,不亦宜乎?(《左傳·莊公二十八年》)

於文,皿蟲爲蠱。(《左傳·昭公元年》)

許於鄭,仇敵也。(《左傳·昭公十八年》)

晉人曰:"於姬姓,我爲伯。"(《左傳·哀公十三年》)②

---

① "何有"原爲一詞組,"何"是"有"的賓語。如《詩經·谷風》:"何有何亡,黽勉求之。"《終南》:"終南何有?有條有梅。"到《論語》《左傳》時代,大約已逐漸成爲一個詞,意義上雖已不能自足,但形式上的自足性還存在,一般不能直接帶賓語。先秦典籍中我們只見到《左傳·昭公九年》"雖戎狄其何有余一人"一例直接帶賓語者。因此,"何有"要和某成分發生類似"謂賓"的關係,形式上卻必須通過介詞"於"。

② 何樂士:《左傳虛詞研究》,商務印書館2004年,第83—85頁。

介詞是由動詞逐漸虛化而來的,在這一逐漸虛化的連續統中,許多介詞還或多或少地"殘存"著一些動詞性,"於"也不能例外。我們認爲,當"於"字介賓結構前置也即處於焦點位置表示強調時,其殘存的動詞性得以釋放、強調、加強、放大、凸顯①,這時"於"字可今譯爲"對於";而此時與其後的賓語直接發生關係的,是動詞性得以加強的"於"。"於+Vp(Np)+何有"結構之表示"對於Vp(Np)有什麼(難)",原因即在於此。即,"於+Vp(Np)+何有"="對於Vp(Np)有什麼"="對於Vp(Np)有什麼(難)"="對於Vp(Np)沒有什麼(難)",如"於答是也何有"="對於回答這個問題沒什麼困難";而"何有+於+Np(Vp)"="何有+Np(Vp)"="沒有Np(Vp)"="Np(Vp)算個什麼",如"何有於死"="死算個什麼"。我們所舉表示"不難之詞"的例句——"於從政乎何有""於答是也何有"——用句中語氣詞"乎""也"表示停頓,也可旁證這些句子中的"於"具有動詞性,應該今譯爲"對於"。簡言之,"何有+於+Np(Vp)"結構與"於+Vp(Np)+何有"結構,其意義的區別,取決於介詞"於"的動詞性得以釋放與否。"何有+於+Np(Vp)"結構中,由於"於"的動詞性沒有釋放,"何有"反問進而否定的是"於"的賓語——Np(Vp),如二毛、諸游、妻、死、周室、公;"於+Vp(Np)+何有"結構中,由於"於"的動詞性得以釋放,"何有"反問進而否定的卻不是"於"的賓語——從政、王、答是,而是一個虛擬的"難"。還可進一步分析,"何有於我哉"句中,"何有"的語義指向是"我";而"於王何有"句中,"何有"的語義指向

---

① 在此用這五個詞並非是要用這些詞的總和,而是表示這五個詞似乎都可以表達我們的用意,又都不是非常確切。進一步的研究,只有俟諸異日。

卻是虛擬的"難"。① 可見,這兩種看上去頗爲相近的包含"何有"的句子,"於"字介賓結構的前置抑或後置,其實大有講究,它所表達的意義大有不同;然則,劉寶楠説《論語》的"何有"都是"不難之詞",只對了一半。

至於"何有+於+Np(Vp)"結構的變式"Np(Vp)+於+何有"結構是如何來的,我們認爲,當要強調Np(Vp)時,Np(Vp)需要前置,而這時又不能將整個"於"字介賓結構前置,因爲這樣就與"於+Vp(Np)+何有"結構没有了區别;而介詞又必須緊挨著它的賓語。好在介詞賓語可以前置本來就是上古漢語的特點,如"楚國方城以爲城,漢水以爲池",於是就有了"土於何有""君於何有"這樣的句子。

我們主張研讀古注必須遵循"崇古原則",即,除非有語言本體上的堅强證據,不能隨便推翻漢魏六朝時人所作的注;也即光憑義理不足以推翻古注。因爲那時的語言距離先秦差距遠小於後世,當時的注家,其語感也遠勝於後世的注家。秉此認識,我們再來審視第三種解釋也即鄭玄注:"人無有是行於我,我獨有之也。"我們認爲它與皇《疏》之説乃爲一體兩面。皇《疏》是説一種假設:"言人若有此三行者,復何有貴於我乎?"他人如果能做到"默而識之,學而不厭,誨人不倦",那我孔丘還有什麽了不起呢?而鄭注陳述一種事實:他人目前並没有做到"默而識之,學而不厭,誨人不倦",則"我獨有之也"。事實是,在孔子有生之年,"默而識之、學而不厭、誨人不倦"三者均能做到,乃孔子"獨有之也"。鄭玄在

---

① 也許"於王何有"類的"何有"成詞性不及"何有於我"類句中的"何有",那麽這一類"何有"可視爲一賓語前置的動賓詞組;然則,"有"的語義指向爲"何"。此句是反問句,意爲"對於王來説有什麽?"這還有待於進一步的研究。

此不過解讀了孔子此語的潛臺詞而已。劉寶楠説當以"行"字絶句,而第一個"我"字重衍,可能是對的;但鄭注卻並不兼容於他的"不難之詞"説。

可見,第三種解釋和第四種解釋,意思其實是一樣的;而它們都是較早的古注,這也是我們的一個證據。

綜上,"某某於我何有"與"何有於某某"皆爲《論語》時代的習語,前者表示"對於某某有何難",是"不難之詞",後者則表示"某某又算個什麽"。"默而識之,學而不厭,誨人不倦,何有於我哉"與"出則事公卿,入則事父兄,喪事不敢不勉,不爲酒困,何有於我哉"的意義,與《述而》的"仁遠乎哉?我欲仁,斯仁至矣"及《孟子·告子下》的"人皆可以爲堯舜"相通,其目的無非在於"勉學者當如是也"。

(原載《武漢大學學報》[人文科學版]2011年第1期)

也談《論語》中的"人"與"民"*

一、緒 論

赵紀彬先生的《論語新探》①（又名《古代儒家哲學批判》），在《論語》研究領域，甚至在中國哲學史、中國思想史研究領域，是一部影響很大的書。例如，李零《喪家狗——我讀〈論語〉》，將其列入"今人讀《論語》基本參考書"中，並說該書："許多人以政治原因，棄而不讀，但其研究水平實遠出於時下的流行新作；很多細節考證，至今仍有參考價值。"②又例如，楊伯峻《論語譯注》，批注《學而》第五章"節用而愛人，使民以時"時，便說："古代'人'字有廣狹兩義。廣義的'人'指一切人群，狹義的人只指士大夫以上各階層的人。這裏和'民'（使'民'以時）對言，用的是狹義。"注解《憲問》第四十二章"修己以安人""修己以安百姓"時又說："這個'人'字顯然是狹義的'人'，沒有把'百姓'包括在内。"這兩個注解③，顯然是受了赵書的影響；確切地說，是受了赵書的首篇《釋"人""民"》一文的影響。說《釋"人""民"》一文，實奠定了《論語

---

* This work was supported by Hankuk University of Studies Research Fund of 2011
① 赵紀彬：《論語新探》，人民出版社 1976 年。
② 李零：《喪家狗——我讀〈論語〉》，山西人民出版社 2007 年，第 41 頁。
③ 楊伯峻：《論語譯注》，中華書局 1980 年，第 4、159 頁。本文引《論語》的文字，除特别注明者外，皆引自該書。

新探》全書的基調,實不爲過。

筆者近年傾全力注釋《論語》,已踰八載,志在在詞語解釋上突破前修,做到相比較而言最爲精確,初無意於思想的闡發。但於上述兩章(1.5、14.42)文字無法迴避,只得搜羅材料,覈實趙文所云是否塙詁。經研究,我們對趙文的結論是取否定態度的。《釋"人""民"》一文之第一部分,以"教""誨"兩字的用法以爲證據,《論語新探》書中另有《"有教無類"解》一文就此予以展開,此文我們亦不能不涉及。因此,我們這篇文章亦可看成是對《論語新探》中《釋"人""民"》《"有教無類"解》兩篇文章的駁正。

《釋"人""民"》一文開篇即説:"我們歸納全書,發現一件頗爲有趣而意義亦相當重大的事實,即孔門所説的'人''民',是指春秋時期相互對立的兩個階級;兩者在生產關係中是剥削與被剥削的關係,在政治領域中有統治與被統治的區别,因而其物質生活及精神生活的内容與形式,亦復互不相同。"①文末又説:"總結以上各方面的考察,足證《論語》所説的'人'與'民',相當於一般奴隸社會的兩大階級:'民'是奴隸階級,'人'是奴隸主階級。……就《論語》語法來看,如此確定,於全書章句,似乎尚無不合。孔門言'誨',係以'人'爲對象;孔門的政論,亦係爲'人'的階級服務。因此,我們認爲:孔丘所創立的古代前期儒家,是春秋時期'人'的階級的學派。"②楊伯峻先生大約無法認同趙氏的主張(《論語譯注》篇首的《試論孔子》一文,可爲明證),但亦不能完全否認趙氏的説法(尤其在那一特定時期),只好説"古代'人'有廣狹兩義",

---

① 《論語新探》,第1頁。
② 《論語新探》,第26頁。

苦心孤詣,以爲折中。所謂"奴隸主階級""奴隸階級",是在中國盛行過很長一段時期的"唯物史觀"中的術語,前者大約相當於朝鮮時期的"兩班",後者則大約相當於兩班家的"下人"或"奴婢"。雖然唯物史觀在韓國學界普遍不被承認,但必須承認,趙氏的主張在中國卻有著相當大的信衆;如前所舉,北大教授李零對趙氏此書的評價可證一斑。因此,對趙氏此說予以釐清,仍十分必要。

本文採用"王氏讀書法",即清代以"最博最精"名世的高郵王念孫、王引之父子的讀書法,予以研究;在此有必要予以說明。長期以來,受舊式訓詁學的影響,在古詞語研究中上必引殷墟卜辭,下必引《説文解字》,將各時代的語言混在一起,作泛時的研究。殊不知,語言,尤其是語言中的詞彙是不斷發展變化的。以"相公"一詞爲例,它產生於漢末,是丞相的尊稱,後發展爲對高級官員的尊稱,又發展爲對地位較高男士的尊稱,又發展爲對一般男子的尊稱,到了明代,該詞在江南一帶開始用於稱呼男妓。時至今日,江浙滬一帶說到某男子在外面做"相公",已經是充滿鄙夷了。所以,將不同時期的語料混在一起,適足以將本來清晰的問題複雜化,而爲普通語言學之父費爾迪南·索緒爾所力戒。學者譏之爲"刻舟求劍",良有以也。如,甲骨文所記載的是殷商時期的語言,而《説文解字》雖成書晚至東漢,卻以通過字形探尋本義爲出發點。因此,如果探尋詞義的發展,當從甲骨文出發,引證《説文解字》等字書以明古訓。而探求某字詞某一時代的意義,則應效法王氏,到該時期典籍中加以抽繹。以"民"字爲例,《説文》訓"衆萌也"("萌"通"氓",觀"民"下字"氓"訓"民也"可知),與本文的結論說"民"表示"人群"不謀而合,但作爲證據,卻並不是最爲重要;因爲"衆萌也"即便確是"民"的本義,到《論語》時代的語言中也可能已經變化。而王氏讀書法的精髓,乃是在同一共時平面語言中加以抽繹,用特定語境鎖定多義詞彙多詞義中的某一意義,使其無所遁形,而爲其不朽名篇《終風篇》等演繹得淋漓盡致。此法看似笨拙,卻是求得某一時期某詞在一定語境下所表達的詞義的不二法門,所謂"極高明而道中庸"。本文即取此法,而於甲金文、《説文》《爾雅》等不甚措意。特此予以説明。

必須明白,並不存在所謂"孔子的語言",只存在"孔子那一時代的語言"。所以,是否"'民'是奴隸階級,'人'是奴隸主階級",只有到《論語》成書的那一年代的語言中作了調查後,才可以認定。鑑於《論語》只有16000字左右,我們不妨將調查範圍擴大到《左傳》《國語》《墨子》《孟子》等成書年代較爲接近《論語》的典籍。

釐清了《論語》中以至整個戰國前期"人"與"民"的意義,對於春秋戰國時期歷史的研究,思想史的研究,以至倫理學的研究,都有著極其重要的意義。例如,如果孔子的"仁政"如果確如趙氏所説,只是施之於上層人物的"人",而佔多數之下層人士的"民"不與其列,則孔子思想,無論其歷史意義,抑或現實意義,都將大打折扣。而如果趙氏之説不能成立,孔子學説的意義當然將大大有所不同。因此關於這一研究的意義,固無需贅言也。

二、《釋"人""民"》的兩大證據太過薄弱

《釋"人""民"》共三個部分。在第一部分,作者説"'民'是奴隸階級,'人'是奴隸主階級",有兩大證據。一爲《論語》中動詞"愛"與"使"的使用,一爲動詞"教"與"誨"的差異。

《釋"人""民"》開篇即引《學而篇》第五章"道千乘之國,敬事而信,節用而愛人,使民以時"及《八佾篇》之"哀公問社於宰我。宰我對曰:'夏后氏以松,殷人以柏,周人以栗。'曰:'使民戰栗。'"①並立即得出結論説:"例一(指"道千乘之國"章)表明,對'人'言'愛',對'民'言'使',顯示出'人''民'是劃然有別的兩個階級。"在引述清人劉逢禄所謂"人謂大臣群臣"、劉寶楠所謂"人非民"、《説文》訓"民"爲"衆氓",《尚書》鄭玄注所謂"民,無知之稱"等等爲證後,又説:"似此,'人'是統治階級,'民'是被統治階級,所以孔丘對'人'言'愛',對'民'言'使'。《論語》全書,只有'愛人'語法,絕無'愛民'詞句。從'愛''使'的對象不同,足以顯示'人''民'的階級差別。"②且不論僅僅依據隻言片語便得出結論的做法是否嚴謹,單單作者論證"愛"與"使"這兩個詞所得結論就經不起推敲。《論語》中分明有多處"使人"之例,如《陽貨》之"惠則足以使人"。劉寶楠注之曰:"《書·皋陶謨》云:'安民則惠,黎民懷之。'民懷其德,故足使之也。"③這本來是"人""民"並無所謂"階級差別"的證據,作者卻説:"依此注解推斷,頗疑此章所謂'使人'之'人',本來即爲'民'字。經典中'民'字,在唐代因避太宗諱,多被改爲'人'字,此或即其一例。"④但定州漢墓竹簡本《論語》此章也分明是"惠則足以使人"⑤,可見此章避諱而改之説的無據。相反地,作者所據"在唐代因避太宗諱",似乎也

---

① 《論語譯注》,第4、30頁。
② 《論語新探》,第2—3頁。
③ 劉寶楠:《論語正義》,中華書局1990年,第683頁。
④ 《論語新探》,第4頁。
⑤ 河北省文物研究所定州漢墓竹簡整理小組:《定州漢墓竹簡〈論語〉》,文物出版社1997年,第82頁。

適用於作者開篇即引的本章。"節用而愛人",敦煌寫本希伯和2618號即作"節用而愛民"①(定州竹簡本本章闕如),而作者是説"《論語》全書,只有'愛人'語法,絶無'愛民'詞句"的。需要鄭重指出的是,定州竹簡本《論語》目前所存7572字中,"人""民"二字與今本無二,並未顯示出因避唐太宗諱而改的痕跡。

作者也自知動詞"使"的證據太薄弱,於是在"民"未出現在"使"的主語位置上做文章:"然而被使者雖未必是'民',而使之者則必定是'人'。此即是説,'使民'者必定是'人','使人'者亦必是'人';'人'中雖有被使者,而'民'中絶無'使人'者。似此,凡'民'皆是被'人'使用的工具,永遠處於被役使,被驅使的地位,已屬毫無疑義。"②"民"之不出現在"使"的主語位置上,下文將要詳盡證明,乃是因爲"人""民"意義的分野,"人"往往指單個的人,"民"則指芸芸衆生,衆人。動詞"使"意爲使令、派遣,這就限定了這一動作往往只能由某個個人作出;另外,"民"指被統治者(但並不意味著是被統治階級),它不包括天子、諸侯,這也使得它不大可能出現在"使"的主語位置上。因此,這種論證,實在是不能"毫無疑義"地得出結論説"凡'民'皆是被'人'使用的工具,永遠處於被役使,被驅使的地位"。至於今本《論語》全書没有出現"愛民",以一16000字的小册子,没有出現某一詞或詞組,實在不能説明什麽。而《論語》時代其他典籍的今本中,"民"確確實實出現在動詞"愛"的賓語位置上:"天之愛民甚矣。豈其使一人肆於民上,

---

① 轉引自孫欽善:《論語本解》,三聯書店2009年,第3—4頁。
② 《論語新探》,第5頁。

以從其淫,而棄天地之性?"(《左傳·襄公十四年》)①"夫越王好信以愛民,四方歸之。"(《國語·吳語》)②"凡使民尚同者,愛民不疾,民無可使。"(《墨子·尚同下》)"古者明王聖人所以王天下、正諸侯者,彼其愛民謹忠,利民謹厚,忠信相連,又示之以利。"(《節用中》)"吾所以知天之愛民之厚者,有矣。"(《天志中》)"若天不愛民之厚,夫胡說人殺不辜而天予之不祥哉?此吾所以知天之愛民之厚也。"(同上)③何以"愛民"多出現於《墨子》,下文將作出解釋。我們只想強調,那時的語言中,同"使"既可用於"民",亦可用於"人"一樣,"愛"既可用於"人",亦可用於"民"。實在不能根據這兩個動詞使用的隻言片語,就得出"人""民"分屬兩個階級的結論。

至於"教"與"誨",《論語新探》書中另有《"有教無類"解》④一文,我們一併加以討論。何晏《集解》引馬融說:"言人所在見教,無有種類。"⑤見教,即被教。馬說意爲所有人都被教育,不分種類。但趙文說:"自東漢至今,解者有馬融、程頤、朱熹、王船山、馮登府、劉寶楠、劉恭冕、章太炎、梁啓超和今人馮友蘭先生等十二人。就中除王船山而外,均以此章爲孔丘自述教育宗旨,義即不分尊卑貴賤,不問出身,超階級地教育一切人。今按:此種訓解,純係望文生義,揆之《論語》全書,毫無根據。"又說:"總而言之,《論

---

① 楊伯峻:《春秋左傳注》,中華書局1990年,第1018頁。本文引自《左傳》的文字,除特別注明者外,皆引自該書。
② 徐元誥:《國語集解》,中華書局2002年,第540頁。本文引自《國語》的文字,除特別注明者外,皆引自該書。
③ 孫詒讓:《墨子閒詁》,中華書局2001年,第97、163、202、204頁。
④ 《論語新探》,第60—94頁。
⑤ 程樹德:《論語集釋》,中華書局1990年,第1126頁。

語》'有教無類'的'教'字,乃是奴隸主貴族對於所域之民施行的教化,發布的教令,以及軍事技能的強制性教練。但是,不論政治經濟上的教化、教令,或軍事戰陣上的技能教練,全爲上施下效的強制性措施,目的在於將奴隸主貴族所需要的精神繩索強加於民,迫之必從,而與在'人'的内部進行'誨知'的教育,有嚴格的階級界限,不容混同。"①趙氏又認爲,"無類"不是不分"種類",而是不分"族類"②。"教""誨"二詞究有何不同,《王力古漢語字典》説:"兩個詞都有'教導'義,但有細微差别。'教'帶強制性,'誨'重在啓發、誘導。"我們以爲這一解説是比較正確的。教,教育,教導,傳授。既是名詞,又是動詞;做名詞或動詞,在詞義上並没有什麼區别。趙氏"教""誨"兩詞的例證,局限於《論語》一書;而語言是約定俗成的,具有強制性的,用於人類交際的符號系統。也即,使用者必須遵循當時當地時空中的所有使用該語言的人的使用習慣。這就使得我們可以通過考察當時當地其他記録同一語言的典籍來認知該語言。具體到"教""誨"兩詞,可以通過《左傳》《國語》《孟子》等書來考察其詞義。通過這一考察可知,它們絶非如趙氏所云"有嚴格的階級界限"。如,"教"的賓語經常是國君、貴族。例如:"書曰:'鄭伯克段于鄢。'……稱'鄭伯',譏失教也。"(《左傳·隱公元年》 失教,謂失教於共叔段)"石碏諫曰:'臣聞愛子,教之以義方,弗納於邪。'"(《隱公三年》)"見大子,大子曰:'吾其廢乎?'對曰:'告之以臨民,教之以軍旅,不共是懼,何故廢乎?'"(《閔公二年》 教之,謂教導太子)"晉侯使郤乞告瑕

---

① 《論語新探》,第 60—61、81 頁。
② 《論語新探》,第 81—85 頁。

吕飴甥,且召之。子金教之言曰……"(《僖公十五年》之,指郤乞)"(狐突)曰:'子之能仕,父教之忠,古之制也。……今臣之子,名在重耳,有年数矣。若又召之,教之贰也。父教子贰,何以事君?'"(《僖公二十三年》子,指狐毛、狐偃,跟随重耳逃亡的贵族)"寡人有弟,弗能教训,使干大命,寡人之过也。"(《襄公三年》)①"以是教王,王能久乎?"(《国语·周语上》)"子教寡人和诸戎、狄而正诸华,于今八年。"(《晋语七》)②"梁惠王曰:'寡人愿安承教。'"(《孟子·梁惠王上》)"王曰:'吾惛,不能进于是矣。愿夫子辅吾志,明以教我。'"(同上)"设为庠、序、学、校以教之。庠者,养也。校者,教也。序者,射也。夏曰校,殷曰序,周曰庠;学则三代共之,皆所以明人伦也。人伦明于上,小民亲于下。"(《滕文公上》)"教人以善谓之忠。"(同上)"君子之不教子,何也?"(《离娄上》)③相较于"教","诲"的书证较少,但其宾语也有为"民"或指代"民"的:"昔先王议事以制,不为刑辟,惧民之有争心也。……故诲之以忠。"(《左传·昭公六年》)④"是故圣王……诲于民,是以大卜之民可得而治。"(《墨子·辟过》)⑤正因为"教""诲"词义相近,当时就常结合成一个同义词组:"文公问于胥臣曰:'吾欲使阳处父傅讙也而教诲之,其能善之乎?'"(《国语·晋语四》)"若是,则文王非专教诲之力也。"(同上)⑥"孟子曰:'教亦

---

① 以上6段引文见《春秋左传注》,第14、31、269、360、402—403、930页。
② 《国语集解》,第13、414页。
③ 以上5段引文见杨伯峻:《孟子译注》,中华书局1960年,第8、17、118、125、178页。
④ 《春秋左传注》,第1274页。
⑤ 《墨子閒诂》,第31页。
⑥ 《国语集解》,第359、362页。

多術矣,予不屑之教誨也者,是亦教誨之而已矣。'"(《孟子·告子下》)①"今執無鬼者曰:鬼神者,固無有;且暮以爲教誨乎天下。"(《墨子·明鬼下》)"古之聖王……發憲布令以教誨。"(《非命中》)②綜上,當時語言中的"教""誨"二詞是沒有什麽"嚴格的階級界限"的。爲了證明"有教無類""乃是奴隸主貴族對於所域之民施行的教化,發布的教令,以及軍事技能的強制性教練",作者曲爲之說"有"通"域"。③ 實際上,"有~無~"是《論語》時代的語言中的常見句式,我們至今常說的"有備無患"即屬這一句式。其中的"有"當然是"有無"的"有"。如:"凡天災,有幣無牲。"(《左傳·莊公二十五年》 沈玉成《左傳譯文》譯爲:"祭祀時只能用玉帛而不用犧牲")"必報德,有死無二。"(《僖公十五年》 沈譯:"有必死之志而無二心")"受命以出,有死無霣(yǔn,廢棄),又可賂乎?"(《宣公十五年》 沈譯:"寧可一死而不能廢棄命令")"臣聞師衆以順爲武,軍事有死無犯爲敬。"(《襄公三年》,又見《國語·晉語七》 沈譯:"在軍隊裏做事寧死不犯軍紀叫做'敬'")"《書》曰:'居安思危。'思則有備,有備無患,敢以此規。"(《襄公十一年》 沈譯:"有了防備就沒有禍患")"德,國家之基也。有基無壞,無亦是務乎!"(《襄公二十四年》 沈譯:"有基礎才不至於毀壞")"三者,禮之大節也。有禮無敗。"(《襄公二十六年》 沈譯:"有禮儀就沒有敗壞")"有不用命,則有常刑無赦。"(《哀公三年》 沈譯:"有不賣力氣的,就按規定處罰,不加

---

① 《孟子譯注》,第 300 頁。
② 《墨子閒詁》,第 223、274 頁。
③ 《論語新探》,第 70—75 頁。

赦免")①"不奪民時,不蔑民功。有優無匱,有逸無罷(疲)。"(《國語・周語中》)"必事秦,有死無他。"(《晉語三》)②因此,"有教無類"當然是如楊伯峻先生所譯"人人我都教育,没有[貧富、地域等等]區别"。③

至此,《釋"人""民"》賴以立論的兩大證據,已不復存在。

三、《論語》時代語言中"人""民"的搞詁:"人"表個體,"民"表群體

爲了論述的方便,我們將評述《釋"人""民"》之第三部分放在評述第二部分之前。這一部分開始即說,"《論語》中'人'字凡二百一十三見,隨處表明是與'民'不同的另一個階級。"④是否如此呢?

《論語》中"人"共出現219次⑤(比趙氏的統計多出6次)。其中,受形容詞、名詞修飾的共87次(小人24次、大人2次、遠人2次、善人5次、聖人4次、仁人2次、賢人1次、惠人1次、君子人2次、中人2次、夫人——邦君之妻2次、君夫人2次、成人4次、佞人2次、庶人1次、古之人1次、婦人1次、丈人2次、殷人1次、周人1次、齊人1次、魯人1次、鄹人1次、匡人1次、邦人1次、異邦

---

① 以上8段引文見《春秋左傳注》,第232、366、760、929、994、1089、1121、1621頁。8段譯文見沈玉成:《左傳譯文》,中華書局1981年,第57、91、195、257、281、321、337、555頁。
② 《國語集解》,第66、314頁。
③ 《論語譯注》,第170頁。
④ 《論語新探》,第19頁。
⑤ 該項統計係從楊伯峻《論語譯注》本得出。

人1次、南人1次、鄉人5次、野人1次、達巷黨人1次、儀封人1次、門人8次、行人1次、斗筲之人1次),受代詞修飾的14次(若人3次、夫人——那人3次、其人3次、斯人3次、何人1次、他人1次),受數詞修飾的9次(一人2次、三人、五人、七人、九人、十人、五六人、六七人各1次),與"民"組成聯合詞組"民人"1次。以上共111次。剩下的108次中,表示"別人""他人"的,爲79次;表示與"神""畜"相對的"人""人類"或"一個人""某個人"的,爲29次。

表示"人""人類"或"一個人""某個人"的29例,全部列舉於下:"其爲人也孝弟,而好犯上者,鮮矣。"(《學而》)"人而無信,不知其可也。"(《爲政》)"人而不仁,如禮何?人而不仁,如樂何?"(《八佾》)"富與貴,是人之所欲也;……貧與賤,是人之所惡也。""人之過也,各於其黨。"(《里仁》)"女得人焉耳乎?""人之生也直,罔之生也幸而免。"(《雍也》)"其爲人也,發憤忘食,樂以忘憂。"(《述而》)"人之將死,其言也善。""人而不仁,疾之已甚,亂也。"(《泰伯》)"傷人乎?"(《鄉黨》)"未能事人,焉能事鬼?""由也兼人。"(《先進》)"人而無恒,不可以作巫醫。"(《子路》)"人也。奪伯氏駢邑三百,飯疏食,没齒無怨言。""蘧伯玉使人於孔子。"(《憲問》)"可與言而不與言,失人;……知者不失人,亦不失言。""人無遠慮,必有近憂。""君子不以言舉人,不以人廢言。""人能弘道,非道弘人。"(《衛靈公》)"人而不爲《周南》《召南》,其猶正墻面而立也與!"(《陽貨》)"且而與其從辟人之士也,豈若從辟世之士哉!"(《微子》)"人未有自致者也,必也親喪乎!""文

武之道,未墜於地,在人。"(《子張》)①

表示"別人""他人"的"人",往往和"己"對言,《左傳》中不乏其例:"己弗能有而以與人,人之不至,不亦宜乎?"(《隱公十一年》)"禹、湯罪己,其興也悖焉,桀、紂罪人,其亡也忽焉。"(《莊公十一年》)"修己而不責人,則免於難。"(閔公二年)"善敗由己,而由人乎哉?"(《僖公二十年》)"己則不明,而殺人以逞,不亦難乎?"(僖公二十三年)"禮以順天,天之道也,己則反天,而又以討人,難以免矣。"(《文公十五年》)"利人之幾,而安人之亂,以爲己榮,何以豐財?"(《宣公十二年》)"謀人,人亦謀己。"(宣公十四年)"立武由己,非由人也。"(《成公六年》)"己則無信,而殺人以逞,不亦難乎?"(《襄公五年》)"犧者,實用人,人犧實難,己犧何害?"(《昭公二十二年》)②《論語》中的,如:"不患人之不己知,患不知人也。"(《學而》)"夫仁者,己欲立而立人;己欲達而達人。"(《雍也》)"爲仁由己,而由人乎哉?"(《顏淵》)"己所不欲,勿施於人。"(《顏淵》《衛靈公》)"古之學者爲己,今之學者爲人。"(《憲問》)"修己以安人。"(《憲問》)"君子求諸己,小人求諸人。"(《衛靈公》)《論語》中,"人"有時和"身"對言,"身"表示"己身":"不能正其身,如正人何?"(《子路》)有時和"我"對言:"我不欲人之加諸我也,吾亦欲無加諸人。"(《公冶長》)"人皆有兄弟,我獨亡!"(《顏淵》)③

表示"別人""他人"的79例,除上列與"己""身""我"對言的

---

① 以上29例均見《論語》(《論語譯注》本),例多,不一一列出頁碼。
② 以上11段引文見《春秋左傳注》,第77、188、269、387、403、614、746、756、826—827、943、1434頁。
③ 以上各例均見《論語》(《論語譯注》本),例多,不一一列出頁碼。

14例("己所不欲,勿施於人"出現2次)外,其餘65例,也全部列舉於下:"人不知,而不慍,不亦君子乎?""爲人謀而不忠乎?""敬事而信,節用而愛人,使民以時。""夫子之求之也,其諸異乎人之求之與!"(《學而》)"人焉廋哉?人焉廋哉?"(《爲政》)"事君盡禮,人以爲諂也。"(《八佾》)"唯仁者能好人,能惡人。"(《里仁》)"禦人以口給,屢憎於人。""始吾於人也,聽其言而信其行;今吾於人也,聽其言而觀其行。""晏平仲善與人交,久而敬之。"(《公冶長》)"一簞食,一瓢飲,在陋巷,人不堪其憂,回也不改其樂。"(《雍也》)"學而不厭,誨人不倦,何有於我哉。""人潔己以進,與其潔也,不保其往也。""丘也幸,苟有過,人必知之。""子與人歌而善,必使反之,而後和之。""文莫,吾猶人也。""爲之不厭,誨人不倦。"(《述而》)"夫子循循然善誘人。"(《子罕》)"問人於他邦,再拜而送之。"(《鄉黨》)"孝哉,閔子騫!人不間於其父母昆弟之言。"(《先進》)"君子敬而無失,與人恭而有禮。""聽訟,吾猶人也。""君子成人之美,不成人之惡。""察言而觀色,慮以下人。""攻其惡,勿攻人之惡,非修慝與?""樊遲問仁。子曰:'愛人。'問知。子曰:'知人。'"(《顏淵》)"舉爾所知,爾所不知,人其舍諸?""人之言曰:'爲君難,爲臣不易。'……人之言曰:'予無樂乎爲君,唯其言而莫予違也。'""居處恭,執事敬,與人忠。""君子……及其使人也,器之。小人……及其使人也,求備焉。"(《子路》)"夫子時然後言,人不厭其言;樂然後笑,人不厭其笑;義然後取,人不厭其取。""子貢方人。""不患人之不己知,患其不能也。""不怨天,不尤人。"(《憲問》)"躬自厚而薄責於人,則遠怨矣。""君子病無能焉,不病人之不己知也。""吾之於人也,誰毀誰譽。""有馬者,借人乘之。"(《衛靈公》)"樂節禮樂,樂道人之善,樂多賢友,益矣。"

(《季氏》)"君子學道則愛人,小人學道則易使也。""寬則得衆,信則人任焉,敏則有功,惠則足以使人。""惡稱人之惡者。"(《陽貨》)"人曰:'子未可以去乎?'曰:'直道而事人,焉往而不三黜?枉道而事人,何必去父母之邦?'"(《微子》)"我之大賢與,於人何所不容?我之不賢與,人將拒我,如之何其拒人也?""君子之過也,如日月之食焉:過也人皆見之,更也人皆仰之。""人雖欲自絶,其何傷於日月乎?"(《子張》)"君子正其衣冠,尊其瞻視,儼然人望而畏之。""猶之與人也,出納之吝謂之有司。""不知言,無以知人也。"(《堯曰》)①

以上列舉《論語》中全部"人"的例證,無非是爲了説明,《論語》中的"人",絶非表示奴隸主階級的——108 例未受修飾的"人"的例證的歸類(歸入"表示'別人''他人'"或"表示'人''人類'或'一個人''某個人'"),容或可商,但這一全面統計表明,並無任何"人"的例證表明《論語》中的該詞表示所謂"奴隸主階級"。"人""人類"是"人"的本義,"別人""他人"是其引申義。"人"與"民"意義的分野,前者表示個體的"人",後者表示"人"的群體,即芸芸衆生;前者或許包括了天子、諸侯,後者乃天子、諸侯所管轄、統治的大衆、民衆。因爲"人"偏向於指個體,所以有小人、大人、遠人、善人、聖人、仁人、賢人、惠人、君子人、中人、成人、佞人、庶人、婦人、丈人、門人、行人以至"斗筲之人"等各色人等,修飾它的地名頂多只能及於國名——殷人、周人、齊人、魯人。而因爲"民"偏向於指群體,故除了有"齊民"(《孟子·公孫丑下》)②

---

① 以上65例均見《論語》(《論語譯注》本),例多,不一一列出頁碼。
② 《孟子譯注》,第108頁。

"晉民"(《國語·晉語四》)①外,還有"天下之民"。見於《論語》的,有《堯曰》"興滅國,繼絕世,舉逸民,天下之民歸心焉";②"天下之民"見於與《論語》同一時期或稍後的《左傳》《孟子》的有《左傳·文公十八年》的6例、③《孟子》之《梁惠王上》《梁惠王下》《公孫丑上》《公孫丑下》《萬章上》《萬章下》的10例。④ "人"受代詞修飾的,《論語》中可見若人、夫人、其人、斯人、何人、他人,雖然也有"其民""斯民"(《雍也》:"居敬而行簡,以臨其民。"《子張》:"君子信而後勞其民。"《衛靈公》:"斯民也,三代之所以直道而行也"⑤),但那一時代的典籍中卻絕不見"何民""他民"。道理很簡單,"何""他"這種代詞通常指代"那個""某個""那幾個""某幾個",一般不指代"那些""某些""那一大群""某一大群"。以"何"爲例,如"伯夷、叔齊何人也?"(《述而》)⑥"周公何人也?"(《孟子·公孫丑下》)"舜,何人也?予,何人也?"(《滕文公上》)"樂正子何人也?"(《盡心下》)⑦都是指代具體的一人或幾人。"人"受數詞修飾,《論語》中可見一人、三人、五人、五六人、六七人、七人、九人、十人等9例,未見數詞修飾"民"者,只有1例"四方之民":"夫如是,則四方之民襁負其子而至矣,焉用稼?"(《子路》)⑧那一時代的典籍中,卻有"萬民""兆民"(前者見《左傳·閔

---

① 《國語集解》,第339頁。
② 《論語譯注》,第208頁。
③ 《春秋左傳注》,第637、639、640頁。
④ 《孟子譯注》,第5、13、31、77、108、221、225、232頁。
⑤ 《論語譯注》,第54、201、167頁。
⑥ 《論語譯注》,第70頁。
⑦ 《孟子譯注》,第101、112、334頁。
⑧ 《論語譯注》,第135頁。

公元年》《襄公十五年》《昭公二十六年》,共4例。後者見《左傳·閔公元年》《成公二年》《襄公十三年》,共3例。以《閔公元年》《成公二年》爲例,"天子曰兆民,諸侯曰萬民。""大夫爲政,猶以衆克,況明君而善用其衆乎?《大誓》所謂商兆民離,周十人同者,衆也。"①後一例"民"用"兆"修飾,"人"用"十"修飾,頗能説明問題。而"四方之民"恰恰説明"民"指芸芸衆生。

"他人""別人"當然往往指近在咫尺的自己所認識的人,故《學而篇》第五章"節用而愛人"之"愛人"當然指愛別人,愛身邊的其他人;而《憲問》四十二章的"修己以安人"指提高自己來使周圍的人安樂,更進一步,"修己以安百姓",提高自己來使大衆安樂。

總之,"人"表示個體的人,"民"表示"人"的群體,即芸芸衆生。

四、《論語》時代語言中,"民"涵蓋了"人"

《釋"人""民"》之第二部分前段,劈頭即説:"《論語》中'民'凡五十見,皆指被統治階級,絶無例外。"②所引第一個例證爲《顏淵》之十九章:"季康子問政於孔子曰:'如殺無道,以就有道,何如?'孔子對曰:'子爲政,焉用殺?子欲善而民善矣。'"③從中並看不出"民"指"被統治階級"。我們試將考察範圍擴大到篇幅較大而與《論語》同時的《左傳》。於下列《左傳》引文可見,貴族也

---

① 《春秋左傳注》,第259、809頁。
② 《論語新探》,第10頁。
③ 《論語譯注》,第129頁。

包括"民",如原繁、卜偃、秦之"三良","民"甚至可能包括了鄫國國君;"民"是與"君"相對而言的;相反,"民"卻不是和"人"相對而言的,史、瞽、工、大夫、士、庶人、商旅、百工,都是"民","良君"必須善待;"民"可以祭祀,而且有禄位。這都説明"民"是除了天子、諸侯之外所有人的總稱。沈玉成《左傳譯文》譯之爲"百姓",是恰當的。

　　貴族也是"民":《左傳·隱公元年》記載公子吕説:"國不堪貳,君將若之何?欲與大叔,臣請事之;若弗與,則請除之,無生民心。"——顯然,公子吕是將自己置身於"民"的。《莊公十四年》記原繁説:"苟主社稷,國內之民其誰不爲臣?臣無二心,天之制也。……臣聞命矣。乃縊而死。"——大夫原繁也是"民"的一份子。《僖公十九年》:"夏,宋公使邾文公用鄫子(鄫國國君)于次睢之社,欲以屬東夷。司馬子魚曰:'古者六畜不相爲用,小事不用大牲,而況敢用人乎?祭祀以爲人也。民,神之主也。用人,其誰饗之?'"——宋公要殺鄫國國君祭祀次睢土地神,司馬子魚勸阻。先説祭祀是爲了人(而非爲了神),然後説,民,是神的主人。那麽,用人來祭祀,誰會來享用祭品。這裏的"民",甚至可能包括了鄫國國君,至少,不會和"人"是"兩個階級"。《僖公二十三年》記載,晉獻公殺狐突,卜偃稱疾不出,説:"己則不明而殺人以逞,不亦難乎?民不見德而唯戮是聞,其何後之有?"——殺人,指殺大臣狐突,民,則泛稱之,包括卜偃。《僖公二十八年》:"殺舟之僑以徇于國,民於是大服。君子謂:'文公其能刑矣,三罪而民服。'"——舟之僑是貴族,殺貴族而令"民"服。《文公六年》:"秦伯任好卒(死了),以子車氏之三子奄息、仲行、鍼虎爲殉(殉葬),皆秦之良也。國人哀之,爲之賦《黄鳥》。君子曰:'秦穆之不爲盟主也,宜哉。死而棄民。'"——"子車氏之三子奄息、仲行、鍼虎"都是貴族,也都是"民"。

"民"與"君"相對而言:《左傳·桓公六年》記載隨國季梁説:"所謂道,忠於民而信於神也。上思利民,忠也;祝史正辭,信也。……夫民,神之主也。是以聖王先成民而後致力於神。……故務其三時,修其五教,親其九族,以致其禋祀。於是乎民和而神降之福,故動則有成。今民各有心,而鬼神乏主,君雖獨豐,其何福之有!"——"民"與"君"相對而言,如果"民"與"君"離心離德,各懷心思,君即使"獨豐"(祭祀豐盛),也不能求得福祉。"務其三時,修其五教,親其九族,以致其禋祀"的"其",都指代"民"。可見,"民"並非什麼"奴隸階級"。《文公十三年》:"邾文公卜遷于繹。史曰:'利於民而不利於君。'邾子曰:'苟利於民,孤之利也。天生民而樹之君,以利之也。民既利矣,孤必與焉。'左右曰:'命可長也,君何弗爲?'邾子曰:'命在養民。死之短長,時也。民苟利矣,遷也,吉莫如之!'遂遷于繹。"——"利於民而不利於君","民"與"君"相對而言。邾國國君爲了"民",連命都可以不要。可見"民"是國君以外的國人。《僖公十年》:"晉侯背大主而忌小怨,民弗與(贊同)也,伐之必出(趕出國)。"——"民"指晉侯之外的晉國人。

"民"與"人"卻並非相對而言,實際上是"民"涵蓋了"人":《左傳·桓公五年》:"鄭子元請爲左拒以當蔡人、衛人,爲右拒以當陳人,曰:"陳亂,民莫有鬭心,若先犯之,必奔。"——前言"陳人",後言"民莫有鬭心",陳人,大多是"民"(大約不包括陳的統治者)。可見,"民"與"人"並非如趙紀彬所説是相對而言的。《莊公十年》記魯莊公與曹劌對話:"公曰:'衣食所安,弗敢專也,必以分人。'對曰:'小惠未徧,民弗從也。'"——分人,分給他人,曹劌答道,小惠未遍及於民(而只達於民的一小部分),所以"民"不會跟從您。可見,"民"不是和人相對而言的。《莊公三十二年》記史嚚說:"國將興,聽於民;將亡,聽於神。神,聰明正直而壹者也,依人而行。"——人,依沈玉成譯,是各種各類不同個體的人;民,沈譯爲"百姓",是對人群的泛稱,但不包括"君"。《閔公二年》:"衛之遺民男女七百有三十人,益之以共、滕之民爲五千人,立戴公以廬于曹。"——"遺民"計數用"人"爲單位。《襄公八年》:"民死亡者,非其父兄,即其子弟,夫人愁痛,不知所庇。民知窮困,而受盟于楚。"——夫人,那些人,指那些單個的人,"民"則是統稱,相當於"百姓"。《襄公十四年》:"師曠侍於晉侯。晉侯曰:'衛人出(趕走)其君,不亦甚乎?'對曰:'或者其君實甚。良君……養民如子,蓋之如天,容之如地。民奉其君,愛之如父母,仰之如日月,敬之如神明,畏之如雷霆,其可出乎?夫君,神之主而民之望也。若困民之主,匱神乏祀,百姓絕望,社稷無主,將安用之?弗去何爲?……自王以下,各有父兄子弟,以補察其政。史爲書,瞽爲詩,工誦箴諫,大夫規誨,士傳言,庶人謗,商旅于市,百工獻藝。……天之愛民甚矣,豈其使一人肆於民上,以從其淫,而棄天地之性?'"——以上史、瞽、工、大夫、士、庶人、商旅、百工,都是"民",而"良君"必須善待,"蓋之如天,容之如地"。《襄公二十九年》:"鄭子展卒,子皮即位。於是鄭饑,而未及麥,民病。子皮以子展之命餼國人粟,戶一鍾,是以得鄭國之民。"——"國人"即"鄭國之民"。《昭公十三年》:"平子怒,令見費人執之以爲囚俘。冶區夫曰:'非也。若見費人,寒者衣之,飢者食之,爲之令主,而共其乏困。費來如歸,南氏亡矣,民將叛之,誰與居邑?若憚之以威,懼之以怒,民疾而叛,爲之聚也。……'平子從之,費人叛南氏。"——費人,即"民"。《哀公十六年》:"葉公亦至,及北門,或遇之曰:'君胡不冑(不戴頭盔)?國人望君如望慈父母焉。盜賊之矢若傷君,是絕民望也。若之何不冑?'乃冑而進。又遇一人曰:'君胡(爲何)冑?國人望君如望歲(收成)焉,日日以幾(盼望)。若見君面,是得艾(安心)也。民知不死,其亦夫有奮心,猶將旌君以徇於國,而又掩面以絕民望,不亦甚乎?'乃免冑而進。"——國人,即"民",可見,"民"不是和人相對而言的。

　　特别是《左傳·成公十三年》和《國語·魯語上》的兩段值得注意:"吾聞之,民受天地之中以生,所謂命也。是以有動作禮義威儀之則,以定命也。能者養以之福,不能者敗以取禍。是故君子勤禮,小人盡力,勤禮莫如致敬,盡力莫如敦篤。敬在養神,篤在守業。"前文説"民受天地之中以生,所謂命也。是以有動作禮義威儀之則,以定命也。能者養以之福,不能者敗以取禍",接著又説"是故君子勤禮,小人盡力"云云,可知君子、小人都是"民"的一部分。"曹劌問所以戰於莊公。公曰:'余不愛衣食於民,不愛牲玉於神。'對曰:'夫惠本而後民歸之志,民和而後神降之福。若布德於民而均平其政事,君子務治而小人務力;動不違時,財不過用;財用不匱,莫不能使共祀。'"(《國語·魯語上》)這一段也是前文説"民"如何如何,後文説"君子""小人"如何如何,可見,君子、小人是"民"中的兩個階層,而非與"民"對立的兩個階層。《論語新探》説君子、小人是奴隸主貴族——"人"中的兩大派别,而與作爲奴隸的"民"對立[1],由上述語料,足證其説不確。

---

[1] 《論語新探》,第95—130頁。

此外，"民"可祭祀，而且爲"民"制定禄位。《左傳·僖公十年》："臣聞之，神不歆非類，民不祀非族。"——"民"可祭祀，可與上文所引《桓公六年》隨國季梁説的話互參。《昭公六年》："昔先王……懼民之有争心也。猶不可禁禦，是故閑之以義，糾之以政，行之以禮，守之以信，奉之以仁，制爲禄位以勸其從，嚴斷刑罰以威其淫。懼其未也，故誨之以忠。"——制爲禄位以勸其從（制定禄位，以勸勉服從的人），可見"民"並非奴隸階級。①

另外，在成書較《論語》晚不到百年的《孟子》一書中，伊尹是"民"："（伊尹）既而幡然改曰：'與我處畎畝之中，由是以樂堯、舜之道，吾豈若使是君爲堯、舜之君哉？吾豈若使是民爲堯、舜之民哉？吾豈若於吾身親見之哉？天之生此民也，使先知覺後知，使先覺覺後覺也。予，天民之先覺者也，予將以斯道覺斯民也，非予覺之而誰也？'"（《萬章上》，又見《萬章下》）②"天民"，即"天生此民"的縮寫，而伊尹以此自居。又《公孫丑上》："尊賢使能，俊傑在位，則天下之士皆悦，而願立於其朝矣；市，廛而不征，法而不廛，則天下之商皆悦，而願藏於其市矣；關，譏而不征，則天下之旅皆悦，而願出於其路矣；耕者，助而不税，則天下之農皆悦，而願耕於其野矣；廛，無夫里之布，則天下之民皆悦，而願爲之氓矣。信能行此五者，則鄰國之民仰之若父母矣。率其子弟，攻其父母，自有生民以來未有能濟者也。如此，則無敵於天下。"③"氓"，指外來之"民"，囊括上面列舉的士、商、旅、農，後文"信能行此五者，則鄰國之民仰之若父母矣"之"鄰國之民"，當然也包括鄰國的士、商、旅、農。

---

① 以上《左傳》各例均見《春秋左傳注》，例多，不列舉。
② 《孟子譯注》，第 225、232 頁。
③ 《孟子譯注》，第 77 頁。

可見,通常翻譯這裏的"民"爲"百姓",是恰切的。《孟子》雖較《論語》爲晚,但以上兩個例證卻足證《左傳》對"民"的種種描述並非虛妄。

以上與《論語》同一時期的語料,在本文第三部分的基礎之上,又進一步證明了當時的"民"一詞,並非是與"人"對立的,而是涵蓋"人"的。

五、釐清了"人""民"的確切含義,許多問題便涣然冰釋

《釋"人""民"》之第二部分後段,是著重論述"逸民"並非"民"。《論語》中兩見"逸民":"逸民:伯夷、叔齊、虞仲、夷逸、朱張、柳下惠、少連。……柳下惠、少連,降志辱身矣。言中倫,行中慮,其斯而已矣。"(《微子》)"興滅國,繼絶世,舉逸民,天下之民歸心焉。"(《堯曰》)①伯夷、叔齊、虞仲、夷逸、朱張、柳下惠、少連等人都是貴族,趙紀彬不能回避,在這一部分,便著重論述"逸民"並非"民"。根據上舉兩章,趙氏舉出三點理由:"第一,《論語》只在言'人'的場合,才提出姓名。"如《雍也》:"子曰:'女得人焉耳乎?'曰:'有澹臺滅明者……'""第二,在《論語》中,只有'人'才有資格發'言'。"如《公冶長》:"始吾於人也,聽其言而信其行;今吾於人也,聽其言而觀其行。"《泰伯》:"曾子言曰:'鳥之將死,其鳴也哀;人之將死,其言也善。'"《衛靈公》:"君子不以言舉人,不以人廢言。""第三,《論語》言'舉',皆指'人'而言;凡所'舉'者皆

---

① 《論語譯注》,第197、208頁。

是'人',凡'舉人'者亦是'人',而民不得參與其事。"如《顏淵》:"樊遲問仁。子曰:'愛人。'問知。子曰:'知人。'樊遲未達。子曰:'舉直錯諸枉,能使枉者直。'樊遲退,見子夏曰:'鄉也吾見於夫子而問知,子曰:"舉直錯諸枉,能使枉者直",何謂也?'子夏曰:'富哉,言乎!舜有天下,選於衆,舉皋陶,不仁者遠矣。湯有天下,選於衆,舉伊尹,不仁者遠矣。'"《子路》:"仲弓爲季氏宰。問政。子曰:'先有司,赦小過,舉賢才。'曰:'焉知賢才而舉之?'曰:'舉爾所知,爾所不知,人其舍諸?'"①明白了"人"與"民"意義的分野,乃是分指個人和群體,便知以上三點理由,實不能成立。列舉姓名,當然不能一下列出千百人。發言也如此,某一時刻,總是某"人"發言,不可能千百人同時發言。舉人,不管是舉人還是被舉,一般都不可能是千百人同時進行,否則便不成其爲"舉"。"逸民"是"民"中的一群。孔子列舉伯夷、叔齊等七人,只是舉例性的。

《釋"人""民"》説"民"爲"奴隸階級"的根據之一,是所謂"'民'中絶無'使人'者"。我們已知"人""民"二字的區別,由此可知,出現於上下文中的"使人者"都只能是個別的"人",不可能是群體的"民";由此亦可知,何以"使"的主語只能是"人",賓語卻既能是"民",又能是"人"了。因爲,"使"的對象既能是個別的人,也能是群體的人。綜上,根據上引"貴族也是'民'""'民'與'君'相對而言""'民'與'人'並非相對而言"的多個例證,"凡'民'皆是被'人'使用的工具,永遠處於被役使,被驅使的地位",當然絶非"已屬毫無疑義",而是毫無成立的可能。

---

① 《論語新探》,第16—18頁。

本文第二部分曾經提到,"愛民"多出現於《墨子》。何以今本《論語》未見一例"愛民"而今本《墨子》多見之？撇開避李世民諱而可能使得原本的"愛民"變爲"愛人"(敦煌寫本希伯和 2618 號即作"節用而愛民")不論,我們試從孔墨思想的差異入手予以解釋。孔門主張"愛有等差"而墨家主張"愛無等差"。具體地説,孔門主張,一個人,首先要愛自己的親人,然後將對親人的愛由己及人由近及遠地推廣於周圍的其他人,進而推廣到天下萬民。所謂"己所不欲,勿施於人"(《顔淵》《衞靈公》),①所謂"己欲立而立人,己欲達而達人"(《述而》),②所謂"老吾老以及人之老,幼吾幼以及人之幼"(《孟子·梁惠王上》);③進而"博施於民而能濟衆"。果能如此,孔子便稱許"何事於仁,必也聖乎！"(《雍也》)④墨家則主張"兼愛",所謂"墨子兼愛,摩頂放踵利天下,爲之。"(《孟子·盡心上》)⑤愛他人,是謂"愛人",愛天下之人,是謂"愛民"。此即《墨子》書中"愛民"出現較多的緣由,而與所謂"奴隸主""奴隸"無涉。

　　正由於"人""民"的意義都表示"人",其詞義並不表示所謂階級的對立,這一最大公約數促使它們在當時即組成了同義詞組"民人"和"人民",而以前者較爲多見："有民人焉,有社稷焉,何必讀書,然後爲學。"(《論語·先進》)⑥"禮,經國家,定社稷,序民人,利後嗣者也。"(《左傳·隱公十一年》)"大國不加德音而亂以

---

① 《論語譯注》,第 123、166 頁。
② 《論語譯注》,第 65 頁。
③ 《孟子譯注》,第 16 頁。
④ 《論語譯注》,第 65 頁。
⑤ 《孟子譯注》,第 313 頁。
⑥ 《論語譯注》,第 118 頁。

要之,使其鬼神不獲歆其禋祀,其民人不獲享其土利,夫婦辛苦墊隘,無所厎告。"(《襄公九年》)"宋之盟,君命將利小國,而亦使安定其社稷,鎮撫其民人,以禮承天之休,此君之憲令,而小國之望也。"(《襄公二十八年》)"國之諸市,屢賤踊貴。民人痛疾,而或燠休之。"(《昭公三年》)"侯主社稷,臨祭祀,奉民人,事鬼神,從會朝,又焉得居?"(《昭公七年》)"我在伯父,猶衣服之有冠冕,木水之有本原,民人之有謀主也。"(《昭公九年》)"吾未撫民人,未事鬼神,未修守備,未定國家,而用民力,敗不可悔。"(《昭公十三年》)"今宮室無量,民人日駭,勞罷死轉,忘寢與食,非撫之也。"(《昭公十九年》)"民人苦病,夫婦皆詛。"(《昭公二十年》)"夫正其疆場,修其土田,險其走集,親其民人,明其伍候,信其鄰國,慎其官守,守其交禮,不僭不貪,不懦不耆,完其守備,以待不虞,又何畏矣?"(《昭公二十三年》)"苟先君無廢祀,民人無廢主,社稷有奉,國家無傾,乃吾君也。"(《昭公二十七年》)"寡君聞楚爲不道,荐伐吳國,滅厥民人。"(《哀公十五年》)①"國之將興,其君齊明、衷正、精潔、惠和,其德足以昭其馨香,其惠足以同其民人。"(《國語·周語上》)"今將大泯其宗祊,而蔑殺其民人,宜吾不敢服也!"(《周語中》)"祚四岳國,命以侯伯,賜姓曰'姜',氏曰'有吕',謂其能爲禹股肱心膂,以養物豐民人也。"(《周語下》)"君若惠顧社稷,不忘先君之好,辱收其逋遷裔胄而建立之,以主其祭祀,且鎮撫其國家及其民人,雖四鄰諸侯之聞之也,其誰不儆懼於君之威,而欣喜於君之德?"(《晉語二》)"商契能和合五教,以保於百姓者

---

① 以上12段引文見《春秋左傳注》,第76、969、1143、1236、1298、1309、1361、1405、1417、1448、1484、1691頁。

也。周棄能播殖百穀蔬,以衣食民人者也。"(《鄭語》)"使吾甲兵鈍弊,民人離落,而日以憔悴,然後安受吾燼。"(《吳語》)①"后稷教民稼穡,樹藝五穀。五穀熟而民人育。人之有道也,飽食、煖衣、逸居而無教,則近於禽獸。聖人有憂之,使契爲司徒,教以人倫:父子有親,君臣有義,夫婦有別,長幼有叙,朋友有信。放勳曰:'勞之來之,匡之直之,輔之翼之,使自得之,又從而振德之。'聖人之憂民如此,而暇耕乎?"(《孟子·滕文公上》)②

以上爲"民人"之見於《論語》《左傳》《國語》《孟子》者。最後一例,先是説"五穀熟而民人育",接著又説"人之有道也,飽食、煖衣、逸居而無教,則近於禽獸",第一句意謂一個人之作爲人有一定的道理。最後説"聖人之憂民如此,而暇耕乎",其中"民"指人民全體。《左傳·昭公二十七年》之"民人無廢主"也值得注意。沈玉成譯之爲"百姓没有廢棄主子"③,得之。可見,"民人"是有"廢主"資格的。以下爲"人民"的例句:"於是乎氣無滯陰,亦無散陽,陰陽序次,風雨時至,嘉生繁祉,人民龢利,物備而樂成,上下不罷,故曰樂正。"(《國語·周語下》)"凡吴土地人民,越既有之矣,孤何以視於天下!"(《吳語》)④"諸侯之寶三:土地、人民、政事。"(《孟子·盡心下》)⑤

由此可見,在釐清了《論語》時代"人""民"二詞的確切含義之後,許多問題便涣然冰釋,迎刃而解了。所謂"瓜熟蒂落""水到

---

① 以上6段引文見《國語集解》,第28—29、54、97、294、466、540頁。
② 《孟子譯注》,第125頁。
③ 《左傳譯文》,第499頁。
④ 《國語集解》,第111、561頁。
⑤ 《孟子譯注》,第335頁。

渠成",此之謂也。

順便說一句,《釋"人""民"》一文可謂廣徵博引,所引以清人之說居多。我們以爲,古書的解讀中,清人對漢晉人注解的駁正,除高郵王氏父子外,鮮有可以成立者。這段話的意思是,清人的注解,雖然不乏精湛者,但在正與誤的對比上,實在不成比例;即駁正漢晉人而已實誤的遠多於比較正確的糾正。限於篇幅,此處不贅,將以專文闡發之。這裏想說的是,趙文引證雖繁,實不可據。有的情況是,古人本不誤,而趙文引以爲證據時卻用錯了地方。如古人闡發"有"有"域"義,趙氏用以解釋"有教無類",即其一例。記得蔣紹愚先生在《中國語言學》第4輯《讀論語札記》一文中曾指出,對古書中某句中的某一詞語,不對該詞語在特定上下文中的用法作全面考察,而只是從其諸多義項中挑出一個,然後說,只有理解爲該意義,才符合某古人的思想,這種做法,是"讀古書的大忌"。趙氏所說"有教無類"的"有"通"域",即屬此類。

六、結語及一點隨想

綜上,《釋"人""民"》賴以立論的兩大證據——《論語》中動詞"愛"與"使"的使用,動詞"教"與"誨"的差異,都經不起推敲。如《論語新探》說"有"通"域"。實際上,"有~無~"是《論語》時代的語言中的常見句式,我們至今常說的"有備無患"即屬這一句式。其中的"有"當然是"有無"的"有"。而《論語》時代的語料無可辯駁地表明,"人"與"民"意義的分野,"人"表示個體的"人","民"表示"人"的群體,即芸芸衆生;前者或許包括了天子、諸侯,後者乃天子、諸侯所管轄、統治的大衆、民衆。同時,大量語料還證明，當時的"民"一詞，並非是與"人"對立的，而是涵蓋了"人"的。在釐清了《論語》時代"人""民"二詞的確切含義之後，許多問題便渙然冰釋，迎刃而解了。例如，何以《論語》只在言"人"的場合，才提出姓名；何以只有"人"才有資格發"言"；何以言"舉'"，皆指"人"而言，凡所"舉"者皆是"人"，凡"舉人"者亦是"人"，而"民"不得參與其事？都源於"人"表個體而"民"表群體。

我們對《論語》"人""民"二詞的辨析之與趙紀彬《論語新探》不同者，看似某一具體問題看法的仁智互見，實則解讀古書的方法有歧異焉；或毋寧說是解讀古書兩種方法的高下優劣使然。楊樹達先生說："凡讀書者有二事焉，一曰明訓詁，二曰通文法。訓詁治其實，文法求其虛。清儒善說經者，首推高郵王氏。其所著書，如《廣雅疏證》，徵實之事也；《經傳釋詞》，搞虛之事也。其《讀書雜志》《經義述聞》，則交會虛實而成者也。嗚乎！虛實交會，此王氏之所以卓絕一時，而獨開百年來治學之風氣也。"[1]楊先生又說："治國學者必明訓詁，通文法。近則益覺此二事相須之重要焉。蓋明訓詁而不通文法，其訓詁之學必不精；通文法而不明訓詁，則其文法之學亦必不至也。"[2]而王氏父子之遠高於其他清儒者，在其已有初步之文法觀念。因此，在文法學（即語法學）、詞彙學大明的今日，利用之以索解古文中之疑難詞句，以補傳統訓詁之不足，正所謂如虎添翼。特舉其犖犖大者：現代詞彙學的常識告訴我們，多義詞的多義，體現在詞典內，在特定上下文，即一定語境中，詞的意義是單一的。王氏讀書法的不二法門，是先用特定語境鎖

---

[1] 楊樹達：《詞詮》，中華書局1978年，第5頁。
[2] 楊樹達：《高等國文法》，商務印書館大學叢書版1934年，第2頁。

定多義詞的某一詞義,如《詩經》"終風且暴"中的"終";再廣搜博引同一時期典籍中同一句型結構的類似句子,如同見於《詩經》的"終溫且惠""終窶且貧""終和且平""終善且有"等"終~且~"結構句子,使"終"的類似於"既"的詞義原形畢露無所遁形①。王氏父子之所以"卓絶一時,而獨開百年來治學之風氣",端賴此也。我們這篇文章,即提煉此一方法而作。任何學問,都是"前修未密,後出轉精"的。如果我們對王氏的方法總結提煉,加以提高,輔之以電腦技術,則今人之解讀古書,必能超邁漢唐,踰越勝清。筆者不敏,此文及八年所爲即將出版之《論語》新注,其日出前之爝火乎?

(原載韓國外國語大學中國研究所編《中國研究》2012年第3期)

---

① 王引之:《經義述聞》,江蘇古籍出版社 2000 年,第 122—123 頁;王引之:《經傳釋詞》,岳麓書社 1984 年,第 191—193 頁。

《論語》疑難詞句考證索引

序號	篇章	疑難詞句	頁碼
1	1.6	關於"謹"	6
2	1.7	賢賢易色	7
3	1.8	主忠信	8
4	1.12	禮之用……亦不可行也	11
5	1.13	因不失其親	13
6	2.2	思無邪	16
7	2.7	今之孝者……不敬,何以別乎	20
8	2.8	色難	21
9	2.9	退而省其私	22
10	2.10	所以、所由、所安	24
11	2.13	先行其言而後從之	26
12	2.14	君子、小人	27
13	2.15	殆	32
14	2.17	誨女知之乎	33
15	2.19	舉直錯諸枉	37
16	2.20	關於"問"	38
17	2.20	關於"教"	38
18	2.22	人而無信	41
19	3.1	是可忍也,孰不可忍也	43
20	3.4	易	46

(續 表)

序號	篇章	疑難詞句	頁碼
21	3.5	夷狄之有君，不如諸夏之亡也	47
22	3.7	揖讓而升下而飲	49
23	3.8	繪事後素	51
24	3.11	示諸斯	53
25	3.12	吾不與祭如不祭	55
26	3.22	三歸	59
27	4.5	貧與賤……不以其道得之，不去也	67
28	4.7	知仁	68
29	4.9	關於"士"	69
30	4.18	勞而不怨	74
31	4.25	德不孤，必有鄰	76
32	5.7	由也好勇過我無所取材	80
33	5.9	吾與女弗如也	84
34	5.12	加	85
35	5.12	非爾所及也	86
36	5.14	唯恐有聞	88
37	5.19	未知焉得仁	92
38	5.19	棄而違之	94
39	5.22	吾黨之小子狂簡……不知所以裁之	96
40	5.23	怨是用希	98
41	5.25	足恭	99
42	5.26	願車馬衣輕裘與朋友共敝之而無憾	102
43	5.26	無施勞	103
44	5.26	安之、信之、懷之	104

(續表)

序號	篇章	疑難詞句	頁碼
45	6.1	南面	105
46	6.2	子桑伯子	109
47	6.6	子謂仲弓曰："……"	111
48	6.6	犁牛之子騂且角	112
49	6.9	汶上	114
50	6.11	陋巷	116
51	6.12	力不足者	118
52	6.16	而有宋朝之美	119
53	6.22	務民之義	122
54	6.23	關於本章的"樂"	123
55	6.26	君子可逝也,不可陷也	124
56	6.27	博學於文,約之以禮	125
57	6.28	予所否者,天厭之!天厭之	126
58	6.30	事於	129
59	7.1	述而不作	130
60	7.1	竊比於我老彭	131
61	7.2	何有於我哉	132
62	7.7	自行束脩以上	134
63	7.24	吾無隱乎爾	140
64	7.31	陳司敗	143
65	7.33	文莫吾猶人也	144
66	7.35	疾病	146
67	8.1	民無得而稱	148
68	8.9	子曰……知之	152

(續 表)

序號	篇章	疑難詞句	頁碼
69	8.17	學如不及，猶恐失之	157
70	8.20	亂臣	158
71	8.20	唐虞之際，於斯爲盛	159
72	9.1	子罕言利與命與仁	162
73	9.2	大哉孔子！博學而無所成名	165
74	9.5	子畏於匡	168
75	9.8	空空如也	170
76	9.11	既竭吾才，如有所立卓爾	172
77	9.13	善賈	174
78	9.14	君子居之，何陋之有	175
79	9.17	不舍晝夜	177
80	9.18	好色	178
81	9.19	平地	180
82	9.19	子曰……吾往也	181
83	9.21	惜乎！吾見其進也，未見其止也	182
84	9.28	歲寒，然後知松柏之後彫也	185
85	10.6	狐貉之厚以居	193
86	10.6	吉月	194
87	10.7	食不厭精，膾不厭細	196
88	10.7	不時	197
89	10.10	瓜祭	198
90	10.16	傷人乎？不問馬	200
91	10.23	居不容	203
92	11.2	不及門	207

(續 表)

序號	篇章	疑難詞句	頁碼
93	11.8	徒行	209
94	11.17	周公	213
95	11.19	回也其庶乎	214
96	11.19	屢空	215
97	11.19	賜不受命	216
98	11.24	具臣	220
99	11.26	毋吾以也	223
100	12.1	天下歸仁	225
101	12.2	無怨	227
102	12.13	子路無宿諾	232
103	13.1	先之勞之	238
104	13.3	正名	241
105	13.5	亦奚以爲	243
106	13.8	苟合	245
107	13.14	與聞	248
108	13.15	言不可以若是其幾也	249
109	13.16	近者說,遠者來	251
110	13.18	直躬	252
111	13.21	不得中行而與之	255
112	13.22	巫醫	257
113	13.22	不恒其德,或承之羞	257
114	13.26	泰、驕	259
115	14.3	危	264
116	14.5	羿蕩舟	266

(續 表)

序號	篇章	疑難詞句	頁碼
117	14.12	久要不忘平生之言	270
118	14.13	以告者過也	271
119	14.16	如其仁	273
120	14.17	自經於溝瀆而莫之知	276
121	14.19	奚而	277
122	14.25	孔子與之坐	280
123	14.29	方人	282
124	14.36	夫子固有惑志……肆諸市朝	285
125	15.2	固窮	294
126	15.2	小人窮,斯濫矣	294
127	15.6	參於前	295
128	15.8	失言	298
129	15.14	知柳下惠之賢而不與立	300
130	15.27	小不忍	305
131	15.35	甚於水火	308
132	15.36	當仁,不讓於師	310
133	15.39	有教無類	311
134	16.1	社稷之臣	316
135	16.1	有國有家者	317
136	16.1	不患寡而患不均,不患貧而患不安	317
137	16.14	夫人	325
138	17.1	日月逝矣	328
139	17.5	如有用我者,吾其爲東周乎	331
140	17.15	可與事君	335

(續 表)

序號	篇章	疑難詞句	頁碼
141	17.15	患得之	336
142	17.20	使之聞之	341
143	17.21	期已久矣……期可已矣	343
144	17.25	女子	346
145	18.3	曰："吾老矣，不能用也。"	349
146	18.7	四體不勤，五穀不分	358
147	18.7	孰爲夫子	359
148	18.8	逸民	360
149	18.10	大故	361
150	19.6	篤志	364
151	19.12	門人小子	368
152	19.16	堂堂	370
153	19.19	民散	371
154	19.23	百官	375
155	19.24	無以爲	376
156	19.24	多見其不知量	377
157	20.1	帝臣不蔽，簡在帝心	381
158	20.1	審法度	383
159	20.2	又誰怨	385
160	20.2	猶之與人	387
161	20.3	知禮	388
162	20.3	知言、知人	388

後　記

　　自2003年《殷墟甲骨刻辭詞類研究》問世之後，除了兩部也許會被視爲應景之作的論文集以外，著者沒有一部學術專著問世。關心我的人也許會問，老楊這些年都幹嘛去了？這部書能給他們一個回答和交代。

　　《論語新注新譯》能算學術專著嗎？在《卷首的話》中，已經表明，著者不但是將此書作爲一部學術專著來做的，並且是以學術名著的要求來做的。只是慮及諸多學術專著蒙塵圖書館的命運，才做成"譯注"的形式，以求惠及儘可能多的讀者。至於因此影響評獎評級等等，也就無暇顧及了。

　　此書的緣起，是2001年武漢大學國學班開班後，我曾講授《論語》《孟子》《老子》《莊子》。講《論語》時，用的是楊伯峻先生的本子。這個本子我最熟，也算"韋編三絕"了。因爲《論語》注家衆多，詞句解讀的歧見當然也就最多，學生時有就此提問者。如《公冶長》"弗如也。吾與女弗如也"，有"我和你都不如他"及"我贊成你說的你不如他"兩說。學生陡然提問，我只好答以有待研究。退而省之，若"與"理解爲"贊成"，彼時其能否帶"女弗如也"這樣複雜的賓語？我們所見"與其進也，不與其退也""與其潔也""吾與點也"，"與"的賓語都較簡單。於是花費時間，對《論語》成書年代表"贊成"義的"與"的賓語做了較爲全面的考察，結果證實了自己的判斷。後來上課時，就公佈了這一研究成果。

但彼時的研究是點點滴滴，時斷時續的，真正將業餘時間主要從事於此項研究是在 2004 年以後。必須説明，在 2003 年完成《殷墟甲骨刻辭詞類研究》之後，我的下一步研究計劃是研究西周金文的詞類，以求在管燮初先生既有研究的基礎上，向前推進一步。這是我的導師郭錫良先生所期待的，我自己也信心十足。原打算在 2003 年完成《殷墟甲骨刻辭詞類研究》之後，休息一兩年（2004 年初因病入院，蓋緊張後放鬆，免疫力下降所致），即進入金文詞類的研究階段。但《論語》疑難詞句的研究，已激發我的興趣，2004 年初出院之後，便想利用原定休息的一兩年時間小試牛刀。本以爲一兩年後，即可告一段落，以後仍"按既定方針辦"。不料卻深陷其中，不能自拔，且發現可供研究的問題排山倒海而來，而研究興趣恰如癮君子之癡迷大煙泡，又似愛德華之傾情辛普森，"才下眉頭，卻上心頭。"但由於教學行政瑣事蝟集，時間仍不能保證，雖已不再點點滴滴，但仍時斷時續。在此期間，我於 2007 年從學習、工作了近二十年的武漢大學調往上海大學。真正每年有一段時間全力以赴進行研究，是在 2009 年起在中央財經大學中國高等研究院（CEMA——中國經濟與管理研究院）研究期間，即每年 3 月下旬到 8 月下旬，集中全力，每周六個整天專注於此項研究。每年 8 月下旬回到上海以後，仍堅持研究，直到下年 3 月，又周而復始，進行下一輪集中研究。在 2010 年、2011 年兩個上半年專門從事考證期間，全神貫注，生命力竟如梁任公所謂"如朝旭昇天，如新荷出水"，充分領略到前所未有的快感！有時在思考中沉沉睡去，又"夢中驚坐起"，趕忙援筆記之。2011 年 8 月到次年 8 月，到韓國外國語大學任教，每周十餘節課程之外，仍加緊進行，未有中輟，竟成爲調劑東國京城遠郊沉悶生活不可或缺的良方。2013

年3月到北京，不久就交稿。交稿之後，仍時有增補，給責任編輯張弘泓女士添了不少麻煩。當然，在這十餘年研究寫作過程中，確實有相當多的時候是枯燥乏味，身心俱疲，因而頗爲考驗定力的。

"職業精神的極端境界，和賭徒是沒有兩樣的——他的眼睛裏只有一個目的，看不見任何路邊風景。"（小説《烈日灼心》第八章）

本書能够面世，獲得多方幫助，著者誠摯而由衷表達感謝之情。

本書主體部分（即《論語》20篇的注釋、今譯、考證部分）接近完成之際，絕大部分考證（因後來又寫了若干）經著者同門孫玉文教授審閱，提出若干商榷意見，著者因此作了若干修改。又經鄭妞博士通讀全稿，指出了若干誤字，使之得以糾正。蔣冀騁先生也看了若干考證，提出了很好的意見，著者也大多採納。我的導師郭錫良先生，兩次審閱拙稿，第一次審閱了部分考證，第二次對主體部分的前十一篇（《學而》到《先進》）逐字審讀，然後當面指示如何修改。郭錫良先生、蔣冀騁先生、邵永海先生都主張將考證從注釋中析出，以改變注釋顯得過於臃腫的狀況。盧烈紅教授讀了若干考證後，兩次當面表示肯定，予著者以信心。對所有這些，著者謹致謝忱！

本書原擬在商務印書館出版，孫玉文先生、蔣冀騁先生曾予推薦；古漢語室喬永主任、黃禦虎先生和責任編輯俞必睿女士做了大量工作。同門邵永海教授又將拙稿推薦給北大出版社杜若明先生，在杜先生積極斡旋之下，北大出版社欣然接受。王飆先生和責任編輯張弘泓女士做了大量具體工作。對以上各位，著者謹致謝忱！

本書引用大量語料，特別是《考證》部分，承蒙陳雲豪博士加以校對，謹致謝忱！在即將出版之際，又承蒙小友白愛虎先生抽出長達一個多月的業餘時間，犧牲了整個2015年國慶長假，和我一道重新校對一遍，尤其要説聲謝謝！上海博物館陳才先生也在2015年歲末爲本書校對出力，謝謝！

　　尤須表明的是，本書寫作過程中，得到鄒恒甫先生主持的中央財經大學中國高等研究院（CEMA——中國經濟與管理研究院）在研究場所、住宿和資金上的鼎力支持，著者至深銘感，謹致謝忱！

　　著者之得以從家庭瑣事中抽身而全力撰作此書，尤其不能不感謝内子榮潔鳴女士！

　　誠懇地歡迎讀者指出本書的失誤，以便在獲得修訂機會時予以改正，儘量使之臻於完善。

　　當今之世，如果還有誰對眼前名利不够關心，而孜孜於追求所謂"三不朽"，大約要被某些人視爲落伍了。但我堅信，這世上總有些東西並不因其陳舊而蒼老——有此堅信，才有此堅守。本書若幸獲成功，著者自感欣慰；如果最終證明不能達此目的，而僅僅略勝平庸之作，那就只能怪著者毫無自知之明了。以此騰笑士林，固自貽之羞。知我罪我，惟讀者諸君鑑之！